KB084293

제1회
한국농어촌공사
5 · 6급

NCS 직업기초능력

〈문항 수 및 시험시간〉

평가영역	문항 수	시험시간	모바일 OMR 답안분석	
[공통] 의사소통능력 / 수리능력 / 문제해결능력 / 정보능력 [행정직] 자원관리능력 [토목직] 기술능력	50문항	50분	행정직	토목직

제1회 직업기초능력

문항 수 : 50문항
시험시간 : 50분

01 다음 글의 빈칸에 들어갈 내용으로 가장 적절한 것은?

> 상품을 만들어 파는 사람이 그 수고의 대가를 받고 이익을 누리는 것은 당연하다. 하지만 그 이익이 다른 사람의 고통을 무시하고 얻어진 경우에는 정당하지 않을 수 있다. 제3세계에 사는 많은 환자가 신약 가격을 개발국인 선진국의 수준으로 유지하는 거대 제약회사의 정책 때문에 고통 속에서 죽어가고 있다. 이는 그 약값을 감당할 수 있는 선진국이 보기에도 이익이란 명분 아래 발생하는 끔찍한 사례이다. 이러한 비난의 목소리가 높아지자 제약회사의 대규모 투자자 중 일부는 자신들의 행동이 윤리적인지 고민하기 시작했다. 사람들이 약값 때문에 약을 구할 수 없다는 것은 분명히 잘못된 일이다. 하지만 그렇다고 해서 국가가 제약회사들에게 손해를 감수하라는 요구를 할 수는 없다는 데 사태의 복잡성이 있다.
>
> 신약을 개발하는 일에는 막대한 비용과 시간이 들며, 그 안전성 검사가 법으로 정해져 있어서 추가 비용이 발생한다. 이를 상쇄하기 위해 제약회사들은 시장에서 최대한 이익을 뽑아내려 한다. 얼마나 많은 환자가 신약을 통해 고통에서 벗어나는가에 대한 관심을 이들에게 기대하긴 어렵다. 그러나 만약 제약회사들이 존재하지 않는다면 신약개발도 없을 것이다.
>
> 그렇다면 상업적 고려와 인간의 건강 사이에 존재하는 긴장을 어떻게 해소해야 할까? 제3세계의 환자를 치료하는 일은 응급사항이며, 제약회사들이 자선하리라고 기대하는 것은 비현실적이다. 그렇다면 그 대안은 명백하다. _____ 물론 여기에도 문제는 있다. 이 대안이 왜 실현되기 어려운 걸까? 그 이유가 무엇인지는 우리가 자신의 주머니에 손을 넣어 거기에 필요한 돈을 꺼내는 순간 분명해질 것이다.

① 제3세계에 제공되는 신약 가격을 선진국과 같게 해야 한다.

② 제3세계 국민에게 필요한 신약을 선진국 국민이 구매하여 전달해야 한다.

③ 선진국들은 자국의 제약회사가 제3세계에 신약을 저렴하게 공급하도록 강제해야 한다.

④ 각국 정부는 거대 제약회사의 신약 가격 결정에 자율권을 주어 개발 비용을 보상받을 수 있게 해야 한다.

⑤ 거대 제약회사들이 제3세계 국민을 위한 신약 개발에 주력하도록 선진국 국민이 압력을 행사해야 한다.

02 다음 글을 읽고 추론한 내용으로 적절하지 <u>않은</u> 것은?

> 다의어란 두 가지 이상의 의미를 가진 단어로 기본이 되는 핵심 의미를 중심 의미라고 하고, 중심 의미에서 확장된 의미를 주변 의미라고 한다. 중심 의미는 일반적으로 주변 의미보다 언어 습득의 시기가 빠르며 사용 빈도가 높다.
>
> 다의어가 주변 의미로 사용되었을 때는 문법적 제약이 나타나기도 한다. 예를 들어 '한 살을 먹다.'는 가능하지만, '한 살이 먹히다.'나 '한 살을 먹이다.'는 어법에 맞지 않는다. 또한 '손'이 '노동력'의 의미로 쓰일 때는 '부족하다, 남다' 등 몇 개의 용언과만 함께 쓰여 중심 의미로 쓰일 때보다 결합하는 용언의 수가 적다.
>
> 다의어의 주변 의미는 기존의 의미가 확장되어 생긴 것으로서, 새로 생긴 의미는 기존의 의미보다 추상성이 강화되는 경향이 있다. '손'의 중심 의미가 확장되어 '손이 부족하다.', '손에 넣다.'처럼 각각 '노동력', '권한이나 범위'로 쓰이는 것이 그 예이다.
>
> 다의어의 의미들은 서로 관련성을 갖는다. 예를 들어 '줄'의 중심 의미는 '새끼 따위와 같이 무엇을 묶거나 동이는 데에 쓸 수 있는 가늘고 긴 물건'인데 길게 연결되어 있는 모양이 유사하여 '길이로 죽 벌이거나 늘여 있는 것'의 의미를 갖게 되었다. 또한 연결이라는 속성이나 기능이 유사하여 '사회생활에서의 관계나 인연'의 뜻도 지니게 되었다.
>
> 그런데 다의어의 의미들이 서로 대립적 관계를 맺는 경우가 있다. 예를 들어 '앞'은 '향하고 있는 쪽이나 곳'이 중심 의미인데 '앞 세대의 입장', '앞으로 다가올 일'에서는 각각 '이미 지나간 시간'과 '장차 올 시간'을 가리킨다. 이것은 시간의 축에서 과거나 미래 중 어느 방향을 바라보는지에 따른 차이로서 이들 사이의 의미적 관련성은 유지된다.

① 동음이의어와 다의어는 단어의 문법적 제약이나 의미의 추상성 및 관련성 등으로 구분할 수 있을 것이다.

② '손에 넣다.'에서 '손'은 '권한이나 범위'의 의미로 사용될 수 있지만, '노동력'의 의미로 사용될 수 없을 것이다.

③ '먹다'가 중심 의미인 '음식 따위를 입을 통하여 배 속에 들여보내다.'로 사용된다면 '먹히다', '먹이다'로 제약 없이 사용될 것이다.

④ 아이들은 '앞'의 '향하고 있는 쪽이나 곳'의 의미를 '장차 올 시간'의 의미보다 먼저 배울 것이다.

⑤ '줄'의 '사회생활에서의 관계나 인연'의 의미는 '길이로 죽 벌이거나 늘여 있는 것'의 의미보다 사용 빈도가 높을 것이다.

03 다음 중 밑줄 친 ㉠～㉤을 고친 내용으로 적절하지 않은 것은?

> 업무상 자살에 대한 산재 승인율이 지난해부터 급감한 것으로 나타났다. C복지공단이 산재심사를 하면서 ㉠ 느슨한 기준을 제시한 탓에 피해 노동자와 그 가족을 보호하지 못하고 있다는 지적이 나오고 있다.
> 국회 환경노동위원회에 따르면 2019년 65.3%, 2020년 70.1%로 증가하던 업무상 자살에 대한 산재 승인율이 지난해 55.7%로 15%p가량 급감했고, 올해는 6월까지 54.3%를 기록해 지난해와 비슷한 수준을 보였다. 승인율이 낮아진 이유로는 C복지공단의 정신질환 산재 조사·판정의 부적절성이 꼽힌다. 공단은 서울업무상질병판정위원회에서 ㉡ 일괄적으로 처리했던 정신질환 사건을 2019년 하반기부터 다른 지역의 질병판정위원회로 ㉢ 결집했고, 이로 인해 질병판정위 별로 승인 여부가 제각각이 된 것이다. 또한 대법원을 포함한 사법부는 자살에 이를 정도의 업무상 사유에 대한 판단 기준을 재해자 기준에 맞추고 있는 것과 달리, 공단은 일반인·평균인 관점에서 판단하는 점도 문제로 제기되고 있다.
> 공단과 사법부의 판단이 엇갈리는 상황에서 불승인 받은 유족들은 재판부의 문을 두드리고 있어, 공단의 산재불승인에 불복해 행정소송을 제기한 업무상 자살 건수는 매년 ㉣ 감소하고 있다. 특히 올해 법원에 확정된 사건은 모두 7건인데 이 중 공단이 패소한 경우는 4건(패소율 57.1%)에 다다라 공단의 판단 기준에 대한 문제가 절실히 드러나고 있다.
> 이는 공단이 대법원보다 소극적인 방식으로 업무상 사망 ㉤ 상관관계 잣대를 적용하는 탓에 자살 산재 승인율이 낮아진 것으로 보인다. 따라서 공단은 신속하고 공정하게 보상한다는 산업재해보상보험법 목적에 맞게 제도를 운용하도록 대법원이 제시한 원칙에 맞게 까다로운 승인 기준을 재정비해야 할 것으로 보인다.

① ㉠ : 느슨한 → 까다로운
② ㉡ : 일괄적으로 → 개별적으로
③ ㉢ : 결집했고 → 분산했고
④ ㉣ : 감소 → 증가
⑤ ㉤ : 상관관계 → 인과관계

다음 글의 내용으로 가장 적절한 것은?

쿤이 말하는 과학혁명의 과정을 명확하게 하기 위해 세 가지 질문을 던져보자. 첫째, 새 이론을 제일 처음 제안하고 지지하는 소수의 과학자들은 어떤 이유에서 그렇게 하는가? 기존 이론이 이상 현상 때문에 위기에 봉착했다고 판단했기 때문이다. 기존 이론은 이미 상당한 문제 해결 능력을 증명한 바 있다. 다만 기존 이론이 몇 가지 이상 현상을 설명할 능력이 없다고 판단한 과학자들이 나타났을 뿐이다. 이런 과학자들 중 누군가가 새 이론을 처음 제안했을 때 기존 이론을 수용하고 있는 과학자 공동체는 새 이론에 호의적이지 않을 것이다. 당장 새 이론이 기존 이론보다 더 많은 문제를 해결할 리가 없기 때문이다. 그럼에도 불구하고 기존 이론이 설명하지 못하는 이상 현상을 새 이론이 설명한다는 것이 과학혁명의 출발점이다.

둘째, 다른 과학자들은 어떻게 기존 이론을 버리고 새로 제안된 이론을 선택하는가? 새 이론은 여전히 기존 이론보다 문제 해결의 성과가 부족하다. 하지만 선구적인 소수 과학자들의 연구활동과 그 성과에 자극을 받아 새 이론을 선택하는 과학자들은 그것이 앞으로 점점 더 많은 문제를 해결하리라고, 나아가 기존 이론의 문제 해결 능력을 능가하리라고 기대한다. 이러한 기대는 이론의 심미적 특성 같은 것에 근거한 주관적 판단이고, 그와 같은 판단은 개별 과학자의 몫이다. 물론 이러한 기대는 좌절될 수도 있고, 그 경우 과학혁명은 좌초된다.

셋째, 과학혁명이 일어날 때 과학자 공동체가 기존 이론을 버리고 새 이론을 선택하도록 하는 결정적인 요인은 무엇인가? 이 물음에서 선택의 주체는 더 이상 개별 과학자가 아니라 과학자 공동체이다. 하지만 과학자 공동체는 결국 개별 과학자들로 이루어져 있다. 그렇다면 문제는 과학자 공동체를 구성하는 과학자들이 어떻게 이론을 선택하는가이다. 하지만 이 단계에서 모든 개별 과학자들의 선택 기준은 더 이상 새 이론의 심미적 특성이나 막연한 기대가 아니다. 과학자들은 새 이론이 해결하는 문제의 수와 범위가 기존 이론의 그것보다 크다고 판단할 경우 새 이론을 선택할 것이다. 과학자 공동체의 대다수 과학자들이 이렇게 판단하게 되면 그것은 과학자 공동체가 새 이론을 선택한 것이고, 이로써 쿤이 말하는 과학 혁명이 완성된다.

① 과학혁명 초기 과정은 소수의 과학자들이 문제 해결의 성과가 큰 새 이론을 선택하는 것이다.
② 기존 이론과 새 이론이 어떤 현상을 모두 설명하면 과학자들은 새 이론을 선택할 확률이 높다.
③ 과학혁명의 계기는 기존의 이론이 설명하지 못하는 현상이 존재할 때이다.
④ 과학자들은 어떤 이론을 판단할 때 심미적 특성과 같은 주관적 판단을 철저히 배제한다.
⑤ 과학자 공동체의 움직임은 권위 있는 과학자들의 의견에 따른 것이기 때문에 개별 과학자들의 입장과 차이가 있다.

※ 다음 글을 읽고 이어지는 질문에 답하시오. [5~6]

인지부조화는 한 개인이 가지는 둘 이상의 사고, 태도, 신념, 의견 등이 서로 일치하지 않거나 상반될 때 생겨나는 심리적인 긴장상태를 의미한다. 인지부조화는 불편함을 유발하기 때문에 사람들은 이것을 감소시키려고 한다. 인지부조화를 감소시키는 방법은 서로 모순관계에 있어서 양립할 수 없는 인지들 가운데 하나 이상의 인지가 갖는 내용을 바꾸어 양립할 수 있게 만들거나, 서로 모순되는 인지들 간의 차이를 좁힐 수 있는 새로운 인지를 추가하여 부조화된 인지상태를 조화된 상태로 전환하는 것이다.

그런데 실제로 부조화를 감소시키는 행동은 비합리적인 면이 있다. 그 이유는 그러한 행동들이 사람들로 하여금 중요한 사실을 배우지 못하게 하고 자신들의 문제에 대해서 실제적인 해결책을 찾지 못하도록 할 수 있기 때문이다. 부조화를 감소시키려는 행동은 자기방어적인 행동이고, 부조화를 감소시킴으로써 우리는 자신의 긍정적인 이미지, 즉 자신이 선하고 현명하며 상당히 가치 있는 인물이라는 긍정적인 측면의 이미지를 유지하게 된다. 비록 자기방어적인 행동이 유용한 것으로 생각될 수 있지만, 이러한 행동은 부정적인 결과를 초래할 수 있다.

한 실험에서 연구자는 인종차별 문제에 대해서 확고한 입장을 보이는 사람들을 선정하였다. 일부는 차별에 찬성하였고, 다른 일부는 차별에 반대하였다. 선정된 사람들에게 인종차별에 대한 찬성과 반대 의견이 실린 글을 모두 읽게 하였는데, 어떤 글은 지극히 논리적이고 그럴듯하였고, 다른 글은 터무니없고 억지스러운 것이었다. 실험에서는 참여자들이 과연 어느 글을 기억할 것인지에 관심이 있었다. 인지부조화 이론에 따르면, 사람들은 현명한 사람을 자기편, 우매한 사람을 다른 편이라 생각할 때 마음이 편안해질 것이다. 그렇다면 이 실험에서 인지부조화 이론은 다음과 같은 ㉠ 결과를 예측할 것이다.

05 다음 중 윗글의 내용으로 가장 적절한 것은?

① 사람들은 인지부조화가 일어날 경우 이것을 무시하고 방치하려는 경향이 있다.
② 부조화를 감소시키는 행동은 합리적인 면과 비합리적인 면이 함께 나타난다.
③ 부조화를 감소시키는 행동의 비합리적인 면 때문에 문제에 대한 본질적인 해결책을 찾지 못할 수 있다.
④ 부조화를 감소시키는 자기방어적인 행동은 사람들에게 긍정적인 결과를 가져온다.
⑤ 부조화의 감소는 사람들로 하여금 자신의 긍정적인 이미지를 유지할 수 있게 하고, 부정적인 이미지를 감소시킨다.

06 다음 중 ㉠에 해당하는 내용으로 가장 적절한 것은?

① 참여자들은 자신의 의견과 동일한 주장을 하는 모든 글과 자신의 의견과 반대되는 주장을 하는 모든 글을 기억한다.
② 참여자들은 자신의 의견과 동일한 주장을 하는 모든 글과 자신의 의견과 반대되는 주장을 하는 모든 글을 기억하지 못한다.
③ 참여자들은 자신의 의견과 동일한 주장을 하는 형편없는 글과 자신의 의견과 반대되는 주장을 하는 형편없는 글을 기억한다.
④ 참여자들은 자신의 의견과 동일한 주장을 하는 논리적인 글과 자신의 의견과 반대되는 주장을 하는 형편없는 글을 기억한다.
⑤ 참여자들은 자신의 의견과 동일한 주장을 하는 형편없는 글과 자신의 의견과 반대되는 주장을 하는 논리적인 글을 기억한다.

07 다음 제시된 문단을 읽고, 이어질 문단을 논리적 순서대로 바르게 나열한 것은?

> 미적 판단은 대상에 대한 경험에서 생겨나며 감상자의 주관적 반응에 밀접하게 관련되기 때문에, 동일한 대상에 대한 미적 판단은 감상자에 따라 다양하게 나타날 수 있다. 이러한 미적 판단의 차이로 인해 실재론자와 반실재론자 간에 열띤 논쟁이 벌어지기도 한다.

> (가) 예컨대 '베토벤의 운명 교향곡이 웅장하다.'는 판단이 객관적 참이라면 '웅장함'이라는 미적 속성이 실재한다는 식이다. 이 경우 '웅장하다'는 미적 판단은 '웅장함'이라는 객관적으로 실재하는 미적 속성에 관한 기술이다. 동일한 미적 대상에 대한 감상자들 간의 판단이 일치하지 않는 것은 그 미적 판단 간에 옳고 그름이 존재한다는 것이며, 그 옳고 그름의 여부는 실재하는 미적 속성에 관한 확인을 통해 밝힐 수 있다.
>
> (나) 그러나 반실재론자들은 미적 판단이 단순한 객관적 실재의 기술이라기보다는 이미 주관적 평가가 개입된 경우가 많다는 점을 근거로 실재론에 반론을 제기한다. 이들의 주장에 따르면 미적 판단은 감상자의 주관적 반응에 의존하는 것으로, 앞에서 언급된 '웅장함'이라는 미적 속성은 '웅장하다'는 미적 판단을 내리는 감상자에 의해 발견되는 것이다.
>
> (다) 실재론자들은 '미적 속성이 존재한다는 전제하에 이것이 대상에 실재한다.'는 주장을 내세우면서, 미적 판단의 객관성을 지지한다. 이들에 의하면 미적 속성 P에 관한 진술인 미적 판단 J가 객관적으로 참일 때, 미적 속성 P가 실재한다.
>
> (라) 이 주장은 미적 판단의 주관성과 경험성에 주목한다는 점에서 미적 판단의 다양성을 설명하는 데 용이하다. 이에 따르면 미적 판단의 불일치란 굳이 해소해야 하는 문제적 현상이라기보다는 개인의 다양한 경험, 취미와 감수성의 차이에 따라 발생하는 자연스러운 현상이다.

① (가) – (나) – (다) – (라)
② (나) – (가) – (라) – (다)
③ (다) – (가) – (나) – (라)
④ (다) – (나) – (가) – (라)
⑤ (라) – (다) – (가) – (나)

08 다음 글의 중심 내용으로 가장 적절한 것은?

쇼펜하우어에 따르면 우리가 살고 있는 세계의 진정한 본질은 의지이며 그 속에 있는 모든 존재는 맹목적인 삶에의 의지에 의해서 지배당하고 있다. 쇼펜하우어는 우리가 일상적으로 또는 학문적으로 접근하는 세계는 단지 표상의 세계일 뿐이라고 주장하는데, 인간의 이성은 단지 이러한 표상의 세계만을 파악할 수 있을 뿐이다. 그에 따르면 존재하는 세계의 모든 사물들은 우선적으로 표상으로서 드러나게 된다. 시간과 공간 그리고 인과율에 의해서 파악되는 세계가 나의 표상인데, 이러한 표상의 세계는 오직 나에 의해서, 즉 인식하는 주관에 의해서만 파악되는 세계이다. 쇼펜하우어에 따르면 이러한 주관은 모든 현상의 세계, 즉 표상의 세계에서 주인의 역할을 하는 '나'이다.

이러한 주관을 이성이라고 부를 수도 있는데, 이성은 표상의 세계를 이끌어가는 주인공의 역할을 하는 것이다. 그러나 쇼펜하우어는 여기서 한발 더 나아가 표상의 세계에서 주인의 역할을 하는 주관 또는 이성은 의지의 지배를 받는다고 주장한다. 즉, 쇼펜하우어는 이성에 의해서 파악되는 세계의 뒤편에는 참된 본질적 세계인 의지의 세계가 있으므로 표상의 세계는 제한적이며 표면적인 세계일 뿐, 결코 이성에 의해서 또는 주관에 의해서 파악될 수 없다고 주장한다. 오히려 그는 그동안 인간이 진리를 파악하는 데 최고의 도구로 칭송하던 이성이나 주관을 의지에 끌려다니는 피지배자일 뿐이라고 비판한다.

① 세계의 본질로서 의지의 세계
② 표상 세계의 극복과 그 해결 방안
③ 의지의 세계와 표상의 세계 간의 차이
④ 세계의 주인으로서 주관의 표상 능력
⑤ 표상 세계 안에서의 이성의 역할과 한계

09 다음 문단을 논리적 순서대로 바르게 나열한 것은?

> (가) 동아시아의 문명 형성에 가장 큰 영향력을 끼친 책을 꼽을 때, 그중에 『논어』가 빠질 수 없다. 『논어』는 공자(B.C 551 ~ 479)가 제자와 정치인 등을 만나서 나눈 이야기를 담고 있다. 공자의 활동기간으로 따져보면 『논어』는 지금으로부터 대략 2,500년 전에 쓰인 것이다. 지금의 우리는 한나절에 지구 반대편으로 날아다니고, 여름에 겨울 과일을 먹는 그야말로 공자는 상상할 수도 없는 세상에 살고 있다.
>
> (나) 2,500년 전의 공자와 그가 대화한 사람 역시 우리와 마찬가지로 '호모 사피엔스'이기 때문이다. 2,500년 전의 사람도 배고프면 먹고, 졸리면 자고, 좋은 일이 있으면 기뻐하고, 나쁜 일이 있으면 화를 내는 오늘날의 사람과 다름없었다. 불의를 보면 공분하고, 전쟁보다 평화가 지속되기를 바라고, 예술을 보고 들으며 즐거워했는데, 오늘날의 사람도 마찬가지이다.
>
> (다) 물론 2,500년의 시간으로 인해 달라진 점도 많고 시대와 문화에 따라 '사람다움이 무엇인가?'에 대한 답은 다를 수 있지만, 사람은 돌도 아니고 개도 아니고 사자도 아니라 여전히 사람일 뿐인 것이다. 즉 현재의 인간이 과거보다 자연의 힘에 두려워하지 않고 자연을 합리적으로 설명할 수는 있지만, 인간적 약점을 극복하고 신적인 존재가 될 수는 없는 그저 인간일 뿐인 것이다.
>
> (라) 『논어』의 일부는 여성과 아동, 이민족에 대한 당시의 편견을 드러내고 있어 이처럼 달라진 시대의 흐름에 따라 폐기될 수밖에 없지만, 이를 제외한 부분은 '오래된 미래'로서 읽을 가치가 있는 것이다.
>
> (마) 이론의 생명 주기가 짧은 학문의 경우, 2,500년 전의 책은 역사적 가치가 있을지언정 이론으로서는 폐기 처분이 당연시된다. 그런데 왜 21세기의 우리가 2,500년 전의 『논어』를 지금까지도 읽고, 또 읽어야 할 책으로 간주하고 있는 것일까?

① (가) – (다) – (나) – (라) – (마)
② (가) – (라) – (다) – (나) – (마)
③ (가) – (마) – (나) – (다) – (라)
④ (나) – (다) – (가) – (마) – (라)
⑤ (마) – (가) – (나) – (다) – (라)

10 다음 글의 집필 의도로 가장 적절한 것은?

미술가가 얻어내려고 하는 효과가 어떤 것인지는 결코 예견할 수 없기 때문에 이러한 종류의 규칙을 설정하기는 불가능하며, 또한 이것이 진리이다. 미술가는 일단 옳다는 생각이 들면 전혀 조화되지 않는 것까지 시도하기를 원할지 모른다. 하나의 그림이나 조각이 어떻게 되어 있어야 제대로 된 것인지 말해 줄 수 있는 규칙이 없기 때문에 우리가 어떤 작품을 걸작품이라고 느끼더라도 그 이유를 정확한 말로 표현한다는 것은 거의 불가능하다. 그러나 그렇다고 어느 작품이나 다 마찬가지라거나, 사람들이 취미에 대해 논할 수 없다는 뜻은 아니다. 만일 그러한 논의가 별 의미가 없는 것이라 하더라도 그러한 논의들은 우리에게 그림을 더 보도록 만들고, 우리가 그림을 더 많이 볼수록 전에는 발견하지 못했던 점들을 깨달을 수 있게 된다. 그림을 보면서 각 시대의 미술가들이 이룩하려 했던 조화에 대한 감각을 발전시키고, 이러한 조화들에 의해 우리의 느낌이 풍부해질수록 우리는 더욱 그림 감상을 즐기게 될 것이다. 취미에 관한 문제는 논의의 여지가 없다는 오래된 경구는 진실이겠지만, 이로 인해 '취미는 개발될 수 있다.'는 사실이 숨겨져서는 안 된다. 예컨대 차를 마셔 버릇하지 않은 사람들은 여러 가지 차를 혼합해서 만드는 차와 다른 종류의 차가 똑같은 맛을 낸다고 느낄지 모른다. 그러나 만일 그들이 여가(餘暇)와 기회가 있어 그러한 맛의 차이를 찾아내려 한다면 그들은 자기가 좋아하는 혼합된 차의 종류를 정확하게 식별해 낼 수 있는 진정한 감식가가 될 수 있을 것이다.

① 미의 표현 방식을 설명하기 위해
② 미술에 대한 관심을 불러일으키기 위해
③ 미술 교육이 나아갈 방향을 제시하기 위해
④ 미술 작품 감상의 올바른 태도를 제시하기 위해
⑤ 미술을 통해 얻는 효과를 이해시키기 위해

11 E공사 기획팀 7명이 중국집에 점심식사를 하러 가서 짜장면 2개, 짬뽕 3개, 복음밥 2개를 주문했다. 〈조건〉이 다음과 같다고 할 때, 옳지 않은 것은?

〈조건〉

- 팀원은 A팀장, K과장, S과장, N대리, J대리, D사원, P사원이다.
- 1인 1메뉴를 시켰는데, 좋아하는 메뉴는 반드시 시키고, 싫어하는 메뉴는 반드시 시키지 않았으며, 같은 직급끼리는 같은 메뉴를 시키지 않았다.
- A팀장은 복음밥을 좋아한다.
- J대리는 짜장면을 싫어한다.
- D사원은 대리와 같은 메뉴를 시키지 않았다.
- S과장은 짬뽕을 싫어한다.
- K과장은 사원과 같은 메뉴를 시켰다.
- N대리는 복음밥을 싫어한다.

---

① S과장은 반드시 짜장면을 시킨다.

② K과장은 반드시 짬뽕을 시킨다.

③ J대리가 복음밥을 시키면 N대리는 짬뽕을 시킨다.

④ A팀장은 모든 직급의 팀원들과 같은 메뉴를 시킬 수 있다.

⑤ D사원은 짬뽕을 시킬 수 없다.

12 다음은 세계 로봇시장과 국내 로봇시장 규모에 대한 자료이다. 이에 대한 설명으로 옳지 않은 것은?

〈세계 로봇시장 규모〉

(단위 : 백만 달러)

구분	2019년	2020년	2021년	2022년	2023년
개인 서비스용 로봇산업	636	13,356	1,704	2,134	2,216
전문 서비스용 로봇산업	3,569	1,224	3,661	4,040	4,600
제조용 로봇산업	8,278	3,636	9,507	10,193	11,133
합계	12,483	8,496	14,872	16,367	17,949

〈국내 로봇시장 규모〉

(단위 : 억 원)

구분	생산			수출			수입		
	2021년	2022년	2023년	2021년	2022년	2023년	2021년	2022년	2023년
개인 서비스용 로봇산업	2,973	3,247	3,256	1,228	944	726	156	181	232
전문 서비스용 로봇산업	1,318	1,377	2,629	163	154	320	54	182	213
제조용 로봇산업	20,910	24,671	25,831	6,324	6,694	6,751	2,635	2,834	4,391
합계	25,201	29,295	31,716	7,715	7,792	7,797	2,845	3,197	4,836

① 2023년 세계 개인 서비스용 로봇시장 규모는 전년 대비 약 3.8% 성장한 22억 1,600만 달러이다.

② 세계 전문 서비스용 로봇시장 규모는 2021년 이후 꾸준히 성장하는 추세를 보이고 있으며, 2023년 세계 전문 서비스용 로봇시장 규모는 전체 세계 로봇시장 규모의 약 27% 이상을 차지하고 있다.

③ 2023년 세계 제조용 로봇시장은 전년 대비 약 9.2% 성장한 111억 3,300만 달러로, 세계 로봇시장에서 가장 큰 시장 규모를 차지하고 있다.

④ 2023년의 국내 전문 서비스용 로봇의 생산 규모는 전년보다 약 91.0% 증가했으며, 2023년의 국내 전체 서비스용 로봇의 생산 규모도 전년 대비 약 27.3% 증가했다.

⑤ 2023년의 국내 개인 서비스용 로봇 수출은 전년 대비 약 23.1% 정도 감소하였고, 2023년의 국내 전체 서비스용 로봇 수출은 전년 대비 약 4.7% 정도 감소했다.

13 다음은 개인 과외 교습 표지 부착 안내에 대한 설명이다. 부착 표지 서식에 따라 바르게 제작한 표지는?(단, 글자비율은 13 : 24 : 13으로 모두 동일하다)

〈개인 과외 교습 표지 부착 안내〉

교육부 학원정책팀(☎ 044-123-1234)

「학원의 설립·운영 및 과외교습에 관한 법률」 개정으로 개인 과외 교습자는 개인 과외 표지를 부착하도록 하여 개인 과외 운영의 투명성 및 학습자의 알권리를 강화하였습니다.

• 개인 과외 교습자가 그 주거지에서 과외 교습을 하는 경우에는 주된 출입문 또는 출입문 주변에 쉽게 볼 수 있는 위치에 표지를 부착해야 합니다.
• 개인 과외 교습자가 그 주거지에 표지를 부착하지 않은 경우에는 위반 횟수에 따라 과태료가 부과됩니다.
 ※ 과태료 : 1회 위반 50만 원, 2회 위반 100만 원, 3회 위반 200만 원

〈부착 표지 서식〉

▶ 재질 : 자율로 하되, 비바람에 쉽게 훼손되지 않는 것
▶ 색깔 : 바탕 – 흰색, 글자 – 검정색
▶ 내용 : 우측 상단 – 신고번호, 정중앙 – 개인 과외 교습자 표시, 우측 하단 – 교습과목
▶ 글자체 : 자율
▶ 글자비율 : '교육지원청 신고번호·개인 과외 교습자·교습과목'의 글자크기 비율은 13 : 24 : 13

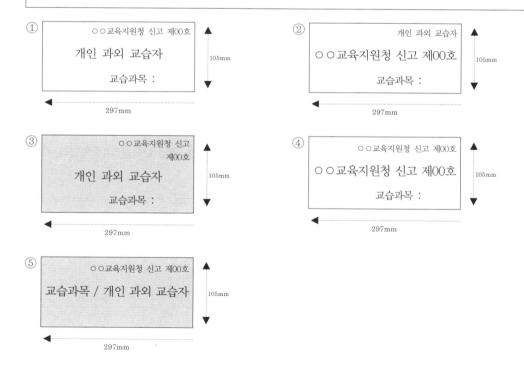

14 A ~ G 7명이 원형테이블에 〈조건〉과 같이 앉아 있을 때, 다음 중 직급이 사원인 사람과 대리인 사람이 바르게 연결된 것은?

〈조건〉

A, B, C, D, E, F, G는 모두 사원, 대리, 과장, 차장, 팀장, 본부장, 부장 중 하나의 직급에 해당하며, 이 중 동일한 직급인 직원은 없다.
- A의 왼쪽에는 부장이, 오른쪽에는 차장이 앉아 있다.
- E는 사원과 이웃하여 앉지 않았다.
- B는 부장과 이웃하여 앉아 있다.
- C의 직급은 차장이다.
- G는 차장과 과장 사이에 앉아 있다.
- D는 A와 이웃하여 앉아 있다.
- 사원은 부장, 대리와 이웃하여 앉아 있다.

	사원	대리
①	A	F
②	B	E
③	B	F
④	D	E
⑤	D	G

15 E공사에 근무하는 A ~ C는 이번 신입사원 교육에서 각각 인사, 사업, 영업 교육을 맡게 되었다. 다음 〈조건〉을 참고할 때, 바르게 연결된 것은?

〈조건〉

- 교육은 각각 2시간, 1시간 30분, 1시간 동안 진행된다.
- A, B, C 중 2명은 과장이며, 나머지 한 명은 부장이다.
- 부장은 B보다 짧게 교육을 진행한다.
- A가 가장 오랜 시간 동안 사업 교육을 진행한다.
- 교육 시간은 인사 교육이 가장 짧다.

	직원	담당 교육	교육 시간
①	B과장	인사 교육	1시간
②	B부장	영업 교육	1시간
③	C부장	인사 교육	1시간
④	C부장	인사 교육	1시간 30분
⑤	C과장	영업 교육	1시간 30분

※ A씨는 다음 규칙에 따라 자신의 금고 암호를 요일별로 바꾸어 사용하려 한다. 규칙을 참고하여 이어지는 질문에 답하시오. [16~17]

〈규칙〉

1. 한글 자음은 알파벳 a ~ n으로 치환하여 입력한다.
   예 ㄱ, ㄴ, ㄷ → a, b, c
   - 된소리 ㄲ, ㄸ, ㅃ, ㅆ, ㅉ는 치환하지 않고 그대로 입력한다.
2. 한글 모음 ㅏ, ㅑ, ㅓ, ㅕ, ㅗ, ㅛ, ㅜ, ㅠ, ㅡ, ㅣ는 알파벳 대문자 A ~ J로 치환하여 입력한다.
   예 ㅏ, ㅑ, ㅓ → A, B, C
   - 위에 해당하지 않는 모음은 치환하지 않고 그대로 입력한다.
3. 띄어쓰기는 반영하지 않는다.
4. 숫자 1 ~ 7을 요일별로 요일 순서에 따라 암호 첫째 자리에 입력한다.
   예 월요일 → 1, 화요일 → 2 … 일요일 → 7

---

16 A씨가 자신의 금고에 목요일의 암호인 '완벽해'를 치환하여 입력하려 할 때, 입력할 암호로 옳은 것은?

① 3h⊣bfDanㅐ
② 4h⊣bfDanㅐ
③ 4hEAbfDanㅐ
④ 4jJgAnㅐ
⑤ 4h⊣bfAnㅐ

17 A씨가 다음과 같은 암호를 입력하여 금고를 열었다고 할 때, 암호로 치환하기 전의 문구로 옳은 것은?

> 6hJdㅐcEaAenJaIeaEdIdhDdgGhJㅆcAaE

① 이래도 그래 금고를 열 수 있을까
② 그래도 어쭈 금고를 열 수 없다고
③ 이래도 감히 금고를 열 수 있다고
④ 이래서 오잉 금고를 열 수 있다고
⑤ 이제야 겨우 금고를 열 수 없다고

18 다음은 우리나라의 농가 수 변화에 대한 자료이다. 이를 해석한 내용으로 옳지 않은 것은?

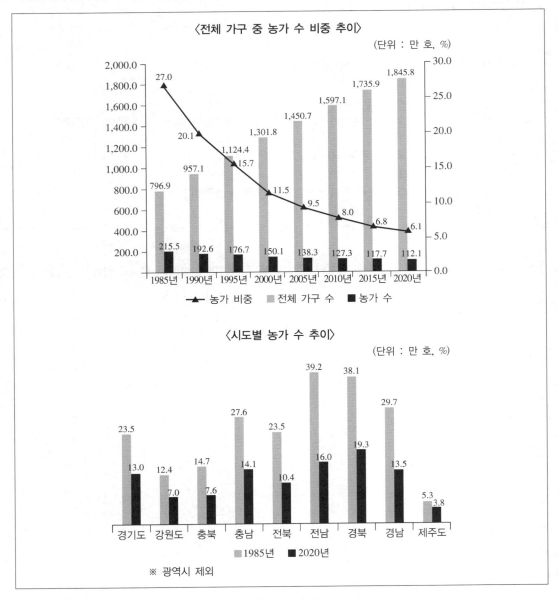

① 1985년 이래 농가 수의 비중은 계속해서 낮아지고 있다.
② 1985년에 비해 2020년 경기도의 농가 수는 약 45% 감소하였다.
③ 1985년 대비 농가 수의 감소율이 가장 낮은 곳은 제주도이다.
④ 1985년과 2020년의 농가 수가 많은 지역의 순서는 변함이 없다.
⑤ 1985년 대비 농가 수가 50% 이상 감소한 지역은 세 지역이다.

19 E항공사는 현재 신입사원을 모집하고 있으며, 지원자격은 다음과 같다. 〈보기〉의 지원자 중 E항공사 지원 자격에 부합하는 사람은 모두 몇 명인가?

〈E항공사 대졸공채 신입사원 지원자격〉

- 4년제 정규대학 모집대상 전공 중 학사학위 이상 소지한 자(졸업예정자 지원 불가)
- TOEIC 750점 이상인 자(국내 응시 시험에 한함)
- 병역필 또는 면제자로 학업성적이 우수하고, 해외여행에 결격사유가 없는 자

※ 공인회계사, 외국어 능통자, 통계 전문가, 전공 관련 자격 보유자 및 장교 출신 지원자 우대

모집분야		대상 전공
일반직	일반관리	• 상경, 법정 계열 • 통계/수학, 산업공학, 신문방송, 식품공학(식품 관련 학과) • 중국어, 러시아어, 영어, 일어, 불어, 독어, 서반아어, 포르투갈어, 아랍어
	운항관리	• 항공교통, 천문기상 등 기상 관련 학과 – 운항관리사, 항공교통관제사 등 관련 자격증 소지자 우대
전산직		• 컴퓨터공학, 전산학 등 IT 관련 학과

시설직		• 전기부문 : 전기공학 등 관련 전공
		  – 전기기사, 전기공사기사, 소방설비기사(전기) 관련 자격증 소지자 우대
		• 기계부문 : 기계학과, 건축설비학과 등 관련 전공
		  – 소방설비기사(기계), 전산응용기계제도기사, 건축설비기사, 공조냉동기사, 건설기계기사, 일반기계기사 등 관련 자격증 소지자 우대
		• 건축부문 : 건축공학 관련 전공(현장 경력자 우대)

〈보기〉

지원자	지원분야	학력	전공	병역사항	TOEIC 점수	참고사항
A	전산직	대졸	컴퓨터공학	병역필	820점	• 중국어, 일본어 능통자이다. • 해외 비자가 발급되지 않는 상태이다.
B	시설직 (건축부문)	대졸	식품공학	면제	930점	• 건축현장 경력이 있다. • 전기기사 자격증을 소지하고 있다.
C	일반직 (운항관리)	대재	항공교통학	병역필	810점	• 전기공사기사 자격증을 소지하고 있다. • 학업 성적이 우수하다.
D	시설직 (기계부문)	대졸	기계공학	병역필	745점	• 건축설비기사 자격증을 소지하고 있다. • 장교 출신 지원자이다.
E	일반직 (일반관리)	대졸	신문방송학	미필	830점	• 소방설비기사 자격증을 소지하고 있다. • 포르투갈어 능통자이다.

① 1명
② 2명
③ 3명
④ 4명
⑤ 없음

20 다음은 E공사 서류전형 가산점 기준표의 일부를 나타낸 자료이다. 이를 참고하여 〈보기〉의 지원자 (가) ~ (아)의 가산점을 계산할 때, 가산점이 5점, 4점, 2점인 경우는 각각 몇 가지인가?

〈E공사 서류전형 가산점 기준표〉

분야		관련 자격증 및 가산점		
		5점	4점	2점
학위		• 박사학위	• 석사학위	–
정보처리		• 정보관리기술사 • 전자계산기조직응용기술사	• 정보처리기사 • 전자계산기조직응용기사 • 정보보안기사	• 정보처리산업기사 • 사무자동화산업기사 • 컴퓨터활용능력 1·2급 • 워드프로세서 1급 • 정보보안산업기사
전자·통신		• 정보통신기술사 • 전자계산기기술사	• 무선설비·전파통신·전자전자· 정보통신·전자·전자계산기기사 • 통신설비기능장	• 무선설비·전파통신·전파전자· 정보통신·통신선로·전자·전 자계산기산업기사
국어		• 한국실용글쓰기검정 750점 이상 • 한국어능력시험 770점 이상 • 국어능력인증시험 162점 이상	• 한국실용글쓰기검정 630점 이상 • 한국어능력시험 670점 이상 • 국어능력인증시험 147점 이상	• 한국실용글쓰기검정 550점 이상 • 한국어능력시험 570점 이상 • 국어능력인증시험 130점 이상
외국어	영어	• TOEIC 900점 이상 • TEPS 850점 이상 • IBT 102점 이상 • PBT 608점 이상 • TOSEL 880점 이상 • Flex 790점 이상 • PELT 446점 이상	• TOEIC 800점 이상 • TEPS 720점 이상 • IBT 88점 이상 • PBT 570점 이상 • TOSEL 780점 이상 • Flex 714점 이상 • PELT 304점 이상	• TOEIC 600점 이상 • TEPS 500점 이상 • IBT 57점 이상 • PBT 489점 이상 • TOSEL 580점 이상 • Flex 480점 이상 • PELT 242점 이상
	일어	• JLPT 1급 • JPT 850점 이상	• JLPT 2급 • JPT 650점 이상	• JLPT 3급 • JPT 550점 이상
	중국어	• HSK 9급 이상	• HSK 8급	• HSK 7급

※ 자격증 종류에 따라 2점, 4점, 5점으로 차등 부여되며, 점수의 합산을 통해 최대 5점(5점이 넘는 경우도 5점으로 적용)까지만 받을 수 있다.
※ 같은 분야에 포함된 자격증에 대해서는 점수가 높은 자격증 1개만 인정된다.

─────〈보기〉─────

(가) : 정보관리기술사, 사무자동화산업기사, TOEIC 750점, JLPT 2급
(나) : TOSEL 620점, 워드프로세서 1급, PELT 223점
(다) : 한국실용글쓰기검정 450점, HSK 6급, 정보보안산업기사
(라) : JPT 320점, 석사학위, TEPS 450점
(마) : 무선설비산업기사, JLPT 3급, ITQ OA 마스터
(바) : TOEIC 640점, 국어능력인증시험 180점, HSK 8급
(사) : JLPT 3급, HSK 5급, 한국어능력시험 530점
(아) : IBT 42점, 컴퓨터활용능력 2급, 에너지관리산업기사

	5점	4점	2점
①	2가지	3가지	3가지
②	2가지	4가지	2가지
③	3가지	2가지	3가지
④	3가지	4가지	1가지
⑤	2가지	5가지	1가지

21 사고 난 차를 견인하기 위해 A와 B, 두 견인업체에서 견인차를 보내려고 한다. 사고지점은 B업체보다 A업체와 40km 더 가깝고, A업체의 견인차가 시속 63km의 일정한 속력으로 달리면 40분 만에 사고지점에 도착한다. B업체에서 보낸 견인차가 A업체의 견인차보다 늦게 도착하지 않으려면 B업체의 견인차가 내야 하는 최소 속력은?

① 119km/h

② 120km/h

③ 121km/h

④ 122km/h

⑤ 123km/h

22 다음은 버스 3대의 배차간격에 대한 정보이다. 오후 4시 50분에 동시에 출발한 이후 A · B · C버스가 다시 같이 출발하는 시간은 언제인가?

〈버스 배차간격 정보〉

• A버스는 배차간격이 8분이다.
• B버스는 배차간격이 15분이다.
• C버스는 배차간격이 12분이다.

① 오후 5시 40분

② 오후 5시 55분

③ 오후 6시 30분

④ 오후 6시 50분

⑤ 오후 7시 10분

23 중소기업의 생산 관리팀에서 근무하고 있는 A사원은 총생산비용의 감소율을 30%로 설정하려고 한다. 1단위 생산 시 단계별 부품 단가가 다음 자료와 같을 때, ⓐ+ⓑ의 값으로 옳은 것은?

단계	부품 1단위 생산 시 투입비용(원)	
	개선 전	개선 후
1단계	4,000	3,000
2단계	6,000	ⓐ
3단계	11,500	ⓑ
4단계	8,500	7,000
5단계	10,000	8,000

① 4,000원 ② 6,000원
③ 8,000원 ④ 10,000원
⑤ 12,000원

24 A지점장은 상반기 우수한 성과를 내준 직원들의 노고를 위로하고자 후식을 제공하려고 한다. 후식은 E피자 집에서 구매할 생각이다. 피자 1판의 정가가 30,000원이고, 구매방식별 할인혜택이 다음과 같을 때, 가장 싸게 살 수 있는 방법은 무엇인가?

구매방식	할인혜택과 비용
스마트폰 앱	정가의 25% 할인
전화	정가에서 3,000원 할인 후, 할인된 가격의 10% 추가 할인
회원카드와 쿠폰	회원카드로 정가의 15% 할인 후, 쿠폰으로 할인된 가격의 10% 추가 할인
직접 방문	정가의 30% 할인, 교통비용 3,000원 발생
교환권	24,000원에 피자 1판 교환

① 스마트폰 앱 ② 전화
③ 회원카드와 쿠폰 ④ 직접 방문
⑤ 교환권

25 다음은 A와 B의 시계조립 작업지시서의 내용이다. 〈조건〉에 따라 작업할 때, B의 최종 완성 시간과 유휴 시간은 각각 얼마인가?(단, 이동 시간은 고려하지 않는다)

〈작업지시서〉

[각 공작 기계 및 소요 시간]
1. 앞면 가공용 A공작 기계 : 20분
2. 뒷면 가공용 B공작 기계 : 15분
3. 조립 : 5분

[공작 순서]
시계는 각 1대씩 만들며 A는 앞면부터 가공하여 뒷면 가공 후 조립하고, B는 뒷면부터 가공하여 앞면 가공 후 조립하기로 하였다.

─── 〈조건〉 ───

1. A, B공작 기계는 각 1대씩이며 모두 사용해야 하고, 두 명이 동시에 작업을 시작한다.
2. 조립은 가공이 이루어진 후 즉시 실시한다.

	최종 완성 시간	유휴 시간
①	40분	5분
②	45분	5분
③	45분	10분
④	50분	5분
⑤	50분	10분

26 다음은 어린이집의 시설 및 교직원 현황에 관한 자료이다. 2020년 대비 2023년 직장 어린이집의 교직원 증가율은 얼마인가?

〈어린이집 시설 현황〉

(단위 : 개소)

연도	국·공립 어린이집	법인 어린이집	민간 어린이집	가정 어린이집	부모협동 어린이집	직장 어린이집
2020년	1,826	1,458	14,275	15,525	65	350
2021년	1,917	1,459	14,368	17,359	66	370
2022년	2,034	1,461	14,677	19,367	74	401
2023년	2,116	1,462	15,004	20,722	89	449

〈어린이집 교직원 현황〉

(단위 : 명)

연도	국·공립 어린이집	법인 어린이집	민간 어린이집	가정 어린이집	부모협동 어린이집	직장 어린이집
2020년	17,853	16,572	97,964	55,169	331	3,214
2021년	19,397	17,042	103,656	62,863	348	3,606
2022년	20,980	17,368	112,239	73,895	398	4,204
2023년	22,229	17,491	120,503	82,911	485	5,016

① 약 47%
② 약 51%
③ 약 56%
④ 약 61%
⑤ 약 66%

27 다음 자료는 E레스토랑의 신메뉴인 콥샐러드를 만들기 위해 필요한 재료의 단가와 K지점의 재료 주문 수량이다. K지점의 재료 구입 비용의 총합은 얼마인가?

〈E레스토랑의 콥샐러드 재료 단가〉

재료명	단위	단위당 단가	구입처
올리브 통조림	1캔(3kg)	5,200원	A유통
메추리알	1봉지(1kg)	4,400원	B상사
방울토마토	1박스(5kg)	21,800원	C농산
옥수수 통조림	1캔(3kg)	6,300원	A유통
베이비 채소	1박스(500g)	8,000원	C농산

〈K지점의 재료 주문 수량〉

재료명	올리브 통조림	메추리알	방울토마토	옥수수 통조림	베이비 채소
주문량	15kg	7kg	25kg	18kg	4kg

① 264,600원   ② 265,600원

③ 266,600원   ④ 267,600원

⑤ 268,600원

28 다음은 공공기관 청렴도에 대한 자료이다. 내부청렴도가 가장 높은 해와 낮은 해를 차례대로 나열하면?

〈공공기관 청렴도 평가 현황〉

(단위 : 점)

구분	2020년	2021년	2022년	2023년
종합청렴도	6.23	6.21	6.16	6.8
외부청렴도	8.0	8.0	8.0	8.1
내부청렴도				
정책고객평가	6.9	7.1	7.2	7.3
금품제공률	0.7	0.7	0.7	0.5
향응제공률	0.7	0.8	0.8	0.4
편의제공률	0.2	0.2	0.2	0.2

※ 종합청렴도, 외부청렴도, 내부청렴도, 정책고객평가는 10점 만점으로, 10점에 가까울수록 청렴도가 높다는 의미이다.
※ (종합청렴도)=[(외부청렴도)×0.6+(내부청렴도)×0.3+(정책고객평가)×0.1]−(감점요인)
※ 금품제공률, 향응제공률, 편의제공률은 감점요인이다.

	가장 높은 해	가장 낮은 해
①	2020년	2022년
②	2021년	2022년
③	2021년	2023년
④	2022년	2023년
⑤	2023년	2022년

29 다음은 우리나라의 주요 수출 품목의 수출액 및 증감을 나타낸 자료이다. 경공업제품의 2019년 대비 2022년의 수출액 증감률은 얼마인가?(단, 소수점 둘째 자리에서 반올림한다)

〈주요 수출 품목의 수출액 및 증감〉

(단위 : 백만 달러, %)

품목	2019년		2020년		2021년		2022년		2023년	
	수출액	증감률	수출액	증감률	수출액	증감률	수출액	증감률	수출액	증감률
중화학제품	425,490	28.8	505,289	18.8	497,882	−1.5	510,687	2.6	523,189	2.4
반도체	50,707	63.4	50,146	−1.1	50,430	0.6	57,143	13.3	62,647	9.6
자동차	35,411	39.4	45,312	28.0	47,201	4.2	48,635	3.0	48,924	0.6
일반기계	36,103	34.5	45,817	26.9	47,914	4.6	46,415	−3.1	48,403	4.3
무선통신	27,621	−10.9	27,325	−1.1	22,751	−16.7	27,578	21.2	29,573	7.2
석유화학	35,715	30.0	45,587	27.6	45,882	0.6	48,377	5.4	48,214	−0.3
선박	49,112	8.8	56,588	15.2	39,753	−29.8	37,168	−6.5	39,886	7.3
철강제품	28,875	25.4	38,484	33.3	36,971	−3.9	32,497	−12.1	35,543	9.4
컴퓨터	9,116	13.8	9,156	0.4	8,462	−7.6	7,763	−8.3	7,714	−0.6
가정용전자	12,816	27.4	13,328	4.0	12,635	−5.2	14,884	17.8	14,839	−0.3
경공업제품	29,397	23.5	34,200	16.3	35,311	3.2	36,829	4.3	36,631	−0.5
섬유직물	8,464	18.9	9,683	14.4	9,292	−4.0	9,369	0.8	9,262	−1.1
섬유제품	2,747	7.8	3,025	10.2	3,173	4.9	3,428	8.0	3,617	5.5
타이어	3,335	28.4	4,206	26.1	4,573	8.7	4,198	−8.2	4,063	−3.2

① 20.2%

② 21.3%

③ 23.4%

④ 24.7%

⑤ 25.3%

30 다음은 판매 가격과 권장 소비자 가격의 차이를 조사한 자료 중 일부이다. 주어진 〈조건〉을 적용했을 때, 할인가 판매 시 괴리율이 가장 높은 품목은?(단, 괴리율은 소수점 둘째 자리에서 버림한다)

〈판매 가격과 권장 소비자 가격의 차이〉

(단위 : 원, %)

상품	판매 가격		권장 소비자 가격과의 괴리율	
	정상가	할인가	권장 소비자 가격	정상가 판매 시 괴리율
세탁기	600,000	580,000	640,000	6.2
무선청소기	175,000	170,000	181,000	3.3
오디오세트	470,000	448,000	493,000	4.6
골프채	750,000	720,000	786,000	4.5
운동복	195,000	180,000	212,500	8.2

〈조건〉

- [권장 소비자 가격과의 괴리율(%)]$=\dfrac{[(권장\ 소비자\ 가격)-(판매\ 가격)]}{(권장\ 소비자\ 가격)}\times100$
- 정상가 : 할인 판매를 하지 않는 상품의 판매 가격
- 할인가 : 할인 판매를 하는 상품의 판매 가격

① 세탁기
③ 오디오세트
⑤ 운동복

② 무선청소기
④ 골프채

31 다음 중 파워포인트에서 도형을 그릴 때 적절하지 않은 것은?

① 타원의 경우 도형 선택 후 〈Shift〉 버튼을 누르고 드래그하면 정원으로 크기 조절이 가능하다.
② 도형 선택 후 〈Shift〉 버튼을 누르고 도형을 회전시키면 30° 간격으로 회전시킬 수 있다.
③ 타원을 중심에서부터 정비례로 크기를 조절하려면 〈Ctrl〉+〈Shift〉 버튼을 함께 누른 채 드래그한다.
④ 도형 선택 후 〈Ctrl〉+〈D〉 버튼을 누르면 크기와 모양이 같은 도형이 일정한 간격으로 반복해서 나타난다.
⑤ 도형을 선택하고 〈Ctrl〉+〈Shift〉 버튼을 누르고 수직 이동하면 수직 이동된 도형이 하나 더 복사된다.

32 다음 중 주파수분할 멀티플렉스(FDM)에 대한 설명으로 옳지 않은 것은?

① 시분할 멀티플렉스에 비해 비교적 간단한 구조이다.
② 진폭 등화를 동시에 수행한다.
③ 재생증폭기는 전체 채널에 하나만 필요하다.
④ 진폭 편이 변조방식만을 사용한다.
⑤ 전송로의 주파수 대역은 4KHz(전환 1회선분)를 기본으로 한다.

33 다음 중 온라인에서의 개인정보 오남용으로 인한 피해를 예방하기 위한 행동으로 적절하지 않은 것은?

① 회원가입을 하거나 개인정보를 제공할 때 개인정보 취급방침 및 약관을 꼼꼼히 살핀다.
② 회원가입 시 비밀번호를 타인이 유추하기 어렵도록 설정하고 이를 주기적으로 변경한다.
③ 아무 자료나 함부로 다운로드하지 않는다.
④ 온라인에 자료를 올릴 때 개인정보가 포함되지 않도록 한다.
⑤ 금융거래 시 금융정보 등은 암호화하여 저장하고, 되도록 PC방, 공용 컴퓨터 등 개방 환경을 이용한다.

34 컴퓨터 시스템 구성요소 중 다음 설명에 해당하는 것은?

- Main Memory
- CPU 가까이에 위치하며 반도체 기억장치 칩들로 고속 액세스가 가능하다.
- 가격이 높고 면적을 많이 차지한다.
- 저장 능력이 없으므로 프로그램 실행 중 일시적으로 사용한다.

① 중앙처리장치   ② 주기억장치
③ 보조저장장치   ④ 입출력장치
⑤ LAN

35 다음 〈조건〉을 참고하여 기안문을 수정하려고 할 때, 필요 없는 단축키는?

	A	B	C	D	E	F	G	H	I
1				기 안 문					
2	문 서 번 호		185791		결	담 당	과 장	부 장	사 장
3	기 안 일 자		2024.5.4						
4	시 행 일 자		2024.7.25		재	최신식			
5	보 존 기 한		2025.5.25						
6	장 소		강남		참 석 대 상	만 8세 미만 아이를 둔 부모			
7	목 적		판매촉진		예 상 인 원	150~200명			
8	제 목 : 베이비아토 홍보를 위한 무료 배포 행사								
9									
10	1. 베이비아토는 민감성 피부를 가진 영유아를 대상으로 만들어진 기능성 화장품으로써 만 8세 미								
11	만의 아이를 둔 부모의 관심이 높습니다.								
12	2. 특히 미세먼지로 인해 아이들의 피부 트러블이 심해지고 있어 베이비아토처럼 순한 화장품에 대								
13	한 관심이 더욱 높아질 것으로 판단됩니다.								
14	3. 무료 배포를 통해 브랜드 홍보효과를 볼 수 있을 것으로 기대되므로 재가하여 주시기 바랍니다.								
15									
16	− 아 래 −								
17									
18	(1) 소요예산 : 870,000원 (2) 기대효과 : 브랜드 홍보와 베이비아토 제품 판매촉진								
19									
20									
21									

〈조건〉

- [A1] 셀의 글자를 굵게 하고 크기를 13p로 바꾼다.
- [A2:I21] 셀의 테두리를 굵은 바깥쪽 테두리로 설정한다.
- 기안문의 내용 부분에 기대효과의 내용을 줄바꿈하여 소요예산과 좌측정렬로 배치한다.

① 〈Ctrl〉＋〈Shift〉＋〈p〉
② 〈Alt〉＋〈Enter〉
③ 〈Ctrl〉＋〈1〉
④ 〈Ctrl〉＋〈B〉
⑤ 〈Ctrl〉＋〈I〉

36 다음 시트에서 [A2:A4] 영역의 데이터를 이용하여 [C2:C4] 영역처럼 표시하려고 할 때, [C2] 셀에 입력할 수식으로 옳은 것은?

	A	B	C
1	주소	사원 수	출신지
2	서귀포시	10	서귀포
3	여의도동	90	여의도
4	김포시	50	김포

① = LEFT(A2,LEN(A2) − 1)
② = RIGHT(A2,LENGTH(A2)) − 1
③ = MID(A2,1,VALUE(A2))
④ = LEFT(A2,TRIM(A2)) − 1
⑤ = MID(A2,LENGTH(A3))

37 다음 글에서 알 수 있는 정보관리의 3원칙으로 적절한 것은?

'구슬이 서말이라도 꿰어야 보배'라는 속담처럼, 여러 가지 채널과 갖은 노력 끝에 입수한 정보가 우리가 필요한 시점에 즉시 활용되기 위해서는 모든 정보가 차곡차곡 정리되어 있어야 한다. 이처럼 정보의 관리란 수집된 다양한 형태의 정보를 어떤 문제해결이나 결론도출에 사용하기 쉬운 형태로 바꾸는 일이다. 정보를 관리할 때에는 특히 정보에 대한 사용목표가 명확해야 하며, 정보를 쉽게 작업할 수 있어야 하고, 또한 즉시 사용할 수 있어야 한다.

① 목적성, 용이성, 유용성
② 다양성, 용이성, 통일성
③ 용이성, 통일성, 다양성
④ 통일성, 목적성, 유용성
⑤ 통일성, 목적성, 용이성

38 다음 시트에서 [E10] 셀에 수식 「=INDEX(E2:E9,MATCH(0,D2:D9,0))」를 입력했을 때, [E10] 셀에 표시되는 결과로 옳은 것은?

◢	A	B	C	D	E
1	부서	직위	사원명	근무연수	근무월수
2	재무팀	사원	이수연	2	11
3	교육사업팀	과장	조민정	3	5
4	신사업팀	사원	최지혁	1	3
5	교육컨텐츠팀	사원	김다연	0	2
6	교육사업팀	부장	민경희	8	10
7	기구설계팀	대리	김형준	2	1
8	교육사업팀	부장	문윤식	7	3
9	재무팀	대리	한영혜	3	0
10					

① 0   ② 1

③ 2   ④ 3

⑤ 4

39 E사에 근무하는 K사원은 다음 시트와 같이 [D2:D7] 영역에 사원들의 업무지역별 코드번호를 입력하였다. K사원이 [D2] 셀에 입력한 수식으로 옳은 것은?

◢	A	B	C	D	E	F	G
1	성명	부서	업무지역	코드번호		업무지역별 코드번호	
2	김수로	총무부	서울	1		서울	1
3	이경제	인사부	부산	4		경기	2
4	박선하	영업부	대구	5		인천	3
5	이지현	인사부	광주	8		부산	4
6	김일수	총무부	울산	6		대구	5
7	서주완	기획부	인천	3		울산	6
8						대전	7
9						광주	8

① =VLOOKUP(C2,$F$2:$G$9,1,0)

② =VLOOKUP(C2,$F$2:$G$9,2,0)

③ =HLOOKUP(C2,$F$2:$G$9,1,0)

④ =HLOOKUP(C2,$F$2:$G$9,2,0)

⑤ =INDEX($F$2:$G$9,2,1)

40 다음은 E회사 인트라넷에 올라온 컴퓨터의 비프음과 관련된 문제 해결 방법에 대한 공지사항이다. 부팅 시 비프음 소리와 해결방법에 대한 설명으로 적절하지 않은 것은?

안녕하십니까.
최근 사용하시는 컴퓨터를 켤 때 비프음 소리가 평소와 다르게 들리는 경우가 종종 있습니다.
해당 비프음 소리별 발생 원인과 해결 방법을 공지하오니 참고해주시기 바랍니다.

〈비프음으로 진단하는 컴퓨터 상태〉

– 짧게 1번 : 정상
– 짧게 2번 : 바이오스 설정이 올바르지 않은 경우, 모니터에 오류 메시지가 나타나게 되므로 참고하여 문제 해결
– 짧게 3번 : 키보드가 불량이거나 올바르게 꽂혀 있지 않은 경우
– 길게 1번+짧게 1번 : 메인보드 오류
– 길게 1번+짧게 2번 : 그래픽 카드의 접촉 점검
– 길게 1번+짧게 3번 : 쿨러의 고장 등 그래픽 카드 접촉 점검
– 길게 1번+짧게 9번 : 바이오스의 초기화, A/S 점검
– 아무 경고음도 없이 모니터가 켜지지 않을 때 : 전원 공급 불량 또는 합선, 파워서플라이의 퓨즈 점검, CPU나 메모리의 불량
– 연속으로 울리는 경고음 : 시스템 오류, 메인보드 점검 또는 각 부품의 접촉 여부와 고장 확인

---

① 짧게 2번 울릴 때는 모니터에 오류 메시지가 뜨니 원인을 참고해 해결할 수 있다.
② 비프음이 길게 1번, 짧게 1번 울렸을 때 CPU를 교체해야 한다.
③ 길게 1번, 짧게 9번 울리면 바이오스 ROM 오류로 바이오스의 초기화 또는 A/S가 필요하다.
④ 키보드가 올바르게 꽂혀 있지 않은 경우 짧게 3번 울린다.
⑤ 연속으로 울리는 경고음은 시스템 오류일 수 있다.

41 다음은 외부 강의 사례금 상한선에 대한 규정이다. 강의자들에게 지불해야 되는 외부 강의 사례금액의 상한액은 총 얼마인가?

〈외부 강의 사례금 상한선〉

- 공무원과 그 밖에 다른 법률에 따라 그 자격·임용·교육훈련·복무·보수·신분보장 등에 있어서 공무원으로 인정된 사람 등의 공직자는 40만 원이 상한이다.
- 각급 학교 및 사립학교법에 따른 학교법인 각급 학교의 장과 교직원 및 학교 법인의 임직원은 100만 원이 상한이다.
- 언론중재 및 피해구제 등에 관한 법률에 따른 언론사 대표자와 그 임직원은 100만 원이 상한이다.
- 국립대학의 교수와 강사는 20만 원이 상한이다.
- 공공기관과 공직유관단체 및 그 기관의 장과 임직원은 40만 원이 상한이다.
- 강의의 상한액은 1시간당 기준으로 하고, 1시간을 초과하여 강의 등을 하는 경우에는 강의시간에 관계없이 1시간 초과분에 대하여 시간당 상한액의 100분의 150에 해당하는 금액을 추가 지급한다.
- 외부 강의 상한액은 원고료, 출연료, 강의료 등 명목에 관계없이 일체의 사례금을 포함한다.

강의자	강의시간	기타
A국립대 M교수	1시간	−
B언론사 K기자	2시간	−
C병원 S병원장	2시간	−
D사립대 J강사	1시간	원고료 10만 원 추가 요청

※ C병원은 공직유관단체이다.

---

① 380만 원
② 410만 원
③ 430만 원
④ 450만 원
⑤ 470만 원

42 다음과 같은 상황에서 E기업이 얻을 수 있는 효과로 적절한 것은?

E기업은 전자가격표시기(ESL; Electronic Shelf Label)를 점포별로 확대 설치한다고 밝혔다. 전자가격표시기는 과거 종이에 표시했던 상품의 가격 등을 전자 종이와 같은 디지털 장치를 활용해 표시하는 방식으로, 중앙 서버에서 상품정보를 변경하면 무선 통신을 통해 매장 내 전자가격표시기에 자동 반영된다. 기존 시스템의 경우 매주 평균 3,700여 개의 종이 가격표를 교체하는 데 평균 31시간이 걸렸으나, 전자가격표시 도입 이후 관련 업무에 투입되는 시간은 기존의 1/10 수준인 3.8시간으로 단축됐다.
현장에서 근무하는 직원들은 세일 행사 직전에는 30분 ~ 1시간 정도 일찍 출근하거나 전날 늦게 퇴근해 가격을 점검해야 했다. 그러나 전자가격표시기를 도입한 이후 업무가 간소화되면서 정시 출퇴근도 수월해졌다는 반응이다. E기업은 전자가격표시기 운영 데이터를 바탕으로 업그레이드 버전을 확대 적용할 방안이다.

① 생산성 향상   ② 가격 인상
③ 위험 감소   ④ 시장 점유율 증가
⑤ 업무 효율성 증가

43 E통신사 멤버십 회원인 B씨는 K랜드 E통신사 멤버십 할인 이벤트를 보고 우대쿠폰을 출력해 아내와 15살 아들, 7살 딸과 K랜드로 가족 나들이를 가기로 했다. B씨 가족이 주간권을 구매할 때와 야간권을 구매할 때 받는 할인금액의 차이는?

〈K랜드 E통신사 멤버십 할인 이벤트〉

• E통신사 멤버십 카드 소지 시 본인은 정상가의 40%를 할인받을 수 있습니다.
• E통신사 멤버십 카드 우대쿠폰을 통해 동반 3인까지 10%를 할인받을 수 있습니다.
• K랜드 이용권 정상가는 아래와 같습니다.

구분	주간권(종일)	야간권(17시 이후)
대인	54,000원	45,000원
청소년	46,000원	39,000원
소인	43,000원	36,000원

※ 소인 : 36개월 ~ 만 12세
※ 청소년 : 만 13세 ~ 만 18세

① 5,900원   ② 6,100원
③ 6,300원   ④ 6,500원
⑤ 6,700원

44 E사의 5명의 직원들(과장 1명, 대리 2명, 사원 2명)이 10월 중에 연차를 쓰려고 한다. 다음 〈조건〉을 참고하여 직원들이 나눈 대화 내용 중 옳지 않은 말을 한 직원을 모두 고르면?

───────〈조건〉───────

- 연차는 하루이다.
- 10월 1일은 월요일이며, 3일과 9일은 공휴일이다.
- 대리는 교육을 신청한 주에 연차를 신청할 수 없다.
- 같은 주에 3명 이상 교육 및 연차를 신청하면 안 된다.
- 워크숍은 5주차 월·화이다.
- 연차는 연이어 쓸 수 없다.
- 대리급 교육은 매주 이틀 동안 목 ~ 금에 있으며, 교육은 한 번만 받으면 된다.
- 연차와 교육 신청 순서는 대화 내용에서 말한 차례대로 적용한다.

A과장 : 난 9일에 시골 내려가야 해서 10일에 쓰려고 하네. 나머지 사람들은 그날 제외하고 서로 조율해서 신청하면 좋겠네.

A대리 : 저는 10월에 교육받으러 18 ~ 19일에 갈 예정입니다. 그리고 그 다음 주 수요일 날 연차 쓰겠습니다. 그럼 제가 교육받는 주에 다른 사람 2분은 연차 신청이 가능할 것 같은데요.

A사원 : 오, 그럼 제가 15일에 쓰겠습니다.

B대리 : 저는 연이어서 16일에 신청할 수 없으니까 17일에 쓰고, 교육은 11 ~ 12일에 받겠습니다.

B사원 : 저만 정하면 끝나네요. 2일로 하겠습니다.

① A과장, A대리

② A대리, B대리

③ B대리, A사원

④ A사원, B사원

⑤ B사원, B대리

45 E구청은 관내 도장업체 A ~ C에 청사 바닥 도장 공사를 의뢰하려고 한다. 다음 관내 도장업체 정보를 보고 〈보기〉에서 옳은 것을 모두 고르면?

〈관내 도장업체 정보〉

업체	1m²당 작업시간	시간당 비용
A	30분	10만 원
B	1시간	8만 원
C	40분	9만 원

※ 청사 바닥의 면적은 60m²이다.
※ 여러 업체가 참여하는 경우, 각 참여 업체는 언제나 동시에 작업하며 업체당 작업시간은 동일하다. 이때 각 참여 업체가 작업하는 면은 겹치지 않는다.
※ 모든 업체는 시간당 비용에 비례하여 분당 비용을 받는다(예 A업체가 6분 동안 작업한 경우 1만 원을 받는다).

〈보기〉
ㄱ. 작업을 가장 빠르게 끝내기 위해서는 A업체와 C업체에만 작업을 맡겨야 한다.
ㄴ. B업체와 C업체에 작업을 맡기는 경우, 작업 완료까지 24시간이 소요된다.
ㄷ. A, B, C업체에 작업을 맡기는 경우, B업체와 C업체에 작업을 맡기는 경우보다 많은 비용이 든다.

① ㄱ
② ㄴ
③ ㄷ
④ ㄱ, ㄴ
⑤ ㄴ, ㄷ

46 다음은 한 달 동안 K사원의 야근 및 휴일근무를 기록한 것이다. 회사의 초과근무수당 규정을 참고하여 K사원이 이번 달 받을 수 있는 야근 및 특근 수당을 바르게 구한 것은?(단, K사원의 세전 연봉은 3천만 원이고, 시급 산정 시 월평균 근무시간은 200시간으로 계산한다)

일	월	화	수	목	금	토
	1 (18 ~ 21시)	2	3	4 (18 ~ 22시)	5	6
7	8	9 (18 ~ 24시)	10	11	12	13
14 (09 ~ 12시)	15	16	17	18	19	20
21	22	23	24	25	26 (18 ~ 21시)	27 (13 ~ 18시)
28	29 (18 ~ 19시)	30				

〈초과근무수당 규정〉

- 시급 환산 시 세전 연봉으로 계산한다.
- 평일 야근 수당은 시급에 5,000원을 가산하여 지급한다.
- 주말 특근 수당은 시급에 10,000원을 가산하여 지급한다.
- 식대는 10,000원을 지급하며, 식대는 야근·특근 수당에 포함되지 않는다.
- 야근시간은 오후 7시부터 적용되며 10시를 초과할 수 없다(초과시간 수당 미지급).

① 285,000원 ② 320,000원
③ 355,000원 ④ 405,000원
⑤ 442,500원

47 정부에서 E시에 새로운 도로를 건설할 계획을 발표하였으며, 이에 따라 A ~ C의 세 가지 노선이 제시되었다. 각 노선의 총 길이는 터널구간, 교량구간, 일반구간으로 구성되며, 추후 도로가 완공되면 연간 평균 차량통행량이 2백만 대일 것으로 추산된다. 다음은 각 노선의 구성과 건설비용, 환경·사회손실비용을 나타낸 자료이다. 이를 참고할 때, 다음 중 적절하지 않은 것은?(단, 도로는 15년 동안 유지할 계획이다)

구분		A노선	B노선	C노선	1km당 건설비용
건설비용	터널구간	1.0km	0km	0.5km	1,000억 원
	교량구간	0.5km	0km	1km	200억 원
	일반구간	8.5km	20km	13.5km	100억 원
환경손실비용		15억 원/년	5억 원/년	10억 원/년	–
사회손실비용		차량 한 대가 10km를 운행할 경우 1,000원 비용발생			–

※ (건설비용)=(각 구간 길이)×(1km당 건설비용)

※ (사회손실비용)=(노선 길이)×$\frac{1,000원}{10km}$×(연간 평균 차량 통행량)×(유지 연수)

① 건설비용만 따져볼 때는 A노선이 최적의 대안이다.

② B노선의 길이가 가장 길기 때문에 사회손실비용이 가장 많이 발생한다.

③ 환경손실비용만 보았을 때, A노선은 B노선의 3배에 이르는 비용이 든다.

④ 건설비용과 사회손실비용을 함께 고려하면 C노선이 가장 적합하다.

⑤ 건설비용과 사회·환경손실비용을 모두 고려하면 A노선과 B노선에 드는 비용의 차이는 200억 원이다.

48 다음은 E회사 신제품 개발1팀의 하루 업무 스케줄에 대한 자료이다. 신입사원 A씨는 스케줄을 바탕으로 금일 회의 시간을 정하려고 한다. 1시간 동안 진행될 팀 회의의 가장 적절한 시간대는 언제인가?

시간	직급별 스케줄				
	부장	차장	과장	대리	사원
09:00 ~ 10:00	업무회의				
10:00 ~ 11:00					비품요청
11:00 ~ 12:00			시장조사	시장조사	시장조사
12:00 ~ 13:00	점심식사				
13:00 ~ 14:00	개발전략수립		시장조사	시장조사	시장조사
14:00 ~ 15:00		샘플검수	제품구상	제품구상	제품구상
15:00 ~ 16:00			제품개발	제품개발	제품개발
16:00 ~ 17:00					
17:00 ~ 18:00			결과보고	결과보고	

〈E회사 신제품 개발1팀 스케줄〉

① 09:00 ~ 10:00

② 10:00 ~ 11:00

③ 14:00 ~ 15:00

④ 16:00 ~ 17:00

⑤ 17:00 ~ 18:00

49 E사에서는 A ~ N직원 중 면접위원을 선발하고자 한다. 면접위원의 구성 조건이 다음과 같을 때, 적절하지 않은 것은?

〈면접위원 구성 조건〉

- 면접관은 총 6명으로 구성한다.
- 이사 이상의 직급으로 50% 이상 구성해야 한다.
- 인사팀을 제외한 모든 부서는 두 명 이상 선출할 수 없고, 인사팀은 반드시 두 명 이상을 포함한다.
- 모든 면접위원의 입사 후 경력은 3년 이상으로 한다.

직원	직급	부서	입사 후 경력
A	대리	인사팀	2년
B	과장	경영지원팀	5년
C	이사	인사팀	8년
D	과장	인사팀	3년
E	사원	홍보팀	6개월
F	과장	홍보팀	2년
G	이사	고객지원팀	13년
H	사원	경영지원	5개월
I	이사	고객지원팀	2년
J	과장	영업팀	4년
K	대리	홍보팀	4년
L	사원	홍보팀	2년
M	과장	개발팀	3년
N	이사	개발팀	8년

① L사원은 면접위원으로 선출될 수 없다.
② N이사는 반드시 면접위원으로 선출된다.
③ B과장이 면접위원으로 선출됐다면 K대리도 선출된다.
④ 과장은 두 명 이상 선출되었다.
⑤ 모든 부서에서 면접위원이 선출될 수는 없다.

50 다음은 직장문화에서 갑질 발생 가능성 정도를 점검하는 설문지이다. A부서의 직원 10명이 자료와 같이 체크를 했다면 가중치를 적용한 점수의 평균은 몇 점인가?

〈A부서 설문지 결과표〉

(단위 : 명)

점검 내용	전혀 아니다 (1점)	아니다 (2점)	보통이다 (3점)	그렇다 (4점)	매우 그렇다 (5점)
1. 상명하복의 서열적인 구조로 권위주의 문화가 강하다.		3	7		
2. 관리자(상급기관)가 직원(하급기관)들의 말을 경청하지 않고 자신의 의견만 주장하는 경우가 많다.		2	5	2	1
3. 관리자(상급기관)가 직원(하급기관)에게 지휘감독이라는 명목 하에 부당한 업무지시를 하는 사례가 자주 있다.	7	3			
4. 업무처리 과정이나 결과가 투명하게 공개되지 않는다.		1	1	6	2
5. 기관의 부당한 행위에 대해 직원들이 눈치 보지 않고 이의제기를 할 수 없다.	6	3	1		
6. 사회적으로 문제가 될 수 있는 부당한 행위가 기관의 이익 차원에서 합리화 및 정당화되는 경향이 있다. (예 협력업체에 비용전가 등)	8	2			
7. 갑질 관련 내부신고 제도 등이 존재하더라도 신고하면 불이익을 당할 수 있다는 의식이 강하다.				8	2
8. 우리 기관은 민간업체에 대한 관리·감독, 인허가·규제 업무를 주로 수행한다.			5	2	3
9. 우리 기관이 수행하는 업무는 타 기관에 비해 업무적 독점성이 강한 편이다.		2	6	1	1
10. 우리 기관에 소속된 공직유관단체(투자·출연기관 등)의 수는 타 기관에 비해 많다.		2	7		1

※ 갑질 가능성 정도는 점수와 비례한다.

〈질문 선택지별 가중치〉

전혀 아니다	아니다	보통이다	그렇다	매우 그렇다
0.2	0.4	0.6	0.8	1.0

① 25.7점   ② 23.9점

③ 21.6점   ④ 18.7점

⑤ 16.5점

41 다음 글을 읽고 추론할 수 있는 기술혁신의 특성으로 옳은 것은?

> 인간의 개별적인 지능과 창의성, 상호학습을 통해 발생하는 새로운 지식과 경험은 빠른 속도로 축적되고 학습되지만, 이러한 지식은 문서화되기 어렵기 때문에 다른 사람들에게 쉽게 전파될 수 없다. 따라서 연구개발에 참가한 연구원과 엔지니어들이 그 기업을 떠나는 경우 기술과 지식의 손실이 크게 발생하여 기술 개발을 지속할 수 없는 경우가 종종 발생한다.

① 기술혁신은 그 과정 자체가 매우 불확실하다.
② 기술혁신은 장기간의 시간을 필요로 한다.
③ 기술혁신은 지식 집약적인 활동이다.
④ 기술혁신 과정의 불확실성과 모호함은 기업 내에서 많은 갈등을 유발할 수 있다.
⑤ 기술혁신은 조직의 경계를 넘나든다.

42 다음 빈칸에 들어갈 용어로 가장 적절한 것은?

> 강사 : 안녕하세요. 오늘은 산업재해의 기본적 원인에 대해 알아보려고 합니다. 산업재해의 기본적 원인으로는 교육적 원인, 기술적 원인, 작업 관리상의 원인과 같이 크게 3가지 유형으로 구분할 수 있다고 저번 강의 때 말씀드렸는데요. 오늘은 이전 시간에 배웠던 교육적 원인 다음으로 기술적 원인에 대해 알아보고자 합니다. 산업재해의 기술적 원인의 사례로는 건물·기계 장치의 설계 불량, _____, 재료의 부적합, 생산 공정의 부적당 등을 볼 수 있습니다.

① 안전 지식의 불충분
② 인원 배치 및 작업 지시 부적당
③ 점검·정비·보존의 불량
④ 유해 위험 작업교육 불충분
⑤ 안전 관리 조직의 결함

※ E병원에서는 환자들의 휴식 시간을 위해 병실마다 벽걸이 TV를 설치하고자 한다. 이어지는 질문에 답하시오.
[43~44]

■ 설치 시 주의사항
- 반드시 제공하는 구성품 및 부품을 사용해주세요.
- 수직 벽면 이외의 장소에는 설치하지 마세요.
- 진동이나 충격이 가해질 염려가 있는 곳은 제품이 떨어질 수 있으므로 피하세요.
- 제품의 열을 감지하고 스프링클러가 작동할 수 있으므로 스프링클러 감지기 옆에는 설치하지 마세요.
- 고압 케이블의 간섭을 받아 화면이 제대로 나오지 않을 수 있으므로 고압 케이블 근처에는 설치하지 마세요.
- 난방기기 주변은 과열되어 고장의 염려가 있으므로 피하십시오.
- 벽면의 안정성을 확인하세요.
- 설치한 후 벽면과 제품 사이의 거리는 최소 15mm 이상 유지하세요.
- 제품 주변으로 10cm 이상의 공간을 두어 통풍이 잘되도록 하세요. 제품 내부 온도의 상승은 화재 및 제품 고장의 원인이 될 수 있습니다.

■ 문제해결

고장	해결
전원이 켜지지 않아요.	• 전원코드가 잘 연결되어 있는지 확인하세요. • 안테나 케이블 연결이 제대로 되어 있는지 확인하세요. • 케이블 방송 수신기의 연결이 제대로 되어 있는지 확인하세요.
전원이 갑자기 꺼져요.	• 에너지 절약을 위한 '취침예약'이 설정되어 있는지 확인하세요. • 에너지 절약을 위한 '자동전원끄기' 기능이 설정되어 있는지 확인하세요.
제품에서 뚝뚝 소리가 나요.	• TV외관의 기구적 수축이나 팽창 때문에 나타날 수 있는 현상이므로 안심하고 사용하세요.
제품이 뜨거워요.	• 제품 특성상 장시간 시청 시 패널에서 열이 발생하므로 열이 발생하는 것은 결함이나 동작 사용상의 문제가 되는 것이 아니므로 안심하고 사용하세요.
리모컨 동작이 안 돼요.	• 새 건전지로 교체해보세요.

※ 문제가 해결되지 않는다면 가까운 서비스센터로 문의하세요.

43 다음 중 벽걸이 TV를 설치하기 위한 장소 선정 시 고려해야 할 사항으로 적절하지 않은 것은?

① 전동안마기가 비치되어 있는 병실을 확인한다.

② 스프링클러 감지기가 설치되어 있는 곳을 확인한다.

③ 냉방기가 설치되어 있는 곳을 확인한다.

④ 도면으로 고압 케이블이 설치되어 있는 위치를 확인한다.

⑤ 벽면 강도가 약한 경우 벽면을 보강할 수 있는지 확인한다.

44 TV가 제대로 작동되지 않아 A/S를 요청하기 전 간단하게 문제를 해결해 보고자 한다. 다음 중 문제를 해결하기 위한 방법으로 가장 적절한 것은?

① 전원이 켜지지 않아 전원코드 및 안테나 케이블, 위성 리시버가 잘 연결되어 있는지 확인했다.

② 전원이 갑자기 꺼져 전력 소모를 줄일 수 있는 기능들이 설정되어 있는지 확인했다.

③ 제품에서 뚝뚝 소리가 나서 TV의 전원을 끄고 다시 켰다.

④ 제품이 뜨거워서 분무기로 물을 뿌리고, 마른 천으로 물기를 깨끗이 닦았다.

⑤ 리모컨이 작동하지 않아 분해 후 녹이 슬어 있는 곳이 있는지 확인했다.

■ **사용방법**

1) 체온을 측정하기 전 새 렌즈필터를 부착하여 주세요.
2) 〈ON〉 버튼을 눌러 액정화면이 켜지면 귓속에 체온계를 삽입합니다.
3) 〈START〉 버튼을 눌러 체온을 측정합니다.
4) 측정이 잘 이루어졌으면 '삐' 소리와 함께 측정 결과가 액정화면에 표시됩니다.
5) 60초 이상 사용하지 않으면 자동으로 전원이 꺼집니다.

■ **체온 측정을 위한 주의사항**

- 오른쪽 귀에서 측정한 체온은 왼쪽 귀에서 측정한 체온과 다를 수 있습니다. 그러므로 항상 같은 귀에서 체온을 측정하십시오.
- 체온을 측정할 때는 정확한 측정을 위해 과다한 귀지가 없도록 하십시오.
- 한쪽 귀를 바닥에 대고 누워 있었을 때, 매우 춥거나 더운 곳에 노출되어 있는 경우, 목욕을 한 직후 등은 외부적 요인에 의해 귀 체온측정에 영향을 미칠 수 있으므로 이런 경우에는 30분 정도 기다리신 후 측정하십시오.

■ **문제 및 해결방법**

상태	해결방법	에러 메시지
렌즈필터가 부착되어 있지 않음	렌즈필터를 끼우세요.	─ ─
체온계가 렌즈의 정확한 위치를 감지할 수 없어 정확한 측정이 어려움	〈ON〉 버튼을 3초간 길게 눌러 화면을 지운 다음 정확한 위치에 체온계를 넣어 측정합니다.	POE
측정체온이 정상범위 (34 ~ 42.2℃)를 벗어난 경우 – HI : 매우 높음 – LO : 매우 낮음	온도가 10℃와 40℃ 사이인 장소에서 체온계를 30분간 보관한 다음 다시 측정하세요.	HI ℃ LO ℃
건전지 수명이 다하여 체온 측정이 불가능한 상태	새로운 건전지(1.5V AA타입 2개)로 교체하십시오.	─ ─ ─

45 근무 중 몸이 좋지 않아 의무실을 내원한 A사원의 체온을 측정하려고 한다. 다음 중 체온 측정 과정으로 옳은 것은?

① 렌즈필터가 깨끗하여 새것으로 교체하지 않고 체온을 측정하였다.

② 오른쪽 귀의 체온이 38℃로 측정되어 다시 왼쪽 귀의 체온을 측정하였다.

③ 정확한 측정을 위해 귓속의 귀지를 제거한 다음 체온을 측정하였다.

④ 정확한 측정을 위해 영점조정을 맞춘 뒤 체온을 측정하였다.

⑤ 구비되어 있는 렌즈필터가 없어 렌즈를 알코올 솜으로 닦은 후 측정하였다.

46 체온계 사용 중 'POE'의 에러 메시지가 떴다. 이에 대한 해결방법으로 옳은 것은?

① 〈ON〉 버튼을 3초간 길게 눌러 화면을 지운 뒤, 정확한 위치에서 다시 측정한다.

② 렌즈필터가 부착되어 있지 않으므로 깨끗한 새 렌즈필터를 끼운다.

③ 1분간 그대로 뒤서 전원을 끈 다음 〈ON〉 버튼을 눌러 다시 액정화면을 켠다.

④ 건전지 삽입구를 열어 1.5V AA타입 2개의 새 건전지로 교체한다.

⑤ 온도가 10℃와 40℃ 사이인 장소에서 체온계를 30분간 보관한 다음 다시 측정한다.

※ 실내 공기 관리에 대한 필요성을 느낀 E공사는 사무실에 공기청정기를 구비하기로 결정하였다. 이어지는 질문에 답하시오. **[47~49]**

〈제품설명서〉

■ 설치 확인하기
- 직사광선이 닿지 않는 실내공간에 두십시오(제품 오작동 및 고장의 원인이 될 수 있습니다).
- TV, 라디오, 전자제품 등과 간격을 두고 설치하십시오(전자파 장애로 오작동의 원인이 됩니다).
- 단단하고 평평한 바닥에 두십시오(약하고 기울어진 바닥에 설치하면 이상 소음 및 진동이 생길 수 있습니다).
- 벽면과 10cm 이상 간격을 두고 설치하십시오(공기청정 기능을 위해 벽면과 간격을 두고 설치하는 것이 좋습니다).
- 습기가 적고 통풍이 잘되는 장소에 두십시오(감전되거나 제품에 녹이 발생할 수 있고, 제품 성능이 저하될 수 있습니다).

■ 필터 교체하기

종류	표시등	청소주기	교체주기
프리필터	–	2회 / 월	반영구
탈취필터	필터 교체 표시등 켜짐	–	6개월 ~ 1년
헤파필터			

- 실내의 청정한 공기 관리를 위해 교체주기에 맞게 필터를 교체해주세요.
- 필터 교체주기는 사용 환경에 따라 차이가 날 수 있습니다.
- 냄새가 심하게 날 경우, 탈취필터를 확인 및 교체해주세요.

■ 스마트에어 서비스 등록하기
1) 앱스토어에서 '스마트에어'를 검색하여 앱을 설치합니다(안드로이드 8.0 오레오 이상 / iOS 9.0 이상의 사양에 최적화되어 있으며, 사용자의 스마트폰에 따라 일부 기능은 지원하지 않을 수 있습니다).
2) 스마트에어 서비스 앱을 실행하여 회원가입 완료 후 로그인합니다.
3) 새 기기 추가 선택 후 제품을 선택합니다.
4) 공기청정기 기기의 페어링 모드를 작동시켜 주세요(기기의 Wi-Fi 버튼과 수면모드 버튼을 동시에 눌러주세요).
5) 기기명이 나타나면 기기를 선택해주세요.
6) 완료 버튼을 눌러 기기등록을 완료합니다.

- 지원가능 Wi-Fi 무선공유기 사양(802.11b/f/n 2.4GHz)을 확인하세요.
- 자동 Wi-Fi 연결상태 관리 모드를 해제해주세요.
- 스마트폰의 Wi-Fi 고급설정 모드에서 '신호 약한 Wi-Fi 끊기 항목'과 관련된 기능이 있다면 해제해주세요.
- 스마트폰의 Wi-Fi 고급설정 모드에서 '신호 세기'와 관련된 기능이 있다면 '전체'를 체크해주세요.
- Wi-Fi가 듀얼 밴드 공유기인 경우 〈Wi-Fi 5GHz〉가 아닌 일반 〈Wi-Fi〉를 선택해주세요.

■ 스마트에어 서비스 이용하기
스마트에어 서비스는 스마트기기를 통해 공기청정기를 페어링하여 언제 어디서나 원하는 대로 공기를 정화할 수 있는 똑똑한 서비스입니다.

47 제품설명서를 참고하여 공기청정기를 적절한 장소에 설치하고자 한다. 다음 중 공기청정기 설치 장소로 적절하지 않은 것은?

① 직사광선이 닿지 않는 실내
② 부드러운 매트 위
③ 벽면과 10cm 이상 간격을 확보할 수 있는 곳
④ 습기가 적고 통풍이 잘되는 곳
⑤ 사내방송용 TV와 거리가 먼 곳

48 다음 중 필터 교체와 관련하여 숙지해야 할 사항으로 가장 적절한 것은?

① 프리필터는 1개월에 2회 이상 청소해야 한다.
② 탈취필터는 6개월 주기로 교체해야 한다.
③ 헤파필터는 6개월 주기로 교체해야 한다.
④ 프리필터는 1년 주기로 교체해야 한다.
⑤ 냄새가 심하게 날 경우 탈취필터를 청소해야 한다.

49 외근이나 퇴근 후에도 공기청정기를 사용할 수 있도록 스마트폰을 통해 스마트에어 서비스 등록을 시도하였으나, 기기 등록에 계속 실패하였다. 다음 중 기기등록을 위해 확인해야 할 사항으로 적절하지 않은 것은?

① 스마트폰이 지원 가능한 사양인지 OS 버전을 확인한다.
② 공기청정기에서 페어링 모드가 작동하고 있는지 확인한다.
③ 무선공유기가 지원 가능한 사양인지 확인한다.
④ 스마트폰의 자동 Wi-Fi 연결상태 관리모드를 확인한다.
⑤ 스마트폰의 Wi-Fi 고급설정 모드에서 '개방형 Wi-Fi' 관련 항목을 확인한다.

50 트래버스 ABCD에서 각 측선에 대한 위거와 경거 값이 다음과 같을 때, 측선 BC의 배횡거는?

측선	위거(m)	경거(m)
AB	+75.39	+81.57
BC	-33.57	+18.78
CD	-61.43	-45.60
DA	+44.61	-52.65

① 81.57m　　　　　　② 155.10m

③ 163.14m　　　　　　④ 181.92m

⑤ 192.64m

2권

제2회 한국농어촌공사 5 · 6급

NCS 직업기초능력

www.sdedu.co.kr

〈문항 수 및 시험시간〉

평가영역	문항 수	시험시간	모바일 OMR 답안분석	
[공통] 의사소통능력 / 수리능력 / 문제해결능력 / 정보능력 [행정직] 자원관리능력 [토목직] 기술능력	50문항	50분	행정직	토목직

제2회 직업기초능력

01 다음 글의 빈칸에 들어갈 내용으로 가장 적절한 것은?

> 우리는 도시의 세계에 살고 있다. 2010년에 인류 역사상 처음으로 세계 전체에서 도시 인구가 농촌 인구를 넘어섰다. 이제 우리는 도시가 없는 세계를 상상하기 힘들며, 세계 최초의 도시들을 탄생시킨 근본적인 변화가 무엇이었는지를 상상하기도 쉽지 않다.
>
> 인류는 약 1만 년 전부터 5천 년 전까지 도시가 아닌 작은 농촌 마을에서 살았다. 이 시기 농촌 마을의 인구는 대부분 약 2천 명 정도였다. 약 5천 년 전부터 이라크 남부, 이집트, 파키스탄, 인도 북서부에서 1만 명 정도의 사람이 모여 사는 도시가 출현하였다. 이런 세계 최초의 도시들을 탄생시킨 원인은 무엇인가? 이 질문에 대해서 몇몇 사람들은 약 1만 년 전부터 5천 년 전 사이에 일어난 농업의 발전에 의해서 농촌의 인구가 점차적으로 증가해 도시가 되었다고 말한다. 과연 농촌의 인구는 점차적으로 증가했는가? 고고학적 연구는 그렇지 않다고 말해주는 듯하다. 농업 기술의 발전으로 마을이 점차적으로 거대화되었다면, 거주 인구가 2천 명과 1만 명 사이인 마을들이 빈번하게 발견되어야 한다. 그러나 2천 명이 넘는 인구를 수용한 마을은 거의 발견되지 않았다. 이 점은 약 5천 년 전 즈음 마을의 거주 인구가 비약적으로 증가했다는 것을 보여준다. 무엇 때문에 이런 거주 인구의 비약적인 변화가 가능했는가? 이 질문에 대한 답은 사회적 제도의 발명에서 찾을 수 있다. _____ 따라서 거주 인구가 비약적으로 증가하기 위해서는 사람들을 조직하고, 이웃들 간의 분쟁을 해소하는 것과 같은 문제들을 해결하는 사회적 제도의 발명이 필수적이다. 이런 이유에서 도시의 발생은 사회적 제도의 발명에 영향을 받았다고 생각할 수 있다. 그리고 이런 사회적 제도의 출현은 이후 인류 역사의 모습을 형성하는 데 결정적인 역할을 한 사건이었다.

① 거주 인구가 2천 명이 넘지 않는 마을은 도시라고 할 수 없다.

② 농업 기술의 발전에 의해서 마을이 점차적으로 거대화되었다면, 약 1만 년 전 농촌 마을의 거주 인구는 2천 명 정도여야 한다.

③ 행정조직, 정치제도, 계급과 같은 사회적 제도 없이 사람들이 함께 모여 살 수 있는 인구 규모의 최대치는 2천 명 정도밖에 되지 않는다.

④ 2천 명 정도의 인구가 사는 농촌 마을도 행정조직과 같은 사회적 제도를 가지고 있었다.

⑤ 도시인의 삶이 정치제도, 계급과 같은 사회적 제도에 의해 제한되었다는 사실은 수많은 역사적 자료에 의해 검증된다.

02 다음 문단을 논리적 순서대로 바르게 나열한 것은?

> (가) 좋은 체력은 하루 이틀 사이에 이루어지지 않으며 이를 위해서는 공부, 식사, 수면, 운동의 개인별 특성에 맞는 규칙적인 생활관리와 알맞은 영양공급이 필수적이다. 또 이 시기는 신체적으로도 급격한 성장과 성숙이 이루어지는 중요한 시기로 좋은 영양상태를 유지하는 것은 수험을 위한 체력의 기반을 다지는 것뿐만 아니라 건강하고 활기찬 장래를 위한 준비가 된다는 점을 간과해서는 안 된다.
>
> (나) 우리나라의 중·고교생들은 많은 수가 입시전쟁을 치러야 하는 입장에 있다. 입시 준비 기간이라는 어려운 기간을 잘 이겨내어 각자가 지닌 목표를 달성하려면 꾸준한 노력과 총명한 두뇌가 중요하지만 마지막 승부수는 체력일 것이다.
>
> (다) 그러나 학생들은 많은 학습량, 수험으로 인한 스트레스, 밤새우기 등 불규칙한 생활을 하기도 하고, 식생활에 있어서도 아침을 거르고, 제한된 도시락 반찬으로 인한 불충분한 영양소 섭취, 잦은 야식, 미용을 위하여 무리하게 식사를 거르거나 절식을 하여 건강을 해치기도 한다. 또한 집 밖에서 보내는 시간이 많아 주로 패스트푸드, 편의식품점, 자동판매기를 통해 식사를 대체하고 있다.

① (가) – (나) – (다)   ② (가) – (다) – (나)
③ (나) – (가) – (다)   ④ (나) – (다) – (가)
⑤ (다) – (가) – (나)

03 다음 글의 제목으로 가장 적절한 것은?

> 요한 제바스티안 바흐는 '경건한 종교음악가'로서 천직을 다하기 위한 이상적인 장소를 라이프치히라고 생각하여 27년 동안 그곳에서 열심히 칸타타를 써 나갔다고 알려졌다. 그러나 실은 7년째에 라이프치히의 칸토르(교회의 음악감독)직으로는 가정을 꾸리기에 수입이 충분치 못해서 다른 일을 하기도 했고 다른 궁정에 자리를 알아보기도 했다. 그것이 계기가 되어 칸타타를 쓰지 않게 되었다는 사실이 최근의 연구에서 밝혀졌다. 또한 볼프강 아마데우스 모차르트의 경우에는 비극적으로 막을 내린 35년이라는 짧은 생애에 걸맞게 '하늘이 이 위대한 작곡가의 죽음을 비통해하듯' 천둥 치고 진눈깨비 흩날리는 가운데 장례식이 행해졌고 그 때문에 그의 묘지는 행방을 알 수 없게 되었다고 하는데, 그 후 이러한 이야기는 빈 기상대에 남아 있는 기상자료와 일치하지 않는다는 사실도 밝혀졌다. 게다가 만년에 엄습해온 빈곤에도 불구하고 다수의 걸작을 남기고 세상을 떠난 모차르트가 실제로는 그 정도로 수입이 적지는 않았다는 사실도 드러나 최근에는 도박벽으로 인한 빈곤설을 주장하는 학자까지 등장하게 되었다.

① 음악가들의 쓸쓸한 최후
② 미화된 음악가들의 이야기와 그 진실
③ 음악가들을 괴롭힌 근거 없는 소문들
④ 음악가들의 명성에 가려진 빈곤한 생활
⑤ 음악가들의 헌신적인 열정

04 A과장은 산림청이 주관하는 학술발표회에 참석하였다. 다음 자료를 토대로 A과장이 잘못 이해한 내용은?

우리나라에만 자생하는 희귀·멸종 위기수종인 미선나무에 발광다이오드(LED)광을 처리해 대량증식을 할 수 있는 기술을 개발했다. 이번에 개발된 기술은 줄기증식이 어려운 미선나무의 조직배양 단계에서 LED를 이용해 줄기의 생장을 유도하는 특정 파장의 빛을 쪼어주어 대량생산이 가능하게 하는 기술이다.

미선나무의 눈에서 조직배양한 기내식물체*에 청색과 적색(1 : 1) 혼합광을 쪼어준 결과, 일반광(백색광)에서 자란 것보다 줄기 길이가 1.5배 이상 증가하였고, 한 줄기에서 3개 이상의 새로운 줄기가 유도되었다. LED광은 광파장의 종류에 따라 식물의 광합성 효율, 줄기의 생장, 잎의 발달, 뿌리 형성 등 식물이 자라는 것을 조절할 수 있다. 이러한 방법은 미선나무 외에 다른 희귀·멸종 위기수종에도 적용하여 고유한 특성을 가진 식물 자원의 보존과 증식에 효과적인 기술이다.

또한, 어미나무의 작은 부분을 재료로 사용해서 나무를 훼손하지 않고도 어미나무와 같은 형질을 가진 복제 묘를 대량으로 생산할 수 있다는 점에서 희귀·멸종 위기수종의 보존을 위한 기술로 의미가 있다.

새로 개발된 기술로 생산된 미선나무는 경기도 오산의 물향기 수목원에 기증되어 시민들과 만나게 된다. 한반도에만 서식하는 1속 1종인 미선나무는 우리나라와 북한 모두 천연기념물로 지정해 보호하고 있는 귀한 나무이다. 미선나무 꽃의 모양은 아름답고 향기가 있으며, 추출물은 미백과 주름개선에 효과가 있는 것으로 알려져 있다.

앞으로 미선나무와 같은 희귀·멸종 위기 식물의 복제 및 증식을 위한 조직배양 기술을 지속적으로 개발하고, 우리나라 자생식물의 유전자원 보전과 활용을 위한 기반을 마련해 '나고야 의정서**' 발효에 대응해나갈 계획이다.

*기내식물체 : 조직배양 방법으로 무균상태의 특수한 배양용기에 식물이 자라는 데 필요한 영양분이 들어 있고 외부자연 환경과 유사한 인공적인 환경에서 자라는 식물체
**나고야 의정서 : 생물자원을 활용하며 생기는 이익을 공유하기 위한 지침을 담은 국제협약

① 미선나무의 조직배양 단계에서 LED 파장을 쪼어주어야 줄기의 생장을 유도할 수 있어.
② 청색과 적색의 혼합광은 줄기의 생장을 조절할 수 있어.
③ 복제묘 생산 시 어미나무의 작은 부분을 재료로 사용해 나무를 훼손하지 않을 수 있어.
④ LED 파장으로 미선나무의 줄기의 길이는 증가하고, 줄기의 개수는 줄어들었어.
⑤ 미선나무는 한반도에서만 서식하고, 우리나라와 북한 모두에서 천연기념물로 지정되어 있으니까 보존에 많은 노력을 해야겠어.

다음 글을 토대로 〈보기〉를 바르게 해석한 것은?

예술 작품을 어떻게 감상하고 비평해야 하는지에 대해 다양한 논의들이 있다. 예술 작품의 의미와 가치에 대한 해석과 판단은 작품을 비평하는 목적과 태도에 따라 달라진다. 예술 작품에 대한 주요 비평 방법으로는 맥락주의 비평, 형식주의 비평, 인상주의 비평이 있다.

맥락주의 비평은 주로 예술 작품이 창작된 사회적·역사적 배경에 관심을 갖는다. 비평가 텐은 예술 작품이 창작된 당시 예술가가 살던 시대의 환경, 정치·경제·문화적 상황, 작품이 사회에 미치는 효과 등을 예술 작품 비평의 중요한 근거로 삼는다. 그 이유는 예술 작품이 예술가가 속해 있는 문화의 상징과 믿음을 구체화하며, 예술가가 속한 사회의 특성들을 반영한다고 보기 때문이다. 또한 맥락주의 비평에서는 작품이 창작된 시대적 상황 외에 작가의 심리적 상태와 이념을 포함하여 가급적 많은 자료를 바탕으로 작품을 분석하고 해석한다.

그러나 객관적 자료를 중심으로 작품을 비평하려는 맥락주의는 자칫 작품 외적인 요소에 치중하여 작품의 핵심적 본질을 훼손할 우려가 있다는 비판을 받는다. 이러한 맥락주의 비평의 문제점을 극복하기 위한 방법으로는 형식주의 비평과 인상주의 비평이 있다. 형식주의 비평은 예술 작품의 외적 요인 대신 작품의 형식적 요소와 그 요소들 간 구조적 유기성의 분석을 중요하게 생각한다. 프리드와 같은 형식주의 비평가들은 작품 속에 표현된 사물, 인간, 풍경 같은 내용보다는 선, 색, 형태 등의 조형 요소와 비례, 율동, 강조 등과 같은 조형 원리를 예술 작품의 우수성을 판단하는 기준이라고 주장한다.

인상주의 비평은 모든 분석적 비평에 대해 회의적인 시각을 가지고 있어 예술을 어떤 규칙이나 객관적 자료로 판단할 수 없다고 본다. "훌륭한 비평가는 대작들과 자기 자신의 영혼의 모험들을 관련시킨다."라는 비평가 프랑스의 말처럼, 인상주의 비평은 비평가가 다른 저명한 비평가의 관점과 상관없이 자신의 생각과 느낌에 대하여 자율성과 창의성을 가지고 비평하는 것이다. 즉, 인상주의 비평가는 작가의 의도나 그 밖의 외적인 요인들을 고려할 필요 없이 비평가의 자유 의지로 무한대의 상상력을 가지고 작품을 해석하고 판단한다.

〈보기〉

피카소의 그림 게르니카는 1937년 히틀러가 바스크 산악 마을인 게르니카에 30여 톤의 폭탄을 퍼부어 수많은 인명을 살상한 비극적 사건의 참상을, 울부짖는 말과 부러진 칼 등의 상징적 이미지를 사용하여 전 세계에 고발한 기념비적인 작품이다.

① 작품의 형식적 요소와 요소들 간의 구조적 유기성을 중심으로 작품을 평가하고 있다.
② 피카소가 게르니카를 창작하던 당시의 시대적 상황을 반영하여 작품을 평가하고 있다.
③ 작품에 대한 자신의 주관적 감정을 반영하여 작품을 평가하고 있다.
④ 작품을 평가하는 과정에서 작품 속에 표현된 사건보다 상징적 이미지의 형태를 더 중시하고 있다.
⑤ 작품의 내적 요소를 중심으로 피카소의 심리적 상태를 파악하고 있다.

06 다음 빈칸에 들어갈 단어로 가장 적절한 것은?

현대사회에는 외모가 곧 경쟁력이라는 인식이 만연해 있다. 어느 조사에 따르면 한국 여성의 53%가 성형을 받기를 원하며, 성형외과 고객 중 3분의 1은 남성이라고 한다. 한국의 거식증 환자 수는 이미 1만 명을 넘었으며, 지금도 그 수는 증가하고 있다. 평범한 외모를 가졌고 정상 체중인 사람도 불안감에 시달리게 하는 외모 강박의 시대가 된 셈이다. 우리는 왜 외모 욕망에서 자유로울 수 없는 것일까?

우리는 스스로 멋지거나 바람직하게 생각하는 모습, 즉 이상자아를 자신에게서 발견할 때 만족감을 느끼는데, 이것을 자아감을 느낀다고 표현한다. 그런데 이상자아는 주체의 참된 본질이 아니라 자신을 둘러싼 환경, 즉 자신에 대한 주변인들의 평가, 학교 교육, 대중매체, 광고, 문화 이데올로기 등의 담론과 자신을 동일시함으로써 형성된다. 이렇게 탄생한 이상자아는 자아를 이끌어가는 바람직한 자아의 모습으로 주체의 무의식에 깊게 자리잡는다. 그리하여 우리가 이상적인 자아에 못 미치는 모습을 자신에게서 발견할 때, 예를 들어 날씬한 몸매가 이상적인 자아인데 현실의 몸매는 뚱뚱할 때, 우리의 자아는 고통을 받는다. 이러한 고통으로부터 벗어나기 위해서는 이상자아에 맞추어 자신의 모습을 날씬하게 바꾸거나, 자신의 이상자아를 뚱뚱한 몸매로 바꾸어 만족감을 얻어야 한다. 그러나 전자는 체중감량과 유지가 어렵기 때문에, 후자는 자아의 무의식 구성을 급진적으로 바꾸는 것이기 때문에 쉽지 않다.

또한, 외모는 단순히 '보기 좋음'을 넘어 다양한 의미를 표상한다. 외모 문화에는 미의 기준을 제시하는 대중매체의 담론과 여성의 외모를 중시하는 가부장적인 이데올로기가 뿌리 깊게 작용하고 있다. 더 깊게 들어가서는 관상을 중시하는 시각문화, 외모에서조차 경쟁과 서열화를 만드는 자본주의 문화, 성공을 부추기는 유교적 출세주의, 서구의 미적 기준의 식민화, 개인의 개성을 인정하지 않는 집단획일주의 등 수많은 문화적·사회구조적 이데올로기가 개개인의 외모 욕망을 부추겨 외모 문화를 구축한다.

외모지상주의의 문제점을 단편적으로 제시하며 이를 거부할 것을 주장하는 사람들이 있다. 그러나 외모에 대한 욕망은 한두 가지 관점에서 비판함으로써 제거될 수 있는 것이 아니다. 하나의 단순한 현상처럼 보이지만, 그 기저에는 _____ 담론 코드가 끊임없이 작용하고 있는 것이다.

① 심층적인　　　　　　　② 다층적인
③ 획일적인　　　　　　　④ 주관적인
⑤ 일반적인

07 다음 제시된 문단을 읽고 이어질 문단을 논리적 순서대로 바르게 나열한 것은?

> 낙수 이론(Trickle Down Theory)은 낙수 효과(Trickle Down Effect)에 의해서 경제 상황이 개선될 수 있다는 것을 골자로 하는 이론이다. 이 이론은 경제적 상위계층의 생산 혹은 소비 등의 전반적 경제활동에 따라 경제적 하위계층에게도 그 혜택이 돌아간다는 모델에 기반을 두고 있다.

> (가) 한국에서 이 낙수 이론에 의한 경제구조의 변화를 실증적으로 나타내는 것이 바로 1970년대 경제 발전기의 경제 발전 방식과 그 결과물이다. 한국은 대기업 중심의 경제 발전을 통해서 경제의 규모를 키웠고, 이는 기대 수명 증가 등 긍정적 결과로 나타났다.
>
> (나) 그러나 낙수 이론에 기댄 경제정책이 실증적인 효과를 낸 전력이 있음에도 불구하고, 낙수 이론에 의한 경제발전모델이 과연 전체의 효용을 바람직하게 증가시켰는지에 대해서는 비판들이 있다.
>
> (다) 사회적 측면에서는 계층 간 위화감 조성이라는 문제점 또한 제기된다. 결국 상류층이 돈을 푸는 것으로 인하여 하류층의 경제적 상황에 도움이 되는 것이므로, 상류층과 하류층의 소비력의 차이가 여실히 드러나고, 이는 사회적으로 위화감을 조성시킨다는 것이다.
>
> (라) 제일 많이 제기되는 비판은 경제적 상류계층이 경제활동을 할 때까지 기다려야 한다는 낙수 효과의 본질적인 문제점에서 연유한다. 결국 낙수 효과는 상류계층의 경제활동에 의해 이루어지는 것이므로, 당사자가 움직이지 않는다면 발생하지 않기 때문이다.

① (가) – (나) – (다) – (라)　　　　② (가) – (나) – (라) – (다)

③ (가) – (다) – (라) – (나)　　　　④ (가) – (라) – (나) – (다)

⑤ (다) – (가) – (라) – (나)

카셰어링이란 차를 빌려 쓰는 방법의 하나로 기존의 방식과는 다르게 시간 또는 분 단위로 필요한 만큼만 자동차를 빌려 사용할 수 있다. 이러한 카셰어링은 비용 절감 효과와 더불어 환경적·사회적 측면에서 현재 세계적으로 주목받고 있는 사업 모델이다.

호주 멜버른시의 조사 자료에 따르면, 카셰어링 차 한 대당 도로상의 개인 소유 차량 9대를 줄이는 효과가 있으며, 실제 카셰어링을 이용하는 사람은 해당 서비스 가입 이후 자동차 사용을 50%까지 줄였다고 한다. 또한 자동차 이용량이 줄어들면 주차 문제를 해결할 수 있으며, 카셰어링 업체에서 제공하는 친환경 차량을 통해 온실가스의 배출을 감소시키는 효과도 기대할 수 있다. 호주 카셰어링 업체 차량의 60% 정도는 경차 또는 하이브리드 차량인 것으로 조사되었다.

호주의 카셰어링 시장규모는 8,360만 호주 달러로 지난 5년간 연평균 21.7%의 급격한 성장률을 보이고 있다. 전문가들은 호주 카셰어링 시장이 앞으로도 가파르게 성장해 5년 후에는 현재보다 약 2.5배 증가한 2억 1,920만 호주 달러에 이를 것이며, 이용자 수도 10년 안에 150만 명까지 폭발적으로 늘어날 것이라고 예측한다.

이처럼 호주에서 카셰어링 서비스가 많은 회원을 확보하며 급격한 성장세를 나타내는 데는 비용 측면의 이유가 가장 크다고 볼 수 있다. 호주에서 차량을 소유할 경우 주유비, 서비스비, 보험료, 주차비 등의 부담이 크기 때문이다. 발표 자료에 의하면 차량 2대를 소유한 가족이 구매 금액을 비롯하여 차량 유지비에만 쓰는 비용은 연간 12,000호주 달러에서 18,000호주 달러에 이른다고 한다.

호주 자동차 산업에서 경제적·환경적·사회적인 변화에 따라 호주 카셰어링 시장이 폭발적인 성장세를 보이는 것에 주목할 필요가 있다. 전문가들은 카셰어링으로 인해 자동차 산업에 나타나는 변화의 정도를 '위험한 속도'로까지 비유하기도 한다. 카셰어링 차량의 주차공간을 마련하기 위해서 정부의 역할이 매우 중요한 만큼 호주는 정부 차원에서도 카셰어링 서비스를 지원하는 데 적극적으로 움직이고 있다. 호주는 카셰어링 서비스가 발달한 미국, 캐나다, 유럽 대도시에 비하면 아직 뒤처져 있지만, 성장 가능성이 높아 국내기업에서도 차별화된 서비스와 플랫폼을 개발한다면 진출을 시도해 볼 수 있다.

08 다음 중 윗글의 제목으로 가장 적절한 것은?

① 호주의 카셰어링 성장배경과 전망
② 호주 카셰어링 서비스의 장·단점
③ 카셰어링 사업의 세계적 성장 가능성
④ 카셰어링 사업의 성공을 위한 호주 정부의 노력
⑤ 호주에서 카셰어링 서비스가 성공하기 어려운 이유

09 다음 중 윗글의 내용으로 적절하지 않은 것은?

① 호주에서 카셰어링 서비스를 이용하는 사람의 경우 가입 이후 자동차 사용률이 50% 감소하였다.
② 호주의 카셰어링 업체가 소유한 차량의 약 60%는 경차 또는 하이브리드 자동차이다.
③ 호주의 카셰어링 시장은 지난 5년간 급격하게 성장하여 현재 8,360만 호주 달러의 규모를 이루고 있다.
④ 호주의 한 가족이 1년간 카셰어링 서비스를 이용할 경우 최대 18,000호주 달러가 사용된다.
⑤ 미국, 캐나다, 유럽 대도시에는 이미 카셰어링 서비스가 발달해 있다.

10 다음 문단을 논리적 순서대로 바르게 나열한 것은?

(가) '단어 연상법'은 프랜시스 갤턴이 개발한 것으로서, 지능의 종류를 구분하기 위한 것이었다. 이것은 피실험자에게 일련의 단어들을 또박또박 읽어주면서 각각의 단어를 듣는 순간 제일 먼저 떠오르는 단어를 말하게 하고, 실험자는 계시기를 들고 응답 시간, 즉 피실험자가 응답하는 데 걸리는 시간을 측정하여 차트에 기록하는 방법으로 진행한다. 실험은 대개 1백 개가량의 단어들로 진행했다. 갤턴은 응답 시간을 정확히 재기 위해 온갖 수단을 동원했지만, 그렇게 해서 얻은 정보의 양이 거의 없거나 지능의 수준을 평가하는 데 별로 중요하지 않은 경우가 많았다.

(나) 융이 그린 그래프들은 특정한 단어에 따르는 응답자의 심리 상태를 보여주었다. 이 결과를 통해 다음과 같은 두 가지 결론을 얻어낼 수 있었다. 첫째, 대답 과정에서 감정이 생겨난다. 둘째, 응답의 지연은 모종의 인식하지 못한 과정에 의해 자연 발생적으로 생겨난다. 하지만 이 기록을 토대로 결론을 내리거나 중요성을 따지기에는 너무 일렀다. 피실험자의 의식적 의도와는 별개로 작동하는 뭔가 알지 못하는 지연 행위가 있음이 분명했다.

(다) 당시에 성행했던 심리학 연구나 심리학을 정신의학에 응용하는 연구는 주로 의식에 초점이 맞춰져 있었다. 따라서 단어 연상법의 심리학에 대한 실험 연구도 의식을 바탕으로 해서 진행되었다. 하지만 융은 의식 또는 의지의 작용을 넘어서는 무엇인가가 있을 것이라고 생각했다. 여기서 그는 콤플렉스라는 개념을 끌어들인다. 융의 정의에 따르면 그것은 특수한 종류의 감정으로 이루어진 무의식 속의 관념 덩어리인데, 이것이 응답 시간을 지연시켰다는 것이다. 이후 여러 차례 실험을 거듭한 결과 그 결론은 사실임이 밝혀졌으며, 콤플렉스와 개인적 속성은 융의 사상 체계에서 핵심적인 요소가 되었다.

(라) 융의 연구 결과 단어 연상의 응답 시간은 피실험자의 정서에 큰 영향을 받으며, 그 실험법은 감춰진 정서를 찾아내는 데 더 유용하다는 점이 입증되었다. 정신적 연상의 연구를 통해 지능의 종류를 판단하고자 했던 단어 연상 실험이 오히려 그와는 다른 방향, 즉 무의식적인 감정이 빚어내는 효과를 드러내는 데 더 유용하다는 사실이 증명된 것이다. 그동안 갤턴을 비롯하여 그 실험법을 수천 명의 사람들에게 실시했던 연구자들은 지연된 응답의 배후에 있는 피실험자의 정서에 주목하지 않았으며, 단지 응답의 지연을 피실험자가 반응하지 못한 것으로만 기록했던 것이다.

(마) 그런데 융은 이 실험에서 응답 시간이 늦어질 경우 피실험자에게 왜 응답을 망설이는지 물어보는 과정을 추가하였다. 그러자 놀랍게도 피실험자는 자신의 응답 시간이 늦어지는 것도 알지 못했을 뿐만 아니라, 그에 대해 아무런 설명도 하지 못했다. 융은 거기에 틀림없이 어떤 이유가 있으리라고 생각하고 구체적으로 파고들어 갔다. 한번은 말(馬)이라는 단어가 나왔는데 어떤 피실험자의 응답 시간이 무려 1분이 넘었다. 자세히 조사해 보니 그 피실험자는 과거에 사고로 말을 잃었던 아픈 기억을 지니고 있었다. 실험이 있기 전까지는 잊고 있었던 그 기억이 실험 과정에서 되살아난 것이다.

① (가) – (마) – (라) – (나) – (다)
② (가) – (마) – (라) – (다) – (나)
③ (나) – (다) – (가) – (마) – (라)
④ (다) – (가) – (마) – (라) – (나)
⑤ (다) – (나) – (가) – (마) – (라)

11 다음은 어느 연구원에서 자녀가 있는 부모를 대상으로 본인과 자녀의 범죄피해에 대한 두려움에 대하여 조사한 자료이다. 이를 이해한 내용으로 옳지 않은 것은?

〈본인과 자녀의 범죄피해에 대한 두려움〉

(단위 : %)

응답내용 / 응답자	피해대상	본인	아들	딸
걱정하지 않는다.	아버지	41.2	9.7	5.7
	어머니	16.3	8.0	5.1
그저 그렇다.	아버지	31.7	13.2	4.7
	어머니	25.3	8.6	3.8
걱정한다.	아버지	27.1	77.1	89.6
	어머니	58.4	83.4	91.1

① 아버지에 비해 어머니는 본인, 아들, 딸에 대해 걱정하는 비율이 높다.
② 아버지, 어머니 모두 아들보다 딸을 걱정하는 비율이 더 높다.
③ 본인의 범죄피해에 대해 걱정하는 아버지의 비율은 50% 이상이다.
④ 본인의 범죄피해에 대해 걱정하는 아버지보다 걱정하지 않는 아버지의 비율이 더 높다.
⑤ 어머니가 아들과 딸에 대해 걱정하는 비율의 차이는 아버지가 아들과 딸에 대해 걱정하는 비율의 차이보다 작다.

12 시집, 수필, 잡지, 동화, 사전, 소설, 그림책이 〈조건〉에 따라 책상 위에 쌓여 있다. 다음 중 옳은 것은?(단, 한 층에는 한 권의 책만 쌓여 있다)

─────〈조건〉─────
• 잡지는 시집보다는 위에, 그림책보다는 아래에 있다.
• 동화는 사전보다 위에 있지만 사전과 맞닿아 있지는 않다.
• 수필은 잡지보다 위에 있다.
• 시집의 위치는 맨 아래가 아니다.
• 잡지와 동화는 책 하나를 사이에 두고 있다.
• 소설은 수필과 맞닿아 있지만 맨 위는 아니다.

① 수필은 맨 위에 있다.
② 그림책은 동화와 맞닿아 있지 않다.
③ 정중앙에 위치한 책은 잡지이다.
④ 동화는 그림책보다 아래에 있다.
⑤ 시집은 아래에서 세 번째에 있다.

13 A ~ D 네 사람은 층마다 2호로 구성된 2층짜리 건물에 살고 있다. 다음 〈조건〉에 따를 때 〈보기〉 중 거주자와 위치를 바르게 나타낸 것을 모두 고르면?

〈조건〉

- 각 집에는 한 명씩만 산다.
- D는 2호에 살고 A는 C보다 위층에 있다.
- B와 C는 서로 다른 호수에 산다.
- A와 B는 이웃해 있다.

〈보기〉

㉠ 1층 1호 – C	㉡ 1층 2호 – B
㉢ 2층 1호 – A	㉣ 2층 2호 – D
---

① ㉠, ㉡

③ ㉡, ㉢

⑤ ㉠, ㉡, ㉢, ㉣

② ㉠, ㉢

④ ㉡, ㉣

14 최씨 남매와 김씨 남매, 박씨 남매 6명은 야구 경기를 관람하기 위해 함께 야구장에 갔다. 다음 〈조건〉을 참고할 때, 항상 옳은 것은?

〈조건〉

- 양 끝자리는 같은 성별이 앉지 않는다.
- 박씨 여성은 왼쪽에서 세 번째 자리에 앉는다.
- 김씨 남매는 서로 인접하여 앉지 않는다.
- 박씨와 김씨는 인접하여 앉지 않는다.
- 김씨 남성은 맨 오른쪽 끝자리에 앉는다.

[야구장 관람석]

① 최씨 남매는 왼쪽에서 첫 번째 자리에 앉을 수 없다.

② 최씨 남매는 서로 인접하여 앉는다.

③ 박씨 남매는 서로 인접하여 앉지 않는다.

④ 최씨 남성은 박씨 여성과 인접하여 앉는다.

⑤ 김씨 여성은 최씨 여성과 인접하여 앉지 않는다.

15 다음은 어느 은행의 적금상품별 거래에 관한 자료이다. 보고서의 밑줄 친 내용 중 옳은 것은 모두 몇 개인가?

〈월별 적금상품총괄 현황〉

(단위 : 만 원)

구분		2023. 12.	2024. 1.	2024. 2.
상품 A	누적거래량	483,193,291	506,168,300	526,237,131
	익월신규계약금액	31,293,132	29,192,312	35,123,123
	익월해지금액	8,318,123	9,123,481	11,293,693
상품 B	누적거래량	91,291,318	99,761,447	114,857,147
	익월신규계약금액	11,293,312	18,288,823	31,312,523
	익월해지금액	2,823,183	3,193,123	5,381,693
구분		2024. 3.	2024. 4.	2024. 5.
상품 A	누적거래량	550,066,561	566,867,625	590,012,575
	익월신규계약금액	32,192,303	31,283,312	35,235,120
	익월해지금액	15,391,239	8,138,362	10,139,381
상품 B	누적거래량	140,787,977	164,907,986	192,727,185
	익월신규계약금액	28,391,293	29,102,381	19,192,319
	익월해지금액	4,271,284	1,283,182	3,129,132

※ (누적거래량)＝(전월누적거래량)＋(전월신규계약금액)－(전월해지금액)

〈보고서〉

㉠ 위 자료에 따르면 상품 A의 누적거래량은 2024년 1월 처음으로 5천억 원을 넘어섰고 ㉡ 이후에도 상품 A의 누적거래량은 계속 증가하는 추이를 보여 ㉢ 2024년 6월에는 6천억 원을 넘어설 것으로 보인다. 상품 B 역시 계속 증가하는 추이를 보이고 있으며, ㉣ 2024년 2월에는 누적거래량이 1천억 원을 넘어서게 되었다.

① 없음
② 1개
③ 2개
④ 3개
⑤ 4개

16 다음은 2022년과 2023년 E학원의 A ~ E강사의 시급과 수강생 만족도에 관한 자료이다. 이에 대한 설명으로 옳은 것은?

〈강사의 시급 및 수강생 만족도〉

(단위 : 원, 점)

구분	2022년		2023년	
	시급	수강생 만족도	시급	수강생 만족도
A강사	50,000	4.6	55,000	4.1
B강사	45,000	3.5	45,000	4.2
C강사	52,000	( )	54,600	4.8
D강사	54,000	4.9	59,400	4.4
E강사	48,000	3.2	( )	3.5

〈수강생 만족도 점수별 시급 인상률〉

수강생 만족도	인상률
4.5점 이상	10% 인상
4.0점 이상 4.5점 미만	5% 인상
3.0점 이상 4.0점 미만	동결
3.0점 미만	5% 인하

※ 다음 연도 시급의 인상률은 당해 연도 시급 대비 당해 연도 수강생 만족도에 따라 결정된다.
※ 강사가 받을 수 있는 시급은 최대 60,000원이다.

① E강사의 2023년 시급은 45,600원이다.
② 2024년 시급은 D강사가 C강사보다 높다.
③ 2023년과 2024년 시급 차이가 가장 큰 강사는 C이다.
④ C강사의 2022년 수강생 만족도 점수는 4.5점 이상이다.
⑤ 2024년 A강사와 B강사의 시급 차이는 10,000원이다.

17 올해 목표를 금연으로 정한 L씨는 금연치료지원 프로그램에 참여했다. 그러나 L씨는 개인 사정으로 프로그램 참여 시작 후 7주(49일) 만에 그만두게 되었다. 금연치료지원 프로그램 안내문과 L씨의 참여내역이 다음과 같을 때, L씨가 7주(49일)까지 냈던 본인부담금은?(단, 부가세는 고려하지 않는다)

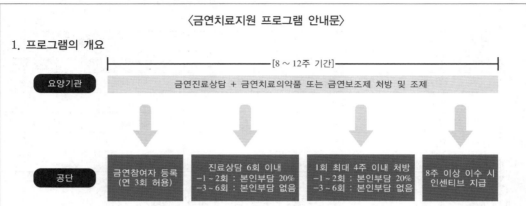

〈금연치료지원 프로그램 안내문〉

1. 프로그램의 개요

[8 ~ 12주 기간]

요양기관 : 금연진료상담 + 금연치료의약품 또는 금연보조제 처방 및 조제

공단 :
- 금연참여자 등록 (연 3회 허용)
- 진료상담 6회 이내
  - 1 ~ 2회 : 본인부담 20%
  - 3 ~ 6회 : 본인부담 없음
- 1회 최대 4주 이내 처방
  - 1 ~ 2회 : 본인부담 20%
  - 3 ~ 6회 : 본인부담 없음
- 8주 이상 이수 시 인센티브 지급

※ 8 ~ 12주 기간 동안 6회 이내의 진료상담과 금연치료의약품 또는 금연보조제(니코틴패치, 껌, 정제) 구입비용 지원

2. 제공기관 및 지원대상
- 제공기관 : 공단에 금연치료 지원사업 참여 신청한 모든 병·의원, 보건소, 보건지소 등
- 지원대상 : 금연치료 참여 의료기관에 방문하여 등록한 금연치료를 희망하는 모든 흡연자에 대해 지원 (단, 1년에 3번까지 지원 가능하며, 예정된 차기 진료일로부터 1주 이상 의료기관을 방문하여 진료받지 않은 경우 프로그램 탈락으로 간주하여 1회차 지원을 종료함)

3. 지원내용
- 금연진료·상담료 : '최초상담료'와 '금연유지상담료'로 구분하고, 건강보험공단에서 80% 지원(금연참여자 20% 부담)

구분	금연(단독)진료	금연(동시)진료
최초상담	22,500원	금연(단독)진료와 전체 금액은 같으나 최초상담 시 1,500원, 유지상담 시 900원을 공단이 더 부담
유지상담	13,500원	

※ 금연진료를 타 상병과 동시에 진료하는 경우 '금연(동시)진료'와 금연진료만 행하는 '금연(단독)진료'로 구분
※ 의료급여수급자 및 저소득층(건강보험료 하위 20% 이하)은 진료·상담료 전액 지원

- 약국금연관리비용 : 금연치료의약품, 금연보조제 등 사용안내 및 복약지도 관련 비용 지원

금연치료의약품			금연보조제		
합계	공단부담금	본인부담금	합계	공단부담금	본인부담금
8,100원	6,500원	1,600원	2,000원	1,600원	400원

※ 의료급여수급자 및 저소득층(건강보험료 하위 20% 이하)은 진료·상담료 전액 지원

- 금연치료의약품·금연보조제 : 1회 처방당 4주 이내의 범위(총 12주)에서 금연치료의약품 및 금연보조제(니코틴패치, 껌, 정제) 구입비용 지원

－ 금연치료의약품

구분		부프로피온정	바레니클린정	챔픽스정
약가 상한액		정당 530원	정당 1,800원	정당 2,100원
본인부담금	건강보험	정당 100원	정당 360원	정당 400원
	의료급여 / 저소득층	없음		

－ 금연보조제

구분		금연보조제 (니코틴패치, 껌, 정제)	비고
지원액	건강보험	1일당 1,500원	지원액을 초과하는 비용은 본인이 부담
	의료급여 / 저소득층	1일당 2,940원	

〈L씨의 7주 차까지의 참여내역〉

- 의료급여ㆍ저소득층 여부 : 해당사항 없음
- 처방받은 금연치료의약품 : 챔픽스정(1일 2정 복용)
- 타 상병과 동시진료 여부 : 고혈압으로 인해 매 진료 시 같이 진료받았음
- 금연진료ㆍ상담 방문 횟수 : 4회
- 약국방문 횟수 : 2회[1회 차 : 4주치(28일치) 처방, 2회 차 : 3주치(21일치) 처방]

① 없음
② 43,500원
③ 47,200원
④ 50,700원
⑤ 53,600원

18 K는 게임 동호회 회장으로 주말에 진행되는 게임 행사에 동호회 회원인 A~E의 참여 가능 여부를 조사하려고 한다. 다음 〈조건〉을 참고하여 E가 행사에 참여하지 않는다고 할 때, 다음 중 행사에 참여 가능한 사람은 몇 명인가?

─〈조건〉─
- A가 행사에 참여하지 않으면, B가 행사에 참여한다.
- A가 행사에 참여하면, C는 행사에 참여하지 않는다.
- B가 행사에 참여하면, D는 행사에 참여하지 않는다.
- D가 행사에 참여하지 않으면, E가 행사에 참여한다.

① 1명
② 2명
③ 3명
④ 4명
⑤ 5명

※ 다음은 전 세계 각국에 대한 우리나라의 수출입 실적이다. 자료를 보고 이어지는 질문에 답하시오. [19~20]

〈2023년 국가별 수출입 실적〉

(단위 : USD 1,000)

국가명	수출 건수	수출금액	수입 건수	수입금액	무역수지
총계	3,587,059	246,290,839	8,662,739	220,090,995	26,199,844
중국	953,140	65,384,190	1,356,749	43,133,240	22,250,951
미국	397,564	28,108,451	3,975,452	24,127,985	3,980,465
베트남	249,333	19,631,307	144,558	7,856,156	11,775,151
홍콩	129,869	18,666,061	83,597	929,330	17,736,732
일본	377,583	12,656,585	742,746	23,537,812	−10,881,227
대만	105,061	6,809,322	122,137	7,044,554	−235,232
인도	93,303	6,220,597	43,968	2,256,431	3,964,166
싱가포르	89,198	4,942,104	63,877	3,494,874	1,447,231
필리핀	48,379	4,866,426	38,114	1,371,511	3,494,915
멕시코	55,157	4,322,144	35,441	2,246,253	2,075,892
호주	45,830	4,109,275	150,274	8,095,355	−3,986,080
독일	70,715	4,011,444	741,693	9,063,340	−5,051,897
기타	1,349,510	79,219,518	1,906,879	110,471,966	−31,252,450

19 다음 중 국가별 수출입 실적 관련 항목과 수치가 바르게 연결된 것은?(단, 모든 값은 소수점 둘째 자리에서 반올림한다)

	항목	수치
①	중국의 수출 건수 대비 미국의 수출 건수 비율	39.5%
②	기타를 제외한 수입 건수를 높은 순으로 나열 시 대만의 수입 건수 순위	6
③	일본의 수출 건수 대비 수입 건수 비율	196.7%
④	수입금액이 USD 200억 이상인 국가 수	3
⑤	멕시코의 수출 건수당 평균 수출금액 USD	80,250

20 다음 중 국가별 수출입 실적에 대해 바르지 않은 설명을 한 사람을 모두 고르면?

> A : 독일의 수출 건수는 필리핀의 수출 건수에 비해 30% 이상 많아.
> B : 싱가포르의 수입 건수는 수출 건수의 70% 미만에 불과해.
> C : 미국은 우리나라가 수입하는 국가들 중 수입 건수가 가장 많은 국가야.
> D : 홍콩의 무역수지는 인도의 무역수지의 5배보다 커.

① A, B
② B, D
③ A, B, D
④ A, C, D
⑤ B, C, D

21 다음은 폐기물 협회에서 제공하는 전국 폐기물 발생 현황 자료이다. 자료의 빈칸에 해당하는 값으로 옳은 것은?(단, 소수점 둘째 자리에서 반올림한다)

〈전국 폐기물 발생 현황〉

구분		2018년	2019년	2020년	2021년	2022년	2023년
총계	발생량	359,296	357,861	365,154	373,312	382,009	382,081
	증감률	6.6	−0.4	2.0	2.2	2.3	0.02
의료 폐기물	발생량	52,072	50,906	49,159	48,934	48,990	48,728
	증감률	3.4	−2.2	−3.4	(ㄱ)	0.1	−0.5
사업장 배출시설계 폐기물	발생량	130,777	123,604	137,875	137,961	146,390	149,815
	증감률	13.9	(ㄴ)	11.5	0.1	6.1	2.3
건설 폐기물	발생량	176,447	183,351	178,120	186,417	186,629	183,538
	증감률	2.6	3.9	−2.9	4.7	0.1	−1.7

   (ㄱ)   (ㄴ)
① −0.5   −5.5
② −0.5   −4.5
③ −0.6   −5.5
④ −0.6   −4.5
⑤ −0.7   −5.5

22 E동물원에 세 마리 거북이가 살고 있다. 그중 한 번에 2마리를 임의로 골라 나이를 곱하면 77, 143, 91이 나온다. 세 마리 거북이 중 가장 나이 많은 거북이와 가장 어린 거북이의 나이 차는 얼마인가?

① 2살　　　　　　　　　　② 3살
③ 4살　　　　　　　　　　④ 5살
⑤ 6살

23 다음은 국가별·연도별 이산화탄소 배출량에 대한 자료이다. 〈조건〉에 따라 빈칸 ㉠~㉣에 해당하는 국가명을 순서대로 나열한 것은?

〈국가별·연도별 이산화탄소 배출량〉

(단위 : 백만 CO_2톤)

구분	2019년	2020년	2021년	2022년	2023년
일본	1,041	1,141	1,112	1,230	1,189
미국	4,803	5,642	5,347	5,103	5,176
㉠	232	432	551	572	568
㉡	171	312	498	535	556
㉢	151	235	419	471	507
독일	940	812	759	764	723
인도	530	890	1,594	1,853	2,020
㉣	420	516	526	550	555
중국	2,076	3,086	7,707	8,980	9,087
러시아	2,163	1,474	1,529	1,535	1,468

─────〈조건〉─────
- 한국과 캐나다는 제시된 5개 연도의 이산화탄소 배출량 순위에서 8위를 두 번 했다.
- 사우디의 2022년 대비 2023년의 이산화탄소 배출량 증가율은 5% 이상이다.
- 이란과 한국의 이산화탄소 배출량의 합은 2021년부터 이란과 캐나다의 배출량의 합보다 많아진다.

① 캐나다, 이란, 사우디, 한국
② 한국, 사우디, 이란, 캐나다
③ 한국, 이란, 캐나다, 사우디
④ 이란, 한국, 사우디, 캐나다
⑤ 한국, 이란, 사우디, 캐나다

24 다음은 산업 및 가계별 대기배출량과 기체별 지구온난화 유발 확률에 대한 자료이다. 어느 부문의 대기배출량을 줄여야 지구온난화 예방에 가장 효과적인가?

〈산업 및 가계별 대기배출량〉

(단위 : 천 톤 CO_2eq)

구분		이산화탄소	아산화질소	메탄	수소불화탄소
산업부문	전체	45,950	3,723	17,164	0.03
	농업, 임업 및 어업	10,400	810	12,000	0
	석유, 화학 및 관련제품	6,350	600	4,800	0.03
	전기, 가스, 증기 및 수도사업	25,700	2,300	340	0
	건설업	3,500	13	24	0
가계부문		5,400	100	390	0

〈기체별 지구온난화 유발 확률〉

(단위 : %)

구분	이산화탄소	아산화질소	메탄	수소불화탄소
유발 확률	30	20	40	10

① 농업, 임업 및 어업
② 석유, 화학 및 관련제품
③ 전기, 가스, 증기 및 수도사업
④ 건설업
⑤ 가계부문

25 약사인 E씨는 개인 약국을 개업하기 위해 부동산을 통하여 시세를 알아보았다. 리모델링이 필요할 경우 100평당 5백만 원의 추가 비용이 들며, 개업 후 한 달 동안 입점해있는 병원 1곳당 초기 입점 비용의 3%의 이윤이 기대된다. A ~ E 다섯 상가의 입점조건이 다음과 같을 때, 어느 곳에 입점하는 것이 가장 이득이겠는가?(단, 최종 비용은 초기 입점 비용과 한 달 간의 이윤을 고려하여 결정한다)

구분	매매가	중개 수수료율	평수	리모델링 필요 여부	병원 입점 수
A상가	9억 2천만 원	0.6%	200평	×	2곳
B상가	8억 8천만 원	0.7%	200평	○	3곳
C상가	9억 원	0.5%	180평	×	1곳
D상가	9억 5천만 원	0.6%	210평	×	1곳
E상가	8억 7천만 원	0.7%	150평	○	2곳

※ 초기 입점 비용 : (매매가)+(중개 수수료)+(리모델링 비용)

① A상가　　　　　　　　　　　② B상가
③ C상가　　　　　　　　　　　④ D상가
⑤ E상가

26 정부에서는 지나친 음주와 흡연으로 인한 사회문제의 발생을 막기 위해 술과 담배에 세금을 부과하려고 한다. 부과할 수 있는 세금에는 종가세와 정액세가 있고, 술과 담배를 즐기는 A씨의 소비량과 술, 담배 예상 세금 부과량이 아래와 같을 때, 조세 수입 극대화를 위해서 각각 어떤 세금을 부과해야 하며, 이때 조세 총수입은 얼마인가?

〈술, 담배 가격 및 소비량〉

구분	가격	현재 소비량	세금 부과 후 예상 소비량
술	2,000원	50병	20병
담배	4,500원	100갑	100갑

〈술, 담배 예상 세금 부과량〉

구분	종가세 하의 예상 세율	정액세 하의 예상 개당 세액
술	20%	300원
담배		800원

※ 종가세 : 가격의 일정 비율을 세금으로 부과하는 제도
※ 정액세 : 가격과 상관없이 판매될 때마다 일정한 액수의 세금을 부과하는 제도

	술	담배	조세 총수입		술	담배	조세 총수입
①	정액세	종가세	99,000원	②	정액세	종가세	96,000원
③	정액세	정액세	86,000원	④	종가세	정액세	88,000원
⑤	종가세	종가세	98,000원				

27 다음은 E헬스장의 2024년 2 ~ 4월 프로그램 회원 수와 2024년 5월 예상 회원 수에 대한 자료이다. 다음 〈조건〉을 보고 방정식 $2a+b=c+d$가 성립할 때, b에 알맞은 회원 수는 몇 명인가?

〈E헬스장 운동 프로그램 회원 현황〉

(단위 : 명)

구분	2024년 2월	2024년 3월	2024년 4월	2024년 5월
요가	50	a	b	
G.X	90	98	c	
필라테스	106	110	126	d

〈조건〉
- 2024년 3월 요가 회원은 전월 대비 20% 증가했다.
- 2024년 2 ~ 4월 필라테스 총 회원 수는 G.X 총 회원 수보다 37명이 더 많다.
- 2024년 5월 필라테스의 예상 회원 수는 2024년 2 ~ 4월 필라테스의 월 평균 회원 수일 것이다.

① 110

② 111

③ 112

④ 113

⑤ 114

28 국토교통부는 자동차의 공회전 발생률과 공회전 시 연료 소모량이 적은 차량 운전자에게 현금처럼 쓸 수 있는 탄소포인트를 제공하는 정책을 구상하고 있다. 국토교통부는 동일 차량 운전자 A～E를 대상으로 이 정책을 시범 시행하였다. 다음 자료를 근거로 할 때, 공회전 발생률과 공회전 시 연료 소모량에 따라 A～E운전자가 받을 수 있는 탄소포인트의 총합이 큰 순서대로 나열된 것은?(단, 주어진 자료 이외의 다른 조건은 고려하지 않는다)

〈차량 시범 시행 결과〉

구분	A	B	C	D	E
주행시간(분)	200	30	50	25	50
총공회전시간(분)	20	15	10	5	25

〈공회전 발생률에 대한 탄소포인트〉

구분	19% 이하	20～39%	40～59%	60～79%	80% 이상
탄소포인트(P)	100	80	50	20	10

〈공회전 시 연료 소모량에 대한 구간별 탄소포인트〉

구분	99cc 이하	100～199cc	200～299cc	300～399cc	400cc 이상
탄소포인트(P)	100	75	50	25	0

※ [공회전 발생률(%)] $= \dfrac{(총공회전시간)}{(주행시간)} \times 100$

※ [공회전 시 연료 소모량(cc)] $=$ (총공회전시간) $\times 20$

① D > C > A > B > E
② D > C > A > E > B
③ D > A > C > B > E
④ A > D > B > E > C
⑤ A > B > E > C > D

29 E전자회사는 LED를 생산할 수 있는 기계 A ~ C 3대를 가지고 있다. 기계에 따른 불량률이 다음과 같을 때, 3대를 하루 동안 가동할 경우 전체 불량률은 얼마인가?(단, 소수점 셋째 자리에서 버림한다)

〈기계별 하루 생산량 및 불량률〉

구분	하루 생산량(개)	불량률(%)
A기계	5,000	0.7
B기계	A기계보다 10% 더 생산	1.0
C기계	B기계보다 500개 더 생산	0.3

① 0.78%　　　　　　　　　② 0.75%

③ 0.71%　　　　　　　　　④ 0.65%

⑤ 0.62%

30 커피숍 주인인 E씨는 매장 내부의 가로 600cm, 세로 500cm 크기의 직사각형 벽을 하늘색 또는 크림색 정사각형 타일로 채우려고 한다. 타일의 크기와 비용이 다음과 같을 때, 어떤 타일을 선택하는 것이 얼마 더 경제적인가?(단, 타일은 세트로만 판매 가능하다)

구분	크기	1세트당 개수	1세트당 가격
하늘색 타일	1m×1m	2개	5만 원
크림색 타일	1m×1m	3개	7만 원

	타일	구매비용의 차
①	하늘색 타일	3만 원
②	하늘색 타일	5만 원
③	크림색 타일	3만 원
④	크림색 타일	5만 원
⑤	크림색 타일	7만 원

31 다음 중 스프레드 시트의 메모에 대한 설명으로 옳지 않은 것은?

① 메모를 삭제하려면 메모가 삽입된 셀을 선택한 후 [검토] 탭 [메모] 그룹의 [삭제]를 선택한다.

② [서식 지우기] 기능을 이용하여 셀의 서식을 지우면 설정된 메모도 함께 삭제된다.

③ 메모가 삽입된 셀을 이동하면 메모의 위치도 셀과 함께 변경된다.

④ 작성된 메모의 내용을 수정하려면 메모가 삽입된 셀의 바로 가기 메뉴에서 [메모편집]을 선택한다.

⑤ 삽입된 메모가 메모 표시 상태로 있다면 보이는 메모의 텍스트를 클릭하여 바로 편집할 수 있다.

32 다음 중 엑셀의 데이터 입력 및 편집에 대한 설명으로 옳지 않은 것은?

① 한 셀에 여러 줄의 데이터를 입력하려면 〈Alt〉+〈Enter〉를 이용한다.

② 음수는 숫자 앞에 '−' 기호를 붙이거나 괄호( )로 묶는다.

③ 셀에 날짜 데이터를 입력한 뒤 채우기 핸들을 아래로 드래그하면 1일 단위로 증가하여 나타낼 수 있다.

④ 시간 데이터는 세미콜론(;)을 이용하여 시, 분, 초를 구분한다.

⑤ 분수는 숫자 0을 먼저 입력하고 〈Space Bar〉를 누른 후 값을 입력한다.

33 다음 중 패리티 체크를 하는 이유는?

① 전송되는 부호 용량 검사

② 전송된 부호의 착오 검출

③ 컴퓨터의 기억 용량 산정

④ 중계선로의 중계용량 측정

⑤ 전송되는 부호 속도 검사

34 다음 중 바이오스(Basic Input Output System)에 대한 설명으로 옳은 것은?

① 한번 기록한 데이터를 빠른 속도로 읽을 수 있지만, 다시 기록할 수 없는 메모리이다.

② 컴퓨터에서 전원을 켜면 맨 처음 컴퓨터의 제어를 맡아 가장 기본적인 기능을 처리해 주는 프로그램이다.

③ 기억된 정보를 읽어내기도 하고, 다른 정보를 기억시킬 수도 있는 메모리이다.

④ 운영 체제와 응용 프로그램 중간에 위치하는 소프트웨어이다.

⑤ 주변 장치와 컴퓨터 처리 장치 간에 데이터를 전송할 때 처리 지연을 단축하기 위해 보조 기억 장치를 완충 기억 장치로 사용하는 것이다.

※ 귀하는 지점별 매출 및 매입 현황을 정리하고 있다. 이어지는 질문에 답하시오. [35~36]

◢	A	B	C	D	E	F
1	지점명	매출	매입			
2	주안점	2,500,000	1,700,000			
3	동암점	3,500,000	2,500,000		최대 매출액	
4	간석점	7,500,000	5,700,000		최소 매출액	
5	구로점	3,000,000	1,900,000			
6	강남점	4,700,000	3,100,000			
7	압구정점	3,000,000	1,500,000			
8	선학점	2,500,000	1,200,000			
9	선릉점	2,700,000	2,100,000			
10	교대점	5,000,000	3,900,000			
11	서초점	3,000,000	1,900,000			
12	합계					

35 다음 중 매출과 매입의 합계를 구할 때 사용할 함수는?

① REPT
② CHOOSE
③ SUM
④ AVERAGE
⑤ DSUM

36 다음 중 [F3] 셀을 구하는 함수식으로 옳은 것은?

① =MIN(B2:B11)
② =MAX(B2:C11)
③ =MIN(C2:C11)
④ =MAX(C2:C11)
⑤ =MAX(B2:B11)

37 다음 중 셀 서식 관련 바로 가기 키에 대한 설명으로 옳지 않은 것은?

① 〈Ctrl〉+〈1〉 : 셀 서식 대화상자가 표시된다.

② 〈Ctrl〉+〈2〉 : 선택한 셀에 글꼴 스타일 '굵게'가 적용되며, 다시 누르면 적용이 취소된다.

③ 〈Ctrl〉+〈3〉 : 선택한 셀에 밑줄이 적용되며, 다시 누르면 적용이 취소된다.

④ 〈Ctrl〉+〈5〉 : 선택한 셀에 취소선이 적용되며, 다시 누르면 적용이 취소된다.

⑤ 〈Ctrl〉+〈9〉 : 선택한 셀의 행이 숨겨진다.

38 다음 〈보기〉 중 개인 정보 유출 방지책으로 옳은 것을 모두 고르면?

─〈보기〉─

A. 기억하기 쉬운 비밀번호 사용하기

B. 가입 해지 시 정보 파기 요구하기

C. 비밀번호를 정기적으로 교체하기

D. 회원가입 시 이용 약관 확인하기

E. 이용 목적에 부합하는 정보를 요구하는지 확인하기

F. 회사 업무에 필요한 개인 정보들을 공유하기

① A, B, C, D

② A, B, E, F

③ B, C, D, E

④ B, C, D, F

⑤ C, D, E, F

39 다음 시트에서 [찾기 및 바꾸기] 기능을 통해 찾을 내용에 '가?'를, 바꿀 내용에 'A'를 입력한 후, 모두 바꾸기를 실행하였을 경우 나타나는 결괏값으로 옳은 것은?

	A
1	가수 레이디 가가
2	가정평화
3	가지꽃
4	가족가정

①

	A
1	A
2	A
3	A
4	A

②

	A
1	A 레이디 가가
2	A평화
3	A꽃
4	A

③

	A
1	A 레이디 A
2	A평화
3	A꽃
4	AA

④

	A
1	A 레이디 A
2	A
3	A
4	AA

⑤

	A
1	A 레이디 가가
2	A평화
3	A꽃
4	AA

40 다음은 자료와 정보, 지식에 대한 설명이다. 이에 따라 이들을 구분할 때, E회사의 상황에 맞게 빈칸에 들어갈 내용으로 옳지 않은 것은?

- 정보와 지식, 자료(데이터)의 고전적인 구분은 McDonough가 그의 책『정보경제학』에서 시도하였다. 그는 비교적 단순한 방법으로 정보와 지식, 데이터를 구분하고 있다. 즉, 자료(데이터)는 '가치가 평가되지 않은 메시지', 정보는 '특정상황에서 평가된 데이터', 지식은 '정보가 더 넓은 시간·내용의 관계를 나타내는 것' 이라고 정의하였다.
- 자동차 업종인 E사는 최근 1년간 자사 자동차를 구매한 고객들의 주문기종을 조사하여 조사결과를 향후 출시할 자동차 설계에 반영하고자 한다.

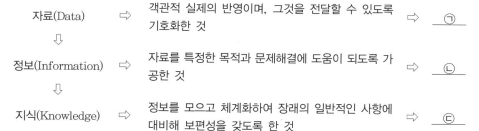

① ㉠ : 최근 1년간 E사 자동차 구입 고객의 연령, 성별, 구입 자동차의 차종 및 배기량 등
② ㉡ : 구매대수 증가율이 가장 높은 차종
③ ㉡ : 유가 변화에 따른 E사 판매지점 수 변화
④ ㉢ : 연령별 선호 디자인 트렌드 파악
⑤ ㉢ : 선호 배기량 트렌드에 맞는 신규 차종 개발

41 다음은 시간계획의 기본원리에 대한 글이다. 빈칸에 들어갈 행동이 바르게 연결된 것은?

> 시간은 무형의 자원으로, 다른 자원과는 다른 관리방식을 요하는 자원이다. 또한, 가용한 모든 시간을 관리한다는 것은 불가능에 가까운 일이므로 시간을 계획하는 것은 시간관리에 있어서 매우 중요한 것이다. 이에 대해 로타 J. 자이베르트(Lother J. Seiwert)는 시간계획의 기본원칙으로 '60 : 40의 원칙'을 제시하고 있다. 이 원칙은 총 가용시간의 60%를 계획하고, 나머지 40%는 예측하지 못한 사태 및 일의 중단요인, 개인의 창의적 계발 시간으로 남겨 둔다는 것이다. 보다 구체적으로 시간을 계획할 때, 60%의 시간은 _____ ㉠ _____에 할애하고, 20%는 _____ ㉡ _____에 할애하고, 마지막 20%를 _____ ㉢ _____에 할애한다는 것이다.

	㉠	㉡	㉢
①	비자발적 행동	자발적 행동	계획 행동
②	계획 행동	계획 외 행동	자발적 행동
③	자발적 행동	계획 행동	계획 외 행동
④	계획 외 행동	계획 행동	자발적 행동
⑤	계획 행동	비자발적 행동	계획 외 행동

42 E회사에서 다음과 같은 조건으로 임원용 보고서와 직원용 보고서를 제작하려고 한다. 임원용 보고서와 직원용 보고서의 제작비를 바르게 계산한 것은?

- 보고서 : 85페이지(표지 포함)
- 임원용(10부) : 컬러 단면 복사, 양면 플라스틱 커버, 스프링 제본
- 직원용(20부) : 흑백 양면 복사, 2쪽씩 모아 찍기, 집게(2개)

(단위 : 페이지당, 개당)

컬러 복사	흑백 복사	플라스틱 커버	스프링 제본	집게
양면 200원	양면 70원	2,000원	2,000원	50원
단면 300원	단면 100원			

※ 표지는 모두 컬러 단면 복사를 한다.
※ 플라스틱 커버 1개는 한 면만 커버할 수 있다.

	임원용	직원용
①	325,000원	42,300원
②	315,000원	37,700원
③	315,000원	37,400원
④	295,000원	35,300원
⑤	292,000원	32,100원

43 다음 중 빈칸에 들어갈 말이 바르게 연결된 것은?

　　(A)　은 제품 또는 서비스를 창출하기 위해 소비된 비용으로 재료비, 시설비 등이 있으며, 　(B)　은 과제를 수행하기 위해 소비된 비용 중 　(A)　을 제외한 비용으로 보험료, 광고비, 통신비 등이 있다.

　　　　　　(A)　　　　　　(B)
① 직접비용　　　　간접비용
② 간접비용　　　　책정비용
③ 책정비용　　　　실제비용
④ 생산비용　　　　직접비용
⑤ 소모비용　　　　생산비용

44 다음 중 물적자원관리의 과정에 대한 설명으로 옳지 않은 것은?

① 물품의 정리 및 보관 시 물품을 앞으로 계속 사용할 것인지 그렇지 않을지를 구분해야 한다.
② 유사성의 원칙은 유사품을 같은 장소에 보관하는 것을 말하며, 이는 보관한 물품을 보다 쉽고 빠르게 찾을 수 있도록 하기 위해서 필요하다.
③ 물품의 특성에 맞는 보관장소를 선정해야 하므로, 종이류와 유리 등은 그 재질의 차이로 인해서 보관장소의 차이를 두는 것이 바람직하다.
④ 물품의 정리 시 회전대응 보관의 원칙은 입출하의 빈도가 높은 품목은 출입구 가까운 곳에 보관하는 것을 말한다.
⑤ 물품의 무게와 부피에 따라서 보관장소를 달리해야 한다. 무게가 무겁거나 부피가 큰 것은 별도로 취급하여 개별 물품의 훼손이 생기지 않게 보관한다.

45 다음은 임직원 출장여비 지급규정과 차장의 출장비 지출 내역이다. T차장이 받을 수 있는 여비는 얼마인가?

<표>

〈임직원 출장여비 지급규정〉

- 출장여비는 일비, 숙박비, 식비, 교통비로 구성된다.
- 일비는 출장일수에 따라 매일 10만 원씩 지급한다.
- 숙박비는 숙박일수에 따라 실비 지급한다. 다만, 항공 또는 선박 여행 시 항공기 내 또는 선박 내에서의 숙박은 숙박비를 지급하지 아니한다.
- 식비는 일수에 따라 식사 여부에 상관없이 1일 3식으로 지급하며, 1끼니당 1만 원씩 지급한다. 단, 항공 또는 선박 여행 시에는 기내식이 포함되지 않을 경우만 지급하며, 출장 마지막 날 저녁은 지급하지 않는다.
- 교통비는 교통편의 운임 혹은 유류비 산출액을 실비 지급한다.

〈T차장의 2박 3일 출장비 지출 내역〉

3월 8일	3월 9일	3월 10일
• 인천 – 일본 항공편 84,000원 (아침 기내식 포함 ×) • 점심 식사 7,500원 • 일본 J공항 – B호텔 택시비 10,000원 • 저녁 식사 12,000원 • B호텔 숙박비 250,000원	• 아침 식사 8,300원 • 호텔 – 거래처 택시비 16,300원 • 점심 식사 10,000원 • 거래처 – 호텔 택시비 17,000원 • B호텔 숙박비 250,000원	• 아침 식사 5,000원 • 일본 – 인천 항공편 89,000원 (점심 기내식 포함)

① 880,000원
② 1,053,000원
③ 1,059,100원
④ 1,086,300원
⑤ 1,106,300원

46 밤도깨비 야시장에서 푸드 트럭을 운영하기로 계획 중인 귀하는 다음 표를 참고하여 메인 메뉴 한 가지를 선정하려고 한다. 다음 중 어떤 메뉴를 선택하는 것이 가장 합리적인가?

메뉴	예상 월간 판매량(개)	생산 단가(원)	판매 가격(원)
A	500	3,500	4,000
B	300	5,500	6,000
C	400	4,000	5,000
D	200	6,000	7,000
E	150	3,000	5,000

① A
② B
③ C
④ D
⑤ E

다음 자료를 근거로 판단할 때, 〈보기〉에서 옳은 것을 모두 고르면?

- 인공지능 컴퓨터와 매번 대결할 때마다 갑은 A, B, C전략 중 하나를 선택할 수 있다.
- 인공지능 컴퓨터는 대결을 거듭할수록 학습을 통해 각각의 전략에 대응하므로, 동일한 전략을 사용할수록 갑이 승리할 확률은 하락한다.
- 각각의 전략을 사용한 횟수에 따라 각 대결에서 갑이 승리할 확률은 아래와 같고, 갑도 그 사실을 알고 있다.

〈전략별 사용횟수에 따른 갑의 승률〉

(단위 : %)

전략별 사용횟수 전략종류	1회	2회	3회	4회
A전략	60	50	40	0
B전략	70	30	20	0
C전략	90	40	10	0

―〈보기〉―

ㄱ. 갑이 총 3번의 대결을 하면서 각 대결에서 승리할 확률이 가장 높은 전략부터 순서대로 선택한다면, 3가지 전략을 각각 1회씩 사용해야 한다.

ㄴ. 갑이 총 5번의 대결을 하면서 각 대결에서 승리할 확률이 가장 높은 전략부터 순서대로 선택한다면, 5번째 대결에서는 B전략을 사용해야 한다.

ㄷ. 갑이 1개의 전략만을 사용하여 총 3번의 대결을 하면서 3번 모두 승리할 확률을 가장 높이려면, A전략을 선택해야 한다.

ㄹ. 갑이 1개의 전략만을 사용하여 총 2번의 대결을 하면서 2번 모두 패배할 확률을 가장 낮추려면, A전략을 선택해야 한다.

① ㄱ, ㄴ

② ㄱ, ㄷ

③ ㄴ, ㄹ

④ ㄱ, ㄷ, ㄹ

⑤ ㄴ, ㄷ, ㄹ

다음 글을 근거로 판단할 때, 평가대상기관 A ~ D 중 최종 순위 최상위기관과 최하위기관을 바르게 나열한 것은?

<공공시설물 내진보강대책 추진실적 평가기준>

■ 평가요소 및 점수부여

• (내진성능평가 지수) $= \dfrac{(내진성능평가\ 실적\ 건수)}{(내진보강대상\ 건수)} \times 100$

• (내진보강공사 지수) $= \dfrac{(내진보강공사\ 실적\ 건수)}{(내진보강대상\ 건수)} \times 100$

• 산출된 지수 값에 따른 점수는 아래 표와 같이 부여한다.

구분	지수 값 최상위 1개 기관	지수 값 중위 2개 기관	지수 값 최하위 1개 기관
내진성능평가 점수	5점	3점	1점
내진보강공사 점수	5점	3점	1점

■ 최종 순위 결정

• 내진성능평가 점수와 내진보강공사 점수의 합이 큰 기관에 높은 순위를 부여한다.
• 합산 점수가 동점인 경우에는 내진보강대상 건수가 많은 기관을 높은 순위로 한다.

<평가대상기관의 실적>

(단위 : 건)

구분	A기관	B기관	C기관	D기관
내진성능평가 실적	82	72	72	83
내진보강공사 실적	91	76	81	96
내진보강대상	100	80	90	100

	최상위기관	최하위기관
①	A기관	B기관
②	B기관	C기관
③	B기관	D기관
④	C기관	D기관
⑤	D기관	C기관

49 E발전 기획전략처 문화홍보부 A대리는 부서 출장 일정에 맞춰 업무 시 사용할 렌터카를 대여하려고 한다. 제시된 자료를 참고하여 A대리가 일정에 사용할 렌터카로 옳은 것은?

〈문화홍보부 출장 일정〉

일자	내용	인원	짐 무게
2024 – 05 – 08	보령화력 3부두 방문	2명	6kg
2024 – 05 – 09	임금피크제 도입 관련 세미나 참여	3명	3kg
2024 – 05 – 10	신서천화력 건설사업	5명	–
2024 – 05 – 11	햇빛새싹발전소(학교태양광) 발전사업 대상지 방문	3명	3kg
2024 – 05 – 12	제주 LNG복합 건설사업 관련 좌담회	8명	2kg
2024 – 05 – 15	H그린파워 제철 부생가스 발전사업 관련 미팅	10명	3kg
2024 – 05 – 16	방만경영 개선 이행실적 발표회	4명	1kg
2024 – 05 – 17	보령항로 준설공사현장 방문	3명	2kg
2024 – 05 – 18	보령 본사 방문	4명	6kg

※ 짐 무게 3kg당 탑승인원 1명으로 취급한다.

〈렌터카 요금 안내〉

구분	요금	유류	최대 탑승인원
A렌터카	45,000원	경유	4명
B렌터카	60,000원	휘발유	5명
C렌터카	55,000원	LPG	8명
D렌터카	55,000원	경유	6명

※ 렌터카 선정 시 가격을 가장 우선으로 하고, 최대 탑승인원을 다음으로 한다.
※ 5월 1 ~ 12일은 할인행사 기간으로 휘발유 차량을 30% 할인한다.

보내는 이 : 문화홍보부 A대리
안녕하십니까, 문화홍보부 A대리입니다.
금주 문화홍보부에서 참여하는 햇빛새싹발전소 발전사업 대상지 방문과 차주 보령 본사 방문에 관련된 정보를 첨부합니다. 해당 사항 확인해주시기 바랍니다. 감사합니다.

받는 이 : 경영지원본부

---

① A렌터카, B렌터카 ② B렌터카, D렌터카
③ B렌터카, C렌터카 ④ A렌터카, D렌터카
⑤ C렌터카, D렌터카

50 다음은 E공사 직원들의 이번 주 초과근무 계획표이다. 하루에 4명까지 초과근무를 할 수 있고, 직원들은 각자 일주일에 10시간까지만 초과근무를 할 수 있다고 한다. 한 사람만 초과근무 일정을 수정할 수 있을 때, 규칙에 어긋난 요일과 그 날에 속한 사람 중 변경해야 할 직원은 누구인가?(단, 주말은 1시간당 1.5시간으로 계산한다)

<초과근무 계획표>

성명	초과근무 일정	성명	초과근무 일정
김혜정	월요일 3시간, 금요일 3시간	김재건	수요일 1시간
이설희	토요일 6시간	신혜선	수요일 4시간, 목요일 3시간
임유진	토요일 3시간, 일요일 1시간	한예리	일요일 6시간
박주환	목요일 2시간	정지원	월요일 6시간, 목요일 4시간
이지호	화요일 4시간	최명진	화요일 5시간
김유미	금요일 6시간, 토요일 2시간	김우석	목요일 1시간
이승기	화요일 1시간	차지수	금요일 6시간
정해리	월요일 5시간	이상엽	목요일 6시간, 일요일 3시간

	요일	직원			요일	직원
①	월요일	김혜정		②	화요일	정지원
③	화요일	신혜선		④	목요일	이상엽
⑤	목요일	정지원				

※ E레스토랑에서는 영유아 손님들을 위해 유아용 식탁 의자를 구비하였다. 이어지는 질문에 답하시오. [41~42]

우리 회사의 유아용 식탁 의자는 아이가 도움 없이 혼자 앉을 수 있는 6 ~ 7개월부터 사용할 수 있습니다.

■ 안전에 대한 유의사항
 – 압사의 위험 방지를 위해 사용 전 모든 플라스틱 커버를 제거하고, 유아 및 아동의 손이 미치지 않는 곳에 두세요.
 – 항상 벨트를 채워주세요.
 – 아이가 혼자 있지 않도록 해주세요.
 – 모든 구성 요소가 제대로 장착되어 있지 않으면 의자 사용을 삼가세요.
 – 부품이 망가지거나 부서지면 의자 사용을 삼가세요.
 – 강한 열원이나 난로가 있는 곳에서는 의자 사용을 삼가세요.
 – 아이가 의자 근처에서 놀거나 의자에 올라가지 못하도록 해 주세요.
 – 의자가 항상 평평하고 안정된 상태에서 사용될 수 있도록 해 주세요.
 – 식탁 의자는 계단, 층계, 창문, 벽과는 거리를 두고 비치해 주세요.
 – 의자에 충격이 가해지면 안정성을 해칠 우려가 있고 의자가 뒤집어질 수 있어요.
 – 아이가 앉아 있는 동안에는 의자의 높낮이를 조정하지 마세요.

■ 청소 및 유지
 – 젖은 천이나 중성 세제로 유아용 의자나 액세서리를 청소할 수 있습니다.
 – 재료를 손상시킬 수 있는 연마 세제나 용제는 사용하지 마세요.
 – 알루미늄 식탁 다리는 부식이 되지 않지만, 충격이나 긁힘으로 손상될 수 있습니다.
 – 햇빛에 지속적으로 장시간 노출되면 여러 부품의 색이 변할 수 있습니다.
 – 손상을 파악하기 위해 정기적으로 검사하십시오.

41 레스토랑 내 유아용 식탁 의자를 비치하기 위한 장소 선정 시 고려해야 할 사항으로 옳지 않은 것은?

① 난방기구가 있는 곳은 피하도록 한다.
② 바닥이 평평하여 안정된 상태로 의자가 서 있을 수 있는지 확인한다.
③ 아이를 식탁 의자에 혼자 두지 않으며, 항상 벨트를 채워야 한다.
④ 계단이나 창문이 있는 곳은 피하도록 한다.
⑤ 의자에 충격이 가해질 수 있는 장소는 피하도록 한다.

42 다음 중 직원들에게 안내할 유아용 식탁 의자 청소 및 관리법으로 옳지 않은 것은?

① 식탁 의자 사용 후에는 햇볕이 들지 않는 곳에 보관한다.
② 사용 후 젖은 천을 사용해 깨끗하게 닦는다.
③ 이동 시 식탁 다리가 부딪히거나 긁히지 않도록 주의한다.
④ 더러운 부분은 연마 세제를 사용해서 닦는다.
⑤ 정기적인 검사를 통해 손상 여부를 파악한다.

43 E공사는 10대 핵심전략기술을 선정하여 신기술 개발과 사업화에 역량을 집중하고 있다. 다음 자료에 대한 설명으로 옳지 않은 것은?

〈E공사 선정 2024년 10대 핵심전략기술 중 일부〉

- CCUS(탄소포집 저장 활용)
- Smart Grid
- ICT 융복합
- Micro Grid
- ESS(에너지저장장치)

---

① CCUS : 이산화탄소를 고순도로 포집하여 압축, 저장, 활용하는 기술
② Micro Grid : 전력설비 안전성 강화 및 효율 증대 원천기술 및 공정 신소재 개발(자기치유, 슈퍼커패시터, 3D프린팅 등)
③ Smart Grid : 기존 전력망에 ICT를 접목, 에너지 효율을 최적화, 전력사용 절감을 유도하는 전력망
④ ESS : 전력에너지를 필요시 저장, 공급하여 에너지 효율을 향상시키는 시스템
⑤ ICT 융복합 : 사물인터넷(IoT), 빅데이터, 보안 등 최신 ICT 기술을 활용, 전력분야 신사업 기반 창출

44 다음은 산업재해의 예방 대책을 나타낸 글이다. 빈칸에 들어갈 용어를 순서대로 나열한 것은?

산업재해의 예방 대책은 다음의 5단계로 이루어진다.
① _____ : 경영자는 사업장의 안전 목표를 설정하고, 안전 관리 책임자를 선정해야 하며, 안전 관리 책임자는 안전 계획을 수립하고, 이를 시행·후원·감독해야 한다.
② _____ : 사고 조사, 안전 점검, 현장 분석, 작업자의 제안 및 여론 조사, 관찰 및 보고서 연구, 면담 등을 시행한다.
③ _____ : 재해의 발생 장소, 재해 형태, 재해 정도, 관련 인원, 직원 감독의 적절성, 공구 및 장비의 상태 등을 정확히 분석한다.
④ _____ : 원인 분석을 토대로 적절한 방안, 즉 기술적 개선, 인사 조정 및 교체, 교육, 설득, 호소, 공학적 조치 등을 선정한다.
⑤ _____ : 안전에 대한 교육 및 훈련 실시, 안전 시설과 장비의 결함 개선, 안전 감독 실시 등의 선정된 방안을 적용한다.

---

① 안전 관리 조직 – 사실의 발견 – 원인 분석 – 시정책의 선정 – 시정책 적용 및 뒤처리
② 안전 관리 조직 – 원인 분석 – 사실의 발견 – 시정책의 선정 – 시정책 적용 및 뒤처리
③ 사실의 발견 – 원인 분석 – 안전 관리 조직 – 시정책의 선정 – 시정책 적용 및 뒤처리
④ 사실의 발견 – 시정책의 선정 – 안전 관리 조직 – 원인 분석 – 시정책 적용 및 뒤처리
⑤ 원인 분석 – 시정책의 선정 – 안전 관리 조직 – 사실의 발견 – 시정책 적용 및 뒤처리

※ 다음은 전열 난방기구의 설명서이다. 이어지는 질문에 답하시오. **[45~46]**

■ **설치방법**

[스탠드형]

1) 제품 밑 부분이 위를 향하게 하고, 스탠드와 히터의 나사 구멍이 일치하도록 맞추세요.

2) 십자드라이버를 사용해 스탠드 조립용 나사를 단단히 고정시켜 주세요.

3) 스탠드 2개를 모두 조립한 후 제품을 똑바로 놓고 흔들리지 않는지 확인합니다.

[벽걸이형]

1) 벽걸이용 거치대를 본체에서 분리해 주세요.

2) 벽걸이용 거치대 양쪽 구멍의 거리에 맞춰 벽에 작은 구멍을 냅니다(단단한 콘크리트나 타일이 있을 경우 전동드릴로 구멍을 내면 좋습니다).

3) 제공되는 나사를 이용해 거치대를 벽에 고정시켜 줍니다.

4) 양손으로 본체를 들어서 평행을 맞춰 거치대에 제품을 고정합니다.

5) 거치대의 고정 나사를 단단히 조여 흔들리지 않도록 고정시킵니다.

■ **사용방법**

1) 전원선을 콘센트에 연결합니다.

2) 전원버튼을 누르면 작동을 시작합니다.

3) 1단(750W), 2단(1500W)의 출력 조절버튼을 터치해 출력을 조절할 수 있습니다.

4) 온도 조절버튼을 터치하여 온도를 조절할 수 있습니다.
   - 설정 가능한 온도 범위는 15 ~ 40℃입니다.
   - 에너지 절약을 위해 실내온도가 설정온도에 도달하면 자동으로 전원이 차단됩니다.
   - 실내온도가 설정온도보다 약 2 ~ 3℃ 내려가면 다시 작동합니다.

5) 타이머 버튼을 터치하여 작동 시간을 설정할 수 있습니다.

6) 출력 조절버튼을 5초 이상 길게 누르면 잠금 기능이 활성화됩니다.

■ **주의사항**

   - 제품을 사용하지 않을 때나 제품을 점검할 때는 전원코드를 반드시 콘센트에서 분리하세요.
   - 사용자가 볼 수 있는 위치에서만 사용하세요.
   - 사용 시에 화상을 입을 수 있으니 손을 대지 마세요.
   - 바닥이 고르지 않은 곳에서는 사용하지 마세요.
   - 젖은 수건, 의류 등을 히터 위에 올려놓지 마세요.
   - 장난감, 철사, 칼, 도구 등을 넣지 마세요.
   - 제품 사용 중 이상이 발생한 경우 분해하지 마시고, A/S센터에 문의해 주세요.
   - 본체 가까이에서 스프레이 캔이나 인화성 위험물을 사용하지 마세요.
   - 휘발유, 신나, 벤젠, 등유, 알칼리성 비눗물, 살충제 등을 이용하여 청소하지 마세요.
   - 제품을 물에 담그지 마세요.
   - 젖은 손으로 전원코드, 본체, 콘센트 등을 만지지 마세요.
   - 전원 케이블이 과도하게 꺾이거나 피복이 벗겨진 경우에는 전원을 연결하지 마시고, A/S센터로 문의하기 바랍니다.

   ※ 주의 : 주의사항을 지키지 않을 경우 고장 및 감전, 화재의 원인이 될 수 있습니다.

45 작업장에 벽걸이형 난방기구를 설치하고자 한다. 다음 중 벽걸이형 난방기구의 설치방법으로 가장 적절한 것은?

① 벽걸이용 거치대의 양쪽 구멍과 상단 구멍의 위치에 맞게 벽에 작은 구멍을 낸다.

② 스탠드 2개를 조립한 후 벽걸이형 거치대를 본체에서 분리한다.

③ 벽이 단단한 콘크리트로 되어 있을 경우 거치대를 따로 고정하지 않아도 된다.

④ 거치대를 벽에 고정시킨 뒤 평행을 맞추어 거치대에 제품을 고정시킨다.

⑤ 스탠드의 고정 나사를 조여 제품이 흔들리지 않는지 확인한다.

46 다음 중 난방기 사용방법으로 적절하지 않은 것은?

① 전원선을 콘센트에 연결한 후 전원버튼을 누른다.

② 출력 조절버튼을 터치하여 출력을 1단으로 낮춘다.

③ 히터를 작동시키기 위해 설정온도를 현재 실내온도인 20℃로 조절하였다.

④ 전기료 절감을 위해 타이머를 1시간으로 맞추어 놓고 사용하였다.

⑤ 잠금 기능을 활성화하기 위해 출력 조절버튼을 5초 이상 길게 눌렀다.

※ E호텔에서는 편의시설로 코인세탁기를 설치하고자 한다. 다음 설명서를 보고 이어지는 질문에 답하시오.
[47~48]

〈코인세탁기 설명서〉

■ **설치 시 주의사항**
- 전원은 교류 220V / 60Hz 콘센트를 제품 단독으로 사용하세요.
- 전원코드를 임의로 연장하지 마세요.
- 열에 약한 물건 근처나 습기, 기름, 직사광선 및 물이 닿는 곳이나 가스가 샐 가능성이 있는 곳에 설치하지 마세요.
- 안전을 위해서 반드시 접지하도록 하며 가스관, 플라스틱 수도관, 전화선 등에는 접지하지 마세요.
- 제품을 설치할 때는 전원코드를 빼기 쉬운 곳에 설치하세요.
- 바닥이 튼튼하고 수평인 곳에 설치하세요.
- 세탁기와 벽면과는 10cm 이상 거리를 두어 설치하세요.
- 물이 새는 곳이 있으면 설치하지 마세요.
- 온수 단독으로 연결하지 마세요.
- 냉수와 온수 호스의 연결이 바뀌지 않도록 주의하세요.

■ **문제해결방법**

증상	확인	해결
동작이 되지 않아요.	세탁기의 전원이 꺼져 있는 것은 아닌가요?	세탁기의 전원버튼을 눌러 주세요.
	문이 열려있는 건 아닌가요?	문을 닫고 동작 버튼을 눌러 주세요.
	물을 받고 있는 중은 아닌가요?	물이 설정된 높이까지 채워질 때까지 기다려 주세요.
	수도꼭지가 잠겨 있는 것은 아닌가요?	수도꼭지를 열어 주세요.
세탁 중 멈추고 급수를 해요.	옷감의 종류에 따라 물을 흡수하는 세탁물이 있어 물의 양을 보충하기 위해 급수하는 것입니다.	이상이 없으니 별도의 조치가 필요 없어요.
	거품이 많이 발생하는 세제를 권장량보다 과다 투입 시 거품 제거를 위해 배수 후 재급수하는 것입니다.	이상이 없으니 별도의 조치가 필요 없어요.
세제 넣는 곳 앞으로 물이 흘러 넘쳐요.	세제를 너무 많이 사용한 것은 아닌가요?	적정량의 세제를 넣어 주세요.
	물이 지나치게 뜨거운 것은 아닌가요?	50℃ 이상의 온수를 단독으로 사용하면 세제 투입 시 거품이 발생하여 넘칠 수 있습니다.
	세제 넣는 곳이 더럽거나 열려 있는 것은 아닌가요?	세제 넣는 곳을 청소해 주세요.
겨울에 진동이 심해요.	세탁기가 언 것은 아닌가요?	세제 넣는 곳이나 세탁조에 60℃ 정도의 뜨거운 물 10L 정도 넣어 세탁기를 녹여 주세요.
급수가 안 돼요.	거름망에 이물질이 끼어 있는 것은 아닌가요?	급수호수 연결부에 있는 거름망을 청소해 주세요.
탈수 시 세탁기가 흔들리거나 움직여요.	세탁기를 앞뒤 또는 옆으로 흔들었을 때 흔들리나요?	세탁기 또는 받침대를 다시 설치해 주세요.
	세탁기를 나무나 고무판 위에 설치하셨나요?	바닥이 평평한 곳에 설치하세요.
문이 열리지 않아요.	세탁기 내부온도가 높나요?	세탁기 내부온도가 70℃ 이상이거나 물 온도가 50℃ 이상인 경우 문이 열리지 않습니다. 내부온도가 내려갈 때까지 잠시 기다리세요.
	세탁조에 물이 남아 있나요?	탈수를 선택하여 물을 배수하세요.

47 다음 중 세탁기를 놓을 장소 선정 시 고려해야 할 사항으로 적절하지 않은 것은?

① 세탁기와 수도꼭지와의 거리를 확인한다.

② 220V / 60Hz 콘센트인지 확인한다.

③ 물이 새는 곳이 있는지 확인한다.

④ 바닥이 튼튼하고 수평인지 확인한다.

⑤ 전원코드를 임의로 연장하지 않도록 콘센트가 가까운 곳에 있는지 확인한다.

48 호텔 투숙객이 세탁기 이용 도중 세탁기 문이 열리지 않고, 진동이 심하다며 불편사항을 접수하였다. 다음 중 투숙객의 불편사항에 대한 해결방법으로 가장 적절한 것은?

① 세탁조에 물이 남아 있는 것을 확인하고 급수를 선택하여 물을 급수하도록 안내한다.

② 세탁기 내부온도가 높으므로 세탁조에 차가운 물을 넣도록 안내한다.

③ 세탁기의 받침대를 다시 설치하여 세탁기의 흔들림을 최소화시켜야 한다.

④ 세탁기 내부온도가 높으므로 내부온도가 내려갈 때까지 기다려달라고 안내한다.

⑤ 세탁기가 얼었을 수 있으므로 세제 넣는 곳이나 세탁조에 미온수를 넣어서 녹이도록 안내한다.

49 다음 중 설명서를 작성할 때 유의할 점으로 옳은 것은?

① 추상적 명사를 사용한다.

② 전문용어는 가능한 사용하지 않는다.

③ 능동태보다는 수동태의 동사를 사용한다.

④ 여러 가지 명령을 포함하는 문장으로 작성한다.

⑤ 제품설명서에는 제품 사용 중 해야 할 일만 정의한다.

50 다음 중 기술선택을 위한 우선순위 결정요인이 아닌 것은?

① 제품의 성능이나 원가에 미치는 영향력이 큰 기술

② 쉽게 구할 수 있는 기술

③ 기업 간에 모방이 어려운 기술

④ 최신 기술로 진부화될 가능성이 적은 기술

⑤ 기업이 생산하는 제품 및 서비스에 보다 광범위하게 활용할 수 있는 기술

3권

제3회 한국농어촌공사 5 · 6급

NCS 직업기초능력

www.sdedu.co.kr

〈문항 수 및 시험시간〉

평가영역	문항 수	시험시간	모바일 OMR 답안분석	
[공통] 의사소통능력 / 수리능력 / 문제해결능력 / 정보능력 [행정직] 자원관리능력 [토목직] 기술능력	50문항	50분	행정직	토목직

제3회 직업기초능력

01 다음 문단을 논리적 순서대로 바르게 나열한 것은?

(가) 고창 갯벌은 서해안에 발달한 갯벌로서 다양한 해양 생물의 산란·서식지이며, 어업인들의 삶의 터전으로 많은 혜택을 주었다. 그러나 최근 축제식 양식과 육상에서부터 오염원 유입 등으로 인한 환경 변화로 체계적인 이용·관리 방안이 지속적으로 요구됐다.

(나) 정부는 전라북도 고창 갯벌 약 $11.8km^2$를 '습지보전법'에 의한 '습지보호지역'으로 지정하며 고시한다고 밝혔다. 우리나라에서 일곱 번째로 지정되는 고창 갯벌은 칠면초·나문재와 같은 다양한 식물이 자생하고, 천연기념물인 황조롱이와 멸종 위기종을 포함한 46종의 바닷새가 서식하는, 생물 다양성이 풍부하며 보호 가치가 큰 지역으로 나타났다.

(다) 정부는 이번 습지보호지역으로 지정된 고창 갯벌을 람사르 습지로 등록할 계획이며, 제2차 연안습지 기초조사를 실시하여 보전 가치가 높은 갯벌뿐만 아니라 훼손된 갯벌에 대한 관리도 강화해 나갈 계획이다.

(라) 습지보호지역으로 지정되면 이 지역에서 공유수면 매립, 골재 채취 등의 갯벌 훼손 행위는 금지되나, 지역 주민이 해오던 어업 활동이나 갯벌 이용 행위에는 특별한 제한이 없다.

① (가) – (나) – (다) – (라)
② (가) – (라) – (나) – (다)
③ (나) – (가) – (라) – (다)
④ (다) – (가) – (나) – (라)
⑤ (라) – (나) – (가) – (다)

02 다음 글의 빈칸에 들어갈 내용으로 가장 적절한 것은?

몰랐지만 넘겨 짚어 시험의 정답을 맞힌 경우와 제대로 알고 시험의 정답을 맞힌 경우를 구별할 수 있을까? 또 무작정 외워서 쓴 경우와 제대로 이해하고 쓴 경우는 어떤가? 전자와 후자는 서로 다르게 평가받아야 할까, 아니면 동등한 평가를 받아야 할까?

선택형 시험의 평가는 오로지 답안지에 표기된 선택지가 정답과 일치하는가의 여부에만 달려 있다. 이는 위의 첫 번째 물음이 항상 긍정으로 대답되지는 않으리라는 사실을 말해준다. 그러나 만일 시험관에게 답안지를 놓고 응시자와 면담할 기회가 주어진다면, 시험관은 응시자에게 정답지를 선택한 근거를 물음으로써 그가 문제에 관해 올바른 정보와 추론 능력을 가지고 있는지 검사할 수 있을 것이다. 예를 들어 한 응시자가 '대한민국의 수도가 어디냐?'는 물음에 대해 '서울'이라고 답했다고 하자. 그리고 그렇게 답한 이유가 단지 '부모님이 사시는 도시라 이름이 익숙해서'였을 뿐, 정작 대한민국의 지리나 행정에 관해서는 아는 바 없다는 사실이 면접을 통해 드러났다고 하자. 이 경우에 시험관은 이 응시자가 대한민국의 수도에 관한 올바른 정보를 갖고 있다고 인정하기 어려울 것이다. 이 예는 응시자가 올바른 답을 제시하는 데 필요한 정보가 부족한 경우이다. 그렇다면 어떤 사람이 문제의 올바른 답을 추론해내는 데 필요한 모든 정보를 갖고 있었고 실제로도 정답을 제시했다고 해서, 그가 문제에 대한 올바른 추론 능력을 가지고 있다고 할 수 있는가? 어느 도난 사건을 함께 조사한 홈즈와 왓슨이 사건의 모든 구체적인 세부사항, 예컨대 범행 현장에서 발견된 흙발자국의 토양 성분 뿐 아니라 올바른 결론을 내리는 데 필요한 모든 일반적 정보, 예컨대 영국의 지역별 토양의 성분에 관한 정보 등을 똑같이 갖고 있었고, 실제로 동일한 용의자를 범인으로 지목했다고 하자. 이 경우 두 사람의 추론을 동등하게 평가해야 하는가? 그렇지 않다.

예컨대 왓슨은 모든 정보를 완비하고 있었음에도 불구하고, 이름에 모음의 수가 가장 적다는 엉터리 이유로 범인을 지목했다고 하자. 이런 경우에도 우리는 왓슨의 추론에 박수를 보낼 수 있을까? 아니다. 왜냐하면

① 왓슨은 일반적으로 타당한 개인적 경험을 토대로 추론했기 때문이다.

② 왓슨은 올바른 추론의 방법을 알고 있음에도 불구하고 요행을 우선시했기 때문이다.

③ 왓슨은 추론에 필요한 전문적인 훈련을 받지 못해서 범인을 잘못 골랐기 때문이다.

④ 왓슨은 올바른 추론에 필요한 정보를 가지고 있긴 했지만 그 정보와 무관하게 범인을 지목했기 때문이다.

⑤ 왓슨은 올바른 추론에 필요한 논리적 능력은 갖추고 있음에도 불구하고 범인을 추론하는 데 필요한 관련 정보가 부족했기 때문이다.

03 다음 글의 핵심 내용으로 가장 적절한 것은?

지구 내부는 끊임없이 운동하며 막대한 에너지를 지표면으로 방출하고, 이로 인해 지구 표면에서는 지진이나 화산 등의 자연 현상이 일어난다. 그런데 이러한 자연 현상을 예측하기란 매우 어렵다. 그 이유는 무엇일까? 지구 내부는 지각, 상부 맨틀, 하부 맨틀, 외핵, 내핵이 층상 구조를 이루고 있다. 지구내부로 들어갈수록 온도가 증가하는데, 이 때문에 외핵은 액체 상태로 존재한다. 고온의 외핵이 하부 맨틀의 특정 지점을 가열하면 이 부분의 중심부 물질은 상승류를 형성하여 움직이기 시작한다. 아주 느린 속도로 맨틀을 통과한 상승류는 지표면 가까이에 있는 판에 부딪치게 된다. 판은 매우 단단한 암석으로 이루어져 있어 거대한 상승류도 쉽게 뚫지 못한다. 그러나 간혹 상승류가 판의 가운데 부분을 뚫고 곧바로 지표면으로 나오기도 하는데, 이곳을 열점이라 한다. 열점에서는 지진과 화산 활동이 활발히 일어난다.

한편 딱딱한 판을 만난 상승류는 꾸준히 판에 힘을 가하여 거대한 길이의 균열을 만들기도 한다. 결국 판이 완전히 갈라지면 이 틈으로 아래의 물질이 주입되어 올라오고, 올라온 물질은 지표면에서 옆으로 확장되면서 새로운 판을 형성한다. 상승류로 인해 판이 갈라지는 이 부분에서도 지진과 화산 활동이 일어난다.

새롭게 생성된 판은 오랜 세월 천천히 이동하는 동안 식으면서 밀도가 높아지는데, 이미 존재하고 있던 다른 판 중 밀도가 낮은 판과 충돌하면 그 아래로 가라앉게 된다. 가라앉는 판이 상부 맨틀의 어느 정도 깊이까지 들어가면 용융 온도가 낮은 일부 물질은 녹는데, 이 물질이 이미 존재하던 판의 지표면으로 상승하면서 지진을 동반한 화산 활동이 일어나기도 한다. 그러나 녹지 않은 대부분의 물질은 위에서 내리누르는 판에 의해 큰 흐름을 만들면서 맨틀을 통과한다. 이 하강류는 핵과 하부 맨틀 경계면까지 내려와 외핵의 한 부분을 누르게 된다. 외핵은 액체로 되어 있으므로 한 부분을 누르면 다른 부분에서 위로 솟아오르는데, 솟아오른 이 지점에서 또 다른 상승류가 시작된다. 그런데 하강류가 규칙적으로 발생하지 않으므로 상승류가 언제 어디서 발생하는지 알기 어렵다.

지금까지 살펴본 바처럼 화산과 지진 등의 자연 현상은 맨틀의 상승류와 하강류로 인해 일어난다. 맨틀의 상승류와 하강류는 흘러가는 동안 여러 장애물을 만나게 되고 이로 인해 그 흐름이 불규칙하게 진행된다. 그런데 현대과학 기술로 지구 내부에 있는 이 장애물의 성질과 상태를 모두 밝혀내기는 어렵다. 바로 이것이 지진이나 화산과 같은 자연 현상을 쉽게 예측할 수 없는 이유이다.

① 판의 분포
② 지각의 종류
③ 지구 내부의 구조
④ 내핵의 구성 성분
⑤ 우리나라 화산의 종류

04 다음 글의 논지 전개 구조를 바르게 설명한 것은?

> ㉠ 중국에 생원이 있듯이 우리나라에는 양반이 있다. 중국의 고정림(顧亭林)이 온 천하 사람이 생원이 되는 것을 우려하였던 바, 나는 온 나라 사람이 양반이 되는 것을 우려한다.
>
> ㉡ 그런데 양반의 폐단은 더욱 심한 바가 있다. 생원은 실제로 과거에 응시해서 생원 칭호를 얻는 것이지만, 양반은 문무관(文武官)도 아니면서 허명(虛名)만 무릅쓰는 것이다.
>
> ㉢ 생원은 정원(定員)이 있으나 양반은 도대체 한절(限節)이 없으며, 생원은 세월이 지남에 따라 변천이 있으나 양반은 한번 얻으면 백세토록 버리지 않는다.
>
> ㉣ 항차 생원의 폐는 양반이 모두 다 겸하여 지녔음에랴.
>
> ㉤ 그러하니 내가 바라는 바는 온 나라 사람이 양반이 되어 온 나라에 양반이 없는 것과 같이 되도록 하는 것이다.

① ㉡·㉢·㉣은 ㉤의 근거가 된다.
② ㉠은 이 글의 중심 문단이다.
③ ㉡은 ㉠의 상술 문단이다.
④ ㉢은 ㉠의 상술 문단이다.
⑤ ㉣은 ㉠의 부연 문단이다.

05 다음 글의 내용으로 가장 적절한 것은?

> 극의 진행과 등장인물의 대사 및 감정 등을 관객에게 설명했던 변사가 등장한 것은 1900년대이다. 미국이나 유럽에서도 변사가 있었지만, 그 역할은 미미했을 뿐더러 그마저도 자막과 반주 음악이 등장하면서 점차 소멸하였다. 하지만 주로 동양권, 특히 한국과 일본에서는 변사의 존재가 두드러졌다. 한국에서 변사가 본격적으로 등장한 것은 극장가가 형성된 1910년부터인데, 한국 최초의 변사는 우정식으로, 단성사를 운영하던 박승필이 내세운 인물이었다. 그 후 김덕경, 서상호, 김영환, 박응면, 성동호 등이 변사로 활약했으며 당시 영화 흥행의 성패를 좌우할 정도로 그 비중이 컸다. 단성사, 우미관, 조선 극장 등의 극장은 대개 5명 정도의 변사를 전속으로 두었으며 2명 또는 3명이 교대로 무대에 올라, 한 영화를 담당하였다. 4명 또는 8명의 변사가 한 무대에 등장하여 영화의 대사를 교환하는 일본과 달리, 한국에서는 한 명의 변사가 영화를 설명하는 방식을 취하였으며, 영화가 점점 장편화되면서부터는 2명 또는 4명이 번갈아 무대에 등장하는 방식으로 바뀌었다. 변사는 악단의 행진곡을 신호로 무대에 등장하였으며, 소위 전설(前說)을 하였는데 전설이란 활동사진을 상영하기 전에 그 개요를 앞서 설명하는 것이었다. 전설이 끝나면 활동사진을 상영하고 해설을 시작하였다. 변사는 전설과 해설 이외에도 막간극을 공연하기도 했는데 당시 영화관에는 영사기가 대체로 한 대밖에 없었기 때문에 필름을 교체하는 시간을 이용하여 코믹한 내용을 공연하였다.

① 한국과 달리 일본에서는 변사가 막간극을 공연했다.
② 한국에 극장가가 형성되기 시작한 것은 1900년경이었다.
③ 한국은 영화의 장편화로 무대에 서는 변사의 수가 늘어났다.
④ 자막과 반주 음악의 등장으로 변사의 중요성이 더욱 높아졌다.
⑤ 한국 최초의 변사는 단성사를 운영하던 박승필이다.

※ 다음 글을 읽고 이어지는 질문에 답하시오. [6~8]

일본의 한 완구 회사가 개발한 '바우링 걸'은 개 짖는 소리를 인간의 언어로 번역하는 기계이다. 이런 기계를 제작하려면 동물들이 어떻게 자신의 의사를 표현하는지를 알아야 하는데, 이에 관한 연구는 동물행동학에서 가장 중심이 되는 부분이다. 동물행동학 학자들은 동일한 상황에서 일관되게 반복되는 동물의 행동을 관찰한 경우, 일단 그것을 동물의 의사 표현으로 본다. 물론 그 구체적인 의미를 알아내는 것은 상황을 다양하게 변화시켜 가며 반복 관찰하고 그 결과를 분석한 후에야 가능하다. 이것이 가능하려면 먼저 동물들이 어떻게 의사를 표현하는지를 알아야 한다. 그렇다면 동물들은 어떤 방법으로 의사를 표현할까?

먼저 시각적인 방법부터 살펴보자. 남미의 열대 정글에 서식하는 베짱이는 우리나라의 베짱이와는 달리 머리에 뿔도 나 있고 다리에 무척 날카롭고 큰 가시도 있다. 그리고 포식자가 가까이 가도 피하지 않는다. 오히려 가만히 서서 자신을 노리는 포식자에게 당당히 자기의 모습을 보여준다. 이 베짱이는 그런 모습을 취함으로써 자기를 건드리지 말라는 뜻을 전하는 것이다. 또 열대의 호수에 사는 민물고기 시칠리드는 정면에서 보면 마치 귀처럼 보이는 부분이 있는데, 기분 상태에 따라 이곳에 점이 나타났다 사라졌다 하면서 색깔이 변한다. 이 부분에 점이 생기면 지금 기분이 안좋다는 의사를 드러내는 것이다.

이처럼 모습이나 색깔을 통해 의사를 표현하는 정적인 방법도 있지만 행동을 통해 자신의 의사를 표현하는 동적인 방법도 있다. 까치와 가까운 새인 유럽산 어치는 머리에 있는 깃털을 얼마나 세우느냐에 따라서 마음 상태가 다르다고 한다. 기분이 아주 좋지 않거나 공격을 하려고 할 때 머리털을 가장 높이 세운다고 한다.

소리를 이용하여 자신의 의사를 표현하는 동물들도 있다. 소리를 이용하는 대표적인 방법은 경보음을 이용하는 것이다. 북미산 얼룩다람쥐 무리에는 보초를 서는 개체들이 따로 있다. 이들은 독수리 같은 맹금류를 발견하면 날카로운 소리로 경보음을 내어 동료들의 안전을 책임진다. 그리고 갈고리 모양 나방 애벌레는 다른 애벌레가 자신의 구역에 침입하면 처음에는 노처럼 생긴 뒷다리로 나뭇잎을 긁어 진동음으로 경고 메시지를 보낸다. 침입자가 더 가까이 접근하면 입으로 나뭇잎을 긁어 짧고 강한 소리를 계속 만들어낸다.

냄새를 통해 자신의 의사를 전달하는 방법도 있다. 어떤 동물은 먹이가 있는 장소를 알리거나 자신의 영역에 다른 무리가 들어오는 것을 막기 위한 수단으로 냄새를 이용하기도 한다. 둥근 꼬리 여우원숭이는 다른 놈이 자신의 영역에 들어오면 꼬리를 팔에 비빈 후 흔든다. 그러면 팔에 있는 기관에서 분비된 냄새를 풍기는 물질이 꼬리에 묻어 그 침입자에게 전달된다.

이처럼 동물들은 색깔이나 소리, 냄새 등을 통해 자신의 의사를 표현한다. 그러나 동물들이 한 가지 방법만으로 자신의 의사를 표현하는 것은 아니다. 상황에 따라 우선적으로 선택하는 것도 있지만 대부분의 경우에는 이것들을 혼용한다. 현재까지 알려진 동물의 의사 표현 방법은 양적이나 질적인 면에서 인간의 언어와 비교할 수 없을 정도로 단순하고 초라하지만 동물행동학의 연구 성과가 폭넓게 쌓이면 현재 개발된 '바우링 걸'보다 완벽한 번역기가 등장할 수도 있을 것이다.

06 다음 중 윗글에서 동물의 의사 표현 방법으로 언급되지 않은 것은?

① 행동을 이용하는 방법

② 냄새를 이용하는 방법

③ 소리를 이용하는 방법

④ 서식지를 이용하는 방법

⑤ 모습이나 색깔을 이용하는 방법

07 다음 중 윗글에 대한 독자의 반응으로 적절하지 않은 것은?

① 동물의 의사를 번역할 수 있는 기계를 언급하여 독자의 흥미를 유발하고 있군.

② 동물의 의사 표현을 어떻게 파악하는지에 대해서도 언급하여 도움이 되었어.

③ 동물의 의사 표현 방법에 대한 다양한 사례를 제시하여 이해하기가 쉽군.

④ 동물행동학에 대한 깊이 있는 연구가 축적되기를 기대하며 글을 마무리하고 있어.

⑤ 동물의 의사 표현 수단이 갖는 장단점을 대비하며 서술하여 차이점을 파악하기 쉽군.

08 다음 중 〈보기〉의 질문에 대한 동물행동학 학자의 답변으로 가장 적절한 것은?

------〈보기〉------

산길을 걷다가 특이하게 생긴 곤충을 보았습니다. 그런데 그것을 잡으려고 손을 뻗었더니 갑자기 날개를 활짝 펼쳤습니다. 행동으로 의사를 표현하는 동물들이 많다고 들었는데, 그 곤충의 행동도 의사 표현과 관계가 있는 건가요?

① 상대방에게 물러나라는 의사를 표현한 겁니다. 공격을 준비하고 있다는 신호인 셈이지요.

② 아직은 잘 모릅니다. 우선, 손을 뻗을 때마다 똑같은 행동을 되풀이하는지 확인해 보세요.

③ 의사 표현이 확실합니다. 하지만 그 행동이 무슨 뜻인지는 좀 더 연구해 봐야 알 수 있습니다.

④ 의사 표현은 아닐 겁니다. 확실한 건 그 곤충의 신체 구조를 분석해 본 후에야 알 수 있습니다.

⑤ 의사 표현일 리가 없습니다. 지금까지 알려진 곤충들 중에는 그런 방법으로 의사를 표현하는 것이 없거든요.

09 다음 글에서 앞뒤 문맥을 고려할 때 이어질 문장을 논리적 순서대로 바르게 나열한 것은?

전쟁 소설 중에는 실제로 일어났던 전쟁을 배경으로 한 작품들이 있다. 이런 작품들은 허구를 매개로 실재 전쟁을 새롭게 조명하고 있다.

(가) 가령, 작자 미상의 조선 후기 소설 『박씨전』의 후반부는 조선이 패전했던 병자호란에 등장하는 실존 인물 '용골대'와 그의 군대를 허구의 여성인 '박씨'가 물리치는 허구의 내용인데, 이는 패전의 치욕을 극복하고 싶은 수많은 조선인의 바람을 반영한 것이다.

(나) 한편, 1964년 박경리가 발표한 『시장과 전장』은 극심한 이념 갈등 사이에서 생존을 위해 몸부림치는 인물을 통해 6·25 전쟁이 남긴 상흔을 직시하고 이에 좌절하지 않으려는 작가의 의지를 드러낸다.

(다) 또한 『시장과 전장』에서는 전쟁터를 재현하여 전쟁의 폭력과 맞닥뜨린 개인의 연약함을 강조하고, 무고한 희생을 목격한 인물의 내면을 드러냄으로써 개인의 존엄을 탐색한다.

(라) 박씨와 용골대 사이의 대립 구도 아래 전개되는 허구의 이야기는 조선인들의 슬픔을 위로하고 희생자를 추모함으로써 공동체로서의 연대감을 강화하였다.

우리는 이러한 작품들을 통해 전쟁의 성격을 탐색할 수 있다. 전쟁이 폭력적인 것은 공동체 사이의 갈등 과정에서 사람들이 죽기 때문만은 아니다. 전쟁의 명분은 폭력을 정당화하기 때문에 적군의 죽음은 불가피한 것으로, 아군의 죽음은 불의한 적군에 의한 희생으로 간주한다. 전쟁은 냉혹하게도 피아(彼我)를 막론하고 민간인의 죽음조차 외면하거나 자신의 명분에 따라 이를 이용하게 한다는 점에서 폭력성을 띠는 것이다.

두 작품에서 사람들이 죽는 장소가 군사들이 대치하는 전선만이 아니라는 점도 주목할 수 있다. 전쟁터란 전장과 후방, 가해자와 피해자가 구분하기 힘든 혼돈의 현장이다.

이 혼돈 속에서 사람들은 고통을 받으면서도 생의 의지를 추구해야 한다는 점에서 전쟁의 비극성은 극대화된다. 이처럼, 전쟁의 허구화를 통해 우리는 전쟁에 대한 인식을 새롭게 할 수 있다.

① (가) – (다) – (나) – (라)
② (가) – (다) – (라) – (나)
③ (가) – (라) – (나) – (다)
④ (나) – (가) – (라) – (다)
⑤ (다) – (가) – (나) – (라)

10 다음 글의 주장에 대한 반박으로 가장 적절한 것은?

고대 그리스 시대의 사람들은 신에 의해 우주가 운행된다고 믿는 결정론적 세계관 속에서 신에 대한 두려움이나 신이 야기한다고 생각되는 자연재해나 천체 현상 등에 대한 두려움을 떨치지 못했다. 에피쿠로스는 당대의 사람들이 이러한 잘못된 믿음에서 벗어나도록 하는 것이 중요하다고 보았고, 이를 위해 인간이 행복에 이를 수 있도록 자연학을 바탕으로 자신의 사상을 전개하였다.

에피쿠로스는 신의 존재는 인정하나 신의 존재 방식이 인간이 생각하는 것과는 다르다고 보고, 신은 우주들 사이의 중간 세계에 살며 인간사에 개입하지 않는다는 이신론(理神論)적 관점을 주장한다. 그는 불사하는 존재인 신이 최고로 행복한 상태이며, 다른 어떤 것에게도 고통을 주지 않고, 모든 고통은 물론 분노와 호의와 같은 것으로부터 자유롭다고 말한다. 따라서 에피쿠로스는 인간의 세계가 신에 의해 결정되지 않으며, 인간의 행복도 자율적 존재인 인간 자신에 의해 완성된다고 본다.

한편 에피쿠로스는 인간의 영혼도 육체와 마찬가지로 미세한 입자로 구성된다고 본다. 영혼은 육체와 함께 생겨나고 육체와 상호작용하며 육체가 상처를 입으면 영혼도 고통을 받는다. 더 나아가 육체가 소멸하면 영혼도 함께 소멸하게 되어 인간은 사후(死後)에 신의 심판을 받지 않으므로, 살아있는 동안 인간은 사후에 심판이 있다고 생각하여 두려워할 필요가 없게 된다. 이러한 생각은 인간으로 하여금 죽음에 대한 모든 두려움에서 벗어나게 하는 근거가 된다.

① 신은 우리가 생각하는 것처럼 인간 세계에 대해 그다지 관심이 많지 않다.
② 인간은 신을 믿지 않기 때문에 두려움도 느끼지 않는다.
③ 신이 만든 인간의 육체와 영혼은 서로 분리될 수 없으므로 사후 세계는 인간의 허상에 불과하다.
④ 신은 인간 세계에 개입하지 않으므로 신의 섭리에 따라 인간의 삶을 이해하려 해서는 안 된다.
⑤ 인간이 아픔 때문에 죽음에 대해 두려움을 느낀다면, 사후에 대한 두려움을 떨쳐버리는 것만으로 두려움은 해소될 수 없다.

11 다음은 어린이 안전지킴이집 현황에 대한 자료이다. 이에 대한 설명으로 〈보기〉 중 옳지 않은 것을 모두 고르면?

〈어린이 안전지킴이집 현황〉

(단위 : 개)

구분		2019년	2020년	2021년	2022년	2023년
선정위치별	유치원	2,151	1,731	1,516	1,381	1,373
	학교	10,799	9,107	7,875	7,700	7,270
	아파트단지	2,730	2,390	2,359	2,460	2,356
	놀이터	777	818	708	665	627
	공원	1,044	896	893	958	918
	통학로	6,593	7,040	7,050	7,348	7,661
	합계	24,094	21,982	20,401	20,512	20,205
선정업소 형태별	24시 편의점	3,013	2,653	2,575	2,528	2,542
	약국	1,898	1,708	1,628	1,631	1,546
	문구점	4,311	3,840	3,285	3,137	3,012
	상가	9,173	7,707	6,999	6,783	6,770
	기타	5,699	6,074	5,914	6,433	6,335
	합계	24,094	21,982	20,401	20,512	20,205

〈보기〉

㉠ 선정위치별 어린이 안전지킴이집의 경우 통학로를 제외한 모든 곳에서 매년 감소하고 있다.
㉡ 선정업소 형태별 어린이 안전지킴이집의 수가 2019년 대비 2023년에 가장 많이 감소한 업소는 상가이다.
㉢ 2022년 대비 2023년의 학교 안전지킴이집의 감소율은 2022년 대비 2023년의 유치원 안전지킴이집의 감소율의 10배 이상이다.
㉣ 2023년 선정업소 형태별 안전지킴이집 중에서 24시 편의점의 개수가 차지하는 비중은 2022년보다 감소하였다.

① ㉠, ㉡
② ㉠, ㉣
③ ㉡, ㉢
④ ㉠, ㉡, ㉣
⑤ ㉠, ㉢, ㉣

12 E공사의 마케팅팀 직원 A ~ G 7명이 세 대의 승용차를 나누어 타고 다른 장소로 이동하려고 한다. 다음 〈조건〉을 모두 만족하도록 차량 배치를 할 때, 가장 적절한 배치는?

─〈조건〉─
- 세 대의 승용차를 모두 이용한다.
- 3명, 2명, 2명으로 나누어 탑승해야 한다.
- B와 D는 한 차에 탑승할 수 없다.
- E는 세 명이 탄 차에 탑승해야 한다.
- E와 F가 한 차에 탔다면 A와 C도 한 차에 타야 한다.
- A는 D와 F 중에 한 사람과는 함께 타야 한다.

① (A, D, G), (B, F), (C, E)
② (A, B, E), (C, F), (D, G)
③ (C, E, G), (B, F), (A, D)
④ (B, C, G), (A, D), (E, F)
⑤ (B, D, G), (C, F), (A, E)

13 각각 다른 심폐기능 등급을 받은 A ~ E 5명 중 등급이 가장 낮은 2명의 환자에게 건강관리 안내문을 발송하려 한다. 심폐기능 측정 결과가 다음 〈조건〉과 같을 때, 발송 대상자로 바르게 짝지어진 것은?

─〈조건〉─
- E보다 심폐기능이 좋은 환자는 2명 이상이다.
- E는 C보다 한 등급 높다.
- B는 D보다 한 등급 높다.
- A보다 심폐기능이 나쁜 환자는 2명이다.

① B, C
② B, D
③ B, E
④ C, D
⑤ C, E

14 다음은 E공장에서 근무하는 근로자들의 임금수준 분포를 나타낸 자료이다. 근로자 전체에게 지급된 임금(월 급여)의 총액이 2억 원일 때, 〈보기〉 중 옳은 것을 모두 고르면?

〈공장 근로자의 임금수준 분포〉

임금수준(만 원)	근로자 수(명)
월 300 이상	4
월 270 이상 300 미만	8
월 240 이상 270 미만	12
월 210 이상 240 미만	26
월 180 이상 210 미만	30
월 150 이상 180 미만	6
월 150 미만	4
합계	90

〈보기〉
㉠ 근로자당 평균 월 급여액은 230만 원 이하이다.
㉡ 절반 이상의 근로자들이 월 210만 원 이상의 급여를 받고 있다.
㉢ 월 180만 원 미만의 급여를 받는 근로자의 비율은 약 14%이다.
㉣ 적어도 15명 이상의 근로자가 월 250만 원 이상의 급여를 받고 있다.

① ㉠
② ㉠, ㉡
③ ㉠, ㉡, ㉣
④ ㉡, ㉢, ㉣
⑤ ㉠, ㉡, ㉢, ㉣

※ 다음은 A ~ D제품의 연령별 선호도와 매장별 제품 만족도에 대한 자료이다. 이어지는 질문에 답하시오.
[15~16]

〈연령별 선호 제품(설문조사)〉

(단위 : %)

구분	20대	30대	40대	50대 이상
A제품	25	35	25	15
B제품	45	30	15	10
C제품	20	35	20	25
D제품	10	20	30	40

〈제품 만족도(오프라인 매장 평가 취합)〉

(단위 : 점)

구분	갑 매장	을 매장	병 매장	정 매장
A제품	4	4	2	4
B제품	4	4	3	3
C제품	2	3	5	3
D제품	3	4	3	4

※ 점수 등급 : 1점(매우 불만족) – 3점(보통) – 5점(매우 만족)

15 다음 중 위의 자료만으로 처리할 수 없는 업무는?

① 연령별 제품 마케팅 전략 수립   ② 제품별 만족도 분석
③ 구입처별 주력 판매 고객 설정   ④ 연령별 선물용 제품 추천
⑤ 매장별 주력 상품 설정

16 E회사는 사내 명절 선물을 결정하려고 한다. 명절 선물에 대한 직원 만족도를 높이기 위해 위 자료에서 추가적으로 수집해야 하는 정보로 적절하지 않은 것은?

① 매장별 할인 판매 현황   ② 임직원 제품 선호도
③ 사내 연령 분포   ④ 기지급 명절 선물 목록
⑤ 택배 필요 여부

※ 다음은 농촌인력중개센터 운영 자료의 일부이다. 이어지는 질문에 답하시오. [17~19]

농촌인력중개센터(이하 "센터")는 농촌에 유·무상 인력을 종합하여 중개합니다. 일자리 참여자와 자원봉사자에게는 맞춤형 일자리를 공급하고 농업인(구인 농가)에게는 꼭 필요한 일손을 찾아드립니다. 자원봉사자의 경우 구인 농가에서 원하는 보수와 상관없이 중개할 수 있습니다.

농촌인력 중개 후 센터에서는 구인 농가에는 현장실습 교육비를 지원하고, 일자리 참여자(자원봉사자 제외)에게는 교통비와 숙박비를 제공합니다. 현장실습 교육비는 작업 기간 중 최대 3일간 인력 1인당 2만 원씩 지급하고, 교통비는 작업 기간 중 일당 5천 원, 숙박비는 작업 기간 일수에서 하루를 제외하고 일당 2만 원씩 제공합니다(단, 한 사람당 농가 한 곳만 배정받습니다).

〈구인 농가별 세부사항〉

농가	작업	필요인력(명)	작업 기간	지역	보수
A	고추 수확 작업	1	2024. 08. 28. ~ 2024. 09. 02.	경기	일당 10만 원
B	감자 파종 작업	2	2024. 03. 20. ~ 2024. 03. 21.	강원	일당 10만 원
C	모내기 작업	2	2024. 05. 27. ~ 2024. 05. 28.	경기	일당 20만 원
D	양파 파종 작업	1	2024. 08. 25.	전북	일당 8만 원
E	고구마 수확 작업	1	2024. 10. 03. ~ 2024. 10. 08.	충남	일당 15만 원

〈농촌인력 신청현황〉

1. 일자리 참여자

성명	연령	희망 작업	작업 가능 기간	희망 지역	희망 보수
김정현	만 35세	파종 작업	2024년 8월	없음	일당 8만 원 이상
박소리	만 29세	없음	2024년 5월	경기	일당 10만 원 이상
이진수	만 38세	없음	2024년 7 ~ 9월	없음	일당 5만 원 이상
김동혁	만 31세	수확 작업	2024년 10월	충남	일당 10만 원 이상
한성훈	만 25세	파종 작업	2024년 3 ~ 4월	없음	일당 8만 원 이상

2. 자원봉사자

성명	연령	희망 작업	봉사 가능 기간	희망 지역
서수민	만 23세	수확 작업	2024년 3월	경기
최영재	만 28세	모내기 작업	2024년 4 ~ 6월	없음

17 다음 중 원하는 인력을 모두 공급받기 어려운 농가는 어디인가?

① A농가
② B농가
③ C농가
④ D농가
⑤ E농가

18 농촌인력 중개 후 가장 많은 보수를 지급해야 하는 농가는 어디인가?(단, 원하는 인력을 모두 공급받지 못했더라도 공급받은 인력에게는 보수를 지급한다)

① A농가
② B농가
③ C농가
④ D농가
⑤ E농가

19 농촌인력 중개 후 센터에서 구인 농가와 일자리 참여자에게 지원할 금액은 총 얼마인가?(단, 원하는 인력을 모두 공급받지 못했더라도 공급받은 인력만큼의 금액을 지원한다)

① 21.5만 원
② 25.4만 원
③ 48.4만 원
④ 58.5만 원
⑤ 61.5만 원

20 면접시험에서 순서대로 면접을 진행한 응시자들 중 〈조건〉에 따라 평가 점수가 가장 높은 6명이 합격할 때, 합격자를 점수가 높은 순서대로 나열한 것은?(단, 동점인 경우 먼저 면접을 진행한 응시자를 우선으로 한다)

〈지원자 면접 점수〉

(단위 : 점)

구분	면접관 1	면접관 2	면접관 3	면접관 4	면접관 5	보훈 가점
A	80	85	70	75	90	–
B	75	90	85	75	100	5
C	70	95	85	85	85	–
D	75	80	90	85	80	–
E	80	90	95	100	85	5
F	85	75	95	90	80	–
G	80	75	95	90	95	10
H	90	80	80	85	100	–
I	70	80	80	75	85	5
J	85	80	100	75	85	–
K	85	100	70	75	75	5
L	75	90	70	100	70	–

〈조건〉

• 면접관 5명이 부여한 점수 중 최고점과 최저점을 제외한 나머지 면접관 3명이 부여한 점수의 평균과 보훈 가점의 합으로 평가한다.
• 최고점과 최저점이 1개 이상일 때는 1명의 점수만 제외한다.
• 소수점 셋째 자리에서 반올림한다.

① D – A – F – L – H – I
② E – G – B – C – F – H
③ G – A – B – F – E – L
④ G – A – C – F – E – L
⑤ G – E – B – C – F – H

21 E통신회사는 휴대전화의 통화시간에 따라 월 2시간까지는 기본요금, 2시간 초과 3시간까지는 분당 a원, 3시간 초과부터는 $2a$원을 부과한다. 다음 자료와 같이 요금이 청구되었을 때, a의 값은?

구분	통화시간	요금
1월	3시간 30분	21,600원
2월	2시간 20분	13,600원

〈휴대전화 이용요금〉

① 50 ② 80
③ 100 ④ 120
⑤ 150

22 다음은 연도별 투약일당 약품비에 관한 자료이다. 2022년의 총투약일수가 120일, 2023년의 총투약일수가 150일인 경우, 2023년 상급종합병원과 2022년 종합병원의 총약품비의 합은?

〈투약일당 약품비〉

(단위 : 원)

구분	전체	상급종합병원	종합병원	병원	의원
2019년	1,753	2,704	2,211	1,828	1,405
2020년	1,667	2,551	2,084	1,704	1,336
2021년	1,664	2,482	2,048	1,720	1,352
2022년	1,662	2,547	2,025	1,693	1,345
2023년	1,709	2,686	2,074	1,704	1,362

※ 투약 1일당 평균적으로 소요되는 약품비를 나타내는 지표
※ (투약일당 약품비)=(총약품비)÷(총투약일수)

① 630,900원 ② 635,900원
③ 640,900원 ④ 645,900원
⑤ 650,900원

23 다음은 E신도시 쓰레기 처리 관련 통계 자료이다. 이에 대한 설명으로 옳지 않은 것은?

<표>

구분	2020년	2021년	2022년	2023년
1kg 쓰레기 종량제 봉투 가격	100원	200원	300원	400원
쓰레기 1kg당 처리비용	400원	400원	400원	400원
E신도시 쓰레기 발생량	5,013톤	4,521톤	4,209톤	4,007톤
E신도시 쓰레기 관련 예산 적자	15억 원	9억 원	4억 원	0원

⟨E신도시 쓰레기 처리 관련 통계⟩

① 쓰레기 종량제 봉투 가격이 100원이었던 2020년에 비해 400원이 된 2023년에는 쓰레기 발생량이 약 20%p나 감소하였고 쓰레기 관련 예산 적자는 0원이 되었다.
② 연간 쓰레기 발생량 감소곡선보다 쓰레기 종량제 봉투 가격의 인상곡선이 더 가파르다.
③ 쓰레기 1kg당 처리비용이 인상될수록 E신도시의 쓰레기 발생량과 쓰레기 관련 예산 적자가 급격히 감소하는 것을 볼 수 있다.
④ 봉투 가격이 인상됨으로써 주민들은 비용에 부담을 느끼고 쓰레기 배출을 줄였다.
⑤ 쓰레기 종량제 봉투 가격과 E신도시의 쓰레기 발생량은 반비례한다.

24 E고객은 향후 자동차 구매자금을 마련하고자 한다. 이를 위해 자산관리담당자와 상담을 한 결과, 다음 자료의 3가지 금융상품에 2천만 원을 투자하기로 하였다. 6개월이 지난 후 E고객이 받을 수 있는 금액은 얼마인가?

〈포트폴리오 상품내역〉

상품명	종류	기대 수익률(연)	투자비중
A	주식	10%	40%
B	채권	4%	30%
C	예금	2%	30%

※ 상품거래에서 발생하는 수수료 등 기타비용은 없다고 가정

※ (투자수익)＝(투자원금)＋(투자원금)×(수익률)×$\dfrac{\text{(투자월 수)}}{12}$

① 2,012만 원
② 2,028만 원
③ 2,058만 원
④ 2,078만 원
⑤ 2,125만 원

25 7시와 8시 사이에 시침과 분침이 서로 반대 방향으로 일직선을 이룰 때의 시각은?

① 7시 $\dfrac{30}{11}$ 분
② 7시 $\dfrac{45}{11}$ 분
③ 7시 $\dfrac{60}{11}$ 분
④ 7시 $\dfrac{75}{11}$ 분
⑤ 7시 $\dfrac{81}{11}$ 분

※ E공단에서 발전소를 만들어 전기를 생산하고자 한다. 다음은 정부에서 제시한 주택용 요금 개편안과 공단에서 제시한 요금제에 대한 자료이다. 이어지는 질문에 답하시오. [26~27]

〈주택용 요금 개편 정부안〉

	구간	기본요금(원/호)	전력량 요금(원/kWh)
1	300kWh 이하	910	93.3
2	500kWh 이하	1,600	187.9
3	500kWh 초과	7,300	280.6

〈주택용 요금 공단안〉

	구간	기본요금(원/호)	전력량 요금(원/kWh)
1	200kWh 이하	800	85.0
2	400kWh 이하		170.2
3	400kWh 초과	7,000	300.6

※ 기본요금은 해당되는 구간의 금액 한 번만 적용한다.

26 A씨는 한 달 동안 350kWh를 사용했고, 정부안을 적용할 때와 공단안을 적용할 때 금액의 차이가 4,845원 이었다. 이때, 공단안의 빈칸에 들어갈 수로 옳은 것은?

① 1,100
② 1,250
③ 1,300
④ 1,350
⑤ 1,400

27 E공단은 공단안의 '구간'을 정부 개편안과 같게 수정하였다. 사용한 전력량이 500kWh 초과일 때, 정부안에 따른 비용보다 저렴한 전력량 범위는 몇 kWh 미만인가?

〈주택용 요금 수정안〉

	구간	기본요금(원/호)	전력량 요금(원/kWh)
1	300kWh 이하	800	85.0
2	500kWh 이하	1,300	170.2
3	500kWh 초과	7,000	300.6

① 815.7kWh 미만
② 816.5kWh 미만
③ 817.0kWh 미만
④ 820.7kWh 미만
⑤ 821.5kWh 미만

28 다음은 2023년 E시 5개 구 주민의 돼지고기 소비량에 관한 자료이다. 〈조건〉을 이용하여 변동계수가 3번째로 큰 구를 바르게 구한 것은?

〈5개 구 주민의 돼지고기 소비량 통계〉

(단위 : kg)

구분	평균(1인당 소비량)	표준편차
A구	( )	5.0
B구	( )	4.0
C구	30.0	6.0
D구	12.0	4.0
E구	( )	8.0

※ (변동계수)$=\dfrac{(표준편차)}{(평균)}\times100$

―――――〈조건〉―――――
- A구의 1인당 소비량과 B구의 1인당 소비량을 합하면 C구의 1인당 소비량과 같다.
- A구의 1인당 소비량과 D구의 1인당 소비량을 합하면 E구 1인당 소비량의 2배와 같다.
- E구의 1인당 소비량은 B구의 1인당 소비량보다 6.0kg 더 많다.

① A구   ② B구
③ C구   ④ D구
⑤ E구

29 소비자물가지수란 가계가 일상생활을 영위하기 위해 구입하는 상품 가격과 서비스 요금의 변동을 종합적으로 측정하기 위해 작성하는 지수를 의미한다. E나라의 국민들이 오로지 보리와 쌀만을 사고 팔고 서비스는 존재하지 않는다고 가정할 때, 2021 ~ 2023년 보리와 쌀의 가격은 아래의 표와 같다. 매년 E나라의 국민은 보리 200g, 쌀 300g을 소비한다고 가정했을 때, 2023년도 물가상승률은 얼마인가?(단, 2021년이 기준연도이며, 소비자물가지수를 100으로 가정한다)

〈1g당 보리 및 쌀 가격〉

(단위 : 원)

구분	보리	쌀
2021년	120	180
2022년	150	220
2023년	180	270

※ [물가상승률(%)] = $\dfrac{(\text{해당연도 소비자물가지수}) - (\text{기준연도 소비자물가지수})}{(\text{기준연도 소비자물가지수})} \times 100$

※ 소비자물가는 연간 국민이 소비한 상품 및 서비스의 총가격이다.

① 10% ② 30%
③ 50% ④ 100%
⑤ 150%

30 다음은 소매 업태별 판매액을 나타낸 자료이다. 2021년 대비 2023년 두 번째로 높은 비율의 판매액 증가를 보인 업태의 2021년 대비 2023년 판매액의 증가율은?(단, 소수점 첫째 자리에서 반올림한다)

〈소매 업태별 판매액〉

(단위 : 십억 원)

구분	2021년	2022년	2023년
백화점	29,028	29,911	29,324
대형마트	32,777	33,234	33,798
면세점	9,198	12,275	14,465
슈퍼마켓 및 잡화점	43,481	44,361	45,415
편의점	16,455	19,481	22,237
승용차 및 연료 소매점	91,303	90,137	94,508
전문 소매점	139,282	140,897	139,120
무점포 소매점	46,788	54,046	61,240
합계	408,317	424,346	440,110

① 31% ② 35%
③ 42% ④ 55%
⑤ 57%

31 다음 상황에서 B사원이 제시해야 할 해결 방안으로 가장 적절한 것은?

> A팀장 : 어제 부탁한 보고서 작성은 다 됐나?
> B사원 : 네, 제 컴퓨터의 '문서' 폴더를 공유해 놓았으니 보고서를 내려 받으시면 됩니다.
> A팀장 : 내 컴퓨터의 인터넷은 잘 되는데, 혹시 자네 인터넷이 지금 문제가 있나?
> B사원 : (모니터를 들여다보며) 아닙니다. 잘 되는데요?
> A팀장 : 네트워크 그룹에서 자네의 컴퓨터만 나타나지 않네. 어떻게 해야 하지?

① 공유폴더의 사용권한 수준을 소유자로 지정해야 합니다.
② 화면 보호기를 재설정해야 합니다.
③ 디스크 검사를 실행해야 합니다.
④ 네트워크상의 작업 그룹명을 동일하게 해야 합니다.
⑤ 컴퓨터를 다시 시작해야 합니다.

32 다음 중 하나의 정보를 여러 개의 반송파로 분할하고, 분할된 반송파 사이의 간격을 최소화하기 위해 직교 다중화해서 전송하는 통신방식으로, 와이브로 및 디지털 멀티미디어 방송 등에 사용되는 기술은?

① DSSS   ② TDM
③ FHSS   ④ OFDM
⑤ PCM

33 다음 글에서 설명하는 용어는?

> 직접 접근 기억장치를 사용하는 파일로 데이터가 임의로 들어있으며, 그것에 주소가 붙어 있어 처음부터 차례로 조사하는 것이 아니라 찾고자 하는 데이터를 직접 찾을 수 있다.

① 직접 접근 파일   ② 주소 참조 파일
③ 포인터 파일   ④ 직접 참조 파일
⑤ 주소 접근 파일

34 다음은 사내 동호회 활동 현황에 관한 표이다. 사원번호 중에서 오른쪽 숫자 네 자리만 추출하려고 할 때 [F13] 셀에 입력해야 할 함수식으로 옳은 것은?

	A	B	C	D	E	F
1	사내 동호회 활동 현황					
2	사원번호	사원명	부서	구내번호	직위	
3	AC1234	고상현	영업부	1457	부장	
4	AS4251	정지훈	기획부	2356	사원	
5	DE2341	김수호	홍보부	9546	사원	
6	TE2316	박보영	기획부	2358	대리	
7	PP0293	김지원	홍보부	9823	사원	
8	BE0192	이성경	총무부	3545	과장	
9	GS1423	이민아	영업부	1458	대리	
10	HS9201	장준하	총무부	3645	부장	
11						
12						사원번호
13						1234
14						4251
15						2341
16						2316
17						0293
18						0192
19						1423
20						9201

① $=$CHOOSE$(2, A3, A4, A5, A6)$

② $=$LEFT$(A3, 3)$

③ $=$RIGHT$(A3, 4)$

④ $=$MID$(A3, 1, 2)$

⑤ $=$LEFT$(A3, 3, 4)$

35 왼쪽 워크시트의 성명 데이터를 오른쪽 워크시트와 같이 성과 이름 두 개의 열로 분리하기 위해 [텍스트 나누기] 기능을 사용하고자 한다. 다음 중 [텍스트 나누기]의 분리 방법으로 가장 적절한 것은?

	A
1	김철수
2	박선영
3	최영희
4	한국인

	A	B
1	김	철수
2	박	선영
3	최	영희
4	한	국인

① 열 구분선을 기준으로 내용 나누기

② 구분 기호를 기준으로 내용 나누기

③ 공백을 기준으로 내용 나누기

④ 탭을 기준으로 내용 나누기

⑤ 행 구분선을 기준으로 내용 나누기

36 다음과 같이 판매실적을 구하기 위해 [A7] 셀에 수식 「=SUMIFS(D2:D6,A2:A6,"연필",B2:B6,"서울")」를 입력했을 때, 그 결괏값으로 옳은 것은?

◢	A	B	C	D
2	연필	경기	150	100
3	볼펜	서울	150	200
4	연필	서울	300	300
5	볼펜	경기	300	400
6	연필	서울	300	200
7	=SUMIFS(D			

① 100

② 500

③ 600

④ 750

⑤ 800

37 다음 중 워드프로세서의 맞춤법 검사에 대한 설명으로 옳지 않은 것은?

① 사전에 없는 단어는 사용자가 추가할 수 있다.

② 작성된 문서에서 내장된 사전과 비교하여 맞춤법에 어긋난 단어를 찾아주는 기능이다.

③ 한글뿐만 아니라 영문에 대해서도 검사 및 교정이 가능하다.

④ 자주 틀리는 단어는 자동으로 수정되도록 지정할 수 있다.

⑤ 수식이나 화학식에서도 맞춤법 검사 기능을 이용하여 오류 검사가 가능하다.

38 다음 중 빈칸 ㉠, ㉡에 들어갈 기능으로 옳은 것은?

> ___㉠___ 은/는 특정 값의 변화에 따른 결괏값의 변화 과정을 한 번의 연산으로 빠르게 계산하여 표의 형태로 표시해 주는 도구이고, ___㉡___ 은/는 비슷한 형식의 여러 데이터의 결과를 하나의 표로 통합하여 요약해 주는 도구이다.

	㉠	㉡
①	데이터 표	통합
②	정렬	시나리오 관리자
③	데이터 표	피벗 테이블
④	해 찾기	데이터 유효성 검사
⑤	통합	정렬

39 E공사의 전산팀은 업무자료의 유출을 방지하기 위해 직원들의 개인 PC 보안 강화를 위한 다양한 방법을 제시했다. 다음 중 그 방법으로 옳지 않은 것은?

① CMOS 비밀번호 설정
② 백신프로그램의 주기적인 업데이트
③ 화면보호기 설정 및 공유 폴더 사용
④ 윈도우 로그인 비밀번호 설정
⑤ 암호화된 문서의 비밀번호 설정

40 다음은 컴퓨터 범죄 유형 중 하나이다. 이 컴퓨터 범죄는 무엇인가?

> 악성코드에 감염된 사용자 PC를 조작하여 금융정보 등을 빼내는 범죄 유형으로 정상 홈페이지로 가장하여 금융정보(보안카드번호 전부) 입력을 요구하는 신종 금융사기의 주요 범행수단이다.
> ① 사용자 PC가 악성코드에 감염 → ② 정상 홈페이지에 접속하여도 가짜 사이트로 유도 → ③ 금융정보 등 탈취 → ④ 범행계좌로 이체 등

① 피싱   ② 파밍
③ 스미싱   ④ 스누핑
⑤ 스푸핑

41 다음 〈보기〉는 시간계획을 작성하는 데 필요한 항목들이다. 이를 효율적인 시간계획을 작성하는 순서로 바르게 나열한 것은?

---〈보기〉---

(가) 일의 우선순위 정하기
(나) 명확한 목표를 설정하기
(다) 시간 계획서 작성하기
(라) 예상 소요시간 결정하기

---

① (가) – (나) – (다) – (라)
② (가) – (라) – (다) – (나)
③ (나) – (가) – (라) – (다)
④ (나) – (다) – (가) – (라)
⑤ (다) – (라) – (나) – (가)

42 다음은 A~C 세 기업이 가전제품 시장에 진출할 때 발생할 수 있는 진입 장벽을 요인별로 평가한 표이다. 이에 대한 내용으로 옳은 것은?(단, 진입 장벽 점수는 5점 만점이고, 점수가 클수록 진입 장벽이 높다)

〈진입 장벽 요인별 평가표〉

요인＼진입 장벽 점수	1	2	3	4	5
정부의 규제	B	–	C	A	–
규모의 경제성	A	C	–	B	–
자금 동원 능력	–	–	A	C	B
소비자의 브랜드 선호도	A	–	B	–	C

① 시장 진입에 가장 유리한 기업은 B이다.
② C기업은 소비자들에게 잘 알려지지 않았다.
③ B기업은 시장 진입 시 자금 조달이 용이하다.
④ 기업들의 가장 큰 진입 장벽 요인은 정부의 규제이다.
⑤ A기업은 규모의 경제성이 자금 동원 능력보다 더 큰 문제가 된다.

43 甲은 개인사유로 인해 5년간 재직했던 회사를 그만두게 되었다. 甲에게 지급된 퇴직금이 1,900만 원일 때, 甲의 평균연봉을 바르게 계산한 것은?(단, 평균연봉은 1일 평균임금으로 계산하며 평균임금 계산 시 천의 자리에서 반올림한다)

〈퇴직금 산정방법〉

▶ 고용주는 퇴직하는 근로자에게 계속근로기간 1년에 대해 30일분 이상의 평균임금을 퇴직금으로 지급해야 합니다.
   – '평균임금'이란 이를 산정해야 할 사유가 발생한 날 이전 3개월 동안에 해당 근로자에게 지급된 임금의 총액을 그 기간의 총일수로 나눈 금액을 말합니다.
   – 평균임금이 근로자의 통상임금보다 적으면 그 통상임금을 평균임금으로 합니다.
▶ 퇴직금 산정공식
   (퇴직금)=[(1일 평균임금)×30일×(총계속근로기간)]÷365

---

① 4,110만 원 　　　　　　　　② 4,452만 원
③ 4,650만 원 　　　　　　　　④ 4,745만 원
⑤ 4,800만 원

44 다음 대화 내용으로 미루어 보아 A팀장과 B사원이 함께 시장조사를 하러 갈 수 있는 가장 적절한 시간은 언제인가?(단, 근무시간은 09:00 ~ 18:00, 점심시간은 12:00 ~ 13:00이다)

A팀장 : B씨, 저번에 우리가 함께 진행했던 제품이 오늘 출시된다고 하네요. 시장에서 어떤 반응이 있는지 조사하러 가야 할 것 같아요.
B사원 : 네, 팀장님. 그런데 오늘 갈 수 있을지 의문입니다. 우선 오후 4시에 사내 정기강연이 예정되어 있고 초청강사가 와서 시간관리 강의를 한다고 합니다. 아마 두 시간 정도 걸릴 것 같은데, 저는 강연 준비로 30분 정도 일찍 가야 할 것 같습니다. 그리고 부서장님께서 요청하셨던 기획안도 오늘 퇴근 전까지 제출해야 하는데, 팀장님 검토시간까지 고려하면 두 시간 정도 소요될 것 같습니다.
A팀장 : 오늘도 역시 할 일이 참 많네요. 지금이 11시니까 열심히 업무를 하면 한 시간 정도는 시장에 다녀 올 수 있겠네요. 먼저 기획안부터 마무리 짓도록 합시다.
B사원 : 네, 알겠습니다. 팀장님, 오늘 점심은 된장찌개 괜찮으시죠? 바쁘니까 예약해두겠습니다.

---

① 11:00 ~ 12:00 　　　　　　② 13:00 ~ 14:00
③ 14:00 ~ 15:00 　　　　　　④ 15:00 ~ 16:00
⑤ 16:00 ~ 17:00

45 E공사 인재개발원에서 근무하는 L사원은 IT전략실의 K주임에게 대관 문의를 받았다. 문의내용과 인재개발원 대관안내 자료를 참고해 K주임에게 안내할 대관료를 바르게 구한 것은?

> K주임 : 안녕하세요. IT전략실 IT운영처에서 근무하는 K주임입니다. 다름이 아니라 다음 달 첫째 주 토요일에 인재개발원에서 IT전략실 세미나 행사를 진행하려고 하는데, 대관료 안내를 받으려고 연락드렸습니다. IT기획처와 IT개발처는 같은 곳에서 세미나를 진행하고, IT운영실은 별도로 진행하려고 하는데, 면적이 가장 큰 교육시설과 면적이 2번째로 작은 교육시설을 각각 3시간씩 대관하고 싶습니다. 세미나가 끝난 후에는 친목 도모를 위한 레크리에이션 행사를 3시간 진행하려고 하는데, 다목적홀, 이벤트홀, 체육관 중 가장 저렴한 가격으로 이용할 수 있는 곳을 대관했으면 좋겠습니다. 이렇게 했을 때 대관료는 얼마일까요?

〈E공사 인재개발원 대관안내〉

(단위 : 원)

구분		면적	대관료(원)		비고
			기본사용료	1시간당 추가사용료	
교육시설	강의실(대)	177.81m^2	129,000	64,500	• 기본 2시간 사용 원칙 • 토, 일, 공휴일 10% 할증
	강의실(중)	89.27m^2	65,000	32,500	
	강의실(소)	59.48m^2	44,000	22,000	
	세미나실	132.51m^2	110,000	55,000	
다목적홀		492.25m^2	585,000	195,000	• 기본 3시간 사용 원칙 • 토, 일, 공휴일 10% 할증 • 토, 일, 공휴일 이벤트홀 휴관
이벤트홀		273.42m^2	330,000	110,000	
체육관(5층)		479.95m^2	122,000	61,000	• 기본 2시간 사용 원칙

① 463,810원
② 473,630원
③ 483,450원
④ 493,270원
⑤ 503,100원

46 E기업에서는 투자 대안을 마련하기 위해 투자대상을 검토할 때, 기대수익률(Expected Profit Rate)과 표준편차(Standard Deviation)를 이용한다. 다음에 제시된 7개의 투자 대안에 대한 설명으로 옳은 것은?

투자 대안	A	B	C	D	E	F	G
기대수익률(%)	8	10	6	5	8	6	12
표준편차(%)	5	5	4	2	4	3	7

※ 지배원리란 동일한 기대수익률이면 최소의 위험을, 동일한 위험이면 최대의 수익률을 가지는 포트폴리오를 선택하는 원리를 말한다.

① 투자 대안 A와 E, C와 F는 동일한 기대수익률이 예상되기 때문에 서로 우열을 가릴 수 없다.

② 투자 대안 A, B, C, D 중에서 어느 것이 낫다고 평가할 수는 없다.

③ 투자 대안 G가 기대수익률이 가장 높기 때문에 가장 바람직한 대안이다.

④ 위험 한 단위당 기대수익률이 같은 투자 대안은 E와 F이다.

⑤ 투자 대안 E는 B와 G에 비해 우월하다.

47 E공사의 사원 월급과 사원 수를 알아보기 위해 다음과 같은 정보를 얻었다. 이를 참고하여 구한 E공사의 사원 수와 사원 월급 총액을 바르게 연결한 것은?(단, 월급 총액은 E공사가 사원 모두에게 주는 한 달 월급의 합을 말한다)

<정보>

• 사원은 모두 동일한 월급을 받는다.
• 사원이 10명 더 늘어나면, 기존 월급보다 100만 원 적어지고, 월급 총액은 기존의 80%이다.
• 사원이 20명 줄어들면, 월급은 기존과 동일하고, 월급 총액은 기존의 60%가 된다.

	사원 수	월급 총액
①	45명	1억 원
②	45명	1억 2천만 원
③	50명	1억 2천만 원
④	50명	1억 5천만 원
⑤	55명	1억 5천만 원

48 E공사의 A사원은 지사방문 일정으로 여수와 순천으로 출장을 다녀와야 한다. 다음은 용산역 − 여수EXPO 역, 여수EXPO역 − 순천역 및 순천역 − 용산역 KTX 운행시간 및 요금에 관한 일부 자료이다. A사원이 용산 역에서 07:30에 출발해서 일정을 마친 뒤 최대한 일찍 용산역에 도착하려고 할 때, A사원이 가장 일찍 용산역에 도착할 수 있는 시각과 총요금을 바르게 연결한 것은?(단, A사원은 여수를 처음으로 방문하고, 점심식사 시간은 12:00 ~ 13:00이며, 열차 운행의 지연은 없다고 가정한다)

〈용산역 − 여수EXPO역 KTX 운행시간 및 요금〉

열차	출발 − 도착 시각	요금(원)
KTX 703	07:15 − 10:18	47,200
KTX 781	07:45 − 11:19	46,000
KTX 705	08:40 − 11:40	47,200

※ 여수 지사방문 일정에는 40분이 소요된다(이동시간 포함).

〈여수EXPO역 − 순천역 KTX 운행시간 및 요금〉

열차	출발 − 도착 시각	요금(원)
KTX 710	12:00 − 12:20	8,400
KTX 782	12:10 − 12:27	8,400
KTX 712	13:05 − 13:22	8,400
KTX 714	14:05 − 14:25	8,400
KTX 716	15:00 − 15:18	8,400

※ 순천 지사방문 일정에는 2시간이 소요된다(이동시간 포함).

〈순천역 − 용산역 KTX 운행시간 및 요금〉

열차	출발 − 도착 시각	요금(원)
KTX 716	15:20 − 17:59	44,000
KTX 718	16:57 − 19:31	44,000
KTX 720	18:21 − 21:03	44,000
KTX 784	19:10 − 22:29	43,000
KTX 724	22:10 − 00:38	44,000

	용산역 도착 시각	총요금
①	17:59	99,600원
②	19:31	98,400원
③	21:03	98,600원
④	22:29	97,400원
⑤	00:38	98,400원

49 E회사에서는 비품을 구매할 때 비품구매 매뉴얼을 따른다. E회사의 부서별 요청 비품과 비품 현황을 고려하였을 때, 구매할 비품으로 옳은 것은?

〈E회사 비품구매 매뉴얼〉

- 사용 부서의 수가 많은 비품부터 먼저 구매한다.
- 현재 부서별 재고가 없는 비품은 사용 부서 수가 많은 비품 다음으로 구매한다.
- 1회당 100,000원의 한도 내에서 최대한 구매한다.
- 부서별로 요청한 비품의 구매처가 다를 경우 가격이 저렴한 곳으로 주문한다.
- 동일 비품 중 일부만 먼저 구매할 수 없다.

〈E회사 부서별 요청 비품〉

- 총무부 : P연필(400원/개) 5개, K수정테이프(2,000원/개) 6개, E지우개(500원/개) 3개
- 인사부 : P연필(400원/개) 10개, K수정테이프(1,500원/개) 1개
- 생산부 : C종이컵(10,000원/박스) 3박스
- 영업부 : I볼펜(2,000원/개) 1개, J메모지(800원/개) 5개, C종이컵(10,000원/박스) 5박스
- 기획부 : I볼펜(2,000원/개) 3개

〈E회사 부서별 비품 현황〉

구분	P연필	I볼펜	E지우개	K수정테이프	J메모지	C종이컵
총무부	6	10	0	1	3	10
인사부	0	5	5	1	2	4
생산부	3	×	3	×	2	0
영업부	×	2	×	4	1	0
기획부	4	2	5	3	2	3

※ ×는 해당 비품을 사용하지 않음을 의미한다.

① E지우개, P연필, K수정테이프, C종이컵
② C종이컵, E지우개, P연필, I볼펜, K수정테이프
③ J메모지, I볼펜, C종이컵, E지우개, P연필
④ C종이컵, I볼펜, K수정테이프, J메모지
⑤ E지우개, P연필, C종이컵, J메모지

50 다음은 주중과 주말 교통상황에 관한 자료이다. 이에 대한 〈보기〉의 설명으로 옳은 것을 모두 고르면?

〈주중·주말 예상 교통량〉

(단위 : 만 대)

구분	전국	수도권 → 지방	지방 → 수도권
주말 교통량	490	50	51
주중 교통량	380	42	35

〈대도시 간 예상 최대 소요시간〉

구분	서울 – 대전	서울 – 부산	서울 – 광주	서울 – 강릉	남양주 – 양양
주말	2시간 40분	5시간 40분	4시간 20분	3시간 20분	2시간 20분
주중	1시간 40분	4시간 30분	3시간 20분	2시간 40분	1시간 50분

───〈보기〉───

ㄱ. 대도시 간 예상 최대 소요시간은 모든 구간에서 주중이 주말보다 적게 걸린다.
ㄴ. 주중 전국 교통량 중 수도권에서 지방으로 가는 교통량의 비율은 10% 이상이다.
ㄷ. 지방에서 수도권으로 가는 주말 예상 교통량은 주중 예상 교통량보다 30% 미만으로 많다.
ㄹ. 서울 – 광주 구간 주중 예상 최대 소요시간은 서울 – 강릉 구간 주말 예상 최대 소요시간과 같다.

① ㄱ, ㄴ

② ㄴ, ㄷ

③ ㄷ, ㄹ

④ ㄱ, ㄴ, ㄹ

⑤ ㄴ, ㄷ, ㄹ

※ A사원이 근무하는 기술자격팀에서 작년부터 연구해 온 데이터의 흐름도가 완성되었다. 다음 자료와 〈조건〉을 보고 이어지는 질문에 답하시오. **[41~42]**

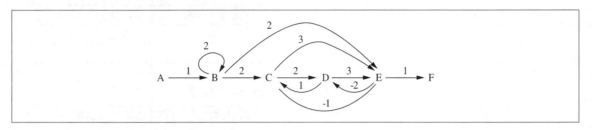

───〈조건〉───
· 데이터는 화살표 방향으로만 이동할 수 있으며, 같은 경로를 여러 번 반복해서 이동할 수 있다.
· 화살표 위의 숫자는 그 경로를 통해 데이터가 1회 이동할 때마다 데이터에 곱해지는 수치를 의미한다.
· 각 경로를 따라 데이터가 이동할 때, 1회 이동 시간은 1시간이며, 데이터의 총 이동 시간은 10시간을 초과할 수 없다.
· 데이터의 대소 관계는 [음수<0<양수]의 원칙에 따른다.

41 다음 중 A에서 1이 입력되었을 때 F에서의 결과가 가장 크게 되는 값은?

① 256 　　　　　　　　　② 384
③ 432 　　　　　　　　　④ 864
⑤ 1,296

42 A에 100이 입력되었을 때 F에서의 결과가 가장 작은 경로를 순서대로 바르게 나열한 것은?

① A－B－B－C－E－D－E－D－E－F
② A－B－B－E－D－C－E－C－E－F
③ A－B－C－D－E－D－C－D－E－F
④ A－B－C－D－E－D－E－D－E－F
⑤ A－B－E－D－C－E－C－D－E－F

※ 다음은 컴퓨터 설치방법 및 주의사항이다. 이어지는 질문에 답하시오. **[43~44]**

〈설치방법〉

1. 통풍이 잘 되고 화기와 멀리 있는 장소에 컴퓨터를 설치하십시오(기기 주변에 충분한 공간을 확보하지 않으면 본체 및 모니터가 과열됩니다).
2. 모니터 전원과 본체 전원 총 2개의 전원이 필요합니다.
3. 모니터와 본체를 연결시켜 주세요.
4. 본체를 작동시키면 팬 소리가 들립니다.

〈주의사항〉

1. 전원은 반드시 교류 220V에 연결하십시오(반드시 전용 콘센트를 사용하십시오).
2. 본체 주변을 자주 청소하십시오(먼지나 이물질로 인해 본체 내부에 먼지가 쌓여 성능에 문제가 생깁니다).
3. 안정된 곳에 설치하십시오(무게로 인해 떨어질 수 있습니다).

〈A/S 신청 전 확인사항〉

현상	원인	조치방법
모니터 전원은 들어오나 화면이 나오지 않음	본체와 모니터 연결선의 문제	연결선을 재결합하거나 고정시켜 주십시오. 또는 맞는 위치에 선을 연결시켰는지 확인해 주세요.
본체에서 소리가 너무 많이 남	본체 내부에 먼지가 쌓여 팬이 과도하게 돌아감	본체 내부를 바람으로 청소해 주세요(물청소 ×).
모니터 화면이 기울어져서 송출됨	모니터 설정 문제	모니터 하단부의 'AUTO' 버튼을 누르거나, 'MENU' 버튼을 눌러 수동 설정해 주세요.
부팅이 되지 않고 '띠띠' 소리가 남	본체 내부 연결선 접촉 불량	본체를 열어 참고자료에 나와 있는 선들이 잘 연결되었는지 확인해 주세요.
모니터 스크린상에 영상이 깜빡거리면서 나타남	모니터 액정의 고장	모니터 액정 불량이므로 A/S 센터에 연락하세요.

43 P주임은 컴퓨터를 설치한 후, 모니터 전원은 들어오나 화면이 나오지 않는 원인을 파악하려고 한다. 다음 중 문제의 원인을 파악하기 위해 반드시 확인해야 할 사항은?

① 본체 내부 청결 상태　　　　　　② 모니터 설정
③ 본체 내부 연결선　　　　　　　　④ 본체와 모니터 연결선
⑤ 설치된 장소

44 다음 중 컴퓨터 설치방법 및 주의사항에 따르지 않은 사람은?

① A사원 : 모니터와 본체의 전원을 연결하기 위해 4구 멀티탭을 구매하였다.
② B팀장 : 컴퓨터 유지보수를 위해 주변을 깔끔하게 정리하고 주기적으로 청소하였다.
③ C대리 : 본체에서 소음이 심각하게 발생하여 물청소 대신 공기청소를 하였다.
④ D주임 : 더러운 바닥보다 조금 불안정하지만 깨끗한 책상에 설치하였다.
⑤ E과장 : 밀폐되지 않은 장소에 설치하고 주위에 화기가 없는 것을 확인하였다.

※ 다음은 정수기 사용 설명서이다. 이어지는 질문에 답하시오. **[45~46]**

〈제품규격〉

모델명	SDWP – 8820
전원	AC 220V / 60Hz
외형치수	260(W)×360(D)×1100(H)(단위 : mm)

〈설치 시 주의사항〉

- 낙수, 우수, 목욕탕, 샤워실, 옥외 등 제품에 물이 닿거나 습기가 많은 장소에는 설치하지 마십시오.
- 급수호스가 꼬이거나 꺾이게 하지 마십시오.
- 화기나 직사광선은 피하십시오.
- 단단하고 평평한 곳에 설치하십시오.
- 제품은 반드시 냉수배관에 연결하십시오.
- 설치 위치는 벽면에서 20cm 이상 띄워 설치하십시오.

〈필터 종류 및 교환시기〉

구분	1단계	2단계	3단계	4단계
필터	세디멘트	프리카본	UF중공사막	실버블록카본
교환시기	약 4개월	약 8개월	약 20개월	약 12개월

〈청소〉

세척 부분	횟수	세척방법
외부	7일 1회	플라스틱 전용 세척제 및 젖은 헝겊으로 닦습니다(신나 및 벤젠은 제품의 변색이나 표면이 상할 우려가 있으므로 사용하지 마십시오).
물받이통	수시	중성세제로 닦습니다.
취수구	1일 1회	히든코크를 시계 반대 방향으로 돌려서 분리하고 취수구를 멸균 면봉을 사용하여 닦습니다. 히든코크는 젖은 헝겊을 사용하여 닦습니다.
피팅(연결구) 튜빙(배관)	2년 1회 이상	필터 교환 시 피팅 또는 튜빙을 점검하고 필요 시 교환합니다.

〈제품 이상 시 조치방법〉

증상	예상원인	조치방법
온수 온도가 낮음	공급 전원 낮음	공급 전원이 220V인지 확인하고 아니면 전원을 220V로 맞춰 주십시오.
	온수 램프 확인	온수 램프에 전원이 들어오는지 확인하고 제품 뒷면의 온수 스위치가 켜져 있는지 확인하십시오.
냉수가 나오지 않음	공급 전원 낮음	공급 전원이 220V인지 확인하고 아니면 전원을 220V로 맞춰 주십시오.
	냉수 램프 확인	냉수 램프에 전원이 들어오는지 확인하고 제품 뒷면의 냉수 스위치가 켜져 있는지 확인하십시오.
물이 나오지 않음	필터 수명 종료	필터 교환 시기를 확인하고 서비스센터에 연락하십시오.
	연결 호스 꺾임	연결 호스가 꺾인 부분이 있으면 그 부분을 펴 주십시오.
냉수는 나오는데 온수가 나오지 않음	온도 조절기 차단	제품 뒷면의 온수 스위치를 끄고 서비스센터에 연락하십시오.
	히터 불량	

정수물이 너무 느리게 채워짐	필터 수명 종료	서비스센터에 연락하고 필터를 교환받으십시오.
제품에서 누수 발생	조립 부위 불량	원수밸브를 잠근 후 작동을 중지시키고 서비스센터에 연락하십시오.
불쾌한 맛이나 냄새 발생	냉수 탱크 세척 불량	냉수 탱크를 세척하여 주십시오.

45 다음 중 설명서를 기준으로 판단할 때, 정수기 관리법에 대한 설명으로 옳지 않은 것은?

① 정수기 청소는 하루에 최소 2곳을 해야 한다.
② 불쾌한 맛이나 냄새가 발생하면 냉수 탱크를 세척하면 된다.
③ 적정 시기에 필터를 교환하지 않으면 발생할 수 있는 문제는 2가지이다.
④ 정수기의 크기는 가로 26cm, 깊이 36cm, 높이 110cm이다.
⑤ 습기가 많은 곳에는 설치하면 안 된다.

46 다음 중 제품에 문제가 발생했을 때, 서비스센터에 연락하지 않고 해결이 가능한 현상은?

① 정수물이 너무 느리게 채워진다.
② 필터의 수명이 다해 물이 나오지 않는다.
③ 제품에서 누수가 발생한다.
④ 냉수는 나오는데 온수가 나오지 않는다.
⑤ 연결 호스가 꺾여 물이 나오지 않는다.

47 다음은 기술 시스템의 발전 단계를 나타낸 것이다. 빈칸에 들어갈 단계로 가장 적절한 것은?

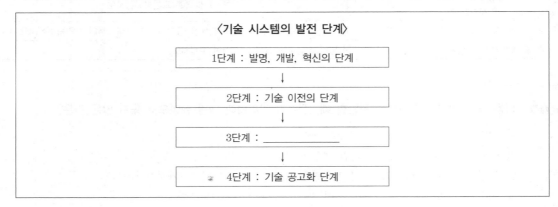

① 기술 협조의 단계   ② 기술 경영의 단계

③ 기술 평가의 단계   ④ 기술 경쟁의 단계

⑤ 기술 투자의 단계

48 다음은 기술의 특징을 설명하는 글이다. 이를 이해한 반응으로 옳지 않은 것은?

> 일반적으로 기술에 대한 특징은 다음과 같이 정의될 수 있다.
> 첫째, 하드웨어나 인간에 의해 만들어진 비자연적인 대상, 혹은 그 이상을 의미한다.
> 둘째, 기술은 '노하우(Know-How)'를 포함한다. 즉, 기술을 설계하고, 생산하고, 사용하기 위해 필요한 정보, 기술, 절차를 갖는데 노하우(Know-How)가 필요한 것이다.
> 셋째, 기술은 하드웨어를 생산하는 과정이다.
> 넷째, 기술은 인간의 능력을 확장시키기 위한 하드웨어와 그것의 활용을 뜻한다.
> 다섯째, 기술은 정의 가능한 문제를 해결하기 위해 순서화되고 이해 가능한 노력이다.
> 이와 같은 기술이 어떻게 형성되는가를 이해하는 것과 사회에 의해 형성되는 방법을 이해하는 것은 두 가지 원칙에 근거한다. 먼저 기술은 사회적 변화의 요인이다. 기술체계는 의사소통의 속도를 증가시켰으며, 이것은 개인으로 하여금 현명한 의사결정을 할 수 있도록 도와준다. 또한, 사회는 기술 개발에 영향을 준다. 사회적, 역사적, 문화적 요인은 기술이 어떻게 활용되는가를 결정한다.
> 기술은 두 개의 개념으로 구분될 수 있으며, 하나는 모든 직업 세계에서 필요로 하는 기술적 요소들로 이루어지는 광의의 개념이고, 다른 하나는 구체적 직무수행능력 형태를 의미하는 협의의 개념이다.

① 미래 산업을 위해 인간의 노동을 대체할 로봇을 활용하는 것 역시 기술이라고 볼 수 있겠지?

② 전기산업기사, 건축산업기사, 정보처리산업기사 등의 자격 기술은 기술의 광의의 개념으로 볼 수 있겠어.

③ 영국에서 시작된 산업혁명 역시 기술 개발에 영향을 주었다고 볼 수 있어.

④ 컴퓨터의 발전은 기술체계가 개인으로 하여금 현명한 의사결정을 할 수 있는 사례로 볼 수 있지 않을까?

⑤ 기술은 건물, 도로, 교량, 전자장비 등 인간이 만들어낸 모든 물질적 창조물을 생산하는 과정으로 볼 수 있구나.

49 다음 (가) ~ (마)의 사례 중 지속가능한 기술의 사례로 적절한 것을 모두 고르면?

(가) A사는 카메라를 들고 다니지 않으면서도 사진을 찍고 싶어 하는 소비자들을 위해, 일회용 카메라 대신 재활용이 쉽고, 재사용도 가능한 카메라를 만들어내는 데 성공했다.

(나) 잉크, 도료, 코팅에 쓰이던 유기 용제 대신에 물로 대체한 수용성 수지를 개발한 B사는 휘발성 유기화합물의 배출이 줄어듦과 동시에 대기오염 물질을 줄임으로써 소비자들로부터 찬사를 받고 있다.

(다) C사는 가구처럼 맞춤 제작하는 냉장고를 선보였다. 맞춤 양복처럼 가족 수와 식습관, 라이프스타일, 주방 형태 등을 고려해 1도어부터 4도어까지 여덟 가지 타입의 모듈을 자유롭게 조합하고, 세 가지 소재와 아홉 가지 색상을 매치해 공간에 어울리는 나만의 냉장고를 꾸밀 수 있게 된 것이다.

(라) D사는 기존에 소각 처리해야 했던 석유화학 옥탄올 공정을 변경하여 폐수처리로 전환하고, 공정 최적화를 통해 화약 제조 공정에 발생하는 총 질소의 양을 원천적으로 감소시키는 공정 혁신을 이루었다. 이로 인해 연간 4천 톤의 오염 물질 발생량을 줄였으며, 약 60억 원의 원가도 절감했다.

(마) 등산 중 갑작스러운 산사태를 만나거나 길을 잃어서 조난 상황이 발생한 경우 골든타임 확보가 무척 중요하다. 이를 위해 E사는 조난객의 상황 파악을 위한 5G 통신 모듈이 장착된 비행선을 선보였다. 이 비행선은 현재 비행거리와 시간이 짧은 드론과 비용과 인력 소모가 많이 드는 헬기에 비해 매우 효과적일 것으로 기대하고 있다.

① (가), (나), (다) 　　　　　② (가), (나), (라)

③ (가), (다), (라) 　　　　　④ (나), (다), (라)

⑤ (나), (다), (마)

50 다음 빈칸에 들어갈 용어로 가장 적절한 것은?

> _____ 분야에서 유망한 기술로 전망되는 것은 지능형 로봇 분야이다. 지능형 로봇이란 외부 환경을 인식하여 스스로 상황을 판단하여 자율적으로 동작하는 기계 시스템을 말한다. 지능형 로봇은 소득 2만 달러 시대를 선도할 미래 유망산업으로 발전할 것이며, 타 분야에 대한 기술적 파급 효과가 큰 첨단 기술의 복합체이다. 산업적 측면에서 볼 때 지능형 로봇 분야는 자동차 산업 규모 이상의 성장 잠재력을 가지고 있으며, 기술 혁신과 신규투자가 유망한 신산업으로, 국내 로봇 산업은 국내 시장 규모 100조 원을 달성할 것으로 예측되고 있다.
>
> 최근에는 기술혁신과 사회적 패러다임의 변화에 따라 인간 공존, 삶의 질 향상을 이룩하기 위한 새로운 '지능형 로봇'의 개념이 나타나고 있다. 지능형 로봇은 최근 IT기술의 융복합화, 지능화 추세에 따라 점차 네트워크를 통한 로봇의 기능 분산, 가상 공간 내에서의 동작 등 IT와 융합한 '네트워크 기반 로봇'의 개념을 포함하고 있다.
>
> 일본이 산업형 로봇 시장을 주도하였다면, IT기술이 접목되는 지능형 로봇은 우리나라가 주도하기 위해 국가 발전 전략에 따라 국가 성장 동력산업으로 육성하고 있다.

① 토목공학　　　　　　　　　② 환경공학
③ 생체공학　　　　　　　　　④ 전기전자공학
⑤ 자원공학

4권

제4회
한국농어촌공사
5 · 6급

NCS 직업기초능력

www.sdedu.co.kr

〈문항 수 및 시험시간〉

평가영역	문항 수	시험시간	모바일 OMR 답안분석	
[공통] 의사소통능력 / 수리능력 / 문제해결능력 / 정보능력 [행정직] 자원관리능력 [토목직] 기술능력	50문항	50분	행정직	토목직

제4회 직업기초능력

문항 수 : 50문항
시험시간 : 50분

01 다음 글의 빈칸에 들어갈 접속어를 바르게 나열한 것은?

> 1682년, 영국의 엘리아스 에쉬몰(Elias Ashmole)이 자신의 수집품을 대학에 기증하면서 '박물관(Museum)'
> 이라는 용어가 처음 등장하였고, 이후 유럽과 미국에서 박물관은 서로 다른 양상으로 발전하였다. 유럽의 경
> 우 주로 개인이 소장품을 국가에 기증하면 국가는 이를 바탕으로 박물관을 설립하였다. 즉, 국가의 지원과
> 통제하에 박물관이 설립된 것이다. ___㉠___ 미국의 경우는 민간 차원에서 일반 대중에게 봉사한다는 취지로
> 미술품 애호가들이나 개인 법인에 의해 박물관이 설립되었다.
> 19세기 이전 대부분의 박물관은 종합 박물관의 성격을 띠었으나, 19세기 이후 과학의 진보와 함께 수집품이
> 증가하고, 이들의 분류 · 정리가 이루어지면서 전문 박물관이 설립되기 시작했다. 한편, 신흥 도시는 번영의
> 힘을 과시하기 위해 장식과 기교가 많고 화려한 박물관을 설립하기도 하였다.
> 1851년 런던의 대박람회와 1876년 미국 독립 100주년 기념 대박람회는 박물관 사업을 촉진하는 계기가 되
> 었다. 그 결과 뉴욕의 자연사 박물관, 메트로폴리탄 박물관, 보스턴 미술관 등이 설립되었다. 이 시기의 박물
> 관은 시민의 교육기관이라는 위상을 갖추기 시작했다. 박물관이 학생 교육, 대중의 지식 개발 등 교육에 기여
> 하는 바가 크다는 사실을 인식한 것이다. ___㉡___ 자연과학의 발달과 생물학 · 인류학 · 고고학 등의 연구가
> 활발해지면서 전문 박물관도 급진적으로 증가하게 되었다.
> 1930 ~ 1940년대 미국에서는 막대한 재력을 가진 개인이 본격적인 후원의 주체가 되는 양상이 나타났다.
> 재력가들이 미술품 수집에 관심을 보이면서 박물관에 대한 지원이 기업 이윤의 사회 환원이라는 명목으로
> 이루어졌다. 미국은 미술품을 구입하는 개인이나 법인에 세제상의 혜택을 주어 간접적인 미술의 발전을 도모
> 하였고, 이로 인해 1945년 이후 많은 박물관이 형성되었다. 1876년 약 200여 개였던 미국의 박물관 수는
> 1940년에는 2,500개, 1965년에는 5,000여 개에 달하였으며, 1974년에는 약 7,000여 개로 집계되었다.

	㉠	㉡
①	그러므로	그러나
②	그러므로	또한
③	반면	또한
④	반면	따라서
⑤	반면	그러나

02 다음 글의 빈칸에 들어갈 내용으로 가장 적절한 것은?

한 존재가 가질 수 있는 욕망과 그 존재가 가졌다고 할 수 있는 권리 사이에는 모종의 개념적 관계가 있는 것 같다. 권리는 침해될 수 있는 것이며, 어떤 것에 대한 개인의 권리를 침해하는 것은 그것과 관련된 욕망을 좌절시키는 것이다. 예를 들어 당신이 차를 가지고 있다고 가정해 보자. 그럴 때 나는 우선 그것을 당신으로부터 빼앗지 말아야 한다는 의무를 가진다. 그러나 그 의무는 무조건적인 것이 아니다. 이는 부분적으로 당신이 그것과 관련된 욕망을 가지고 있는지 여부에 달려 있다. 만약 당신이 차를 빼앗기든지 말든지 관여치 않는다면, 내가 당신의 차를 빼앗는다고 해서 당신의 권리를 침해하는 것은 아닐 수 있다.

물론 권리와 욕망 간의 관계를 정확히 설명하는 것은 어렵다. 이는 졸고 있는 경우나 일시적으로 의식을 잃는 경우와 같은 특수한 상황 때문인데, 그러한 상황에서도 졸고 있는 사람이나 의식을 잃은 사람에게 권리가 없다고 말하는 것은 옳지 않을 것이다. 그러나 이와 같이 권리의 소유가 실제적인 욕망 자체와 연결되지는 않는다고 하더라도, 권리를 소유하려면 어떤 방식으로든 관련된 욕망을 가지는 능력이 있어야 한다. 어떤 권리를 소유할 수 있으려면 최소한 그 권리와 관련된 욕망을 가질 수 있어야 한다는 것이다.

이러한 관점을 '생명에 대한 권리'라는 경우에 적용해보자. 생명에 대한 권리는 개별적인 존재의 생존을 지속시킬 권리이고, 이를 소유하는 데 관련되는 욕망은 개별존재로서 생존을 지속시키고자 하는 욕망이다. 따라서 자신을 일정한 시기에 걸쳐 존재하는 개별존재로서 파악할 수 있는 존재만이 생명에 대한 권리를 가질 수 있다. 왜냐하면 _____

① 생명에 대한 권리를 가질 수 있는 존재만이 개별존재로서 생존을 지속시키고자 하는 욕망을 가질 수 있기 때문이다.

② 자신을 일정한 시기에 걸쳐 존재하는 개별존재로서 파악할 수 있는 존재는 다른 존재자의 생명을 빼앗지 말아야 한다는 의무를 지니기 때문이다.

③ 자신을 일정한 시기에 걸쳐 존재하는 개별존재로서 파악할 수 있는 존재만이 개별존재로서 생존을 지속시키고자 하는 욕망을 가질 수 있기 때문이다.

④ 개별존재로서 생존을 지속시키고자 하는 욕망을 가질 수 있는 존재만이 자신을 일정한 시기에 걸쳐 존재하는 개별존재로서 파악할 수 있기 때문이다.

⑤ 자신을 일정한 시기에 걸쳐 존재하는 개별존재로서 파악할 수 있는 존재는 어떤 실제적인 욕망을 가지지 않는다고 하여도 욕망을 가질 수 있는 능력이 있다고 파악되기 때문이다.

다음 글을 읽고 알 수 있는 것은?

김치는 자연 발효에 의해 익어가기 때문에 미생물의 작용에 따라 맛이 달라진다. 김치가 발효되기 위해서는 효모와 세균 등 여러 미생물의 증식이 일어나야 하는데, 이를 위해 김치를 담글 때 찹쌀가루나 밀가루로 풀을 쑤어 넣어 준다. 이는 풀에 들어 있는 전분을 비롯한 여러 가지 물질이 김칫소에 있는 미생물을 쉽게 자랄 수 있도록 해주는 영양분의 역할을 하기 때문이다. 김치는 배추나 무에 있는 효소뿐만 아니라 그 사이에 들어가는 김칫소에 포함된 효소의 작용에 의해서도 발효가 일어날 수 있다.

김치의 발효 과정에 관여하는 미생물에는 여러 종류의 효모, 호기성 세균 그리고 유산균을 포함한 혐기성 세균이 있다. 갓 담근 김치의 발효가 시작될 때 호기성 세균과 혐기성 세균의 수가 두드러지게 증가하지만, 김치가 익어갈수록 호기성 세균의 수는 점점 줄어들어 나중에는 그 수가 완만하게 증가하는 효모의 수와 거의 비슷해진다. 그러나 혐기성 세균의 수는 김치가 익어갈수록 증가하며 결국 많이 익어서 시큼한 맛이 나는 김치에 있는 미생물 중 대부분을 차지한다. 김치를 익히는 데 관여하는 균과 매우 높은 산성의 환경에서도 잘 살 수 있는 유산균이 그 예이다.

김치를 익히는 데 관여하는 세균과 유산균뿐만 아니라 김치의 발효 초기에 증식하는 호기성 세균도 독특한 김치 맛을 내는 데 도움을 준다. 김치에 들어 있는 효모는 세균보다 그 수가 훨씬 적지만 여러 종류의 효소를 가지고 있어서 김치 안에 있는 여러 종류의 탄수화물을 분해할 수 있다. 또한 김치를 발효시키는 유산균은 당을 분해해서 시큼한 맛이 나는 젖산을 생산하는데, 김치가 익어가면서 김치 국물의 맛이 시큼해지는 것은 바로 이런 이유 때문이다.

김치가 익는 정도는 재료나 온도 등의 조건에 따라 달라지는데, 이는 유산균의 발효 정도가 달라지기 때문이다. 특히 이 미생물들이 만들어 내는 여러 종류의 향미 성분이 더해지면서 특색 있는 김치 맛이 만들어진다. 김치가 익는 기간에 따라 여러 가지 맛을 내는 것도 모두 유산균의 발효 정도가 다른 데서 비롯된다.

① 김치를 담글 때 넣는 풀은 효모에 의해 효소로 바뀐다.
② 강한 산성 조건에서도 생존할 수 있는 혐기성 세균이 있다.
③ 김치 국물의 시큼한 맛은 호기성 세균의 작용에 의한 것이다.
④ 특색 있는 김치 맛을 만드는 것은 효모가 만든 향미 성분 때문이다.
⑤ 시큼한 맛이 나는 김치에 있는 효모의 수는 호기성 세균이나 혐기성 세균보다 훨씬 많다.

우리는 주변에서 신호등 음성 안내기, 휠체어 리프트, 점자 블록 등의 장애인 편의 시설을 많이 볼 수 있다. 우리는 이런 편의 시설을 장애인들이 지니고 있는 국민으로서의 기본 권리를 인정한 것이라는 시각에서 바라보고 있다. 물론, 장애인의 일상생활 보장이라는 측면에서 이 시각은 당연한 것이다. 하지만 이를 바라보는 또 다른 시각이 필요하다. 그것은 바로 장애인만을 위한 것이 아니라 일상생활에서 활동에 불편을 겪는 모두를 위한 것이라는 시각이다. 편리하고 안전한 시설은 장애인뿐만 아니라 우리 모두에게 유용하기 때문이다. 예를 들어, 건물의 출입구에 설치되어 있는 경사로는 장애인들의 휠체어만 다닐 수 있도록 설치해 놓은 것이 아니라, 몸이 불편해서 계단을 오르내릴 수 없는 노인이나 유모차를 끌고 다니는 사람들도 편하게 다닐 수 있도록 만들어 놓은 시설이다. 결국 이 경사로는 우리 모두에게 유용한 시설인 것이다.

그런 의미에서, 근래에 대두되고 있는 '보편적 디자인', 즉 '유니버설 디자인(Universal Design)'이라는 개념은 우리에게 좋은 시사점을 제공해 준다. 보편적 디자인이란 가능한 모든 사람이 이용할 수 있도록 제품, 건물, 공간을 디자인한다는 의미를 가지고 있기 때문이다. 이러한 시각으로 바라본다면 장애인 편의 시설이 우리 모두에게 편리하고 안전한 시설로 인식될 것이다.

① 우리 주변에서는 장애인 편의 시설을 많이 볼 수 있다.
② 보편적 디자인은 근래에 대두되고 있는 중요한 개념이다.
③ 어떤 집단의 사람들이라도 이용할 수 있는 제품을 만들어야 한다.
④ 보편적 디자인이라는 관점에서 장애인 편의 시설을 바라볼 필요가 있다.
⑤ 장애인들의 기본 권리를 보장하기 위해 장애인 편의 시설을 확충해야 한다.

(가) 문화란 말은 그 의미가 매우 다양해서 정확하게 개념을 규정한다는 것이 거의 불가능하다. 즉, 우리가 이 개념을 정확하게 규정하려는 노력을 하면 할수록 우리는 더 큰 어려움에 봉착한다. 무엇보다도 한편에서는 인간의 정신적 활동에 의해 창조된 최고의 가치를 문화라고 정의하고 있는 데 반하여, 다른 한편에서는 자연에 대한 인간의 기술적·물질적 적응까지를 문화라는 개념에 포함시키고 있다. 즉, 후자는 문명이라는 개념으로 이해하는 부분까지도 문화라는 개념 속에 수용함으로써 문화와 문명을 구분하지 않고 있다. 전자는 독일적인 문화 개념의 전통에 따른 것이고, 후자는 영미 계통의 문화개념에 따른 문화에 대한 이해이다. 여기에서 우리는 문화라는 개념이 주관적으로 채색되기가 쉽다는 것을 인식하게 된다. 19세기 중엽까지만 해도 우리 조상들은 서양인들을 양이(洋夷)라고 해서 야만시했다. 마찬가지로, 우리는 한 민족이 다른 민족의 문화적 업적을 열등시하며, 이것을 야만인의 우스꽝스러운 관습으로 무시해 버리는 것을 역사를 통해 잘 알고 있다.

(나) 문화란 말은 일반적으로 두 가지로 사용된다. 한편으로 우리는 '교양 있는' 사람을 문화인이라고 한다. 즉, 창조적 정신의 소산인 문학 작품, 예술 작품, 철학과 종교를 이해하고 사회의 관습을 품위 있게 지켜 나가는 사람을 교양인 또는 문화인이라고 한다. 그런가 하면 다른 한편으로 '문화'라는 말은 한 국민의 '보다 훌륭한' 업적과 그 유산을 지칭한다. 특히 철학, 과학, 예술에 있어서의 업적이 높이 평가된다. 그러나 우리는 여기에서 이미 문화에 대한 우리의 관점이 달라질 수 있는 소지를 발견한다. 즉, 어떤 민족이 이룩한 업적을 '훌륭한 것'으로서 또는 '창조적인 것'으로서 평가할 때, 그 시점은 어느 때이며 기준은 무엇인가? 왜냐하면 우리는 오늘날 선진국들에 의해 문화적으로 열등하다고 평가받는 많은 나라들이 한때는 이들 선진국보다 월등한 문화 수준을 향유했다는 것을 역사적 사실을 통해 잘 알고 있기 때문이다. 그리고 ㉠ 비록 창조적인 업적이라고 할지라도 만약 그것이 부정적인 내용을 가졌다면, 그래도 우리는 그것을 '창조적'인 의미에서의 문화라고 할 수 있을까? 조직적 재능은 문화적 재능보다 덜 창조적인가? 기지가 풍부한 정치가는 독창력이 없는 과학자보다 덜 창조적이란 말인가? 볼테르 같은 사람의 문화적 업적을 그의 저서가 끼친 실천적 영향으로부터 분리할 수 있단 말인가? 인간이 이룩한 상이한 업적 영역, 즉 철학, 음악, 시, 과학, 정치 이론, 조형 미술 등에 대해서 문화적 서열이 적용된다는 것인가?

05 다음 중 윗글의 내용으로 적절하지 않은 것은?

① 문화라는 말은 다양한 의미로 사용된다.
② 문화의 개념은 정확하게 규정하기 어렵다.
③ 문화에 대한 관점은 시대에 따라 다를 수 있다.
④ 문화는 일반적으로 창조적 정신의 소산으로 여겨진다.
⑤ 문화는 교양 있는 사람만이 누리고 지켜 나가는 것이다.

06 다음 중 윗글의 (나) 문단을 통해 글쓴이가 제기하고자 하는 것은?

① 전통 문화의 보존은 가능한가?
② 문화의 개념 정의는 가능한가?
③ 민족과 문화는 불가분의 관계에 있는가?
④ 물질문명도 문화에 포함시킬 수 있는가?
⑤ 문화의 우열(優劣)을 나누는 것이 가능한가?

07 다음 중 윗글의 (나) 문단에서 밑줄 친 ㉠의 예로 들 수 있는 것은?

① 상업주의적 퇴폐 문화의 횡행
② 체제 비판적 저항 세력의 대두
③ 환경 파괴적 유흥 시설의 증가
④ 인명 살상용 원자 폭탄의 개발
⑤ 현실 도피적 사이비 종교의 기승

08 다음 문단을 논리적 순서대로 바르게 나열한 것은?

> (가) 정책 수단 선택의 사례로 환율과 관련된 경제 현상을 살펴보자. 외국 통화에 대한 자국 통화의 교환 비율을 의미하는 환율은 장기적으로 한 국가의 생산성과 물가 등 기초 경제 여건을 반영하는 수준으로 수렴된다.
>
> (나) 이처럼 환율이나 주가 등 경제 변수가 단기에 지나치게 상승 또는 하락하는 현상을 오버슈팅(Overshooting)이라고 한다.
>
> (다) 이러한 오버슈팅은 물가 경직성 또는 금융 시장 변동에 따른 불안 심리 등에 의해 촉발되는 것으로 알려져 있다. 여기서 물가 경직성은 시장에서 가격이 조정되기 어려운 정도를 의미한다.
>
> (라) 그러나 단기적으로 환율은 이와 괴리되어 움직이는 경우가 있다. 만약 환율이 예상과는 다른 방향으로 움직이거나 비록 예상과 같은 방향으로 움직이더라도 변동 폭이 예상보다 크게 나타날 경우 경제 주체들은 과도한 위험에 노출될 수 있다.

① (가) – (나) – (다) – (라)　　② (가) – (다) – (나) – (라)
③ (가) – (라) – (나) – (다)　　④ (나) – (다) – (라) – (가)
⑤ (나) – (라) – (다) – (가)

09 다음 글의 중심 내용으로 가장 적절한 것은?

> 통계는 다양한 분야에서 사용되며 막강한 위력을 발휘하고 있다. 그러나 모든 도구나 방법이 그렇듯이, 통계 수치에도 함정이 있다. 함정에 빠지지 않으려면 통계 수치의 의미를 정확히 이해하고, 도구와 방법을 올바르게 사용해야 한다. 친구 5명이 만나서 이야기를 나누다가 연봉이 화제가 되었다. 2천만 원이 4명, 7천만 원이 1명이었는데, 평균을 내면 3천만 원이다. 이 숫자에 대해 4명은 "나는 봉급이 왜 이렇게 적을까?" 하며 한숨을 내쉬었다. 그러나 이 평균값 3천만 원이 5명의 집단을 대표하는 데에 아무 문제가 없을까? 물론 계산 과정에는 하자가 없지만, 평균을 집단의 대푯값으로 사용하는 데에 어떤 한계가 있을 수 있는지 깊이 생각해 보지 않는다면, 우리는 잘못된 생각에 빠질 수도 있다. 평균은 극단적으로 아웃라이어(비정상적인 수치)에 민감하다. 집단 내에 아웃라이어가 하나만 있어도 평균이 크게 바뀐다는 것이다. 위의 예에서 1명의 연봉이 7천만 원이 아니라 100억 원이었다고 하자. 그러면 평균은 20억 원이 넘게 된다.
> 나머지 4명은 자신의 연봉이 평균치의 100분의 1밖에 안 된다며 슬퍼해야 할까? 연봉 100억 원인 사람이 아웃라이어이듯이 처음의 예에서 연봉 7천만 원인 사람도 아웃라이어인 것이다. 두드러진 아웃라이어가 있는 경우에는 평균보다는 최빈값이나 중앙값이 대푯값으로서 더 나을 수 있다.

① 평균은 집단을 대표하는 수치로서는 매우 부적당하다.
② 통계는 숫자 놀음에 불과하므로 통계 수치에 일희일비할 필요가 없다.
③ 평균보다는 최빈값이나 중앙값을 대푯값으로 사용해야 한다.
④ 통계 수치의 의미와 한계를 정확히 인식하고 사용할 필요가 있다.
⑤ 통계는 올바르게 활용하면 다양한 분야에서 사용할 수 있는 도구이다.

10 다음 제시된 문단을 읽고, 이어질 문단을 논리적 순서대로 바르게 나열한 것은?

> 휘슬블로어란 호루라기를 뜻하는 휘슬(Whistle)과 부는 사람을 뜻하는 블로어(Blower)가 합쳐진 말이다. 즉, 호루라기를 부는 사람이라는 뜻으로 자신이 속해 있거나 속해 있었던 집단의 부정부패를 고발하는 사람을 뜻하며, 흔히 '내부고발자'라고도 불린다. 부정부패는 고발당해야 마땅한 것인데 이렇게 '휘슬블로어'라는 용어가 따로 있는 것은 그만큼 자신이 속한 집단의 부정부패를 고발하는 것이 쉽지 않다는 뜻일 것이다.

> (가) 또한 법의 울타리 밖에서 행해지는 것에 대해서도 휘슬블로어는 보호받지 못한다. 일단 기업이나 조직 속에서 배신자가 되었다는 낙인과 상급자들로부터 괴씸죄로 인해 받게 되는 업무 스트레스, 집단 따돌림 등으로 인해 고립되게 되기 때문이다. 뿐만 아니라 익명성이 철저히 보장되어야 하지만 조직에서는 휘슬블로어를 찾기 위해 혈안이 된 상급자의 집요한 색출로 인해 밝혀지는 경우가 많다. 그렇게 될 경우 휘슬블로어들은 권고사직을 통해 해고를 당하거나 괴롭힘을 당한 채 일할 수밖에 없다.
>
> (나) 실제로 휘슬블로어의 절반은 제보 후 1년간 자살충동 등 정신 및 신체적 질환으로 고통을 받는다고 한다. 또한 73%에 해당되는 상당수의 휘슬블로어들은 동료로부터 집단적으로 따돌림을 당하거나 가정에서도 불화를 겪는다고 한다. 우리는 이들이 공정한 사회와 개인의 양심에 손을 얹고 중대한 결정을 한 사람이라는 것을 외면할 수 없으며, 이러한 휘슬블로어들을 법적으로 보호할 필요가 있다.
>
> (다) 내부고발이 어려운 큰 이유는 내부고발을 한 후에 맞닥뜨리게 되는 후폭풍 때문이다. 내부고발은 곧 기업의 이미지가 떨어지는 것부터 시작해 영업 정지와 같은 실질적 징벌로 이어지는 경우가 많기 때문에 내부고발자들은 배신자로 취급되는 경우가 많다. 실제 양심에 따라 내부고발을 한 이후 닥쳐오는 후폭풍에 못 이겨 자신의 발로 회사를 나오는 경우도 많으며, 기업과 동료로부터 배신자로 취급되거나 보복성 업무, 인사이동 등으로 불이익을 받는 경우도 많다.
>
> (라) 현재 이러한 휘슬블로어를 보호하기 위한 법으로는 2011년 9월부터 시행되어 오고 있는 공익신고자 보호법이 있다. 하지만 이러한 법 제도만으로는 휘슬블로어들을 보호하는 데에 무리가 있다. 공익신고자 보호법은 181개 법률 위반행위에 대해서만 공익신고로 보호하고 있는데, 만일 공익신고자 보호법에서 규정하고 있는 법률 위반행위가 아닌 경우에는 보호를 받지 못하고 있는 것이다.

① (다) – (가) – (라) – (나)
② (다) – (나) – (가) – (라)
③ (다) – (나) – (라) – (가)
④ (라) – (가) – (다) – (나)
⑤ (라) – (다) – (가) – (나)

11 세 상품 A ~ C에 대한 선호도 조사를 실시했다. 조사에 응한 사람이 가장 좋아하는 상품부터 1 ~ 3순위를 부여했다. 조사의 결과가 다음과 같을 때 C에 3순위를 부여한 사람의 수는?(단, 두 상품에 같은 순위를 표시할 수는 없다)

• 조사에 응한 사람은 20명이다.
• A를 B보다 선호한 사람은 11명이다.
• B를 C보다 선호한 사람은 14명이다.
• C를 A보다 선호한 사람은 6명이다.
• C에 1순위를 부여한 사람은 없다.

---

① 4명   ② 5명
③ 6명   ④ 7명
⑤ 8명

12 6층짜리 주택에 A ~ F가 입주하려고 한다. 다음 〈조건〉을 지켜야 한다고 할 때, 항상 옳은 것은?

--- 〈조건〉 ---

• B와 D 중 높은 층에서 낮은 층의 수를 빼면 4이다.
• B와 F는 인접할 수 없다.
• A는 E보다 밑에 산다.
• D는 A보다 밑에 산다.
• A는 3층에 산다.

---

① C는 B보다 높은 층에 산다.
② B는 F보다 높은 층에 산다.
③ E는 F와 인접해 있다.
④ C는 5층에 산다.
⑤ A는 D보다 낮은 층에 산다.

13 E공단에서 근무하고 있는 김인턴은 경기본부로 파견 근무를 나가고자 한다. 〈조건〉에 따라 파견일을 결정할 때, 다음 중 김인턴이 경기본부 파견 근무를 갈 수 있는 기간으로 옳은 것은?

〈10월 달력〉						
일요일	월요일	화요일	수요일	목요일	금요일	토요일
				1	2	3
4	5	6	7	8	9	10
11	12	13	14	15	16	17
18	19	20	21	22	23	24
25	26	27	28	29	30	31

〈조건〉

· 김인턴은 10월 중에 경기본부로 파견 근무를 나간다.
· 파견 근무는 2일 동안 진행되며, 이틀 동안 연이어 진행하여야 한다.
· 파견 근무는 주중에만 진행된다.
· 김인턴은 10월 1일부터 10월 7일까지 연수에 참석하므로 해당 기간에는 근무를 진행할 수 없다.
· 김인턴은 10월 27일부터는 부서이동을 하므로, 27일부터는 파견 근무를 포함한 모든 담당 업무를 후임자에게 인계하여야 한다.
· 김인턴은 목요일마다 부산본부로 출장을 가며, 출장일에는 파견 근무를 수행할 수 없다.

① 10월 6 ~ 7일
② 10월 11 ~ 12일
③ 10월 14 ~ 15일
④ 10월 20 ~ 21일
⑤ 10월 27 ~ 28일

※ 다음은 2024년 주당 근무시간에 관한 자료이다. 이어지는 질문에 답하시오. [14~15]

<2024년 주당 근무시간>

(단위 : %)

특성		사례 수(명)	주 40시간 이하	주 41 ~ 52시간 이하	주 53시간 이상
전체	소계	50,091	52.3	27.2	20.5
성별	남성	28,612	48.1	28.7	23.2
	여성	21,478	58.0	25.0	17.0
종사상 지위	고용원이 없는 자영업자	7,677	27.6	26.0	46.4
	고용원이 있는 자영업자 / 사업주	2,993	28.3	30.0	41.7
	임금근로자	37,073	59.7	27.4	12.9
	무급가족종사자	2,149	46.0	24.0	30.0
	그외종사자	200	61.6	19.8	18.6
직업	관리자	291	63.6	30.1	6.3
	전문가 및 관련종사자	10,017	64.5	26.5	9.0
	사무종사자	9,486	70.8	25.0	4.2
	서비스종사자	6,003	39.6	21.9	38.5
	판매종사자	6,602	34.7	29.1	36.2
	농림어업 숙련종사자	2,710	54.8	24.5	20.7
	기능원 및 관련기능종사자	4,853	35.1	37.1	27.8
	장치, 기계조작 및 조립종사자	5,369	41.8	32.2	26.0
	단순노무종사자	4,642	57.4	21.9	20.7
	군인	118	71.9	23.8	4.3

14 다음 〈보기〉 중 자료에 대한 설명으로 옳지 않은 것을 모두 고르면?

─〈보기〉─
ㄱ. 판매종사자 중 주 52시간 이하로 근무하는 비율은 60%를 넘는다.
ㄴ. 남성과 여성 모두 주 41 ~ 52시간 이하로 근무하는 비율이 가장 높다.
ㄷ. 응답자 중 무급가족종사자의 절반 이상은 주 40시간 이하로 근무한다.
ㄹ. 농림어업 숙련종사자 중 주 40시간 이하로 근무하는 응답자의 수는 1,000명이 넘는다.

① ㄱ, ㄴ
② ㄱ, ㄷ
③ ㄴ, ㄷ
④ ㄴ, ㄹ
⑤ ㄷ, ㄹ

15 다음 중 고용원이 없는 자영업자와 고용원이 있는 자영업자 / 사업주에서 주 40시간 이하로 근무하는 응답자 비율의 합으로 옳은 것은?

① 0.7%p
② 37.6%p
③ 50.9%p
④ 55.9%p
⑤ 58.0%p

16 다음은 국가별 지식재산권 사용료 현황에 관한 자료이다. 이에 대한 내용으로 옳지 않은 것은?(단, 증가율과 감소율은 절댓값으로 비교하고, 소수점 둘째 자리에서 반올림한다)

〈연도별 지식재산권 사용료 수입〉

(단위 : 100만 달러)

구분	2023년	2022년	2021년
버뮤다	2	0	0
캐나다	4,458	4,208	4,105
멕시코	6	7	7
미국	127,935	124,454	124,442
칠레	52	43	42
콜롬비아	63	46	52
파라과이	36	33	33
페루	26	9	7
우루과이	35	33	38

〈연도별 지식재산권 사용료 지급〉

(단위 : 100만 달러)

구분	2023년	2022년	2021년
버뮤다	10	8	9
캐나다	10,928	10,611	10,729
멕시코	292	277	260
미국	48,353	44,392	39,858
칠레	1,577	1,614	1,558
콜롬비아	457	439	471
파라과이	19	19	19
페루	306	324	302
우루과이	113	109	101

① 2021 ~ 2023년 동안 지적재산권 사용료 수입이 지급보다 많은 국가는 2곳이다.

② 미국의 지식재산권은 2022 ~ 2023년까지 지급이 수입의 30% 이상을 차지한다.

③ 2022 ~ 2023년 동안 전년 대비 지식재산권 사용료 수입과 지급이 모두 증가한 나라는 1곳이다.

④ 2021년 캐나다 지식재산권 사용료 수입은 미국을 제외한 국가들의 총수입보다 20배 이상이다.

⑤ 2023년 전년 대비 멕시코 지식재산권 사용료 지급 증가율은 2022년 전년 대비 콜롬비아 지식재산권 사용료 수입 감소율보다 5.5%p 더 높다.

17 E중학교 백일장에 참여한 A ~ E학생에게 다음 〈조건〉에 따라 점수를 부여할 때, 점수가 가장 높은 학생은?

〈E중학교 백일장 채점표〉

학생	오탈자(건)	글자 수(자)	주제의 적합성	글의 통일성	가독성
A	33	654	A	A	C
B	7	476	B	B	B
C	28	332	B	B	C
D	25	572	A	A	A
E	12	786	C	B	A

〈조건〉

- 기본 점수는 80점이다.
- 오탈자가 10건 이상일 때 1점을 감점하고, 5건이 추가될 때마다 1점을 추가로 감점한다.
- 전체 글자 수가 350자 미만일 때 10점을 감점하고, 600자 이상일 때 1점을 부여하며, 25자가 추가될 때마다 1점을 추가로 부여한다.
- 주제의 적합성, 글의 통일성, 가독성을 A, B, C등급으로 나누며 등급 개수에 따라 추가점수를 부여한다.
  − A등급 3개 : 25점
  − A등급 2개, B등급 1개 : 20점
  − A등급 2개, C등급 1개 : 15점
  − A등급 1개, B등급 2개 또는 A등급, B등급, C등급 1개 : 10점
  − B등급 3개 : 5점
- [예] 오탈자 46건, 전체 글자 수 626자, 주제의 적합성, 글의 통일성, 가독성이 각각 A, B, A일 때 점수는 80−8+2+20=94점이다.

① A
② B
③ C
④ D
⑤ E

18 평소 영화 제작에 관심이 많은 B씨는 우연히 E공사에서 진행하는 철도 영화 공모전에 대해 듣게 되었다. 공고문이 아래와 같을 때, B씨가 이를 보고 할 수 있는 생각으로 옳지 않은 것은?

〈제1회 초단편 철도 영화 공모전〉

1. 공모개요
   - 주최 / 후원 : E공사 / K시네마
   - 공모대상 : 개인 또는 팀으로 참가
   - 공모주제 : 철도를 소재로 하는 참신한 영상콘텐츠(1 ~ 3분)
   - 공모기간 : 2024.5.1 ~ 6.30
   - 당선작발표 : 2024.7.11. 오전 11시(시상식은 별도시행 및 통보)
   - 시상내역 : 상금 및 상패

구분	시상 수	상금	비고
대상	1	500만 원	상패
최우수상	1	300만 원	상패
우수상	2	100만 원	상패
장려상	3	50만 원	상패
특별상	10	내일로 티켓 각 2매	5일권
가작	10	영화 티켓 각 10매	K시네마

   - 제출 작품의 수준이 현격하게 낮을 경우 대상 등 주요 상을 선정하지 않을 수 있음
   - 당선작은 전국 철도 역·열차 영상매체에 수시 상영함
2. 출품방법 및 규격
   - 출품 수 : 1인(팀) 3점 이내, 다만 수상은 1인(팀)당 1작품에 한함
   - 온라인 접수 : E공사 홈페이지 웹하드에 제출
     ※ 신청서 및 영상파일을 1개의 파일로 압축하여 파일명을 출품자 이름(예 홍길동.mov)으로 하여 제출
   - 출품 규격
   - 제목 및 엔딩크레딧 포함 러닝타임 1 ~ 3분
   - 철도 역·열차 공간의 특성상 음향(대사포함)이 없어도 내용을 이해할 수 있어야 하며, 공공장소 상영에 적합한 내용이어야 함
     ※ 극장 또는 온라인 매체에서는 음향(대사포함)을 포함해서 상영
   - DV, HDV, DVCAM, HD, DVD, MPEG, MOV, MP4 파일
   - Quicktime proRes(422HQ) 또는 Quicktime(H264) 파일 권장, 사이즈는 16 : 9(Screen ratio), Full HD(1920×1080) 이상을 권장

3. 주의사항
- 출품자의 개인 정보는 개인정보운영 방침에 따라 보관하지 않고 파기함
- 출품된 작품은 반환하지 않음
- 제출 작품은 타 공모전에 당선되지 않은 것이어야 함
- 작품소재로 이용된 인물, 건축물, 음악, 자막, 사진 등 저작권과 초상권에 관한 문제발생 시 출품자가 전적으로 민형사상 책임을 짐
- 당선작은 E공사가 사용권을 갖게 되며, E공사 홍보자료로 편집 활용함. 또한, 철도역·KTX·전동차· 일반 열차·홈페이지·SNS 영상매체 등에 수시로 사용할 수 있음
- 상금에 대한 제세공과금은 본인 부담(원천징수)

① 출품작에 대한 심사는 어떻게 진행되는지 물어봐야겠는걸.
② 팀으로도 참가가 가능하니까 예전에 같이 활동했던 영화 동아리 후배에게 연락해봐야지.
③ 한번에 3점까지 출품이 가능하니까 열심히 해서 꼭 대상을 받을 거야.
④ 팀 멤버 수에 제한이 있을지도 모르니 미리 문의해봐야겠다.
⑤ 비슷한 주제로 찍어놓은 영상이 있는데 확장자가 MPEG라 출품하려면 확장자를 바꿔야겠네.

19 어떤 고고학 탐사대가 발굴한 네 개의 유물 A ~ D에 대하여 다음과 같은 사실을 알게 되었다. 발굴된 유물을 시대순으로 오래된 것부터 나열한 것은?

- B보다 시대가 앞선 유물은 두 개다.
- C는 D보다 시대가 앞선 유물이다.
- A는 C에 비해 최근의 유물이다.
- D는 B가 만들어진 시대 이후에 제작된 유물이다.

① C − A − B − D
② C − A − D − B
③ C − B − D − A
④ C − D − A − B
⑤ C − D − B − A

20 A대리는 E도시의 해안지역에 설치할 발전기를 검토 중이다. 설치 환경 및 요건에 대한 정보가 다음과 같을 때, 후보 발전기 중 설치될 발전기는?

〈발전기 설치 환경 및 요건 정보〉

- 발전기는 동일한 종류를 2기 설치한다.
- 발전기를 설치할 대지는 1,500m²이다.
- 에너지 발전단가가 1,000kWh당 97,500원을 초과하지 않도록 한다.
- 후보 발전기 중 탄소배출량이 가장 많은 발전기는 제외한다.
- 운송수단 및 운송비를 고려하여, 개당 중량은 3톤을 초과하지 않도록 한다.

〈후보 발전기 정보〉

발전기 종류	발전방식	발전단가	탄소배출량	필요면적	중량
A	수력	92원/kWh	45g/kWh	690m²	3,600kg
B	화력	75원/kWh	91g/kWh	580m²	1,250kg
C	화력	105원/kWh	88g/kWh	450m²	1,600kg
D	풍력	95원/kWh	14g/kWh	800m²	2,800kg
E	풍력	80원/kWh	22g/kWh	720m²	2,140kg

---

① A발전기   ② B발전기
③ C발전기   ④ D발전기
⑤ E발전기

21 E회사는 사옥 옥상 정원에 있는 가로 644cm, 세로 476cm인 직사각형 모양의 뜰 가장자리에 조명을 설치하려고 한다. 네 모퉁이에는 반드시 조명을 설치하고, 일정한 간격으로 조명을 추가 배열하려고 할 때, 필요한 조명의 최소 개수는?(단, 조명의 크기는 고려하지 않는다)

① 68개   ② 72개

③ 76개   ④ 80개

⑤ 84개

22 다음은 지역별 1인 가구에 대한 자료이다. 이에 대한 설명으로 옳지 않은 것은?(단, 소수점 첫째 자리에서 반올림한다)

〈지역별 1인 가구 현황〉

(단위 : 천 가구)

구분	2021년		2022년		2023년	
	전체 가구	1인 가구	전체 가구	1인 가구	전체 가구	1인 가구
전국	19,092	5,238	19,354	5,434	19,590	5,613
서울특별시	3,778	1,123	3,786	1,149	3,789	1,172
부산광역시	1,334	363	1,344	376	1,354	388
대구광역시	927	241	935	249	942	257
인천광역시	1,043	245	1,059	256	1,075	266
대전광역시	582	171	590	178	597	185
울산광역시	422	104	426	107	430	110
기타 지역	11,006	2,991	11,214	3,119	11,403	3,235

① 해마다 1인 가구 수는 전국적으로 증가하고 있다.

② 전체 가구 수는 해마다 전국적으로 증가하고 있다.

③ 2023년 서울특별시 전체 가구 수 중에서 1인 가구가 차지하는 비중은 약 31%이다.

④ 대전광역시와 울산광역시의 1인 가구 수의 합은 인천광역시의 1인 가구 수보다 항상 많다.

⑤ 2023년 서울특별시의 1인 가구 수는 전국의 1인 가구 수의 약 18%이다.

23 다음은 2019 ~ 2023년 국가공무원 및 지방자치단체공무원 현황에 관한 자료이다. 이에 대한 설명으로 옳지 않은 것은?

〈국가공무원 및 지방자치단체공무원 현황〉

(단위 : 명)

구분	2019년	2020년	2021년	2022년	2023년
국가공무원	621,313	622,424	621,823	634,051	637,654
지방자치단체공무원	280,958	284,273	287,220	289,837	296,193

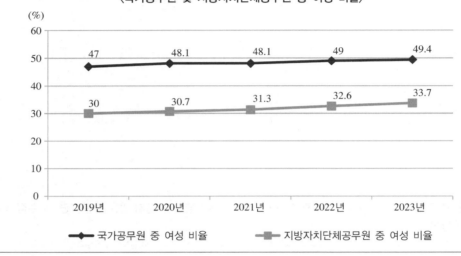

〈국가공무원 및 지방자치단체공무원 중 여성 비율〉

① 매년 국가공무원 중 여성 수는 지방자치단체공무원 중 여성 수의 3배 이상이다.
② 지방자치단체공무원 중 여성 수는 매년 증가하였다.
③ 매년 국가공무원 중 여성 수는 지방자치단체공무원 중 여성 수보다 많다.
④ 국가공무원 중 남성 수는 2021년이 2020년보다 적다.
⑤ 국가공무원 중 여성 비율과 지방자치단체공무원 중 여성 비율의 차이는 매년 감소한다.

24 김대리가 1호 택배상자 6개와 2호 택배상자 7개의 무게를 재보니 총 960g이었다. 택배상자 호수에 따른 무게를 비교하기 위해 양팔 저울 왼쪽에는 1호 4개와 2호 2개, 오른쪽에는 1호 2개와 2호 5개를 올려놓았을 때 평형을 이루었다. 1호 상자와 2호 상자 한 개당 무게가 각각 xg, yg일 때 $x \times y$의 값은?(단, 상자의 무게는 호수별로 동일하다)

① 4,800
② 5,000
③ 5,200
④ 5,400
⑤ 6,400

25 다음은 농가 수 및 농가 인구 추이와 농가 소득 현황을 나타낸 자료이다. 이에 대한 〈보기〉 중 옳지 않은 것을 모두 고르면?

〈농가 수 및 농가 인구 추이〉

〈농가 소득 현황〉

(단위 : 천 원)

구분	2018년	2019년	2020년	2021년	2022년	2023년
농업 소득	10,098	8,753	9,127	10,035	10,303	11,257
농업 이외 소득	22,023	21,395	21,904	24,489	24,647	25,959
합계	32,121	30,148	31,031	34,524	34,950	37,216

─〈보기〉─

ㄱ. 농가 수 및 농가 인구는 지속적으로 감소하고 있다.
ㄴ. 전년 대비 농가 수가 가장 많이 감소한 해는 2023년이다.
ㄷ. 2018년 대비 2023년 농가 인구의 감소율은 9% 이상이다.
ㄹ. 농가 소득 중 농업 이외 소득이 차지하는 비율은 매년 증가하고 있다.
ㅁ. 2023년 농가의 농업 소득의 전년 대비 증가율은 10%를 넘는다.

① ㄱ, ㄷ
② ㄴ, ㄹ
③ ㄷ, ㄹ
④ ㄹ, ㅁ
⑤ ㄱ, ㄷ, ㅁ

26 E를 포함한 6명이 한국사 자격증 시험을 보았다. 시험 점수가 70점 이상인 2명이 고급 자격증을 획득하였고, 1명이 60점 미만인 54점으로 과락을 하였다. 그리고 나머지는 중급을 획득하였는데, 평균이 62점이었다. 6명의 평균이 65점일 때, E가 얻을 수 있는 시험 점수의 최댓값은?

① 70점
② 75점
③ 80점
④ 85점
⑤ 90점

27 다음은 민간 분야 사이버 침해사고 발생현황에 관한 자료이다. 기타 해킹이 가장 많았던 연도의 전체 사이버 침해사고 건수의 전년 대비 증감률은 얼마인가?(단, 소수점 첫째 자리에서 반올림한다)

〈민간 분야 사이버 침해사고 발생현황〉

(단위 : 건)

구분	2020년	2021년	2022년	2023년
홈페이지 변조	6,490	10,148	5,216	3,727
스팸릴레이	1,163	988	731	365
기타 해킹	3,175	2,743	4,126	2,961
단순침입시도	2,908	3,031	3,019	2,783
피싱 경유지	2,204	4,320	3,043	1,854
전체	15,940	21,230	16,135	11,690

① − 26%

② − 25%

③ − 24%

④ − 23%

⑤ − 22%

28 다음은 어느 도시의 버스노선 변동사항에 대한 자료이다. 〈조건〉을 참고하여 A ~ D에 들어갈 노선을 바르게 짝지은 것은?

〈버스노선 변동사항〉

구분	기존 요금	변동 요금	노선 변동사항
A	1,800원	2,100원	−
B	2,400원	2,400원	−
C	1,600원	1,800원	연장운행
D	2,100원	2,600원	−

─────〈조건〉─────

• 노선 A, B, C, D는 6, 42, 2000, 3100번 중 하나이다.
• 변동 후 요금이 가장 비싼 노선은 2000번이다.
• 요금 변동이 없는 노선은 42번이다.
• 연장운행을 하기로 결정한 노선은 6번이다.

	A	B	C	D
①	6	42	2000	3100
②	6	42	3100	2000
③	3100	6	42	2000
④	3100	42	6	2000
⑤	3100	42	2000	6

29 다음은 로봇산업현황 중 일부이다. 제조업용 로봇 생산액의 2021년 대비 2023년의 성장률은?

〈로봇산업현황 국내시장(생산기준) 규모〉

(단위 : 억 원, %)

구분	2021년		2022년			2023년		
	생산액	구성비	생산액	구성비	전년 대비	생산액	구성비	전년 대비
제조업용 로봇	6,272	87.2	6,410	85.0	2.2	7,016	84.9	9.5
서비스용 로봇	446	6.2	441	5.9	−1.1	483	5.9	9.4
전문 서비스용	124	1.7	88	1.2	−29.1	122	1.5	38.4
개인 서비스용	323	4.5	353	4.7	9.7	361	4.4	2.2
로봇부품 및 부분품	478	6.6	691	9.2	44.5	769	9.2	11.4
계	7,197	100.0	7,542	100.0	4.8	8,268	100.0	9.6

① 7.3%
② 8.9%
③ 10.2%
④ 11.9%
⑤ 13.4%

30 다음은 E의 보유 반찬 및 칼로리 정보와 E의 하루 식단에 대한 자료이다. E가 하루에 섭취하는 총열량은?

〈E의 보유 반찬 및 칼로리 정보〉

반찬	현미밥	미역국	고등어구이	시금치나물	버섯구이	블루베리
무게(g)	300	500	400	100	150	80
열량(kcal)	540	440	760	25	90	40
반찬	우유식빵	사과잼	된장찌개	갈비찜	깍두기	연근조림
무게(g)	100	40	200	200	50	100
열량(kcal)	350	110	176	597	50	96

〈E의 하루 식단〉

구분	식단
아침	우유식빵 80g, 사과잼 40g, 블루베리 60g
점심	현미밥 200g, 갈비찜 200g, 된장찌개 100g, 버섯구이 50g, 시금치나물 20g
저녁	현미밥 100g, 미역국 200g, 고등어구이 150g, 깍두기 50g, 연근조림 50g

① 1,940kcal
② 2,120kcal
③ 2,239kcal
④ 2,352kcal
⑤ 2,520kcal

31 E공사에 근무하고 있는 K사원은 우리나라 국경일을 CONCATENATE 함수를 이용하여 다음과 같이 입력하고자 한다. [C2] 셀에 입력해야 하는 함수식으로 옳은 것은?

	A	B	C
1	국경일	날짜	우리나라 국경일
2	3·1절	매년 3월 1일	3·1절(매년 3월 1일)
3	제헌절	매년 7월 17일	제헌절(매년 7월 17일)
4	광복절	매년 8월 15일	광복절(매년 8월 15일)
5	개천절	매년 10월 3일	개천절(매년 10월 3일)
6	한글날	매년 10월 9일	한글날(매년 10월 9일)

① =CONCATENATE(A2,B2)

② =CONCATENATE(A2,(,B2,))

③ =CONCATENATE(B2,(,A2,))

④ =CONCATENATE(A2,"(",B2,")")

⑤ =CONCATENATE(B2,"(",A2,")")

32 다음 중 워드프로세서의 커서 이동키에 대한 설명으로 옳은 것은?

① 〈Home〉 : 커서를 현재 문서의 맨 처음으로 이동시킨다.

② 〈End〉 : 커서를 현재 문단의 맨 마지막으로 이동시킨다.

③ 〈Back Space〉 : 커서를 화면의 맨 마지막으로 이동시킨다.

④ 〈Page Down〉 : 커서를 한 화면 단위로 하여 아래로 이동시킨다.

⑤ 〈Alt〉+〈Page Up〉 : 커서를 파일의 맨 처음으로 이동시킨다.

33 다음 중 워드프로세서 스타일(Style)에 대한 설명으로 옳지 않은 것은?

① 자주 사용하는 글자 모양이나 문단 모양을 미리 정해 놓고 쓰는 것을 말한다.

② 특정 문단을 사용자가 원하는 스타일로 변경할 수 있다.

③ 해당 문단의 글자 모양과 문단 모양을 한꺼번에 바꿀 수 있다.

④ 스타일을 적용하려면 항상 범위를 설정하여야 한다.

⑤ 한번 설정된 스타일은 저장되므로, 다른 문서를 불러들여 사용할 수도 있다.

34 다음과 같이 거주지가 강원특별자치도인 사람에게 값 1을 부여하고, 그 외 지역인 사람에게 0을 부여하고자 할 때, [D3] 셀에 사용해야 할 함수로 옳은 것은?

	A	B	C	D	E
1					
2		이름	거주지	값	
3		A	서울 송파	0	
4		B	경기 하남	0	
5		C	경남 창원	0	
6		D	강원 홍천	1	
7		E	전북 군산	0	
8		F	경기 남양주	0	
9		G	강원 태백	1	
10		H	인천 강화	0	
11		I	강원 동해	1	
12		J	경북 울릉	0	
13					

① =IF(RIGHT(C3,2)=강원,1,0)   ② =IF(RIGHT(C3,4)="강원",1,0)

③ =IF(LEFT(C3,2)=강원,1,0)   ④ =IF(LEFT(C3,2)="강원",1,0)

⑤ =IF(LEFT(C3,2)="강원",0,1)

35 다음 글을 읽고 파악할 수 있는 E대학교 문제해결을 위한 대안으로 가장 적절한 것은?

> E대학교는 현재 학생 관리 프로그램, 교수 관리 프로그램, 성적 관리 프로그램의 3개의 응용 프로그램을 갖추고 있다. 학생 관리 프로그램은 학생 정보를 저장하고 있는 파일을 이용하고, 교수 관리 프로그램은 교수 정보 파일 그리고 성적 관리 프로그램은 성적 정보 파일을 이용한다. 즉 다음과 같이 각각의 응용 프로그램들은 개별적인 파일을 이용한다.
>
> 이런 경우의 파일에는 많은 정보가 중복 저장되어 있다. 그렇기 때문에 중복된 정보가 수정되면 관련된 모든 파일을 수정해야 하는 불편함이 있다. 예를 들어, 한 학생이 자퇴하게 되면 학생 정보 파일뿐만 아니라 교수 정보 파일, 성적 정보 파일도 수정해야 하는 것이다.

① 데이터베이스 구축   ② 유비쿼터스 구축

③ RFID 구축   ④ NFC 구축

⑤ 와이파이 구축

※ E공사에 근무 중인 K사원은 체육대회를 준비하면서 체육대회에 사용될 물품 구입비를 다음과 같이 엑셀로
정리하였다. 이어지는 질문에 답하시오. [36~37]

	A	B	C	D	E
1	구분	물품	개수	단가(원)	비용(원)
2	의류	A팀 체육복	15	20,000	300,000
3	식품류	과자	40	1,000	40,000
4	식품류	이온음료수	50	2,000	100,000
5	의류	B팀 체육복	13	23,000	299,000
6	상품	수건	20	4,000	80,000
7	상품	USB	10	10,000	100,000
8	의류	C팀 체육복	14	18,000	252,000
9	식품류	김밥	30	3,000	90,000

36 K사원은 표에서 단가가 두 번째로 높은 물품의 금액을 알고자 한다. K사원이 입력해야 할 함수로 적절한
것은?

① =MAX(D2:D9,2) ② =MIN(D2:D9,2)

③ =MID(D2:D9,2) ④ =LARGE(D2:D9,2)

⑤ =INDEX(D2:D9,2)

37 K사원은 구입물품 중 의류의 총개수를 파악하고자 한다. K사원이 입력해야 할 함수로 적절한 것은?

① =SUMIF(A2:A9,A2,C2:C9)

② =COUNTIF(C2:C9,C2)

③ =VLOOKUP(A2,A2:A9,1,0)

④ =HLOOKUP(A2,A2:A9,1,0)

⑤ =AVERAGEIF(A2:A9,A2,C2:C9)

38 E사 인사팀에 근무하는 K주임은 다음과 같이 하반기 공채 지원자들의 PT면접 점수를 입력한 후 면접 결과를 정리하고자 한다. 이를 위해 [F3] 셀에 〈보기〉와 같은 함수를 입력하고, 채우기 핸들을 이용하여 [F6] 셀까지 드래그했을 때, [F3] ~ [F6] 셀에 나타나는 결괏값으로 옳은 것은?

◢	A	B	C	D	E	F
1						(단위 : 점)
2	이름	발표내용	발표시간	억양	자료준비	결과
3	조재영	85	92	75	80	
4	박슬기	93	83	82	90	
5	김현진	92	95	86	91	
6	최승호	95	93	92	90	

―――〈보기〉―――

=IF(AVERAGE(B3:E3)>=90,"합격","불합격")

	[F3]	[F4]	[F5]	[F6]
①	불합격	불합격	합격	합격
②	합격	합격	불합격	불합격
③	합격	불합격	합격	불합격
④	불합격	합격	불합격	합격
⑤	불합격	불합격	불합격	합격

39 다음 중 IEEE 802.11 무선 LAN의 매체접속제어(MAC) 방식은?

① CSMA / CA
② 토큰 링
③ CSMA / CD
④ 토큰 패싱
⑤ 슬롯 링

40 다음 중 분산처리 시스템의 특징으로 옳지 않은 것은?

① 작업을 병렬적으로 수행함으로써 사용자에게 빠른 반응 시간과 빠른 처리시간을 제공한다.
② 사용자들이 비싼 자원을 쉽게 공유하여 사용할 수 있고, 작업의 부하를 균등하게 유지할 수 있다.
③ 작업 부하를 분산시킴으로써 반응 시간을 항상 일관성 있게 유지할 수 있다.
④ 분산 시스템에 구성 요소를 추가하거나 삭제할 수는 없다.
⑤ 다수의 구성 요소가 존재하므로 일부가 고장나더라도 나머지 일부는 계속 작동 가능하기 때문에 사용 가능도가 향상된다.

41 A씨는 휴대전화를 구입하기 위하여 A ~ C 세 상품에 대해 만족도를 조사하였다. 다음 중 경제적 의사결정과 관련하여 가장 적절한 것은?(단, 만족도 1단위는 화폐 1만 원의 가치와 같다)

〈A ~ C상품의 만족도 조사〉

(단위 : 점)

상품 \ 가격 \ 만족도	가격	광고의 호감도 (5)	디자인 (12)	카메라 기능 (8)	단말기 크기 (9)	A/S (6)
A	35만 원	5	10	6	8	5
B	28만 원	4	9	6	7	5
C	25만 원	3	7	5	6	4

※ ( ) 안은 만족도의 만점이다.

① 합리적으로 선택한다면 상품 B를 구입할 것이다.
② 단말기 크기보다 카메라 기능을 더 중시하고 있다.
③ 만족도가 가장 큰 대안을 선택하는 것이 가장 합리적이다.
④ 예산을 25만 원으로 제한하면 휴대전화 구입을 포기할 것이다.
⑤ 구매 선택의 기준으로 휴대전화의 성능을 지나치게 중시하고 있다.

42 경기도의 한 지점에 다니는 U대리는 중요한 서류를 전달하기 위해 서울에 위치한 본사에 방문하려고 한다. U대리는 오전 9시에 출발해서 오전 11시에 행사가 시작하기 전까지 본사에 도착해야 할 때, 시간 안에 가장 빨리 도착할 수 있는 방법은 무엇인가?(단, 환승 시간은 무시한다)

〈이동 시 이용 가능 교통편 현황〉

경기도 – 고속터미널			고속터미널 – K중앙회		
교통편	운행시간	소요시간	교통편	운행시간	소요시간
버스	매시 5분 출발 후 10분 간격	1시간	지하철	매시 10분, 50분	15분
지하철	매시 10분 출발 후 20분 간격	45분	택시	제한 없음	30분
자가용	제한 없음	1시간 20분	버스	매시 20분, 40분	25분

① 버스 – 택시
② 지하철 – 버스
③ 자가용 – 지하철
④ 버스 – 버스
⑤ 지하철 – 택시

43 E공사 인력지원실 인사부의 P사원은 직원들의 근무평정 업무를 수행하고 있다. 가점평정 기준표를 참고했을 때, P사원이 K과장에게 부여해야 할 가점은?

<table>
<tr><td colspan="5" align="center">〈가점평정 기준표〉</td></tr>
<tr><td colspan="2" align="center">구분</td><td align="center">내용</td><td align="center">가점</td><td align="center">인정 범위</td><td align="center">비고</td></tr>
<tr><td rowspan="5" align="center">근무경력</td><td></td><td align="center">본부 근무 1개월
(본부, 연구원, 인재개발원 또는
정부부처 파견근무기간 포함)</td><td align="center">0.03점
(최대 1.8점)</td><td align="center">1.8점</td><td align="center">동일 근무기간에 다른
근무경력 가점과 원거리,
장거리 및 특수지</td></tr>
<tr><td></td><td align="center">지역본부 근무 1개월
(지역본부 파견근무기간 포함)</td><td align="center">0.015점
(최대 0.9점)</td><td rowspan="4" align="center">1.8점</td><td rowspan="4" align="center">가점이 중복될 경우 원거리,
장거리 및 특수지 근무가점은
$\frac{1}{2}$만 인정</td></tr>
<tr><td></td><td align="center">원거리 근무 1개월</td><td align="center">0.035점
(최대 0.84점)</td></tr>
<tr><td></td><td align="center">장거리 근무 1개월</td><td align="center">0.025점
(최대 0.6점)</td></tr>
<tr><td></td><td align="center">특수지 근무 1개월</td><td align="center">0.02점
(최대 0.48점)</td></tr>
<tr><td colspan="2" align="center">내부평가</td><td align="center">내부평가결과 최상위 10%</td><td align="center">월 0.012점</td><td rowspan="2" align="center">0.5점</td><td rowspan="2" align="center">현 직급에 누적됨
(승진 후 소멸)</td></tr>
<tr><td colspan="2" align="center"></td><td align="center">내부평가결과 차상위 10%</td><td align="center">월 0.01점</td></tr>
<tr><td rowspan="5" align="center">제안</td><td rowspan="3" align="center">제안상
결정 시</td><td align="center">금상</td><td align="center">0.25점</td><td rowspan="3" align="center">0.5점</td><td rowspan="3" align="center">수상 당시 직급에 한정함</td></tr>
<tr><td align="center">은상</td><td align="center">0.15점</td></tr>
<tr><td align="center">동상</td><td align="center">0.1점</td></tr>
<tr><td rowspan="2" align="center">시행
결과평가</td><td align="center">탁월</td><td align="center">0.25점</td><td rowspan="2" align="center">0.5점</td><td rowspan="2" align="center">제안상 수상 당시
직급에 한정함</td></tr>
<tr><td align="center">우수</td><td align="center">0.15점</td></tr>
</table>

〈K과장 가점평정 사항〉

- 입사 후 36개월 동안 본부에서 연구원으로 근무
- 지역본부에서 24개월 근무
  - 지역본부에서 24개월 근무 중 특수지에서 12개월 동안 파견근무
- 본부로 복귀 후 현재까지 총 23개월 근무
- 팀장(직급 : 과장)으로 승진 후 현재까지
  - 내부평가결과 최상위 10% 총 12회
  - 내부평가결과 차상위 10% 총 6회
  - 금상 2회, 은상 1회, 동상 1회 수상
  - 시행결과평가 탁월 2회, 우수 1회

① 3.284점
② 3.454점
③ 3.604점
④ 3.854점
⑤ 3.974점

44 E공사에서 근무하는 A사원은 건강관리를 위해 익월에 헬스장을 등록하려 한다. 익월은 1일이 토요일이며 30일까지 있는 어느 달로 평일에는 매일 헬스장을 가려고 한다. 다음 중 익월 헬스장 비용을 가장 저렴하게 등록할 수 있는 곳은?(단, 락커룸은 헬스장에 가면 항상 이용하며, 이번 달에는 토일을 제외하고 공휴일은 없다)

구분	요금표
A헬스장	• 1일권 5,000원 • 락커룸 이용료 월 2만 원
B헬스장	• 월회비 11만 원(락커룸 이용 포함) • 부가세 10% 별도
C헬스장	• 1일권 6,000원 • 락커룸 이용 월 1만 5천 원 • 10일권 10% 할인 중
D헬스장	• 주간권 3만 원(5회) • 주간권 당월 추가구매 시 3천 원씩 누적 할인 • 락커룸 월 1만 2천 원
E헬스장	• 월회비 10만 원 • 락커룸 이용료 1일 1천 원

① A헬스장
② B헬스장
③ C헬스장
④ D헬스장
⑤ E헬스장

45 E회사 장과장은 2박 3일로 경주 출장을 가기 위해 여러 경로를 알아보고 있다. 아래는 장과장이 회사 차를 타고 집에서 출발하여 경주 출장지까지 갈 수 있는 방법을 나타낸 자료이다. 다음 중 출장 장소까지 가는 최단거리 경로는 무엇인가?

〈경로별 고속도로 및 국도 거리〉

(단위 : km)

구분	고속도로 및 국도			기타 도로
경로 1	영동 46.5	중부내륙 127.0	상주영천 92.2	72.77
경로 2	제2중부 31.5			93.7
경로 3	중부내륙 145.2	상주영천 92.2	경부 22.3	87.69
경로 4	성남이천로 30.6	중부내륙 120.3	상주영천 72.7	104.56
경로 5	중부내륙 37.4	상주영천 57.2	대경로 31.3	202.53

① 경로 1
② 경로 2
③ 경로 3
④ 경로 4
⑤ 경로 5

46 다음은 시간계획을 할 때 명심해야 할 사항에 대한 설명이다. ㉠, ㉡이 지칭하는 용어로 바르게 짝지어진 것은?

> ㉠ 체크리스트나 스케줄표를 사용하여 계획을 반드시 기록하여 전체상을 파악할 수 있게 하여야 함
> ㉡ 여러 일 중에서 어느 일을 가장 우선적으로 처리해야 할 것인가를 결정하여야 함

	㉠	㉡
①	종이에 기록할 것	우선순위
②	정리할 시간	우선순위
③	종이에 기록할 것	권한위양
④	정리할 시간	권한위양
⑤	종이에 기록할 것	현실적인 계획

47 E기업에서는 6월 셋째 주에 연속 이틀에 걸쳐 본사에 있는 B강당에서 인문학 특강을 진행하려고 한다. 강당을 이용할 수 있는 날과 강사의 스케줄을 고려할 때 섭외 가능한 강사는?

〈B강당 이용 가능 날짜〉

구분	월요일	화요일	수요일	목요일	금요일
오전(9 ~ 12시)	×	○	×	○	○
오후(13 ~ 14시)	×	×	○	○	×

※ 가능 : ○, 불가능 : ×

〈섭외 강사 후보 스케줄〉

A강사	매주 수 ~ 목요일 10 ~ 14시 문화센터 강의
B강사	첫째 주, 셋째 주 화요일, 목요일 10 ~ 14시 대학교 강의
C강사	매월 첫째 ~ 셋째 주 월요일, 수요일 오후 12 ~ 14시 면접 강의
D강사	매주 수요일 오후 13 ~ 16시, 금요일 오전 9 ~ 12시 도서관 강좌
E강사	매월 첫째, 셋째 주 화 ~ 목요일 오전 9 ~ 11시 강의

※ E기업 본사까지의 이동거리와 시간은 고려하지 않는다.
※ 강의는 연속 이틀로 진행되며 강사는 동일해야 한다.

① A, B강사　　　　　　　　　② B, C강사
③ C, D강사　　　　　　　　　④ C, E강사
⑤ D, E강사

48 E공사에서는 약 2개월 동안 근무할 인턴사원을 선발하고자 다음과 같은 공고를 게시하였다. 이에 지원한 A ~ E 중에서 E공사의 인턴사원으로 가장 적절한 지원자는?

〈인턴 모집 공고〉

• 근무기간 : 약 2개월(6 ~ 8월)
• 자격 요건
  - 1개월 이상 경력자
  - 포토샵 가능자
  - 근무 시간(9 ~ 18시) 이후에도 근무가 가능한 자
• 기타사항
  - 경우에 따라서 인턴 기간이 연장될 수 있음

A지원자	• 경력 사항 : 출판사 3개월 근무 • 컴퓨터 활용 능력 中(포토샵, 워드 프로세서) • 대학 휴학 중(9월 복학 예정)
B지원자	• 경력 사항 : 없음 • 포토샵 능력 우수 • 전문대학 졸업
C지원자	• 경력 사항 : 마케팅 회사 1개월 근무 • 컴퓨터 활용 능력 上(포토샵, 워드 프로세서, 파워포인트) • 4년제 대학 졸업
D지원자	• 경력 사항 : 제약 회사 3개월 근무 • 포토샵 가능 • 저녁 근무 불가
E지원자	• 경력 사항 : 마케팅 회사 1개월 근무 • 컴퓨터 활용 능력 中(워드 프로세서, 파워포인트) • 4년제 대학 졸업

① A지원자
② B지원자
③ C지원자
④ D지원자
⑤ E지원자

49 유치원 교사 A씨는 반 아이들 10명을 데리고 다음 주에 E생태마을로 체험학습을 떠나려고 한다. 오전 9시부터 오후 1시까지 총 4가지 프로그램을 체험하려고 할 때, A씨가 체험학습비로 지불해야 할 최소비용은?(단, 체험프로그램이 끝날 때마다 10분간 쉬는 시간을 가지며, A씨도 프로그램에 함께 참여한다)

<E생태마을 체험프로그램 안내>

체험프로그램	소요시간	1인당 체험비용
나물 채취	60분	10,000원
땅콩 심기	30분	8,000원
고구마 심기	40분	8,000원
꽃 심기	60분	10,000원
물놀이 체험	90분	7,000원
다슬기 잡기	30분	7,000원
고추 따기	60분	10,000원
낚시 체험	90분	15,000원
두부 만들기	90분	15,000원
한과 만들기	90분	15,000원
염소 먹이 주기	60분	7,000원
대나무 물총 만들기	60분	10,000원
민속놀이 체험	60분	8,000원
천연 염색 체험	90분	10,000원
김치 담그기	60분	8,000원
팔찌 만들기	40분	10,000원
곤충 관찰하기	40분	10,000원

① 308,000원 ② 319,000원

③ 330,000원 ④ 341,000원

⑤ 352,000원

50 E구청은 주민들의 정보화 교육을 위해 정보화 교실을 동별로 시행하고 있고, 주민들은 각자 일정에 맞춰 정보화 교육을 수강하려고 한다. 다음 중 개인 일정상 신청과목을 수강할 수 없는 사람은?(단, 하루라도 수강을 빠진다면 수강이 불가능하다)

<정보화 교육 일정표>

교육날짜	교육시간	장소	과정명	장소	과정명
화, 목	09:30 ~ 12:00	A동	인터넷 활용하기	C동	스마트한 클라우드 활용
	13:00 ~ 15:30		그래픽 초급 픽슬러 에디터		스마트폰 SNS 활용
	15:40 ~ 18:10		ITQ 한글 2010(실전반)		–
수, 금	09:30 ~ 12:00		한글 문서 활용하기		Windows 10 활용하기
	13:00 ~ 15:30		스마트폰 / 탭 / 패드(기본앱)		스마트한 클라우드 활용
	15:40 ~ 18:10		컴퓨터 기초(윈도우 및 인터넷)		
월	09:30 ~ 15:30		포토샵 기초		사진 편집하기
화 ~ 금	09:30 ~ 12:00	B동	그래픽 편집 달인되기	D동	한글 시작하기
	13:00 ~ 15:30		한글 활용 작품 만들기		사진 편집하기
	15:40 ~ 18:10		–		엑셀 시작하기
월	09:30 ~ 15:30		Windows 10 활용하기		스마트폰 사진 편집&앱 배우기

<개인 일정 및 신청과목>

구분	개인 일정	신청과목
D동의 홍길동	• 매주 월 ~ 금 08:00 ~ 15:00 편의점 아르바이트 • 매주 월요일 16:00 ~ 18:00 음악학원 수강	엑셀 시작하기
A동의 이몽룡	• 매주 화, 수, 목 09:00 ~ 18:00 학원 강의 • 매주 월 16:00 ~ 20:00 배드민턴 동호회 활동	포토샵 기초
C동의 성춘향	• 매주 수, 금 17:00 ~ 22:00 호프집 아르바이트 • 매주 월 10:00 ~ 12:00 과외	스마트한 클라우드 활용
B동의 변학도	• 매주 월, 화 08:00 ~ 15:00 카페 아르바이트 • 매주 수, 목 18:00 ~ 20:00 요리학원 수강	그래픽 편집 달인되기

① 홍길동　　　　　　　　② 이몽룡
③ 성춘향　　　　　　　　④ 변학도
⑤ 없음

41 다음 글의 빈칸에 들어갈 문장으로 적절하지 않은 것은?

> 기술능력은 직업에 종사하기 위해 모든 사람들이 필요로 하는 능력이며, 이것을 넓은 의미로 확대해 보면 기술교양(Technical Literacy)이라는 개념으로 사용될 수 있다. 즉, 기술능력은 기술교양의 개념을 보다 구체화시킨 개념으로 볼 수 있다. 일반적으로 기술교양을 지닌 사람들은 _____

① 기술학의 특성과 역할을 이해한다.
② 기술과 관련된 위험을 평가할 수 있다.
③ 기술에 의한 윤리적 딜레마에 대해 합리적으로 반응할 수 있다.
④ 기술체계가 설계되고, 사용되고, 통제되어지는 방법을 이해한다.
⑤ 기술과 관련된 이익을 가치화하지 않는다.

42 다음 글을 읽고 이해한 내용으로 가장 적절한 것은?

> 최근 환경오염의 주범이었던 화학회사들이 환경 보호 정책을 표방하고 나섰다. 기업의 분위기가 변하면서 대학의 엔지니어뿐만 아니라 기업에 고용된 엔지니어들도 점차 대체기술, 환경기술, 녹색 디자인 등을 추구하는 방향으로 전환해 가고 있는 것이다.
> 또한, 최근 각광받고 있는 3R의 구호[줄이고(Reduce), 재사용하고(Reuse), 재처리하자(Recycle)]는 엔지니어들로 하여금 미래 사회를 위한 자신들의 역할에 대해 방향을 제시해주고 있다.

① 개발이라는 이름으로 행해지는 개발독재의 사례로 볼 수 있어.
② 자연과학기술에 대한 연구개발의 사례로 적절하구나.
③ 균형과 조화를 위한 지속가능한 개발의 사례로 볼 수 있어.
④ 기술이나 자금을 위한 개발수입의 사례인 것 같아.
⑤ 기업의 생산능률을 위한 조직개발의 사례로 볼 수 있겠구나.

43 다음 설명에 해당하는 벤치마킹으로 가장 적절한 것은?

> 프로세스에 있어 최고로 우수한 성과를 보유한 동일업종의 비경쟁적 기업을 대상으로 한다. 접근 및 자료 수집이 용이하고, 비교 가능한 업무 / 기술 습득이 상대적으로 용이한 반면, 문화 및 제도적인 차이로 발생되는 효과에 대한 검토가 없을 경우, 잘못된 분석결과의 발생 가능성이 높은 단점이 있다.

① 내부 벤치마킹   ② 경쟁적 벤치마킹

③ 비경쟁적 벤치마킹   ④ 글로벌 벤치마킹

⑤ 간접적 벤치마킹

44 다음 중 기록물 관리 방법에 대한 설명으로 옳지 않은 것을 〈보기〉에서 모두 고르면?

> **기록물의 생산(제7조)**
> ① 기록관장은 기관 및 소속기관에서 수행하는 모든 업무의 과정 및 결과가 기록물로 생산·등록될 수 있도록 하여야 한다.
> ② 기록관장은 공공기록물법 시행령 제17조 내지 제19조에 따른 조사·연구·검토서, 회의록 및 시청각 기록물에 대한 생산등록·관리 기준을 작성·관리하여야 한다.
>
> **기록물의 등록(제8조)**
> ① 모든 기록물은 생산·접수한 때에 그 기관의 전자기록생산시스템으로 생산 또는 접수 등록번호가 부여되어 등록되도록 하여야 한다.
> ② 기록관에서 직접 수집한 기록물은 기록관의 기록관리시스템에 등록하여 관리하여야 하며 비전자기록물에 대하여는 전자화 방안에 따라 전자화하여 관리되도록 하여야 한다.
>
> **기록물의 정리(제9조)**
> ① 기록관의 장은 기관 및 소속기관의 처리과에서 생산 완결한 기록물의 정리를 위하여 매년 2월 말까지 공개여부·접근권한 재분류, 분류·편철·확정 등에 관한 교육을 실시하여야 한다.
> ② 처리과의 장은 제1항에 따라 전년도에 생산 완결한 기록물을 정리하여 그 결과를 3월 31일까지 기록관의 장에게 전자기록생산시스템을 통하여 통보하여야 한다.
> ③ 기록관의 장은 기관 및 소속기관 처리과의 생산현황 결과를 취합하여 매년 5월 31일까지 관할 영구 기록물관리기관의 장에게 통보하여야 한다.
>
> **기록물의 이관(제10조)**
> ① 기록관은 처리과에서 생산 완결한 기록물을 보존기간 기산일부터 2년의 범위 안에서 이관 받아야 한다. 다만, 처리과에서 업무참고 등의 필요가 있는 기록물의 경우에는 사전에 이관연기신청서를 기록관에 제출하여야 한다.
> ② 제1항 단서에 따라 이관연기가 결정된 기록물은 보존기간 기산일부터 10년의 범위 안에 처리과에서 업무참고로 활용할 수 있으며, 업무참고 활용의 목적이 달성된 경우에는 지체 없이 기록관으로 해당 기록물을 이관하여야 한다.
> ③ 직제개편, 한시조직의 해산 등의 경우에 기록관장은 업무를 인계인수하는 부서 간에 기록물 인계인수서를 작성하여 관리하도록 하여야 하며 업무승계부서가 없는 경우에는 해당 기록물을 기록관에서 이관 받아 관리하여야 한다.

〈보기〉

> ⊙ 모든 기록물은 전자기록생산시스템으로 생산 또는 접수 등록번호가 부여되어 등록되도록 하여야 한다.
> ⓒ 기록관장은 공공기록물법 시행령에 따라 조사·연구·검토서, 회의록 및 시청각 기록물에 대한 생산등록·
>   관리 기준을 작성·관리하여야 한다.
> ⓒ 한시조직의 해산 시 업무승계부서가 없는 경우에는 기록물을 파기하도록 한다.
> ② 처리과의 장은 기관 및 소속기관 처리과의 생산현황 결과를 취합하여 매년 5월 31일까지 관할 영구 기록
>   물관리기관의 장에게 통보하여야 한다.

① ㉠, ㉡   ② ㉠, ㉢
③ ㉡, ㉢   ④ ㉡, ㉣
⑤ ㉢, ㉣

45 다음 중 기술 능력이 뛰어난 사람의 특징에 대한 설명으로 옳지 않은 것은?

① 인식된 문제를 위한 다양한 해결책을 개발, 평가한다.
② 지식이나 기타 자원을 선택, 최적화시키며 적용한다.
③ 불가능한 부분의 해결을 필요로 하는 문제를 인식한다.
④ 주어진 한계 속에서 제한된 자원을 사용한다.
⑤ 여러 상황 속에서 기술의 체계와 도구를 사용하고 습득한다.

46 다음 중 산업재해에 해당되는 사례가 아닌 것은?

① 산업활동 중의 사고로 인해 사망하는 경우
② 근로자가 휴가 기간 중 사고로 부상당한 경우
③ 회사에 도보로 통근을 하는 도중 교통사고를 당하는 경우
④ 일용직, 계약직, 아르바이트생이 산업활동 중 부상당하는 경우
⑤ 유해 물질에 의한 중독 등으로 직업성 질환에 걸리거나 신체적 장애를 가져오는 경우

※ 다음은 E공사에서 발표한 전력수급 비상단계 발생 시 행동요령이다. 이를 보고 이어지는 질문에 답하시오.
[47~48]

〈전력수급 비상단계 발생 시 행동요령〉

■ 가정
1. 전기 냉난방기기의 사용을 중지합니다.
2. 다리미, 청소기, 세탁기 등 긴급하지 않은 모든 가전기기의 사용을 중지합니다.
3. TV, 라디오 등을 통해 신속하게 재난 상황을 파악하여 대처합니다.
4. 안전, 보안 등을 위한 최소한의 조명을 제외한 실내외 조명은 모두 소등합니다.

■ 사무실
1. 건물관리자는 중앙조절식 냉난방설비의 가동을 중지하거나 온도를 낮춥니다.
2. 사무실 내 냉난방설비의 가동을 중지합니다.
3. 컴퓨터, 프린터, 복사기, 냉온수기 등 긴급하지 않은 모든 사무기기 및 설비의 전원을 차단합니다.
4. 안전, 보안 등을 위한 최소한의 조명을 제외한 실내외 조명은 모두 소등합니다.

■ 공장
1. 사무실 및 공장 내 냉난방기의 사용을 중지합니다.
2. 컴퓨터, 복사기 등 각종 사무기기의 전원을 일시적으로 차단합니다.
3. 꼭 필요한 경우를 제외한 사무실 조명은 모두 소등하고 공장 내부의 조명도 최소화합니다.
4. 비상발전기의 가동을 점검하고 운전 상태를 확인합니다.

■ 상가
1. 냉난방설비의 가동을 중지합니다.
2. 안전·보안용을 제외한 모든 실내 조명등과 간판 등을 일시 소등합니다.
3. 식기건조기, 냉온수기 등 식재료의 부패와 관련 없는 가전제품의 가동을 중지하거나 조정합니다.
4. 자동문, 에어커튼의 사용을 중지하고 환기팬 가동을 일시 정지합니다.

47 다음 중 전력수급 비상단계 발생 시 행동요령에 대한 설명으로 옳지 않은 것은?

① 집에 있을 경우 대중매체를 통해 재난상황에 대한 정보를 파악할 수 있다.
② 사무실에 있을 경우 즉시 사용이 필요하지 않은 복사기, 컴퓨터 등의 전원을 차단하여야 한다.
③ 집에 있을 경우 모든 실내외 조명을 소등하여야 한다.
④ 공장에 있을 경우 비상발전기 가동을 준비해야 한다.
⑤ 전력 회복을 위해 한동안 사무실의 업무가 중단될 수 있다.

48 다음 중 전력수급 비상단계가 발생했을 때 전력수급 비상단계 발생 시 행동요령에 따른 행동으로 적절하지 않은 것을 〈보기〉에서 모두 고르면?

─〈보기〉─
ⓐ 집에 있던 김사원은 세탁기 사용을 중지하고 실내조명을 최소화하였다.
ⓑ 본사 전력관리실에 있던 이주임은 사내 중앙보안시스템의 전원을 즉시 차단하였다.
ⓒ 공장에 있던 박주임은 즉시 공장 내부 조명 밝기를 최소화하였다.
ⓓ 상가에서 횟집을 운영하는 최사장은 모든 냉동고의 전원을 차단하였다.

① ㉠, ㉡
② ㉠, ㉢
③ ㉡, ㉢
④ ㉡, ㉣
⑤ ㉢, ㉣

49 다음 뉴스 내용에서 볼 수 있는 기술경영자의 능력으로 옳은 것은?

앵커 : 현재 국제 원유 값이 고공 행진을 계속하면서 석유자원에서 탈피하려는 기술 개발이 활발히 진행되고 있는데요. 석유자원을 대체하고 에너지의 효율성을 높일 수 있는 연구개발 현장을 이은경 기자가 소개합니다.

기자 : 네. 여기는 메탄올을 화학 산업에 많이 쓰이는 에틸렌과 프로필렌, 부탄 등의 경질 올레핀으로 만드는 공정 현장입니다. 석탄과 바이오매스, 천연가스를 원료로 만들어진 메탄올에서 촉매반응을 통해 경질 올레핀을 만들기 때문에 석유 의존도를 낮출 수 있는 기술을 볼 수 있는데요. 기존 석유 나프타 열분해 공정보다 수율이 높고, 섭씨 400도 이하에서 제조가 가능해 온실가스는 물론 에너지 비용을 50% 이상 줄일 수 있어 화제가 되고 있습니다.

① 빠르고 효과적으로 새로운 기술을 습득하고 기존의 기술에서 탈피하는 능력
② 기술 전문 인력을 운용할 수 있는 능력
③ 조직 내의 기술 이용을 수행할 수 있는 능력
④ 새로운 제품개발 시간을 단축할 수 있는 능력
⑤ 기술을 효과적으로 평가할 수 있는 능력

고소 작업이란 '고소'에서 바로 알 수 있듯이 높은 곳에서의 작업이다. 조금 더 정확하게 정의하면 넘어져 땅에 떨어질 때 부상의 위험이 있는 장소에서의 작업을 일컬으며, 보통 2m 이상에서의 작업을 고소 작업으로 본다.

고소 작업을 진행할 때에는 다양한 작업대를 사용하게 되며, 안전에 유의하지 않고 사용할 때 부상을 입을 수 있고 심한 경우 사망에 이를 수 있다. 작업대 위에서의 추락, 작업대와 작업 공간 등의 사이에서 끼임, 작업대 자체의 넘어짐 등 고소작업대로 인한 다양한 사고는 끊임없이 발생하고 있다.

고용노동부와 한국산업안전보건공단에서 2012년부터 2020년까지 발생한 고소작업대 사고를 집계하여 발표한 '고소작업대 안전관리 매뉴얼'에 따르면 추락 사고는 100건 넘게 집계되었으며, 끼임 사고는 약 40건이 집계되었고, 작업대가 넘어지면서 발생한 사고도 약 20건으로 집계되었다고 한다. 추락 사고는 대개 안전 난간의 관리 소홀로 인한 사고로 밝혀졌으며, 끼임 사고는 대개 작업자의 부주의로 인한 사고로 밝혀졌다. 이런 사고를 예방하기 위해서 임대인은 기구의 유지보수에 힘써야 하며, 기기 조작자가 적절한 자격을 갖춘 자인지 철저하게 확인하고 작업내용, 연락 및 신호 방법 등의 주의사항을 알려야 할 의무가 있고, 대여 사항을 반드시 별도로 기록 및 보존하도록 산업안전보건법으로 규정하고 있다.

관리자는 작업대가 넘어지지 않도록 작업장소의 지반을 확인하고 작업계획서를 작성 및 확인하여 작업구역을 구획하고 필요한 경우 통제 및 유도차량을 배치해야 한다. 조종자는 작업 시작 전, 기기에 안전장치(안전 난간 등)를 반드시 확인하고 보호구를 착용해야 한다. 가장 중요한 점은 절대로 유도자 없이 혼자서 기기를 작동해선 안 된다는 것이다. 탑승자 또한 보호구를 반드시 착용해야 하며 정원, 적정 무게를 확인하고 탑승 후 고압선 등에 접근하지 않도록 유의해야 한다.

① 점심에 마신 술, 마지막 점심이 될 수도
② 높은 곳으로 가려다 가장 높은 곳으로
③ 버튼 한 번 누르기 전, 주변 둘러보기 한 번
④ 기계도 사람도 모두 잠깐의 휴식이 필요합니다
⑤ 당신이 버린 불씨, 불시에 재앙으로 다가온다

5권

제5회
한국농어촌공사
5 · 6급

직무수행능력

www.sdedu.co.kr

〈문항 수 및 시험시간〉

평가영역	문항 수	시험시간
[행정직] 경영 / 경제 / 법 / 행정 [토목직] 토목	각 40문항	40분
모바일 OMR 답안분석		

| 경영 | 경제 | 법 | 행정 | 토목 |

| 01 | 행정직(경영)

01 다음 중 기업성과를 높이기 위해 정보통신기술을 적극적으로 활용하여 업무과정을 근본적으로 재설계하는 경영기법은?

① 컨커런트 엔지니어링
② 비즈니스 리엔지니어링
③ 조직 리스트럭처링
④ 다운사이징
⑤ 벤치마킹

02 주식회사 설립 시 회사의 조직 및 운영을 위한 내부규칙을 규정하는 정관을 작성해야 한다. 다음 〈보기〉 중 반드시 기재해야만 하는 정관의 절대적 기재사항을 모두 고르면?

〈보기〉
가. 변태설립사항
나. 본점 소재지
다. 액면주식을 발행하는 경우 1주의 금액
라. 상호
마. 설립 시 발행 주식 수

① 가, 나, 다
② 나, 라, 마
③ 가, 다, 라, 마
④ 나, 다, 라, 마
⑤ 가, 나, 다, 라, 마

03 다음 중 BCG 매트릭스에서 최적 현금흐름의 방향으로 옳은 것은?

① 별 → 물음표
② 별 → 현금젖소
③ 현금젖소 → 물음표
④ 개 → 물음표
⑤ 개 → 별

04 다음 중 테일러(F. Taylor)의 과학적 관리의 특징으로 옳지 않은 것은?

① 과업관리
② 작업지도표 제도
③ 차별적 성과급제
④ 기능식 직장제도
⑤ 컨베이어 시스템

05 다음 중 채권이나 주식과 같이 전통적인 투자 상품 대신 부동산, 인프라스트럭처, 사모펀드 등에 투자하는 방식은?

① 대체투자
② 순투자
③ 재고투자
④ 민간투자
⑤ 공동투자

06 다음 중 생산합리화의 3S로 옳은 것은?

① 표준화(Standardization) − 단순화(Simplification) − 전문화(Specialization)
② 규격화(Specification) − 세분화(Segmentation) − 전문화(Specialization)
③ 단순화(Simplification) − 규격화(Specification) − 세분화(Segmentation)
④ 세분화(Segmentation) − 표준화(Standardization) − 단순화(Simplification)
⑤ 규격화(Specification) − 전문화(Specialization) − 표준화(Standardization)

07 다음 중 한 사람의 업무 담당자가 기능부문과 제품부문의 관리자로부터 동시에 통제를 받도록 이중권한 구조를 형성하는 조직구조로 옳은 것은?

① 기능별 조직
② 사업부제 조직
③ 매트릭스 조직
④ 프로젝트 조직
⑤ 팀제 조직

08 다음 중 단위당 소요되는 표준작업시간과 실제작업시간을 비교하여 절약된 작업시간에 대한 생산성 이득을 노사가 각각 50 : 50의 비율로 배분하는 임금제도로 옳은 것은?

① 임프로쉐어 플랜
② 스캔론 플랜
③ 메리트식 복률성과급
④ 테일러식 차별성과급
⑤ 럭커 플랜

09 다음 중 신제품을 가장 먼저 받아들이는 그룹에 이어 두 번째로 신제품의 정보를 수집하여 신중하게 수용하는 그룹으로 옳은 것은?

① 조기수용자(Early Adopters)
② 혁신자(Innovators)
③ 조기다수자(Early Majority)
④ 후기다수자(Late Majority)
⑤ 최후수용자(Laggards)

10 다음 중 회계감사의 감사의견에 포함되지 않는 것은?

① 적정 의견
② 부적정 의견
③ 한정 의견
④ 불한정 의견
⑤ 의견 거절

11 다음 중 내용연수를 기준으로 초기에 비용을 많이 계상하는 감가상각방법으로 옳은 것은?

① 정액법
② 정률법
③ 선입선출법
④ 후입선출법
⑤ 저가법

12 다음 중 조직에서 권력을 강화하기 위한 전술로 옳지 않은 것은?

① 목표관리
② 불확실한 영역에 진입
③ 의존성 창출
④ 희소자원 제공
⑤ 전략적 상황요인 충족

13 다음 중 현금흐름표의 작성목적으로 옳지 않은 것은?

① 기업의 현금유입과 현금유출에 관한 정보를 제공한다.
② 기업의 지급능력과 재무적 융통성에 관한 정보를 제공한다.
③ 기업의 미래현금 흐름을 평가하는 데 유용한 정보를 제공한다.
④ 회계연도의 기초시점과 기말시점에서의 재무상태에 관한 정보를 제공한다.
⑤ 영업성과에 대한 기업 간 비교를 용이하게 만든다.

14 다음에서 설명하는 용어로 옳은 것은?

> • 기업이 영업 활동을 통해 창출한 순가치의 증가분이다.
> • 영업이익에서 법인세와 자본비용을 차감한 이익을 말한다.

① EVA(경제적부가가치)
② ROE(자기자본이익률)
③ ROA(자산수익률)
④ ROI(투자자본수익률)
⑤ BPS(주당순자산)

15 다음 중 기업의 사회적 책임(CSR; Corporate Social Responsibility)의 내용으로 옳지 않은 것은?

① 기업의 유지 및 발전에 대한 책임

② 기업의 후계자 육성에 대한 책임

③ 기업 주주의 부(Wealth)의 극대화에 대한 책임

④ 기업의 다양한 이해 조정에 대한 책임

⑤ 정부에 대한 책임

16 다음 중 사업부제 조직에 대한 내용으로 옳지 않은 것은?

① 인원·신제품·신시장의 추가 및 삭감이 신속하고 신축적이다.

② 사업부제 조직의 형태로는 제품별 사업부제, 지역별 사업부제, 고객별 사업부제 등이 있다.

③ 사업부는 기능조직과 같은 형태를 취하고 있으며, 회사 내의 회사라고 볼 수 있다.

④ 기능조직이 점차 대규모화됨에 따라 제품이나 지역, 고객 등을 대상으로 해서 조직을 분할하고 이를 독립 채산제로 운영하는 방법이다.

⑤ 사업부 간 과당경쟁으로 조직전체의 목표달성 저해를 가져올 수 있는 단점이 있다.

17 다음 중 재고자산과 관련된 설명으로 옳지 않은 것은?

① 후입선출법은 실제 재고자산흐름을 충실히 표현하지 못하여 한국채택국제회계기준에서 인정하지 않는다.

② 물가 상승의 경우 선입선출법에 의한 재고자산의 평가는 평균법에 의할 때보다 작은 당기순이익을 계상한다.

③ 위탁판매의 경우 수탁자가 판매한 날에 위탁자의 재고자산에서 감소시켜야 한다.

④ 매입운임은 매입한 상품의 원가에 가산한다.

⑤ 유동자산 중 상품이나 제품과 같이 재고조사에 의해 실재하는 현 재고를 확인할 수 있는 자산이다.

18 다음 중 콜옵션에 대한 설명으로 옳지 않은 것은?

① 매입자는 옵션을 매도한 사람에게 일정 프리미엄을 지불해야 한다.

② 권리 행사를 포기할 수 있는 선택권을 갖게 된다.

③ 주가가 높아질수록 콜옵션의 가치는 높아진다.

④ 행사가격이 높을수록 콜옵션의 가치는 높아진다.

⑤ 콜옵션을 매도한 사람은 매입자에게 기초자산을 인도해야 할 의무를 갖는다.

19 다음 중 자본자산가격결정모형(CAPM)의 가정으로 옳지 않은 것은?

① 투자자는 위험회피형 투자자이며, 기대효용 극대화를 추구한다.

② 무위험자산이 존재하며, 무위험이자율로 무제한 차입 또는 대출이 가능하다.

③ 세금과 거래비용이 존재하는 불완전 자본시장이다.

④ 투자자는 평균 − 분산 기준에 따라 포트폴리오를 선택한다.

⑤ 모든 투자자는 투자대상의 미래 수익률의 확률분포에 대하여 동질적 예측을 한다.

20 다음 중 리더의 구성원 교환이론(LMX; Leader Member Exchange Theory)에 대한 설명으로 옳지 않은 것은?

① 구성원들의 업무와 관련된 태도와 행동들은 리더가 그들을 다루는 방식에 달려있다.

② 리더가 여러 구성원들을 동일하게 다루지 않는다고 주장한다.

③ LMX 이론의 목표는 구성원, 팀, 조직에 리더십이 미치는 영향을 설명하는 것이다.

④ 조직의 모든 구성원들이 동일한 차원으로 리더십에 반응한다.

⑤ 리더는 팀의 구성원들과 강한 신뢰감, 감정, 존중이 전제된 관계를 형성한다.

21 다음 중 투자안 분석기법으로서의 순현가(NPV)법에 대한 설명으로 옳은 것은?

① 순현가는 투자의 결과 발생하는 현금유입의 현재가치에서 현금유입의 미래가치를 차감한 것이다.

② 순현가법에서는 수익과 비용에 의하여 계산한 회계적 이익을 사용한다.

③ 순현가법에서는 투자안의 내용연수 동안 발생할 미래의 모든 현금흐름을 반영한다.

④ 순현가법에서는 현금흐름을 최대한 큰 할인율로 할인한다.

⑤ 순현가법에서는 투자의 결과 발생하는 현금유입이 투자안의 내부수익률로 재투자될 수 있다고 가정한다.

22 다음 표의 내용을 참고할 때, 해당 포트폴리오의 기대수익률을 계산하면 얼마인가?

구분	비중	예상수익률	
		호황	불황
A투자안	30%	10%	8%
B투자안	40%	6%	9%
C투자안	30%	8%	8%

※ 단, 호황일 가능성과 불황일 가능성은 50%로 동일하다.

① 7.2%   ② 7.7%

③ 8.1%   ④ 9.2%

⑤ 10.1%

23 다음 중 마이클 포터(Michael E. Porter)의 가치사슬 모형(Value Chain Model)에 대한 설명으로 옳지 않은 것은?

① 기업이 가치를 창출하는 활동을 본원적 활동과 지원 활동으로 구분하였다.

② 물류 투입 및 산출 활동은 본원적 활동에 해당한다.

③ 마케팅 활동은 지원 활동에 해당한다.

④ 기술 개발은 지원 활동에 해당한다.

⑤ 지원 활동에 해당하는 활동도 기업의 핵심 역량이 될 수 있다.

24 다음 중 용어에 대한 개념의 설명으로 옳지 않은 것은?

① 주식회사 : 주식회사란 주식을 소유하고 있는 주주가 그 회사의 주인이 되는 형태이다.

② 유한회사 : 유한회사의 주인은 사원으로, 이때 사원은 출자액의 한도 내에서만 회사의 채무에 대해 변제 책임을 진다.

③ 합자회사 : 무한책임사원으로 이루어지는 회사로서 무한책임사원이 경영하고 사업으로부터 생기는 이익 의 분배에 참여하는 회사이다.

④ 합명회사 : 가족 또는 친척이나 친구와 같이 극히 친밀한 사람들이 공동으로 사업을 하기에 적합한 회사 이다.

⑤ 협동조합 : 협동조합은 경제활동으로 지역사회에 이바지하기 위해 설립된 단체이다.

25 다음 중 콘체른(Konzern)에 대한 설명으로 옳지 않은 것은?

① 콘체른은 생산콘체른, 판매콘체른 및 금융콘체른으로 분류할 수 있다.

② 독일에 흔한 기업 집단이다.

③ 법률적으로 독립되어 있으나, 경제적으로는 통일된 지배를 받는 기업집단이다.

④ 금융적 방법에 의하여 형성되는 집중형태로서 대부관계와 주식보유 두 가지 방법이 있다.

⑤ 콘체른의 결합형태는 동종 업종에만 결합 가능하다.

26 다음 중 자원기반관점(RBV)에 대한 설명으로 옳지 않은 것은?

① 기업이 경쟁우위를 획득하고 장기간의 탁월한 성과를 이끌어내는 것은 기업이 보유한 자원이다.

② 기업이란 여러 생산적인 경영자원(인적, 물적자원)의 집약체이며, 좋은 기업은 양질의 자원집약체라고 볼 수 있다는 관점이다.

③ 경쟁우위를 제공하는 자원들을 VRIN 자원이라고 부르기도 한다.

④ 경쟁 우위의 원천이 되는 자원은 이질성(Heterogeneous)과 비이동성(Immobile)을 가진다.

⑤ 자원기반관점은 기업 경쟁력의 원천을 기업의 내부가 아닌 외부에서 찾는 관점이다.

27 다음은 인사관리제도 중 승진에 대한 설명이다. 역직승진에 대한 설명으로 옳은 것은?

① 책임, 직무의 승진 없이 보수와 지위만 승진하는 형식적 승진을 말한다. 이는 인사체증과 사기저하를 방지하기 위해 활용된다.

② 직무에 따른 승진이라기보다는 조직운영의 원리에 의한 승진방식으로, 이 경우 직무내용의 전문성이나 높은 수준의 직무를 추구하려는 노력이 상실될 위험이 있다.

③ 종업원이 갖추고 있는 직무수행능력을 기준으로 승진시키는 것으로 '직능자격제도'라고도 하며, 종업원의 능력신장을 인정하여 승진정체로 인한 유능한 인재의 이직을 막기 위하여 도입되었다.

④ 직무 중심적 능력주의에 입각한 것으로 종업원이 상위직급으로 이동하는 것으로 승진정체현상이 발생될 우려가 있다.

⑤ 승진대상에 비해 직위가 부족한 경우, 조직변화를 통해 구성원의 활동영역을 확대하여 승진시키는 제도이다.

28 다음 중 시장지향적 마케팅에 대한 설명으로 옳지 않은 것은?

① 고객지향적 사고의 장점을 포함하면서 그 한계점을 극복하기 위한 포괄적 마케팅이다.

② 기업이 최종고객들과 원활한 교환을 통하여 최상의 가치를 제공하기 위함을 목표로 한다.

③ 오직 기존 사업시장에 집중하며 경쟁우위를 점하기 위한 마케팅이다.

④ 다양한 시장구성요소들이 원만하게 상호작용하며 마케팅 전략을 구축한다.

⑤ 기존 사업시장뿐만 아니라 외부사업시장이나 이익 기회들을 확인하며, 때에 따라 기존사업 시장을 포기하기도 한다.

29 다음 중 MRP시스템의 특징에 대한 설명으로 옳지 않은 것은?

① 고객에 대한 서비스가 개선된다.

② 설비가동능률이 증진된다.

③ 생산차질, 외주 입고 차질 및 예측과 실제 수요와의 괴리 발생 시에 빈번한 계획 수정이 요구된다.

④ 데이터 산출에 따른 의사결정에 대한 빈도수가 증가하여 수동적인 관리가 가능하다.

⑤ 정확하지 않은 방식으로 산출된 안전 재고를 유지하기보다는 일정 계획을 재수립할 수 있는 신축성이 있기 때문에 재고를 줄일 수 있다.

30 다음 중 지식경영시스템(KMS)에 대한 설명으로 옳지 않은 것은?

① KMS는 'Knowledge Management System'의 약자로 지식경영시스템 또는 지식관리시스템을 나타낸다.

② 지식관리시스템은 지식베이스, 지식스키마, 지식맵의 3가지 요소로 구성되어 있다.

③ 데이터베이스에 비유된다면 지식스키마는 원시 데이터에 대한 메타데이터를 담고 있는 데이터 사전 또는 데이터베이스 스키마에 비유될 수 있다.

④ 지식스키마 내에는 개별 지식의 유형, 중요도, 동의어, 주요 인덱스, 보안단계, 생성 – 조회 – 갱신 – 관리 부서 정보 등과 전사적인 지식분류체계 등의 내용이 들어 있다.

⑤ 조직에서 필요한 지식과 정보를 창출하는 연구자, 설계자, 건축가, 과학자, 기술자 등을 포함한다.

31 기말실사의 결과 재고자산이 ₩1,000,000인 경우, 다음의 추가 자료를 고려하여 재무상태표에 보고될 재고자산은 얼마인가?

- 거래처에 시용 판매한 시송품 원가 ₩1,500,000 중 상대방이 70%에 대한 매입의사를 밝혀왔다.
- 회사는 F.O.B 도착지 인도 조건으로 판매하여 현재 운송 중인 상품의 원가 ₩550,000이 있다.
- 타 회사에 판매를 위탁한 적송품의 원가 ₩1,000,000 중 현재 타 회사는 50%를 판매하였다.

① ₩1,450,000

② ₩1,950,000

③ ₩2,050,000

④ ₩2,500,000

⑤ ₩3,100,000

32 다음 자료를 이용하여 계산한 매출총이익은?

- 기초재고 : 100,000원
- 총매입액 : 730,000원
- 매입할인 : 10,000원
- 매입환출 : 50,000원
- 총매출 : 1,000,000원
- 매출할인 : 20,000원
- 매출환입 : 30,000원
- 기말재고 : 380,000원

① 270,000원

② 550,000원

③ 560,000원

④ 570,000원

⑤ 580,000원

33 E기업은 금년도 말 주당 1,100원의 배당을 지급할 것으로 추정되며, 이후 배당금은 매년 15%씩 증가할 것으로 예상된다. A주식에 대한 요구 수익률이 20%일 경우 고든(Gordon)의 항상성장모형에 의한 A주식의 현재가치는?

① 5,500원　　　　　　　　　　② 7,333원

③ 11,000원　　　　　　　　　　④ 22,000원

⑤ 23,000원

34 다음의 자료로 알 수 있는 이 기업의 배당 금액으로 옳은 것은?

손익계산서
2024년 1월 1일부터 12월 31일까지

매출액	?
매출원가	₩380,000
매출총이익	?
관리비	₩30,000
금융원가	₩10,000
법인세비용차감전순이익	?
법인세비용	₩16,000
당기순이익	?

• 기초 매출채권 ₩295,000, 기말 매출채권 ₩420,000
• 매출채권 회전율 3회
• 배당성향 30%

① ₩135,050　　　　　　　　　② ₩190,950

③ ₩205,550　　　　　　　　　④ ₩287,950

⑤ ₩314,750

35 A제품의 연간 수요는 10,000개로 예상된다. 이 제품의 연간 재고유지비용이 단위당 200원이고 주문 1회당 소요되는 주문비용은 100원이다. 이때 경제적 주문량(EOQ)에 의한 최적 주문횟수로 옳은 것은?

① 50회
② 75회
③ 100회
④ 150회
⑤ 200회

36 E상사의 기초자산은 ₩60,000이고 기말자산은 ₩70,000이며, 기말부채는 ₩40,000으로 이는 기초보다 ₩5,000이 증가한 것이다. 기말 납입자본금은 ₩25,000으로 기초와 차이가 없었다면 이 회계연도의 당기순이익으로 옳은 것은?

① ₩15,000 이익
② ₩5,000 손실
③ ₩5,000 이익
④ ₩10,000 이익
⑤ ₩10,000 손실

37 (유동비율)$=\dfrac{A}{(유동부채)}\times100$이고, [자기자본순이익률(ROE)]$=[1+(부채비율)]\times B$일 때, 옳게 짝지어진 것은?

① A : 유동자산, B : 총자본순이익률
② A : 유동자산, B : 매출액순이익률
③ A : 유동자산, B : 총자본회전율
④ A : 유형자산, B : 총자본회전율
⑤ A : 유형자산, B : 매출액영업이익률

38 다음은 음식료 업종과 제약 업종 상장사들의 주식투자지표이다. 같은 업종의 각 상장사는 사업영역과 경쟁력, 기업 규모 등이 비슷하다고 가정할 때, 자산운용사 펀드매니저의 투자전략 중 가장 바람직한 것은?

구분	주식	PER	PBR
음식료품	A	23	0.9
	B	25	1.3
제약품	C	14	0.7
	D	17	1.0
	E	20	1.2

① 음식료 업종에서는 A주, 제약 업종에서는 C주를 매입한다.
② 음식료 업종에서는 B주, 제약 업종에서는 E주를 매입한다.
③ 음식료 업종에서는 A주, 제약 업종에서는 D주를 매입한다.
④ 음식료 업종에서는 B주, 제약 업종에서는 C주를 매입한다.
⑤ 음식료 업종에서는 A주, 제약 업종에서는 E주를 매입한다.

39 A재화의 3월 판매 예측치가 20,000단위이고, 실제 판매량은 21,000단위라고 가정한다면 단순지수평활법에 의한 4월의 예측치로 옳은 것은?(단, 평활상수는 0.3이다)

① 20,000단위
② 20,100단위
③ 20,200단위
④ 20,300단위
⑤ 20,400단위

40 다음은 (주)E의 재무상태와 관련한 자료이다. 해당 자료를 활용하여 구한 총자산회전율로 옳은 것은?

- 자본 : 200억 원
- 부채 : 100억 원
- 매출액 : 600억 원

① 2.0
② 2.5
③ 3.0
④ 3.5
⑤ 4.0

01 다음 글에서 ㉠과 ㉡에 들어갈 내용으로 가장 적절한 것은?

㉠ (이)란 평가절하를 실시할 때 경상수지가 개선되기 위해서는 양국의 수입수요의 가격탄력성의 합이 1보다 ㉡ .

                   ㉠   ㉡

①   유동성 함정   커야 한다

②   마샬 – 러너조건   커야 한다

③   마샬 – 러너조건   동일해야 한다

④   유동성 함정   작아야 한다

⑤   J – Curve 효과   작아야 한다

02 수제 햄버거 전문점의 햄버거 생산비용이 아래의 표와 같다고 할 때, 옳지 않은 것은?

햄버거(개)	총비용(원)	햄버거(개)	총비용(원)
0	2,500	3	9,000
1	4,000	4	13,000
2	6,000	5	18,000

① 햄버거 생산을 위한 고정비용은 2,500원이다.

② 햄버거를 5개 생산하는 데 드는 평균비용은 3,600원이다.

③ 햄버거 2개를 생산하는 데 드는 평균비용은 햄버거 3개를 생산할 경우와 같다.

④ 햄버거를 4개째 생산하는 데 드는 한계비용은 4,000원이다.

⑤ 3개의 햄버거가 생산된다면 평균비용이 3개째 햄버거의 한계비용보다 작다.

03 다음 〈보기〉 중 평균비용곡선과 한계비용곡선에 대한 설명으로 옳지 않은 것을 모두 고르면?(단, 평균비용 곡선과 한계비용곡선은 모두 U자형이다)

---〈보기〉---
ⓐ 장기평균비용곡선(LAC)은 단기평균비용(SAC)의 포락선(Envelope Curve)이다.
ⓑ 장기한계비용곡선(LMC)은 단기한계비용곡선(SMC)보다 항상 가파른 기울기를 가진다.
ⓒ 장기평균비용곡선(LAC)의 최저점에서는 단기평균비용(SAC), 단기한계비용(SMC), 장기한계비용(LMC)이 모두 같다.
ⓓ 단기한계비용곡선(SMC)은 항상 단기평균비용곡선(SAC)이 최저가 되는 생산량 수준에서 장기평균비용곡선(LAC)과 만난다.

① ⓐ, ⓑ   ② ⓐ, ⓒ
③ ⓑ, ⓒ   ④ ⓑ, ⓓ
⑤ ⓒ, ⓓ

04 소득 불평등 정도를 나타내는 그래프로 산업화 과정에 있는 국가의 불평등 정도는 처음에 증가하다가 산업화가 일정 수준을 지나면 다시 감소하는 역U자형 형태를 보이는 것으로 알려졌으나, 최근 『21세기 자본』의 저자 토마 피케티나 『왜 우리는 불평등해졌는가』를 쓴 브랑코 밀라노비치 뉴욕시립대 교수가 이를 비판하면서 이슈가 됐다. 이 그래프로 옳은 것은?

① 로렌츠 곡선   ② 필립스 곡선
③ 굴절수요 곡선   ④ 로지스틱 곡선
⑤ 쿠즈네츠 곡선

05 다음은 소비의 결정요인에 관한 이론이다. 이 가설로 옳은 것은?

소비는 오직 현재 소득(처분가능소득)에 의해서만 결정된다. 타인의 소비행위와는 독립적이다. 소득이 증가하면 소비가 늘어나고, 소득이 감소하면 소비도 줄어든다. 따라서 정부의 재량적인 조세정책이 경기부양에 매우 효과적이다.

① 절대소득가설   ② 항상소득가설
③ 상대소득가설   ④ 생애주기가설
⑤ 리카도의 동등성정리

06 다음 E국의 경제 상황에 대한 글을 읽고 E국 정부나 중앙은행이 시행할 가능성이 낮은 정책은?

> E국의 국민들은 인플레이션에 대해서는 관대하지만 높은 실업률은 혐오한다. E국 경제엔 단기 필립스 곡선이 적용된다. E국 정부는 통화 및 재정 정책을 구상하고 있다.

① 법인세 인하
② 지급준비율 인하
③ R&D 세액공제 확대안 추진
④ 추가경정예산 재편성
⑤ SOC 예산 축소

07 다음 〈보기〉 중 아담 스미스(A. Smith)의 보상적 임금격차의 요인으로 옳은 것을 모두 고르면?

〈보기〉
ㄱ. 노동의 난이도
ㄴ. 작업의 쾌적도
ㄷ. 임금의 불안정성
ㄹ. 요구되는 교육·훈련의 차이

① ㄱ, ㄴ
② ㄴ, ㄷ
③ ㄱ, ㄴ, ㄹ
④ ㄴ, ㄷ, ㄹ
⑤ ㄱ, ㄴ, ㄷ, ㄹ

08 다음은 비확률 표본추출(Non - Probability Sampling)에 해당하는 표본추출법에 대한 설명이다. 이에 해당하는 표본추출법으로 옳은 것은?

> 조사자의 주관에 따라 표본의 대상을 선정하며, 이때 표본은 모집단의 특성을 반영할 수 있는 사람들로 구성이 되어야 하고, 이를 위해서 조사자의 주관적 견해가 중요한 기준으로 작용한다. 적은 수의 표본만으로도 모집단의 특성을 대표할 수 있다는 장점이 있다.

① 단순무작위표본추출법
② 층화 표본추출법
③ 편의 표본추출법
④ 판단 표본추출법
⑤ 할당 표본추출법

09 다음 〈보기〉 중 총수요 – 총공급 이론에 대한 설명으로 옳은 것을 모두 고르면?

〈보기〉

가. 국제유가 상승은 총공급곡선을 왼쪽으로 이동시킨다.
나. 신기술 개발은 총공급곡선을 왼쪽으로 이동시킨다.
다. 정부지출 감소는 총수요곡선을 오른쪽으로 이동시킨다.
라. 정부조세 감소는 총수요곡선을 오른쪽으로 이동시킨다.

① 가, 다   ② 가, 라
③ 나, 다   ④ 나, 라
⑤ 다, 라

10 다음 〈보기〉 중 통화정책의 단기적 효과를 높이는 요인으로 옳은 것을 모두 고르면?

〈보기〉

ㄱ. 화폐수요의 이자율 탄력성이 높은 경우
ㄴ. 투자의 이자율 탄력성이 높은 경우
ㄷ. 한계소비성향이 높은 경우

① ㄱ   ② ㄴ
③ ㄱ, ㄴ   ④ ㄴ, ㄷ
⑤ ㄱ, ㄴ, ㄷ

11 현물환율이 1,000원/달러, 선물환율이 1,200원/달러, 한국의 이자율이 3%, 미국의 이자율이 2%이고, 이자율 평가설이 성립할 때, 〈보기〉 중 옳지 않은 것을 모두 고르면?

〈보기〉

가. 한국의 이자율이 상승할 것이다.
나. 미국의 이자율이 상승할 것이다.
다. 현물환율이 상승할 것이다.
라. 현재 한국에 투자하는 것이 유리하다.

① 가, 나   ② 가, 다
③ 나, 다   ④ 나, 라
⑤ 다, 라

12 다음 중 자료 1과 자료 2의 상황에 가장 어울리는 현상은?

> [자료 1]
> 평소 대형 SUV 차량에 관심이 많았던 형진은 신차 구매에 앞서 현대자동차의 팰리세이드와 기아자동차의 모하비 등 비슷한 크기의 다양한 차종들 사이에서 망설이고 있었다. 그러던 어느 날, 군대 동기 우성이 출시와 동시에 구매한 2022년식 더 뉴 팰리세이드를 출고 받아 현재 상당히 만족하고 있다는 소식을 들었다. 우성의 소식을 들은 형진은 팰리세이드를 구매하기로 마음먹었다.

> [자료 2]
> 자동차 업계에 따르면 지난달 현대자동차는 국내 시장에서 지난해 같은 기간보다 6.4% 증가한 5만 3,406대를 팔았다. 반면, 기아자동차는 판매량이 10.2% 줄어든 3만 2,222대를 기록했다. 현대자동차의 판매량을 이끈 것은 그랜저(7,720대)와 싼타페(7,023대)에 새로 출시된 대형 SUV 팰리세이드(5,769대)가 더해졌기 때문이다. 이 세 모델만 해도 전체 판매량의 38%에 달한다.

① 펭귄 효과
② 디드로 효과
③ 스놉 효과
④ 베블런 효과
⑤ 립스틱 효과

13 다음 〈보기〉 중 상장지수펀드에 대한 설명으로 옳은 것을 모두 고르면?

> ─────── 〈보기〉 ───────
> 가. 인덱스펀드의 일종이다.
> 나. 일반적으로 코스피지수가 오르면 국내 상장지수펀드의 가격은 내려간다.
> 다. 하나의 상장지수펀드에 투자하는 경우 분산투자 효과는 '0'이다.
> 라. 국내 상장지수펀드 매도 시 증권거래세는 면제된다.

① 가
② 가, 나
③ 가, 라
④ 나, 라
⑤ 나, 다, 라

14 두 재화 X와 Y를 소비하여 효용을 극대화하는 소비자 A의 효용함수는 $U = X + 2Y$이고, X재 가격이 2, Y재 가격이 1이다. X재 가격이 1로 하락할 때 소비량의 변화로 옳은 것은?

① X재, Y재 소비량 모두 불변
② X재, Y재 소비량 모두 증가
③ X재 소비량 감소, Y재 소비량 증가
④ X재 소비량 증가, Y재 소비량 감소
⑤ X재 소비량 증가, Y재 소비량 불변

15 다음 중 정부실패(Government Failure)의 원인으로 옳지 않은 것은?

① 이익집단의 개입
② 정책당국의 제한된 정보
③ 정책당국의 인지시차 존재
④ 민간부문의 통제 불가능성
⑤ 정책 실행시차의 부재

16 철수는 조그마한 가게를 운영해 매달 240만 원의 소득을 얻는다. 하지만 이번 달은 감기로 인해 가게를 며칠 열지 못하는 바람에 소득이 180만 원으로 줄었다. 이때 항상소득가설에 따른 철수의 소비로 옳은 것은?

① 소득이 60만 원 줄었지만, 소비는 변함이 없다.
② 소득이 60만 원 줄었지만, 소비는 오히려 증가한다.
③ 소득이 60만 원 줄었으므로 소비도 60만 원 줄어든다.
④ 소득이 60만 원 줄었지만, 소비는 60만 원 이상 줄어든다.
⑤ 소득과 소비는 항상 관련이 없다.

17 다음 중 과점시장에 대한 설명으로 옳지 않은 것은?

① 쿠르노(Cournot) 과점시장에서는 기업 수가 많아질수록 시장전체의 산출량은 증가한다.
② 죄수의 딜레마(Prisoner's dilemma) 모형을 통해 과점기업들이 공동행위를 통한 독점 이윤을 누리기 어려운 이유를 잘 설명할 수 있다.
③ 쿠르노(Cournot) 모형에서는 산출량의 추측된 변화가 0이라고 가정한다.
④ 베르뜨랑(Bertrand) 모형에서는 가격의 추측된 변화가 1이라고 가정한다.
⑤ 스위지(Sweezy)의 굴절수요곡선 모형에서는 가격인하를 시도할 경우 가격의 추측된 변화는 양의 값을 갖는다.

18 화폐수량방정식은 $M \times V = P \times Y$이다(단, M은 통화량, V는 화폐유통속도, P는 산출물의 가격, Y는 산출량이고, 화폐유통속도는 일정하다). 甲국의 화폐유통속도가 乙국의 화폐유통속도보다 크고 양국의 중앙은행이 각각 통화량을 5% 증가시켰다. 이때 화폐수량설에 따른 추론으로 옳은 것은?(단, 甲국과 乙국에서 화폐수량설이 독립적으로 성립한다)

① 물가상승률은 甲국이 乙국보다 높다.

② 물가상승률은 乙국이 甲국보다 높다.

③ 산출량증가율은 甲국이 乙국보다 높다.

④ 산출량증가율은 乙국이 甲국보다 높다.

⑤ 甲국과 乙국의 명목산출량은 각각 5% 증가한다.

19 다음 중 통화정책과 재정정책에 대한 설명으로 옳지 않은 것은?

① 경제가 유동성 함정에 빠져 있을 경우에는 통화정책보다는 재정정책이 효과적이다.

② 전통적인 케인스 경제학자들은 통화정책이 재정정책보다 더 효과적이라고 주장했다.

③ 재정정책과 통화정책을 적절히 혼합하여 사용하는 것을 정책혼합(policy mix)이라고 한다.

④ 화폐공급의 증가가 장기에서 물가만을 상승시킬 뿐 실물변수에는 아무런 영향을 미치지 못하는 현상을 화폐의 장기 중립성이라고 한다.

⑤ 정부지출의 구축효과란 정부지출을 증가시키면 이자율이 상승하여 민간 투자지출이 감소하는 효과를 말한다.

20 다음 중 통화정책 및 재정정책에 관한 케인스와 통화주의자의 견해로 옳지 않은 것은?

① 케인스는 투자의 이자율 탄력성이 매우 크다고 주장한다.

② 케인스는 통화정책의 외부 시차가 길다는 점을 강조한다.

③ 통화주의자는 k% 준칙에 따른 통화정책을 주장한다.

④ 케인스에 따르면 이자율이 매우 낮을 때 화폐시장에 유동성 함정이 존재할 수 있다.

⑤ 동일한 재정정책에 대해서 통화주의자가 예상하는 구축효과는 케인스가 예상하는 구축효과보다 크다.

21 다음 중 물가지수에 대한 설명으로 옳지 않은 것은?

① 소비자물가지수는 소비재를 기준으로 측정하고, 생산자물가지수는 원자재 혹은 자본재 등을 기준으로 측정하기 때문에 두 물가지수는 일치하지 않을 수 있다.

② 소비자물가지수는 상품가격 변화에 대한 소비자의 반응을 고려하지 않는다.

③ GDP 디플레이터는 국내에서 생산된 상품만을 조사 대상으로 하기 때문에 수입상품의 가격동향을 반영하지 못한다.

④ 물가수준 그 자체가 높다는 것과 물가상승률이 높다는 것은 다른 의미를 가진다.

⑤ 물가지수를 구할 때 모든 상품의 가중치를 동일하게 반영한다.

22 다음 중 헥셔 – 올린(Heckscher – Ohlin) 정리에 대한 설명으로 옳지 않은 것은?

① 양국 간의 생산요소가 즉각적으로 이동 가능하다는 가정에 기반을 둔다.

② 양국 간 무역장벽이나 거래비용 등이 없는 완전한 자유무역이 가능하다는 가정에 기반을 둔다.

③ 노동이 풍부한 국가는 노동집약재 생산에 비교우위가 있다.

④ 각국이 비교우위가 있는 재화의 생산에 특화하면 양국 모두 무역으로 인한 이득을 얻는다.

⑤ 경제 구조가 유사한 국가 간의 무역은 잘 설명하지 못한다.

23 다음 중 수요공급 곡선의 이동에 대한 설명으로 옳은 것을 〈보기〉에서 모두 고르면?

───── 〈보기〉 ─────

ㄱ. 생산비용이 줄어들거나 생산기술이 발전하면 공급곡선이 오른쪽으로 이동한다.
ㄴ. 정상재의 경우 수입이 증가하면 수요곡선은 왼쪽으로 이동한다.
ㄷ. A와 B가 대체재인 경우 A의 가격이 높아지면 B의 수요곡선은 오른쪽으로 이동한다.
ㄹ. 상품의 가격이 높아질 것으로 예상되면 공급곡선은 오른쪽으로 이동한다.

① ㄱ, ㄴ   ② ㄱ, ㄷ

③ ㄴ, ㄷ   ④ ㄴ, ㄹ

⑤ ㄷ, ㄹ

24 다음 중 단기에 고정비용과 가변비용이 존재할 때 생산비용에 대한 설명으로 옳지 않은 것은?

① 평균고정비용은 생산량이 증가함에 따라 감소한다.
② 평균총비용이 감소하는 영역에서는 한계비용이 평균총비용보다 작다.
③ 한계비용이 생산량과 상관없이 일정하면 평균총비용도 마찬가지로 일정하다.
④ 평균가변비용이 최저가 되는 생산량에서 평균가변비용은 한계비용과 일치한다.
⑤ 한계비용이 증가하더라도 평균총비용은 감소할 수 있다.

25 다음 중 역선택과 관련된 설명으로 옳은 것은?

① 자동차 보험에 가입한 운전자일수록 안전운전을 하려고 한다.
② 화재보험에 가입한 건물주가 화재예방을 위한 비용 지출을 줄인다.
③ 사고의 위험이 높은 사람일수록 상해보험에 가입할 가능성이 높아진다.
④ 공기업 채용 시 도덕적 해이 문제를 해결하기 위해 구직자의 자격증 보유 사항 기입을 금지한다.
⑤ 고용시장에서 역선택 문제를 해결하기 위해 감시 감독을 강화하거나 보수지급을 연기하기도 한다.

26 아래 그래프는 A와 B상품에 대한 무차별곡선이다. 다음 중 옳은 것은?

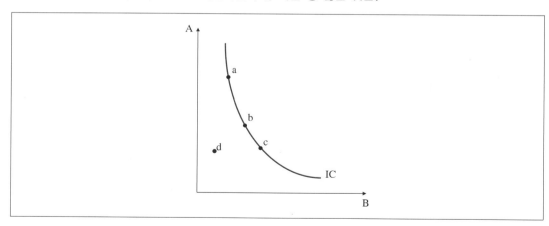

① a점은 c점에 비해 만족도가 더 크다.
② a점은 c점보다 더 많은 비용을 써야 한다.
③ d점은 a, b, c점 중 하나와 무차별할 수 있다.
④ a점에서는 A재 소비보다 B재 소비에서 더 큰 한계효용을 얻을 수 있다.
⑤ 만일 소비자의 선호가 b점에서 c점으로 이동한다면 그는 A재 소비의 감소 없이 B재 소비를 늘릴 수 있다.

27 현재 한국경제가 단기 필립스 곡선 SP_1 상의 점 A에 위치한다고 가정하자. 원자재 가격이 폭등할 경우 단기에서 장기까지 한국 경제의 예상 이동경로로 옳은 것은?(단, U_N은 자연 실업률 수준을 나타낸다)

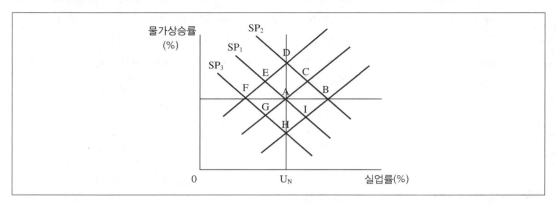

① A → C → A
② A → C → D
③ A → E → D
④ A → G → H
⑤ C → D → H

28 다음 중 국제유가 상승과 같은 공급 충격이 우리나라 경제에 미치는 영향에 대한 설명으로 옳은 것은?

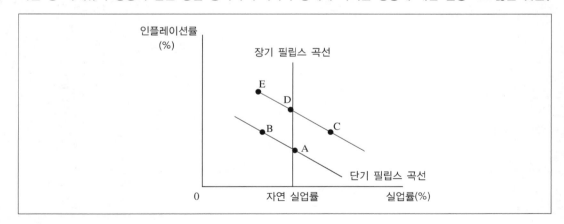

① 경제가 A → B → D로 움직일 것이다.
② 경제가 A → C → A로 움직일 것이다.
③ 경제가 D → B → A로 움직일 것이다.
④ 경제가 D → C → A로 움직일 것이다.
⑤ 경제가 D → E → B로 움직일 것이다.

29 다음은 케인스의 국민소득결정모형이다. 완전고용 국민소득수준이 Y_3일 때의 설명으로 옳지 않은 것은?
(단, Y : 소득, AE : 총지출, C : 소비, C_0 : 기초소비, c : 한계소비성향, I : 투자, I_0 : 독립투자이다)

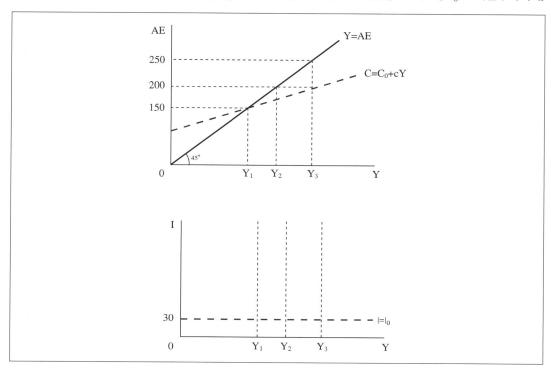

① OY_3 수준에서 총수요는 230이다.

② 완전고용에 필요한 총수요는 250이다.

③ 위 그래프는 유발투자를 고려하고 있지 않다.

④ 디플레이션갭이 50이다.

⑤ OY_3 수준에서 소비와 투자의 차이는 170이다.

30 다음 그래프는 생산자 보조금 지급과 사회후생의 변화에 관한 것이다. 이에 대한 설명으로 옳지 않은 것은? (단, S_1 : 원래의 공급곡선, S_2 : 보조금 지급 이후의 공급곡선, D : 수요곡선, E_1 : 원래의 균형점, E_2 : 보조금 지급 이후의 균형점, P : 가격, Q : 수량을 나타낸다)

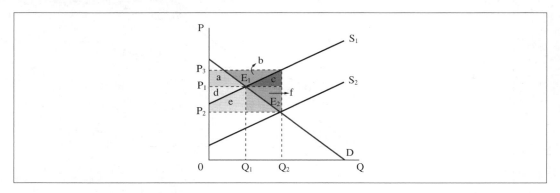

① 보조금 지급 후 생산자가 최종적으로 수취하는 가격은 P_3이다.
② 보조금 지급으로 인한 생산자 잉여의 증가분은 $a+b$이다.
③ 낭비된 보조금의 크기는 $c+f$이다.
④ 보조금의 크기는 $a+b+d+e$이다.
⑤ 보조금 지급으로 인한 소비자 잉여의 증가분은 $d+e$이다.

31 자동차와 오토바이 두 재화만을 생산하는 E국이 있다. 각 재화의 생산량과 가격이 다음과 같을 때, 2022년 가격을 기준으로 E국의 GDP를 계산한 결과로 옳은 것은?

연도	자동차		오토바이	
	생산량	가격	생산량	가격
2023년	16	4	12	2
2022년	20	2	10	4

① E국의 2022년 GDP디플레이터는 150이다.
② E국의 2022년 명목GDP는 100이다.
③ E국의 2023년 실질GDP는 80이다.
④ E국의 2023년 명목GDP는 80이다.
⑤ E국의 2023년 GDP디플레이터 상승률은 전년 대비 5%이다.

32 완전경쟁기업 E의 X재 생산의 이윤극대화 생산량이 100단위이고, 현재 생산량 수준에서 평균비용이 24원, 평균고정비용이 10원, 한계비용이 40원일 때, 준지대의 크기는 얼마인가?

① 2,000원
② 2,300원
③ 2,600원
④ 2,900원
⑤ 3,200원

33 다음은 E나라에서 1년 동안 발생한 모든 경제활동을 기록한 것이다. 이와 관련한 설명으로 옳지 않은 것은?

> 총 100개 빵 생산, 이 가운데 50개 빵 수출, 50통 우유 수입
> (빵 국내 수출 가격 : 개당 3달러, 우유 국내 수입 가격 : 통당 1달러)

① GDP는 300달러이다.
② 총수요는 200달러이다.
③ 국내소비는 200달러이다.
④ 경상수지는 100달러 흑자이다.
⑤ 국내 경제주체들의 수요는 200달러이다.

34 다음은 E국의 생산가능인구와 취업자 그리고 비경제활동인구에 대한 자료이다. E국의 실업률과 고용률을 순서대로 나열한 것은?

> • 만 15세 이상 인구(생산가능인구) 2,500만 명
> • 비경제활동인구 500만 명
> • 취업자 1,800만 명

① 8%, 65%
② 10%, 72%
③ 12%, 45%
④ 14%, 65%
⑤ 16%, 80%

E국의 거시경제모형이 다음과 같을 때 E국의 균형국민소득이 3,000이었다면, 정부지출로 옳은 것은?

> • Y=C+I+G   • C=100+0.8Y
> • I=200   • G=?
> ※ Y : 소득, C : 소득, I : 투자, G : 정부지출

① 100   ② 200

③ 300   ④ 400

⑤ 500

36 다음의 자료를 읽고 이자율 평가설(IRP)에 따라 대출 조건이 동일해지는 1년 후 예상 환율로 옳은 것은?

> A씨는 E은행에서 100만 원을 1년간 대출 받을 계획이며, 2가지의 대출 조건이 존재한다. 대출 조건은 아래와 같다.
> • 원화로 대출받을 경우의 대출금리 : 21%
> • 엔화로 대출받을 경우의 대출금리 : 10%(단, 대출금은 반드시 엔화로 상환해야 함)
> A씨는 현재 원화와 엔화 사이의 환율은 100엔당 1,000원이며, A씨는 두 대출 조건이 같다고 생각한다.

① 1,000원/100엔   ② 1,100원/100엔

③ 1,200원/100엔   ④ 1,500원/100엔

⑤ 2,000원/100엔

37 독점기업 E는 이윤을 극대화하기 위해 제품의 가격을 단위당 100으로 책정하였으며, 이 가격에서 수요의 가격탄력성은 2이다. 이때 독점기업 E의 한계비용은?

① 25   ② 50

③ 100   ④ 150

⑤ 200

38 E사가 1/4분기에 K사와 협업하는 단기 프로젝트에서 1,000만 원을 투자하고, 2, 3분기에 각각 600만 원씩 현금수입이 들어오는 경우에 순현재가치(NPV)로 옳은 것은?(단, 시중이자율은 10%이다)

① 30만 원
② 35만 원
③ 39만 원
④ 40만 원
⑤ 41만 원

39 E유통업체에서는 A상품을 연간 19,200개 정도 판매할 수 있을 것으로 예상하고 있다. A상품의 1회 주문비가 150원, 연간 재고유지비는 상품당 16원이라고 할 때 경제적주문량(EOQ)으로 옳은 것은?

① 600개
② 650개
③ 700개
④ 750개
⑤ 800개

40 E기업의 비용함수가 $TC(Q) = 50 + 25(Q)$로 주어져 있을 때, 비용함수에 대한 설명으로 옳지 않은 것은?

① 규모의 경제가 존재한다.
② 평균비용은 생산량이 늘어날수록 증가한다.
③ 한계비용은 항상 일정하다.
④ 생산활동에 고정비용이 소요된다.
⑤ 생산량이 10일 때 평균비용은 30이다.

| 03 | 행정직(법)

01 헌법 제8조에 따르면 정당의 목적이나 활동이 민주적 기본질서에 위배될 때에는 정부는 헌법재판소에 그 해산을 제소할 수 있다. 이는 헌법상의 어느 원리가 구체화된 것인가?

① 자유민주주의
② 국민주권의 원리
③ 방어적 민주주의
④ 사회적 시장경제주의
⑤ 권력 분립의 원리

02 다음 중 대한민국 헌법의 개정 방식에 대한 설명으로 옳은 것은?

① 제헌헌법에 따르면 헌법개정은 국회재적의원 3분의 1 이상의 동의로 제안될 수 없다.
② 제2차 개정헌법에 따르면 민의원선거권자 50만 명 이상은 헌법개정을 제안할 수 없다.
③ 제3차 개정헌법에 따르면 대통령은 헌법개정을 제안할 수 없다.
④ 제5차 개정헌법에 따르면 대통령은 헌법개정을 제안할 수 없다.
⑤ 제7차 개정헌법에 따르면 헌법개정은 국회재적의원 3분의 1 이상의 발의로 제안될 수 있다.

03 다음 인권선언과 관계된 사건들을 시간 순서대로 바르게 나열한 것은?

① 권리청원 → 마그나 카르타 → 미국의 독립선언 → 프랑스의 인권선언
② 마그나 카르타 → 프랑스의 인권선언 → 연방헌법 → 영국의 권리장전
③ 버지니아 권리장전 → 마그나 카르타 → 프랑스의 인권선언 → 영국의 인신보호법
④ 마그나 카르타 → 영국의 권리장전 → 미국의 독립선언 → 프랑스의 인권선언
⑤ 버지니아 권리장전 → 영국의 인신보호법 → 마그나 카르타 → 프랑스의 인권선언

04 다음 중 기본권에 대한 설명으로 옳지 않은 것은?

① 기본권의 주체에는 미성년자나 정신병자, 수형자 등도 포함된다.

② 성질상 법인이 누릴 수 없는 기본권이 있다.

③ 외국인에게는 자유권적 기본권의 대부분이 제한된다.

④ 외국인에게는 사회적 기본권은 원칙적으로 보장되지 않는다.

⑤ 외국인에게는 내국인과 같이 형사보상청구권이 인정된다.

05 다음 중 분배정책과 재분배정책에 대한 설명으로 옳은 것을 〈보기〉에서 모두 고르면?

─────〈보기〉─────

ㄱ. 분배정책에서는 로그롤링(Log Rolling)이나 포크배럴(Pork Barrel)과 같은 정치적 현상이 나타나기도 한다.

ㄴ. 분배정책은 사회계급적인 접근을 기반으로 이루어지기 때문에 규제정책보다 갈등이 더 가시적이다.

ㄷ. 재분배정책에는 누진소득세, 임대주택 건설사업 등이 포함된다.

ㄹ. 재분배정책에서는 자원배분에 있어서 이해당사자들 간의 연합이 분배정책에 비하여 안정적으로 이루어진다.

① ㄱ, ㄴ   ② ㄱ, ㄷ

③ ㄴ, ㄷ   ④ ㄷ, ㄹ

⑤ ㄱ, ㄷ, ㄹ

06 다음 중 사회규범의 기능으로 옳지 않은 것은?

① 개인과 개인의 협조 도모한다.

② 각 개인의 생의 목표를 설정한다.

③ 개인의 자의적인 행동을 규제한다.

④ 공동체와 공동체구성원과의 관계를 규율한다.

⑤ 정치·경제·종교·교육 등을 포함한 여러 제도들을 심층적으로 이해하는 데 협조한다.

07 다음 중 권리의 주체와 분리하여 양도할 수 없는 권리는?

① 실용신안권
② 초상권
③ 법정지상권
④ 분묘기지권
⑤ 채권자대위권

08 다음 중 재단법인에 대한 설명으로 옳은 것은?(단, 다툼이 있는 경우 판례에 의한다)

① 재단법인은 유언으로 설립할 수 없다.
② 재단법인이 기본재산을 처분할 경우 주무관청의 허가를 얻어야 한다.
③ 재단법인의 출연자는 착오를 이유로 출연의 의사표시를 취소할 수 없다.
④ 재단법인의 출연자가 출연재산과 그 목적을 정하지 않고 사망한 때에는 주무관청이 이를 정한다.
⑤ 재단법인의 목적을 달성할 수 없는 경우, 이사는 설립자의 동의가 있으면 주무관청의 허가 없이 그 목적을 변경할 수 있다.

09 다음 중 법의 성격에 대한 설명으로 옳지 않은 것은?

① 자연법론자들은 법과 도덕은 그 고유한 영역을 가지고 있지만 도덕을 법의 상위개념으로 본다.
② 법은 타율성에, 도덕은 자율성에 그 실효성의 연원을 둔다.
③ 법은 인간행위에 대한 당위의 법칙이 아니라 필연의 법칙이다.
④ 법은 국가권력에 의하여 보장되는 사회규범의 하나이다.
⑤ 법은 그 위반의 경우에 타율적·물리적 강제를 통하여 원하는 상태와 결과를 실현하는 강제규범이다.

10 다음 중 법의 분류에 대한 설명으로 옳지 않은 것은?

① 대한민국 국민에게 적용되는 헌법은 특별법이다.
② 당사자의 의사와 관계없이 강제적으로 적용되는 법은 강행법이다.
③ 국가의 조직과 기능 및 공익작용을 규율하는 행정법은 공법이다.
④ 당사자가 법의 규정과 다른 의사표시를 한 경우 그 법의 규정을 배제할 수 있는 법은 임의법이다.
⑤ 부동산 등기에 대한 사항을 규정하기 위하여 제정된 부동산등기법은 절차법이다.

11 다음 중 신의성실의 원칙에 대한 설명으로 옳은 것은?(단, 다툼이 있는 경우 판례에 의한다)

① 인지 청구권의 포기는 허용되지 않지만, 인지 청구권에는 실효의 법리가 적용될 수 있다.

② 임대차계약 당사자가 차임을 증액하지 않기로 약정한 경우, 사정변경의 원칙에 따라 차임을 증액할 수 없다.

③ 신의성실의 원칙에 반한다는 것을 당사자가 주장하지 않더라도 법원은 직권으로 판단할 수 있다.

④ 취득 시효완성 후 그 사실을 모르고 권리를 주장하지 않기로 하였다가 후에 시효주장을 하는 것은 특별한 사정이 없는 한 신의칙상 허용된다.

⑤ 강행법규를 위반한 약정을 한 사람이 스스로 그 약정의 무효를 주장하는 것은 신의칙상 허용되지 않는다.

12 다음 중 제한능력자에 대한 설명으로 옳지 않은 것은?

① 미성년자가 법정대리인으로부터 허락을 얻은 특정한 영업에 관하여는 성년자와 동일한 행위능력이 있다.

② 가정법원은 성년후견개시의 심판을 할 때 본인의 의사를 고려하여야 한다.

③ 특정후견은 본인의 의사에 반하여 할 수 없다.

④ 가정법원이 피성년후견인에 대하여 한정후견개시의 심판을 할 때에는 종전의 성년후견의 종료 심판을 한다.

⑤ 가정법원은 질병, 장애, 노령, 그 밖의 사유로 인한 정신적 제약으로 사무를 처리할 능력이 부족한 사람에 대하여 일정한 자의 청구로 성년후견개시의 심판을 한다.

13 다음 중 부재자 재산관리인에 대한 설명으로 옳지 않은 것은?(단, 다툼이 있는 경우 판례에 의한다)

① 부재자가 재산관리인을 정한 경우에 부재자의 생사가 분명하지 않은 때에는 법원은 재산관리인을 개임할 수 있다.

② 법원은 재산관리인의 과거의 처분행위를 추인하는 허가도 할 수 있다.

③ 법원이 선임한 재산관리인의 권한은 부재자가 사망하면 선임결정이 취소되지 않더라도 소멸한다.

④ 법원이 선임한 재산관리인은 관리할 재산목록을 작성하여야 한다.

⑤ 부재자의 생사가 분명하지 않은 경우, 법원은 부재자가 정한 재산관리인에게 재산의 관리 및 반환에 관하여 상당한 담보를 제공하게 할 수 있다.

14 공법과 사법으로 분류할 때, 다음 중 공법으로만 나열된 것은?

① 사회보장법, 형법
② 상법, 형법
③ 어음법, 수표법
④ 민법, 부동산등기법
⑤ 형사소송법, 민사소송법

15 다음 중 민법상 법인에 대한 설명으로 옳지 않은 것은?

① 법인은 이사를 두어야 한다.
② 사단법인의 사원의 지위는 양도 또는 상속할 수 없다.
③ 법인은 정관 또는 총회의 결의로 감사를 둘 수 있다.
④ 주무관청은 이해관계인의 청구에 의하여 임시이사를 선임할 수 있다.
⑤ 이사의 대표권에 대한 제한은 등기하지 않으면 제3자에게 대항하지 못한다.

16 다음 중 민법 제104조의 불공정한 법률행위에 대한 설명으로 옳은 것은?(단, 다툼이 있는 경우 판례에 의한다)

① '무경험'이란 일반적인 생활체험의 부족이 아니라 어느 특정영역에서의 경험부족을 의미한다.
② 급부와 반대급부 사이의 '현저한 불균형'은 당사자의 주관적 가치가 아닌 거래상의 객관적 가치에 의하여 판단한다.
③ '궁박'에는 정신적 또는 심리적 원인에 기인한 것은 포함되지 않는다.
④ 불공정한 법률행위가 성립하기 위해서는 피해자에게 궁박, 경솔, 무경험 요건이 모두 구비되어야 한다.
⑤ 법률행위가 현저하게 공정을 잃은 경우, 그 행위는 궁박, 경솔, 무경험으로 이루어진 것으로 추정된다.

17 다음 중 구속적부심사의 청구권자로 옳지 않은 것은?

① 구속된 피의자
② 변호인
③ 피의자의 친구
④ 피의자의 직계친족
⑤ 피의자의 고용주

18 다음 중 법률행위의 조건에 대한 설명으로 옳지 않은 것은?(단, 다툼이 있는 경우 판례에 의한다)

① 정지조건이 법률행위 당시 이미 성취된 경우에는 그 법률행위는 무효이다.

② 해제조건 있는 법률행위는 조건이 성취한 때로부터 그 효력을 잃는다.

③ 조건의 성취가 미정한 권리의무는 일반규정에 의하여 처분, 상속, 보존 또는 담보로 할 수 있다.

④ 당사자가 합의한 경우에는 조건성취의 효력을 소급시킬 수 있다.

⑤ 정지조건부 법률행위에서 조건성취의 사실은 권리를 취득하는 자가 증명책임을 진다.

19 다음 중 손해배상액의 예정에 대한 설명으로 옳은 것은?(단, 다툼이 있는 경우 판례에 의한다)

① 특별손해는 예정액을 초과하더라도 원칙적으로 청구할 수 있다.

② 계약체결 시 손해배상액 예정을 한 경우, 그 예정은 그 계약과 관련된 불법행위로 인한 손해배상까지 예정한 것으로 볼 수 있다.

③ 손해배상 예정액이 부당하게 과다한 경우에는 법원은 당사자의 주장이 없더라도 직권으로 이를 감액할 수 있다.

④ 채권자가 예정된 손해배상액을 청구하기 위하여 손해배상액을 증명할 필요는 없으나 적어도 손해의 발생은 증명하여야 한다.

⑤ 손해배상액 예정이 있어도 손해의 발생에 있어서 채권자의 과실이 있으면, 공평의 원칙상 과실상계를 한다.

20 甲은 乙에게 변제기가 도래한 1억 원의 금전채권을 가지고 있다. 乙은 현재 무자력 상태에 있고 丙에 대하여 변제기가 도래한 5,000만 원의 금전채권을 가지고 있다. 이에 대한 설명으로 옳지 않은 것은?(단, 다툼이 있는 경우 판례에 의한다)

① 乙이 반대하는 경우에도 甲은 丙에 대하여 채권자대위권을 행사할 수 있다.

② 甲이 채권자대위권을 행사하는 경우에 丙은 乙에 대해 가지는 모든 항변사유로써 甲에게 대항할 수 있다.

③ 甲은 丙에게 5,000만 원을 乙에게 이행할 것을 청구할 수 있을 뿐만 아니라, 직접 자기에게 이행할 것을 청구할 수 있다.

④ 甲이 丙으로부터 5,000만 원을 대위수령한 경우, 甲은 상계적상에 있는 때에는 상계함으로써 사실상 우선변제를 받을 수 있다.

⑤ 甲이 丙에게 채권자대위소송을 제기한 경우, 乙은 소송당사자가 아니므로 乙의 丙에 대한 채권은 소멸시효가 중단되지 않는다.

21 다음 중 소유권 절대의 원칙과 가장 관련이 깊은 권리는?

① 계약체결의 자유   ② 물권적 청구권

③ 자기책임주의   ④ 권리남용의 금지

⑤ 과실책임주의

22 다음 중 민법의 효력에 대한 설명으로 옳지 않은 것은?

① 민법에서는 법률불소급의 원칙이 형법에 있어서처럼 엄격하게 지켜지지 않는다.

② 민법은 성별·종교 또는 사회적 신분에 관계없이 모든 국민에게 적용된다.

③ 민사에 관하여는 속지주의가 지배하므로, 외국에 있는 대한민국 국민에 대해서는 우리 민법이 적용되지 않는다.

④ 법률불소급의 원칙은 법학에 있어서의 일반적 원칙이기는 하지만 민법은 소급효를 인정하고 있다.

⑤ 민법은 대한민국 전 영토에 걸쳐서 효력이 미친다.

23 다음 중 탄핵소추에 대한 설명으로 옳지 않은 것은?

① 대통령이 그 직무집행에 있어서 헌법이나 법률을 위배한 때에는 탄핵소추의 대상이 된다.

② 대통령에 대한 탄핵소추는 국회 재적의원 3분의 2 이상의 찬성이 있어야 의결된다.

③ 대통령이 탄핵소추의 의결을 받은 때에는 국무총리, 법률이 정한 국무위원의 순서로 그 권한을 대행한다.

④ 탄핵결정으로 공직으로부터 파면되면 민사상의 책임은 져야 하나, 형사상의 책임은 면제된다.

⑤ 탄핵소추의 의결을 받은 공무원은 헌법재판소에 의한 탄핵결정이 있을 때까지 그 권한행사가 정지된다.

24 우리 헌법에 있어서 제도적 보장의 성질을 띠고 있다고 볼 수 없는 것은?

① 복수정당제도   ② 재산권의 보장

③ 교육의 자주성과 전문성   ④ 재판청구권

⑤ 근로자의 근로3권

25 다음 중 제한능력자제도에 대한 설명으로 옳지 않은 것은?

① 19세에 이르면 성년이 된다.
② 제한능력자가 법정대리인의 동의 없이 한 법률행위는 무효이다.
③ 미성년자라도 혼인을 하면 성년이 된 것으로 본다.
④ 성년후견인은 일상생활에 필요하고 그 대가가 과도하지 않은 행위는 독자적으로 할 수 있다.
⑤ 가정법원은 취소할 수 없는 피성년후견인의 법률행위의 범위를 정할 수 있다.

26 다음 중 민법상 법인의 설립요건으로 옳지 않은 것은?

① 주무관청의 허가
② 영리 아닌 사업을 목적으로 할 것
③ 설립신고
④ 정관작성
⑤ 설립등기

27 다음 중 민법이 규정하는 재단법인과 사단법인과의 차이에 대한 설명으로 옳지 않은 것은?

① 사단법인에는 사원총회가 있으나 재단법인에는 없다.
② 양자는 모두 공익법인이다.
③ 재단법인의 기부행위는 반드시 서면으로 작성할 것을 요하지 않으나 사단법인의 정관은 반드시 서면으로 작성하지 않으면 안 된다.
④ 양자는 모두 설립에 있어서 주무관청의 허가를 필요로 한다.
⑤ 사단법인은 2인 이상의 사원으로 구성되며, 재단법인은 일정한 목적에 바쳐진 재산에 의해 구성된다.

28 다음 중 의사표시의 효력발생에 대한 설명으로 옳지 않은 것은?

① 격지자 간의 계약은 승낙의 통지를 발한 때에 성립한다.
② 우리 민법은 도달주의를 원칙으로 하고 예외적으로 발신주의를 택하고 있다.
③ 의사표시의 부도착(不到着)의 불이익은 표의자가 입는다.
④ 표의자가 그 통지를 발한 후 도달하기 전에 사망하면 그 의사표시는 무효이다.
⑤ 상대방과 통정한 허위의 의사표시는 무효로 한다.

29 다음 중 대리가 허용될 수 있는 행위는 어느 것인가?

① 사실행위   ② 유언

③ 불법행위   ④ 매매계약

⑤ 신분법상 행위

30 다음 중 법률행위의 취소에 대한 설명으로 옳지 않은 것은?

① 취소의 효과는 선의의 제3자에게 대항할 수 없는 것이 원칙이다.

② 취소할 수 있는 법률행위는 취소의 원인이 종료되기 전에 추인을 할 수 있는 것이 원칙이다.

③ 취소된 법률행위는 처음부터 무효인 것으로 보는 것이 원칙이다.

④ 취소할 수 있는 의사표시를 한 자의 대리인도 그 행위를 취소할 수 있다.

⑤ 취소할 수 있는 법률행위의 상대방이 확정한 경우, 그 취소는 그 상대방에 대한 의사표시로 한다.

31 다음 중 직업선택의 자유에 대한 설명으로 옳지 않은 것은?

① 경제적 자유로서의 성격이 강하다.

② 바이마르헌법에서 최초로 규정되었으며 법인에게도 인정된다.

③ 헌법상 근로의 의무가 있으므로 무직업의 자유는 인정되지 않는다.

④ 그 내용으로는 직업결정의 자유, 직업수행의 자유, 영업의 자유가 포함된다.

⑤ 노동을 통한 인격발전과 관련하여 주관적 공권의 일종이라 할 수 있다.

32 다음 중 행정행위의 특징으로 옳지 않은 것은?

① 행정처분에 대한 내용적인 구속력인 기판력이 있다.

② 일정기간이 지나면 그 효력을 다투지 못하는 불가쟁성이 있다.

③ 당연무효를 제외하고는 일단 유효함을 인정받는 공정력이 있다.

④ 법에 따라 적합하게 이루어져야 하는 법적합성이 있다.

⑤ 일정한 행정행위의 경우 그 성질상 행정청 스스로도 직권취소나 변경이 제한되는 불가변성이 있다.

33 권력관계에 있어서 국가와 기타 행정주체의 의사는 비록 설립에 흠이 있을지라도 당연무효의 경우를 제외하고는 일단 적법·유효하다는 추정을 받으며, 권한 있는 기관이 직권 또는 쟁송절차를 거쳐 취소하기 전에는 누구라도 이에 구속되고 그 효력을 부정하지 못하는 우월한 힘이 있는데, 이를 행정행위의 무엇이라고 하는가?

① 확정력   ② 불가쟁력
③ 공정력   ④ 강제력
⑤ 불가변력

34 다음 중 지방자치단체의 조직에 대한 설명으로 옳지 않은 것은?

① 지방자치단체에 주민의 대의기관인 의회를 둔다.
② 지방자치단체의 장은 주민이 보통·평등·직접·비밀선거에 따라 선출한다.
③ 지방자치단체의 장은 법령의 범위 안에서 그 자치에 관한 조례를 제정할 수 있다.
④ 지방자치단체의 종류는 법률로 정한다.
⑤ 지방의회의원의 임기는 4년으로 한다.

35 법무부장관이 외국인 A에게 귀화를 허가한 경우, 선거관리위원장은 귀화 허가가 무효가 아닌 한 귀화 허가에 하자가 있더라도 A가 한국인이 아니라는 이유로 선거권을 거부할 수 없다. 이처럼 법무부장관의 귀화 허가에 구속되는 행정행위의 효력은 무엇인가?

① 공정력   ② 구속력
③ 형식적 존속력   ④ 구성요건적 효력
⑤ 실질적 존속력

36 다음 중 행정기관에 대한 설명으로 옳은 것은?

① 다수 구성원으로 이루어진 합의제 행정청이 대표적인 행정청의 형태이며 지방자치단체의 경우 지방의회가 행정청이다.
② 감사기관은 다른 행정기관의 사무나 회계처리를 검사하고 그 적부에 관해 감사하는 기관이다.
③ 자문기관은 행정청의 내부 실·국의 기관으로 행정청의 권한 행사를 보좌한다.
④ 의결기관은 행정청의 의사결정에 참여하는 권한을 가진 기관이지만 행정청의 의사를 법적으로 구속하지는 못한다.
⑤ 집행기관은 채권자의 신청에 의하여 강제집행을 실시할 직무를 갖지 못한다.

37 다음 중 국가배상에 대한 설명으로 옳은 것은?

① 도로 건설을 위해 자신의 토지를 수용당한 개인은 국가배상청구권을 가진다.
② 공무원이 직무수행 중에 적법하게 타인에게 손해를 입힌 경우 국가가 배상책임을 진다.
③ 도로·하천 등의 설치 또는 관리에 하자가 있어 손해를 받은 개인은 국가가 배상책임을 진다.
④ 공무원은 어떤 경우에도 국가배상청구권을 행사할 수 없다.
⑤ 국가배상법에서 규정하고 있는 손해배상은 손실보상으로도 볼 수 있다.

38 다음 중 상법상 보험자의 면책사유에 해당하지 않는 것은?

① 보험사고가 보험계약자의 고의로 발생한 경우
② 보험사고가 피보험자의 실수로 발생한 경우
③ 보험사고가 보험계약자의 중대한 과실로 발생한 경우
④ 보험사고가 전쟁 기타의 변란으로 발생한 경우
⑤ 보험사고가 보험수익자의 과실로 발생한 경우

39 다음 〈보기〉 중 행정작용에 대한 설명으로 옳지 않은 것을 모두 고르면?

―――――――――〈보기〉―――――――――
ㄱ. 하명은 명령적 행정행위이다.
ㄴ. 인가는 형성적 행정행위이다.
ㄷ. 공증은 법률행위적 행정행위이다.
ㄹ. 공법상 계약은 권력적 사실행위이다.

① ㄱ, ㄴ   ② ㄱ, ㄷ
③ ㄱ, ㄹ   ④ ㄴ, ㄹ
⑤ ㄷ, ㄹ

40 다음 중 행정법상 행정작용에 대한 설명으로 옳지 않은 것은?

① 기속행위는 행정주체에 대하여 재량의 여지를 주지 않고 그 법규를 집행하도록 하는 행정행위를 말한다.
② 특정인에게 새로운 권리나 포괄적 법률관계를 설정해주는 특허는 형성적 행정행위이다.
③ 의사표시 이외의 정신작용 등의 표시를 요소로 하는 행위는 준법률행위적 행정행위이다.
④ 개인에게 일정한 작위의무를 부과하는 하명은 형성적 행정행위이다.
⑤ 특정한 사실 또는 법률관계의 존재를 공적으로 증명하는 공증은 준법률행위적 행정행위이다.

| 04 | 행정직(행정)

01 다음 중 헨리(N. Henry)의 정책결정모형 유형론에 대한 설명으로 옳은 것은?

① 점증주의적 패러다임은 지식·정보의 완전성과 미래예측의 확실성을 전제한다.

② 체제모형, 제도모형, 집단모형은 합리주의적 패러다임의 범주에 포함되는 정책결정모형의 예이다.

③ 신제도모형은 정책유형과 조직 내외의 상황적 조건을 결부시켜 정부개입의 성격을 규명하려 한다.

④ 기술평가·예측모형은 전략적 계획 패러다임의 범주에 포함된다.

⑤ 합리주의적 패러다임은 전략적 계획의 틀에 맞추어 정책결정을 이해한다.

02 다음 중 조직의 상황적 요인과 구조적 특성의 관계에 대한 설명으로 옳은 것은?

① 조직의 규모가 커짐에 따라 복잡성이 감소할 것이다.

② 환경의 불확실성이 높아질수록 조직의 공식화 수준은 높아질 것이다.

③ 조직의 규모가 커짐에 따라 조직의 공식화 수준은 낮아질 것이다.

④ 일상적 기술일수록 분화의 필요성이 높아져서 조직의 복잡성이 높아질 것이다.

⑤ 조직의 규모가 커짐에 따라 조직의 분권화가 촉진될 것이다.

03 다음 중 공공선택론에 대한 설명으로 옳지 않은 것은?

① 정부를 공공재의 생산자로 규정하며, 시민들을 공공재의 소비자로 규정한다.

② 자유시장의 논리를 공공부문에 도입함으로써 시장실패라는 한계를 안고 있다.

③ 시민 개개인의 선호와 선택을 존중하며 경쟁을 통해 서비스를 생산하고 공급함으로써 행정의 대응성이 높아진다.

④ 뷰캐넌(J. Buchanan)이 창시하고 오스트롬(V. Ostrom)이 발전시킨 이론으로 정치학적인 분석 도구를 중시한다.

⑤ 개인의 기득권을 계속 유지하려는 보수적인 접근이라는 비판이 있다.

04 다음 중 행정부 소속 소청심사위원회에 대한 설명으로 옳지 않은 것은?

① 심사의 결정을 하기 위해서는 재적위원 3분의 1 이상의 출석이 필요하며, 심사의 결정은 출석위원의 과반수의 합의에 따른다.

② 강임·휴직·직위해제·면직 처분을 받은 공무원은 처분사유 설명서를 받은 후 30일 이내에 심사청구를 할 수 있다.

③ 소청심사위원회는 인사혁신처 소속이며 그 위원장은 정무직으로 보한다.

④ 원징계처분보다 무거운 징계를 부과하는 결정을 할 수 없다.

⑤ 위원장 1인을 포함한 5명 이상 7명 이하의 상임위원과 상임위원 수의 2분의 1 이상의 비상임위원으로 구성되어 있다.

05 다음 중 행정가치에 대한 설명으로 옳은 것은?

① 공익에 대한 실체설에서는 공익을 현실의 실체로 존재하는 사익들의 총합으로 이해한다.

② 행정의 민주성이란 정부가 국민의사를 존중하고 수렴하는 책임행정의 구현을 의미하며 행정조직 내부 관리 및 운영과는 관계없는 개념이다.

③ 수익자부담 원칙은 수평적 형평성, 대표관료제는 수직적 형평성과 각각 관계가 깊다.

④ 장애인들에게 특별한 세금감면 혜택을 부여하는 것은 모든 국민이 동등한 서비스를 제공받아야 한다는 사회적 형평성에 어긋나는 제도이다.

⑤ 가외성의 장치로는 법원의 3심제도, 권력분립, 만장일치, 계층제 등이 있다.

06 다음 중 균형성과표(BSC; Balanced Score Card)에 대한 설명으로 옳지 않은 것은?

① 재무적 관점의 성과지표로는 매출, 자본수익률, 예산 대비 차이 등이 있다.

② 정부는 성과평가에 있어서 재무적 관점보다는 국민이 원하는 정책을 개발하고 재화와 서비스를 제공하는 지에 대한 고객의 관점을 중요한 위치에 놓는다.

③ 학습과 성장의 관점은 민간부문과 정부부문이 큰 차이를 둘 필요가 없는 부분이다.

④ 업무처리 관점은 정부부문에서 정책결정과정, 정책집행과정, 재화와 서비스의 전달과정 등을 포괄하는 넓은 의미를 가진다.

⑤ 고객 관점은 BSC의 4가지 관점 중에서 행동지향적 관점에 해당한다.

07 다음 중 광역행정에 대한 설명으로 옳지 않은 것은?

① 광역행정의 방식 중 통합방식에는 합병, 일부사무조합, 도시공동체가 있다.

② 광역행정은 지방자치단체 간의 재정 및 행정서비스의 형평적 배분을 도모한다.

③ 광역행정은 규모의 경제를 실현할 수 있다.

④ 광역행정은 지방자치단체 간의 갈등해소와 조정의 기능을 수행한다.

⑤ 행정협의회에 의한 광역행정은 지방자치단체 간의 동등한 지위를 기초로 상호협조에 의하여 광역행정사무를 처리하는 방식이다.

08 성과의 측정은 투입(Input)지표, 산출(Output)지표, 성과(Outcome)지표, 영향(Impact)지표 등을 통하여 이루어진다. 아래의 사례에서 성과지표에 해당하는 것은?

> 고용노동부에서는 2023년도에 10억 원의 예산을 투입하여 강사 50명을 채용하고, 200명의 교육생에게 연 300시간의 직업교육을 실시하였다. 교육 이수 후 200명 중에서 50명이 취업하였으며, 이를 통하여 국가경쟁력이 3% 제고되었다.

① 10억 원의 예산

② 200명의 교육생

③ 연 300시간의 교육

④ 50명의 취업

⑤ 3%의 국가경쟁력 제고

09 다음 중 우리나라 행정조직에 대한 설명으로 옳지 않은 것은?

① 책임운영기관은 정부조직법에 의하여 설치되고 운영된다.

② 행정기관 소속 위원회의 설치·운영에 관한 법률상 위원회 소속 위원 중 공무원이 아닌 위원의 임기는 대통령령으로 정하는 특별한 경우를 제외하고는 3년을 넘지 아니하도록 하여야 한다.

③ 특별지방행정기관으로는 서울지방국세청, 중부지방고용노동청이 있다.

④ 실, 국, 과는 부처 장관을 보조하는 기관으로 계선 기능을 담당하고, 참모 기능은 차관보, 심의관 또는 담당관 등의 조직에서 담당한다.

⑤ 중앙선거관리위원회와 공정거래위원회는 행정위원회에 속한다.

10 다음 중 행정통제에 대한 설명으로 옳은 것을 〈보기〉에서 모두 고르면?

―――――――――――――――〈보기〉――――――――――――――
ㄱ. 행정통제는 통제시기의 적시성과 통제내용의 효율성이 고려되어야 한다.
ㄴ. 옴부즈만 제도는 공무원에 대한 국민의 책임 추궁의 창구 역할을 하며 입법·사법통제의 한계를 보완하는 제도이다.
ㄷ. 외부통제는 선거에 의한 통제와 이익집단에 의한 통제를 포함한다.
ㄹ. 입법통제는 합법성을 강조하므로 위법행정보다 부당행정이 많은 현대행정에서는 효율적인 통제가 어렵다.

① ㄱ, ㄴ　　　　　　　　　　　② ㄴ, ㄹ
③ ㄱ, ㄴ, ㄷ　　　　　　　　　④ ㄱ, ㄷ, ㄹ
⑤ ㄴ, ㄷ, ㄹ

11 다음 중 국세이며 간접세인 것을 〈보기〉에서 모두 고르면?

―――――――――――――――〈보기〉――――――――――――――
ㄱ. 자동차세　　　　　　　　　ㄴ. 주세
ㄷ. 담배소비세　　　　　　　　ㄹ. 부가가치세
ㅁ. 개별소비세　　　　　　　　ㅂ. 종합부동산세

① ㄱ, ㄴ, ㄷ　　　　　　　　　② ㄱ, ㄹ, ㅂ
③ ㄴ, ㄷ, ㅁ　　　　　　　　　④ ㄴ, ㄹ, ㅁ
⑤ ㄷ, ㄹ, ㅁ

12 다음 중 국가재정법상 예산제도에 대한 설명으로 옳은 것을 〈보기〉에서 모두 고르면?

─〈보기〉─

ㄱ. 기획재정부장관은 국가회계법에서 정하는 바에 따라 회계연도마다 작성하여 대통령의 승인을 받은 국가 결산보고서를 다음 연도 4월 10일까지 감사원에 제출하여야 한다.

ㄴ. 차관물자대(借款物資貸)의 경우 전년도 인출 예정분의 부득이한 이월 또는 환율 및 금리의 변동으로 인하여 세입이 그 세입예산을 초과하게 되는 때에는 그 세출예산을 초과하여 지출할 수 없다.

ㄷ. 정부는 예산이 여성과 남성에게 미칠 영향을 미리 분석한 보고서를 작성하여야 한다.

ㄹ. 각 중앙관서의 장은 예산 요구서를 제출할 때에 다음 연도 예산의 성과계획서 및 전년도 예산의 성과보고서를 기획재정부장관에게 함께 제출하여야 한다.

① ㄱ, ㄴ   ② ㄱ, ㄹ

③ ㄱ, ㄴ, ㄷ   ④ ㄱ, ㄷ, ㄹ

④ ㄴ, ㄷ, ㄹ

13 다음 중 연구조사방법론에서 사용하는 타당성(Validity)에 대한 설명으로 옳지 않은 것은?

① 기준타당성(Criterion-related validity)은 하나의 측정도구를 이용하여 측정한 결과와 다른 기준을 적용하여 측정한 결과를 비교했을 때 도출된 연관성의 정도이다.

② 구성타당성(Construct validity)은 연구에서 이용된 이론적 구성개념과 이를 측정하는 측정수단 간에 일치하는 정도를 의미한다.

③ 내용타당성(Content validity)은 측정도구를 구성하는 측정지표 간의 일관성이다.

④ 수렴적 타당성(Convergent validity)은 동일한 개념을 다른 측정 방법으로 측정했을 때 측정된 값 간의 상관관계를 의미한다.

⑤ 차별적 타당성(Discriminant validity)은 서로 다른 이론적 구성개념을 나타내는 측정지표 간의 관계를 의미하며, 서로 다른 구성개념을 측정하는 지표 간의 상관관계가 낮을수록 차별적 타당성이 높다.

14 다음 중 정책참여자 간 관계에 대한 설명으로 옳은 것을 〈보기〉에서 모두 고르면?

─〈보기〉─

ㄱ. 정책공동체는 일시적이고 느슨한 형태의 집합체라는 점에서 이슈네트워크와 공통점을 가진다.

ㄴ. 다원주의에서의 정부는 집단들 간에 조정자 역할 또는 심판자의 역할을 할 것으로 기대된다.

ㄷ. 이슈네트워크는 참여자 간의 상호의존성이 낮고 불안정하며, 상호간의 불평등 관계가 존재하기도 한다.

ㄹ. 국가조합주의는 이익집단과 자율적 결성과 능동적 참여를 보장한다.

① ㄱ, ㄴ   ② ㄱ, ㄷ

③ ㄴ, ㄷ   ④ ㄴ, ㄹ

⑤ ㄷ, ㄹ

15 다음 중 정책집행의 하향식 접근과 상향식 접근에 대한 설명으로 옳지 않은 것은?

① 상향식 접근은 정책 문제를 둘러싸고 있는 행위자들의 동기, 전략, 행동, 상호작용 등에 주목하며 일선공무원들의 전문지식과 문제해결능력을 중시한다.

② 상향식 접근은 집행이 일어나는 현장에 초점을 맞추고 그 현장을 미시적이고 현실적이며 상호작용적인 차원에서 관찰한다.

③ 하향식 접근은 하나의 정책에만 초점을 맞추므로 여러 정책이 동시에 집행되는 경우를 설명하기 곤란하다.

④ 하향식 접근의 대표적인 것은 전방향접근법(Forward Mapping)이며 이는 집행에서 시작하여 상위계급이나 조직 또는 결정 단계로 거슬러 올라가는 방식이다.

⑤ 하향식 접근은 정책결정을 정책집행보다 선행하는 것이고 상위의 기능으로 간주한다.

16 다음 〈보기〉 중 정책집행의 상향식 접근(Bottom Up Approach)에 대한 설명으로 옳은 것을 모두 고르면?

─────〈보기〉─────
ㄱ. 합리모형의 선형적 시각을 반영한다.
ㄴ. 집행이 일어나는 현장에 초점을 맞춘다.
ㄷ. 일선공무원의 전문지식과 문제해결능력을 중시한다.
ㄹ. 고위직보다는 하위직에서 주도한다.
ㅁ. 공식적인 정책목표가 중요한 변수로 취급되므로 집행실적의 객관적 평가가 용이하다.

① ㄱ, ㄴ, ㄷ   ② ㄱ, ㄷ, ㅁ
③ ㄴ, ㄷ, ㄹ   ④ ㄴ, ㄹ, ㅁ
⑤ ㄷ, ㄹ, ㅁ

17 다음 중 행정책임과 행정통제에 대한 설명으로 옳지 않은 것은?

① 행정통제의 중심과제는 궁극적으로 민주주의와 관료제간의 조화 문제로 귀결된다.

② 행정통제는 설정된 행정목표와 기준에 따라 성과를 측정하는 데 초점을 맞추면 별도의 시정 노력은 요구되지 않는 특징이 있다.

③ 행정책임은 행정관료가 도덕적·법률적 규범에 따라 행동해야 하는 국민에 대한 의무이다.

④ 행정통제란 어떤 측면에서는 관료로부터 재량권을 빼앗는 것이다.

⑤ 행정책임은 국가적 차원에서 국민에 대한 국가 역할의 정당성을 확인하는 것이다.

18 다음 중 규제 피라미드에 대한 설명으로 옳은 것은?

① 새로운 위험만 규제하다 보면 사회의 전체 위험 수준은 증가하는 상황이다.

② 규제가 또 다른 규제를 낳은 결과, 피규제자의 비용 부담이 점점 늘어나게 되는 상황이다.

③ 기업체에게 상품 정보에 대한 공개 의무를 강화할수록 소비자들의 실질적인 정보량은 줄어들게 되는 상황이다.

④ 과도한 규제를 무리하게 설정하다 보면 실제로는 규제가 거의 이루어지지 않게 되는 상황이다.

⑤ 소득재분배를 위한 규제가 오히려 사회적으로 가장 어려운 사람들에게 해를 끼치게 되는 상황이다.

19 다음 중 우리나라 책임운영기관에 대한 설명으로 옳지 않은 것은?

① 행정자치부장관은 5년 단위로 책임운영기관의 관리 및 운영 전반에 관한 기본계획을 수립하여야 한다.

② 책임운영기관은 기관의 지위에 따라 소속책임운영기관과 중앙책임운영기관으로 구분된다.

③ 중앙책임운영기관의 장의 임기는 2년으로 하되, 한 차례만 연임할 수 있다.

④ 소속책임운영기관의 장의 채용기간은 2년의 범위에서 소속중앙행정기관의 장이 정한다.

⑤ 책임운영기관운영위원회는 위원장 및 부위원장 각 1명을 포함한 15명 이내의 위원으로 구성한다.

20 다음 중 공공부문 성과연봉제 보수체계 설계 시 성과급 비중을 설정하는 데 적용할 수 있는 동기부여 이론은?

① 애덤스(Adams)의 형평성이론

② 허즈버그(Herzberg)의 욕구충족 이원론

③ 앨더퍼(Alderfer)의 ERG(존재, 관계, 성장)이론

④ 매슬로우(Maslow)의 욕구 5단계론

⑤ 해크만(Hackman)과 올드햄(Oldham)의 직무특성이론

21 다음 중 균형성과표(Balanced Score Card)에서 강조하는 네 가지 관점으로 옳지 않은 것은?

① 재무적 관점 ② 프로그램적 관점
③ 고객 관점 ④ 내부프로세스 관점
⑤ 학습과 성장 관점

22 다음 〈보기〉 중 옳은 것을 모두 고르면?

─〈보기〉─

ㄱ. 인간관계론에서 조직 참여자의 생산성은 육체적 능력보다 사회적 규범에 의해 좌우된다.
ㄴ. 과학적 관리론은 과학적 분석을 통해 업무수행에 적용할 유일 최선의 방법을 발견할 수 있다고 전제한다.
ㄷ. 체제론은 비계서적 관점을 중시한다.
ㄹ. 발전행정론은 정치, 사회, 경제의 균형성장에 크게 기여하였다.

① ㄱ, ㄴ ② ㄱ, ㄹ
③ ㄴ, ㄷ ④ ㄴ, ㄹ
⑤ ㄷ, ㄹ

23 다음 중 베버(Weber)가 제시한 이념형 관료제에 대한 설명으로 옳지 않은 것은?

① 관료의 충원 및 승진은 전문적인 자격과 능력을 기준으로 이루어진다.
② 조직 내의 모든 결정행위나 작동은 공식적으로 확립된 법규체제에 따른다.
③ 하급자는 상급자의 지시나 명령에 복종하는 계층제의 원리에 따라 조직이 운영된다.
④ 민원인의 만족 극대화를 위해 업무처리 시 관료와 민원인과의 긴밀한 감정교류가 중시된다.
⑤ 조직 내의 모든 업무는 문서로 처리하는 것이 원칙이다.

24 다음 중 근무성적평정제도에서 다면평가제도의 장점으로 옳지 않은 것은?

① 직무수행 동기 유발
② 원활한 커뮤니케이션
③ 자기역량 강화
④ 미래 행동에 대한 잠재력 측정
⑤ 평가의 수용성 확보 가능

25 다음 중 시험이 특정한 직위의 의무와 책임에 직결되는 요소들을 어느 정도 측정할 수 있느냐에 대한 타당성의 개념은?

① 내용타당성
② 구성타당성
③ 개념타당성
④ 예측적 기준타당성
⑤ 동시적 기준타당성

26 다음 글의 빈칸 ㉠에 대한 설명으로 옳은 것은?

> ___㉠___ 이란 상대적으로 많이 가진 계층 또는 집단으로부터 적게 가진 계층 또는 집단으로 재산·소득·권리 등의 일부를 이전시키는 정책을 말한다. 이를테면 누진세 제도의 실시, 생활보호 대상자에 대한 의료보호, 영세민에 대한 취로사업, 무주택자에 대한 아파트 우선적 분양, 저소득 근로자들에게 적용시키는 근로소득보전세제 등의 정책이 이에 속한다.

① 정책 과정에서 이해당사자들 상호 간 이익이 되는 방향으로 협력하는 로그롤링(Log Rolling) 현상이 나타난다.
② 계층 간 갈등이 심하고 저항이 발생할 수 있어 국민적 공감대를 형성할 때 정책의 변화를 가져오게 된다.
③ 체제 내부를 정비하는 정책으로 대외적 가치배분에는 큰 영향이 없으나 대내적으로는 게임의 법칙이 발생한다.
④ 대체로 국민 다수에게 돌아가지만 사회간접시설과 같이 특정지역에 보다 직접적인 편익이 돌아가는 경우도 많다.
⑤ 법령에서 제시하는 광범위한 기준을 근거로 국민들에게 강제적으로 특정한 부담을 지우는 것이다.

27 다음 조직이론 중 동기부여 이론에 대한 설명으로 옳지 않은 것은?

① 앨더퍼(Alderfer)의 ERG이론 : 상위욕구가 만족되지 않거나 좌절될 때 하위욕구를 더욱 충족시키고자 한다는 좌절 – 퇴행 접근법을 주장한다.

② 애덤스(Adams)의 형평성이론 : 자신의 노력과 그 결과로 얻어지는 보상과의 관계를 다른 사람의 것과 비교해 상대적으로 느끼는 공평한 정도가 행동동기에 영향을 준다고 주장한다.

③ 맥클리랜드(McClelland)의 성취동기이론 : 동기는 학습보다는 개인의 본능적 특성이 중요하게 작용하며 사회문화와 상호작용하는 과정에서 취득되는 것으로 친교욕구, 성취욕구, 성장욕구가 있다고 보았다.

④ 브룸(Vroom)의 기대이론 : 동기부여의 정도는 사람들이 선호하는 결과를 가져올 때, 자신의 특정한 행동이 그 결과를 가져오는 수단이 된다고 믿는 정도에 따라 달라진다고 본다.

⑤ 로크(Locke)의 목표설정이론 : 구체적이고 어려운 목표의 설정과 목표성취도에 대한 환류의 제공이 업무 담당자의 동기를 유발하고 업무성취를 향상시킨다고 본다.

28 다음 중 정책결정 모형에 대한 설명으로 옳지 않은 것은?

① 사이먼(Simon)은 결정자의 인지능력의 한계, 결정상황의 불확실성 및 시간의 제약 때문에 결정은 제한적 합리성의 조건하에 이루어지게 된다고 주장한다.

② 점증모형은 이상적이고 규범적인 합리모형과는 대조적으로 실제의 결정상황에 기초한 현실적이고 기술적인 모형이다.

③ 혼합모형은 점증모형의 단점을 합리모형과의 통합으로 보완하려는 시도이다.

④ 쓰레기통모형에서 가정하는 결정상황은 불확실성과 혼란이 심한 상태로 정상적인 권위구조와 결정규칙이 작동하지 않는 경우이다.

⑤ 합리모형에서 말하는 합리성은 정치적 합리성을 의미한다.

29 다음 중 행정학의 접근방법에 대한 설명으로 옳지 않은 것은?

① 행태론적 접근방법은 현상에서 가치 문제가 많이 개입되어 있을수록 이론의 적합성이 떨어지기 때문에 의도적으로 이러한 문제를 연구 대상이나 범위에서 제외시킬 수 있다.

② 체제론적 접근방법은 자율적으로 목표를 설정하고 그 방향으로 체제를 적극적으로 변화시켜 나가려는 측면보다 환경 변화에 잘 적응하려는 측면을 강조한다.

③ 신제도주의는 행위 주체의 의도적이고 전략적인 행동이 제도에 영향을 미칠 수 있다는 점을 부정하고, 제도설계와 변화보다는 제도의 안정성 차원에 관심을 보이고 있다.

④ 논변적 접근방법의 진정한 가치는 각자 자신들의 주장에 대한 논리성을 점검하고 상호 타협과 합의를 도출하는 민주적 절차에 있다.

⑤ 법적 · 제도적 접근방법은 연구가 지나치게 기술적(Descriptive) 수준에 머물고 정태적이라는 비판에 부딪혔다.

30 다음 중 기본권 존중주의에 대한 설명으로 옳지 않은 것은?

① 자유와 권리의 본질적 내용은 결코 침해되어서는 아니 된다.
② 사회적 국가원리도 기본권존중주의의 기초가 된다.
③ 표현의 자유에 대한 사전 검열제는 금지되어야 한다.
④ 법률의 형식에 의하기만 한다면 얼마든지 기본권을 제한할 수 있다.
⑤ 우리나라는 헌법 제10조에서 기본권존중주의를 규정하고 있다.

31 다음 중 딜레마 이론에 대한 설명으로 옳은 것은?

① 정부활동의 기술적·경제적 합리성을 중시하고 정부가 시장의 힘을 활용하는 촉매자 역할을 한다는 점을 강조하는 이론이다.
② 전략적 합리성을 중시하고, 공유된 가치 창출을 위한 시민과 지역공동체 집단들 사이의 이익을 협상하고 중재하는 정부 역할을 강조하는 행정이론이다.
③ 정부신뢰를 강조하고, 정부신뢰가 정부와 시민의 협력을 증진시키며 정부의 효과성을 높이는 가장 중요한 요인이 된다고 주장하는 행정이론이다.
④ 시차를 두고 변화하는 사회현상을 발생시키는 주체들의 속성이나 행태의 연구가 행정이론 연구의 핵심이 된다고 주장하고, 이를 행정현상 연구에 적용하였다.
⑤ 상황의 특성, 대안의 성격, 결과가치의 비교평가, 행위자의 특성 등 상황이 야기되는 현실적 조건하에서 대안의 선택 방법을 규명하는 것을 통해 행정이론 발전에 기여하였다.

32 다음 중 위원회 조직에 대한 설명으로 옳지 않은 것은?

① 의결위원회는 의사결정의 구속력과 집행력을 가진다.
② 자문위원회는 의사결정의 구속력이 없다.
③ 토론과 타협을 통해 운영되기 때문에 상호 협력과 조정이 가능하다.
④ 위원 간 책임이 분산되기 때문에 무책임한 의사결정이 발생할 수 있다.
⑤ 다양한 정책전문가들의 지식을 활용할 수 있으며 이해관계자들의 의견 개진이 비교적 용이하다.

33 다음 중 정책참여자 간의 관계에 대한 설명으로 옳지 않은 것은?

① 다원주의는 개인 차원에서 정책결정에 직접적 영향력을 행사하기가 수월하다.

② 조합주의(Corporatism)는 정책결정에서 정부의 보다 적극적인 역할을 인정하고 이익집단과의 상호협력을 중시한다.

③ 엘리트주의에서는 권력은 다수의 집단에 분산되어 있지 않으며 소수의 힘 있는 기관에 집중되고, 기관의 영향력 역시 일부 고위층에 집중되어 있다고 주장한다.

④ 하위정부(Subgovernment)는 철의 삼각과 같이 정부관료, 선출직 의원, 그리고 이익집단의 역할에 초점을 맞춘다.

⑤ 정책공동체는 일시적이고 느슨한 형태의 집합체가 아니라 안정적인 상호의존관계를 유지하는 공동체의 시각을 반영한다.

34 다음 〈보기〉 중 조직이론에 대한 설명으로 옳은 것을 모두 고르면?

─〈보기〉─

ㄱ. 베버(M. Weber)의 관료제론에 따르면, 규칙에 의한 규제는 조직에 계속성과 안정성을 제공한다.
ㄴ. 행정관리론에서는 효율적 조직관리를 위한 원리들을 강조한다.
ㄷ. 호손(Hawthorne)실험을 통하여 조직 내 비공식집단의 중요성이 부각되었다.
ㄹ. 조직군 생태이론(Population Ecology Theory)에서는 조직과 환경의 관계를 분석함에 있어 조직의 주도적·능동적 선택과 행동을 강조한다.

① ㄱ, ㄴ   ② ㄱ, ㄴ, ㄷ

③ ㄱ, ㄴ, ㄹ   ④ ㄱ, ㄷ, ㄹ

⑤ ㄴ, ㄷ, ㄹ

35 다음 〈보기〉 중 국회의 예산심의에 대한 설명으로 옳은 것을 모두 고르면?

─〈보기〉─

ㄱ. 상임위원회의 예비심사를 거친 예산안은 예산결산특별위원회에 회부된다.
ㄴ. 예산결산특별위원회의 심사를 거친 예산안은 본회의에 부의된다.
ㄷ. 예산결산특별위원회를 구성할 때에는 그 활동기한을 정하여야 한다. 다만, 본회의의 의결로 그 기간을 연장할 수 있다.
ㄹ. 예산결산특별위원회는 소관 상임위원회의 동의없이 새 비목을 설치할 수 있다.

① ㄱ, ㄴ   ② ㄴ, ㄹ

③ ㄱ, ㄴ, ㄷ   ④ ㄱ, ㄷ, ㄹ

⑤ ㄴ, ㄷ, ㄹ

36 다음 중 직위분류제에 대한 설명으로 옳지 않은 것은?

① 계급제가 사람의 자격과 능력을 기준으로 한 계급구조라면 직위분류제는 사람이 맡아서 수행하는 직무와 그 직무수행에 수반되는 책임을 기준으로 분류한 직위구조이다.

② 직위분류제는 책임 명료화·갈등 예방·합리적 절차 수립 도움의 장점이 있다.

③ 직무 수행의 책임도와 자격 요건이 다르지만, 직무의 종류가 유사해 동일한 보수를 지급할 수 있는 직위의 횡적 군을 등급이라고 한다.

④ 직위분류제는 인적자원 활용에 주는 제약이 크다는 비판을 받는다.

⑤ 직렬은 직무의 종류가 유사하고 그 책임과 곤란성의 정도가 상이한 직급의 군이다.

37 다음 중 강화일정(Schedules of reinforcement)에 대한 설명으로 옳지 않은 것은?

① 연속적 강화는 행동이 일어날 때마다 강화요인을 제공하는 것이다.

② 고정간격 강화는 부하의 행동이 발생하는 빈도에 따라 일정한 간격으로 강화요인을 제공하는 것이다.

③ 변동간격 강화는 일정한 간격을 두지 않고 변동적인 간격으로 강화요인을 제공하는 것이다.

④ 고정비율 강화는 성과급제와 같이 행동의 일정비율에 의해 강화요인을 제공하는 것이다.

⑤ 변동비율 강화는 불규칙한 횟수의 행동이 나타났을 때 강화요인을 제공하는 것이다.

38 다음 중 윌슨(Wilson)이 주장한 규제정치모형에서 '감지된 비용은 좁게 집중되지만, 감지된 편익은 넓게 분산되는 경우'에 나타나는 유형은?

① 대중정치   ② 이익집단정치
③ 고객정치   ④ 기업가정치
⑤ 네트워크정치

39 다음 중 정책의제 설정에 대한 설명으로 옳지 않은 것은?

① 일반적으로 정책의제는 정치성, 주관성, 동태성 등의 성격을 가진다.

② 정책대안이 아무리 훌륭하더라도 정책문제를 잘못 인지하고 채택하여 정책문제가 여전히 해결되지 않은 상태로 남아있는 현상을 2종 오류라 한다.

③ 킹던(Kingdon)의 정책의 창 모형은 정책문제의 흐름, 정책대안의 흐름, 정치의 흐름이 어떤 계기로 서로 결합함으로써 새로운 정책의제로 형성되는 것을 말한다.

④ 콥(R.W. Cobb)과 엘더(C.D. Elder)의 이론에 의하면 정책의제 설정과정은 사회문제 – 사회적 이슈 – 체제의제 – 제도의제의 순서로 정책의제로 선택됨을 설명하고 있다.

⑤ 정책의제의 설정은 목표설정기능 및 적절한 정책수단을 선택하는 기능을 하고 있다.

40 다음 중 코터(J.P. Kotter)의 변화관리 모형의 8단계를 순서대로 바르게 나열한 것은?

① 위기감 조성 → 변화추진팀 구성 → 비전 개발 → 비전 전달 → 임파워먼트 → 단기성과 달성 → 지속적 도전 → 변화의 제도화

② 위기감 조성 → 비전 개발 → 비전 전달 → 임파워먼트 → 단기성과 달성 → 변화의 제도화 → 변화추진팀 구성 → 지속적 도전

③ 단기성과 달성 → 위기감 조성 → 변화추진팀 구성 → 비전 개발 → 비전 전달 → 임파워먼트 → 지속적 도전 → 변화의 제도화

④ 변화추진팀 구성 → 비전 개발 → 비전 전달 → 임파워먼트 → 단기성과 달성 → 지속적 도전 → 위기감 조성 → 변화의 제도화

⑤ 위기감 조성 → 변화추진팀 구성 → 단기성과 달성 → 비전 개발 → 비전 전달 → 임파워먼트 → 지속적 도전 → 변화의 제도화

01 지하수의 흐름에서 상·하류 두 지점의 수두차가 2.4m이고 두 지점의 수평거리가 360m인 경우, 대수층의 두께가 2.5m, 폭이 1.2m일 때의 지하수 유량은?(단, 투수계수 k=310m/day이고, 소수점 셋째 자리에서 반올림한다)

① 5.62m³/day   ② 6.20m³/day

③ 7.46m³/day   ④ 8.22m³/day

⑤ 9.60m³/day

02 다음 중 후르드 수(Froude Number)가 1.0보다 작은 흐름은 어떤 것인가?

① 상류(常流)   ② 사류(射流)

③ 층류(層流)   ④ 난류(亂流)

⑤ 부정류

03 강도설계법으로 휨부재를 해설할 때, 고정하중 모멘트 10kN·m, 활하중 모멘트 20kN·m가 생긴다면 계수 모멘트(M_u)는?

① 36kN·m   ② 38kN·m

③ 40kN·m   ④ 44kN·m

⑤ 48kN·m

04 다음 중 표면장력의 단위와 단위중량의 단위를 바르게 짝지은 것은?

① $dyne/cm$, $dyne/cm^3$　　　　② $dyne/cm^2$, $dyne/cm$

③ $dyne/cm^2$, $dyne/cm^3$　　　④ $dyne/cm$, $dyne/cm^2$

⑤ $dyne/cm^3$, $dyne/cm^2$

05 다음 중 뉴튼의 점성법칙의 함수를 구성하는 항으로 모여 있는 것은?

① 압력, 속도, 점성계수　　　　② 압력, 속도

③ 온도, 점성계수　　　　　　　④ 점성계수, 속도경사

⑤ 속도경사, 압력

06 오리피스의 수두차가 최대 4.9m이고 오리피스의 유량계수가 0.5일 때 오리피스의 유량은?(단, 오리피스의 단면적은 0.01m이고 중력가속도는 $9.8m/s^2$이다)

① $0.025m^3/s$　　　　　　　　② $0.049m^3/s$

③ $0.098m^3/s$　　　　　　　　④ $0.144m^3/s$

⑤ $0.196m^3/s$

07 Thiessen 다각형에서 A지역의 각각의 면적이 $30km^2$, $45km^2$, $80km^2$이고, 이에 대응되는 강우량은 각각 60mm, 35mm, 45mm일 때, A지역의 평균면적 강우량은?

① 15mm　　　　　　　　　　　② 30mm

③ 45mm　　　　　　　　　　　④ 60mm

⑤ 75mm

08 다음 중 벤츄리 미터(Venturi Meter)의 일반적인 용도로 옳은 것은?

① 유속 측정   ② 수심 측정

③ 유량 측정   ④ 시간 측정

⑤ 단면 측정

09 다음 중 여과량이 $2m^3/s$이고 동수경사가 0.2, 투수계수가 $1cm/s$일 때 필요한 여과지 면적은?

① $2,500m^2$ ② $2,000m^2$

③ $1,500m^2$ ④ $1,000m^2$

⑤ $500m^2$

10 관 벽면의 마찰력 τ_σ, 유체의 밀도 ρ, 점성계수를 μ라고 할 때 마찰속도(U_*)는?

① $\dfrac{\tau_\sigma}{\rho\mu}$ ② $\sqrt{\dfrac{\tau_\sigma}{\rho\mu}}$

③ $\sqrt{\dfrac{\tau_\sigma}{\rho}}$ ④ $\sqrt{\dfrac{\tau_\sigma}{\mu}}$

⑤ $\dfrac{\tau_\sigma}{\rho}$

11 다음 중 개수로 지배단면의 특성으로 옳은 것은?

① 하천흐름이 부정류인 경우에 발생한다.

② 완경사의 흐름에서 배수곡선이 나타나면 발생한다.

③ 상류 흐름에서 사류 흐름으로 변화할 때 발생한다.

④ 사류인 흐름에서 도수가 발생할 때 발생한다.

⑤ 단면에서의 수심은 유속에 의해 결정된다.

12 단주에서 단면의 핵이란 기둥에서 인장응력이 발생되지 않도록 재하되는 편심거리로 정의된다. 다음 중 지름이 40cm인 원형단면 핵의 지름은 몇 cm인가?

① 2.5cm

② 5cm

③ 7.5cm

④ 10cm

⑤ 12.5cm

13 수평으로 관 A와 B가 연결되어 있다. 관 A에서 유속은 2m/s, 관 B에서의 유속은 3m/s이며, 관 B에서의 유체압력이 9.8kN/m^2이라 하면 관 A에서의 유체압력은?(단, 에너지 손실은 무시한다)

① 약 2.5kN/m^2

② 약 12.3kN/m^2

③ 약 22.6kN/m^2

④ 약 29.4kN/m^2

⑤ 약 37.6kN/m^2

14 직사각형의 단면(폭 4m×수심 2m) 개수로에서 Manning 공식의 조도계수 $n=0.017$이고 유량 $Q=15\text{m}^3\text{/s}$일 때 수로의 경사(I)는?

① 1.016×10^{-3}

② 4.548×10^{-3}

③ 15.365×10^{-3}

④ 26.525×10^{-3}

⑤ 31.875×10^{-3}

15 대기의 온도 t_1, 상대 습도 70%인 상태에서 증발이 진행되었다. 온도가 t_2로 상승하고 대기 중의 증기압이 20% 증가하였다면 온도 t_1 및 t_2에서의 포화 증기압이 각각 10.0mmHg 및 14.0mmHg라 할 때 온도 t_2에서의 상대 습도는?

① 50% ② 60%

③ 70% ④ 80%

⑤ 90%

16 다음 중 DAD(Depth-Area-Duration) 해석에 대한 설명으로 옳은 것은?

① 최대 평균 우량깊이, 유역면적, 강우강도와의 관계를 수립하는 작업이다.

② 유역면적을 대수축(Logarithmic Scale)에 최대 평균 강우량을 산술축(Arithmetic Scale)에 표시한다.

③ DAD 해석 시 상대 습도 자료가 필요하다.

④ 유역면적과 증발산량과의 관계를 알 수 있다.

⑤ 일반적으로 강수의 계속시간이 짧을수록 또는 지역의 면적이 클수록 평균 유량의 최대치는 커진다.

17 복적단 고장력 볼트의 이음에서 강판에 $P = 400\text{kN}$이 작용할 때, 필요한 볼트는 모두 몇 개인가?(단, 볼트의 지름은 20mm이고 허용전단응력은 100MPa이다)

① 4개 ② 5개

③ 6개 ④ 7개

⑤ 8개

18 폭 3.5m, 수심 0.4m인 직사각형 수로의 Francis 공식에 의한 유량은?(단, 접근유속을 무시하고 양단수축이다)

① 약 $1.59\text{m}^3/\text{s}$ ② 약 $2.04\text{m}^3/\text{s}$

③ 약 $2.19\text{m}^3/\text{s}$ ④ 약 $2.34\text{m}^3/\text{s}$

⑤ 약 $2.62\text{m}^3/\text{s}$

19 비중 γ_1의 물체가 비중 $\gamma_2(\gamma_2 > \gamma_1)$의 액체에 떠 있다. 액면 위의 부피($V_1$)와 액면 아래의 부피($V_2$) 비 $\left(\dfrac{V_1}{V_2}\right)$는?

① $\dfrac{V_1}{V_2} = \dfrac{\gamma_2}{\gamma_1} + 1$

② $\dfrac{V_1}{V_2} = \dfrac{\gamma_2}{\gamma_1} - 1$

③ $\dfrac{V_1}{V_2} = \dfrac{\gamma_1}{\gamma_2} + 1$

④ $\dfrac{V_1}{V_2} = \dfrac{\gamma_1}{\gamma_2}$

⑤ $\dfrac{V_1}{V_2} = \dfrac{\gamma_2}{\gamma_1}$

20 지름이 4cm인 원형관 속에 물이 흐르고 있다. 관로 길이 1.0m 구간에서 압력강하가 0.1N/m^2였다면, 관벽의 마찰응력 τ는?

① 0.001N/m^2

② 0.002N/m^2

③ 0.01N/m^2

④ 0.02N/m^2

⑤ 0.03N/m^2

21 길이가 10m이고 단면이 25mm×45mm인 직사각형 단면을 가진 양단 고정인 장주의 중심축에 하중이 작용할 때, 좌굴응력은 약 얼마인가?(단, $E = 2.1 \times 10^5$ 이다)

① 3.512MPa

② 4.318MPa

③ 5.177MPa

④ 6.722MPa

⑤ 7.284MPa

22 아래의 그림과 같은 정정 라멘에 등분포하중 w가 작용 시 최대 휨모멘트는?

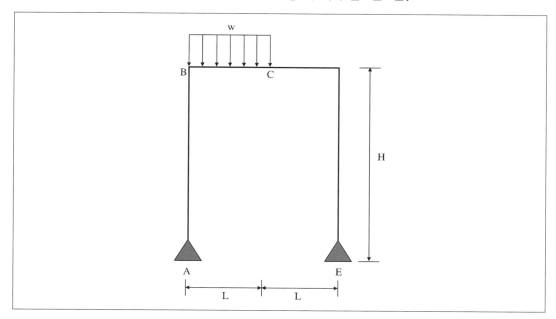

① 약 $0.077wL^2$

② 약 $0.186wL^2$

③ 약 $0.219wL^2$

④ 약 $0.250wL^2$

⑤ 약 $0.281wL^2$

23 단면 150mm×350mm인 장주의 길이가 5m일 때의 좌굴하중은?(단, 기둥의 지지상태는 일단고정 일단힌지이고, E=20,000MPa이다)

① 759.376kN

② 820.335kN

③ 842.155kN

④ 863.590kN

⑤ 885.905kN

24 길이가 10m의 철근을 300MPa의 인장응력으로 인장하였더니 그 길이가 15mm만큼 늘어났다. 이 철근의 탄성계수는?

① $2.0 \times 10^5 MPa$

② $2.1 \times 10^5 MPa$

③ $2.2 \times 10^5 MPa$

④ $2.3 \times 10^5 MPa$

⑤ $2.4 \times 10^5 MPa$

25 250mm×400mm 직사각형 단면을 가진 길이가 8m인 양단힌지 기둥의 세장비(λ)는?

① 약 54.9
② 약 69.3
③ 약 75.1
④ 약 92.7
⑤ 약 115.5

26 아래의 그림에서 중앙점의 휨모멘트는?

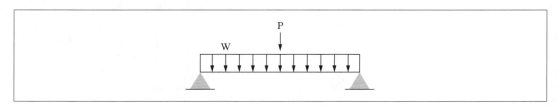

① $\dfrac{PL}{4} - \dfrac{wL^3}{8}$
② $\dfrac{2PL}{3} + \dfrac{wL}{8}$
③ $\dfrac{PL}{4} + \dfrac{wL^2}{8}$
④ $\dfrac{PL}{8} + \dfrac{wL}{4}$
⑤ $\dfrac{PL}{4} - \dfrac{wL^2}{8}$

27 단면이 250mm×300mm, 경간이 4m인 단순보의 중앙에 집중하중 25.0kN이 작용할 때 최대 휨응력은? (단, 소수점 둘째 자리에서 반올림한다)

① 3.4MPa
② 4.1MPa
③ 5.8MPa
④ 6.7MPa
⑤ 8.1MPa

28 30m에 대하여 3mm 늘어나 있는 줄자로 정사각형의 지역을 측정한 결과가 62,500m²이었다면, 실제의 면적은 얼마인가?

① 약 62,503.3m²
② 약 62,512.5m²
③ 약 62,524.3m²
④ 약 62,535.5m²
⑤ 약 62,550.3m²

29 다음 그림과 같은 구조물의 중앙 C점에서 휨모멘트가 0이 되기 위한 $\dfrac{a}{l}$ 의 비는?(단, P=$2wl$이다)

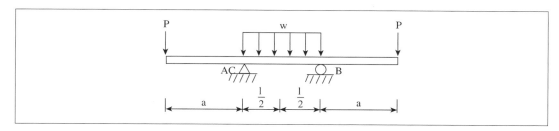

① $\dfrac{1}{4}$

② $\dfrac{1}{6}$

③ $\dfrac{1}{8}$

④ $\dfrac{1}{16}$

⑤ $\dfrac{1}{24}$

30 다음 그림과 같은 부정정보에서 지점 A의 처짐각(θ_A) 및 수직 반력(R_A)은?(단, 휨강성 EI는 일정하다)

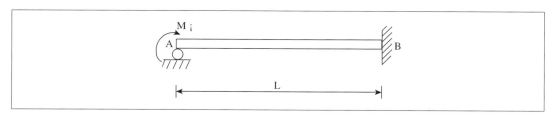

① $\theta_A = \dfrac{M_1 L}{4EI}$ (시계방향), $R_A = \dfrac{M_1}{2L}$ ($\downarrow$)

② $\theta_A = \dfrac{M_1 L}{4EI}$ (시계방향), $R_A = \dfrac{3M_1}{2L}$ ($\downarrow$)

③ $\theta_A = \dfrac{5M_1 L}{12EI}$ (시계방향), $R_A = \dfrac{M_1}{2L}$ ($\downarrow$)

④ $\theta_A = \dfrac{5M_1 L}{12EI}$ (시계방향), $R_A = \dfrac{3M_1}{2L}$ ($\downarrow$)

⑤ $\theta_A = \dfrac{5M_1 L}{12EI}$ (시계방향), $R_A = \dfrac{2M_1}{L}$ ($\downarrow$)

31 길이가 10m이고 지름이 50cm인 강봉이 길이 방향으로 작용하는 인장력에 의하여 10cm 변형되었다. 강봉의 푸아송비(Poisson's Ratio)가 0.2일 때, 다음 중 강봉의 반지름(cm) 변화로 옳은 것은?

① 0.1 증가   ② 0.1 감소

③ 0.05 증가   ④ 0.05 감소

⑤ 0.01 증가

32 축강성이 EA인 다음 강철봉의 C점에서의 수평변위는?(단, EA는 일정하다)

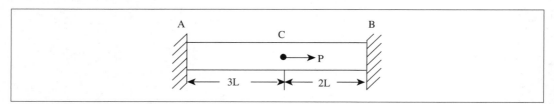

① $\dfrac{4PL}{5EA}$ ② $\dfrac{PL}{EA}$

③ $\dfrac{6PL}{5EA}$ ④ $\dfrac{7PL}{5EA}$

⑤ $\dfrac{8PL}{5EA}$

33 다음 중 댐의 여수로에서 도수를 발생시키는 목적 중 가장 중요한 것은?

① 유수의 에너지 감세

② 취수를 위한 수위상승

③ 취수를 위한 수위하락

④ 댐 하류부에서의 유속의 증가

⑤ 댐 하류부에서의 유량의 증가

34 다음 그림과 같이 방향이 반대인 힘 P와 3P가 L간격으로 평행하게 작용하고 있다. 두 힘의 합력의 작용위치인 X는?

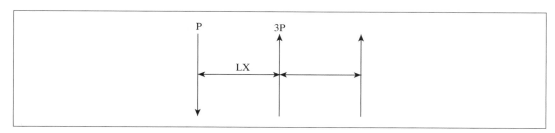

① $\dfrac{1}{3}L$

② $\dfrac{1}{2}L$

③ $\dfrac{2}{3}L$

④ L

⑤ $2L$

35 다음 그림과 같이 철근 콘크리트로 만든 사각형 기둥의 단면 중심축에 $P=120\mathrm{t}f$ 의 압축 하중이 작용하고 있다. 콘크리트와 철근의 단면적이 각각 $900\mathrm{cm}^2$와 $27\mathrm{cm}^2$일 때, 콘크리트의 응력(σ_c)과 철근의 응력(σ_s)은?[단, 철근과 콘크리트의 탄성계수비(Es/Ec)는 9이고, 소수점은 반올림한다]

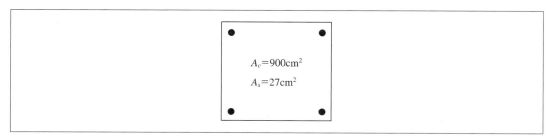

	$\sigma_c[\mathrm{kgf/cm}^2]$	$\sigma_s[\mathrm{kgf/cm}^2]$
①	105	925
②	105	945
③	120	945
④	125	925
⑤	125	945

36 다음 그림과 같은 게르버 보(Gerber Beam)에서 A점의 휨모멘트 값은?

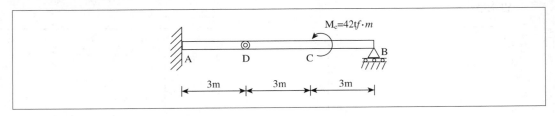

① -21 ② -9

③ -3 ④ 9

⑤ 21

37 길이가 4.0m이고 직사각형 단면을 가진 기둥의 세장비 λ는?(단, 기둥의 단면성질에서 $I_{max}=2,500\text{cm}^4$, $I_{min}=1,600\text{cm}^4$, $A=100\text{cm}^2$ 이다)

① 50   ② 80

③ 100   ④ 150

⑤ 160

38 다음 그림과 같은 보에서 지점 B의 반력이 4P일 때 하중 3P의 재하위치 x는?

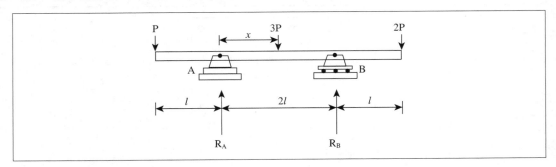

① $x=l$ ② $x=\dfrac{3}{2}l$

③ $x=2l$ ④ $x=\dfrac{2}{3}l$

⑤ $x=3l$

39 A점이 회전(Hinge), B점이 이동(Roller) 지지이고 부재의 길이가 L인 단순보에서, A점에서 중앙 C점(L/2)까지 작용하는 하중이 등분포하중일 때, 부재 길이 L 내에서 전단력이 제로(0)인 점은 A점에서 중앙 쪽으로 얼마만큼 떨어진 곳에 위치하고 있는가?

① $\dfrac{1}{8}$L

② $\dfrac{1}{16}$L

③ $\dfrac{3}{8}$L

④ $\dfrac{3}{16}$L

⑤ $\dfrac{5}{8}$L

40 다음 그림과 같은 내민보에서 C점에 대한 전단력의 영향선에서 D점에 대한 종거는?

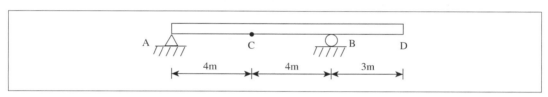

① -0.156

② -0.264

③ -0.375

④ -0.462

⑤ -0.557

6권

한국농어촌공사 5 · 6급

정답 및 해설

온라인 모의고사 무료쿠폰

쿠폰번호	행정직(경영)	ASQD-00000-4E49C
	행정직(경제)	ASQE-00000-D5143
	행정직(법)	ASQF-00000-49731
	행정직(행정)	ASQG-00000-82357
	토목직(토목)	ASQH-00000-8CAE8

[쿠폰 사용 안내]

1. 합격시대 홈페이지(www.sdedu.co.kr/pass_sidae_new)에 접속합니다.
2. 홈페이지 중앙 '1회 무료 이용권 제공' 배너를 클릭하고, 쿠폰번호를 등록합니다.
3. 내강의실 > 모의고사 > 합격시대 모의고사를 클릭하면 응시가 가능합니다.
※ 본 쿠폰은 등록 후 30일간 이용 가능합니다.
※ iOS / macOS 운영체제에서는 서비스되지 않습니다.

무료NCS특강 쿠폰

쿠폰번호 DEA-25864-17675

[쿠폰 사용 안내]

1. SD에듀 홈페이지(www.sdedu.co.kr)에 접속합니다.
2. 상단 카테고리 「이벤트」를 클릭합니다.
3. 「NCS 도서구매 특별혜택 이벤트」를 클릭한 후 쿠폰번호를 입력합니다.

AI면접 무료쿠폰

쿠폰번호 AQB-82534-00280

[쿠폰 사용 안내]

1. WIN시대로(www.winsidaero.com)에 접속합니다.
2. 상단 카테고리 「이벤트」를 클릭합니다.
3. 쿠폰번호를 입력한 후 [마이페이지]에서 이용권을 사용하여 면접을 실시합니다.
※ 무료쿠폰으로 응시한 면접에는 제한된 리포트가 제공됩니다.
※ 본 쿠폰은 등록 후 7일간 이용 가능합니다.

끝까지 책임진다! SD에듀!

QR코드를 통해 도서 출간 이후 발견된 오류나 개정법령, 변경된 시험 정보, 최신기출문제, 도서 업데이트 자료 등이 있는지 확인해 보세요! **시대에듀 합격 스마트 앱**을 통해서도 알려 드리고 있으니 구글 플레이나 앱 스토어에서 다운받아 사용하세요. 또한, 파본 도서인 경우에는 구입하신 곳에서 교환해 드립니다.

제1회 모의고사 정답 및 해설

01	02	03	04	05	06	07	08	09	10
②	⑤	②	③	③	④	③	⑤	③	④
11	12	13	14	15	16	17	18	19	20
④	②	①	③	③	②	③	④	⑤	①
21	22	23	24	25	26	27	28	29	30
⑤	④	④	①	②	③	④	③	⑤	⑤
31	32	33	34	35	36	37	38	39	40
②	④	⑤	②	⑤	①	①	③	②	②

01
정답 ②

빈칸 앞에서는 제3세계 환자들과 제약회사 간의 신약 가격에 대한 딜레마를 이야기하며 제3의 대안이 필요하다고 하고 있다. 그리고 빈칸 뒤에서는 그 대안이 실현되기 어려운 이유는 '자신의 주머니에 손을 넣어 거기에 필요한 돈을 꺼내는 순간 분명해질 것'이라고 하였으므로 빈칸에 개인 차원의 대안을 제시했음을 추측할 수 있다. 따라서 ②가 적절하다.

02
정답 ⑤

일반적으로 다의어의 중심 의미는 주변 의미보다 사용 빈도가 높다. 다만, '사회생활에서의 관계나 인연'의 의미와 '길이로 죽 벌이거나 늘여 있는 것'의 의미는 모두 '줄'의 주변 의미에 해당하므로 이 둘의 사용 빈도는 서로 비교하기 어렵다.

오답분석

① 문법적 제약이나 의미의 추상성·관련성 등은 제시문에서 설명하는 다의어의 특징이므로 이를 통해 동음이의어와 다의어를 구분할 수 있음을 추론할 수 있다.
② '손'이 '노동력'의 의미로 쓰일 때는 '부족하다, 남다' 등의 용언과만 함께 쓰일 수 있으므로 '넣다'와는 사용될 수 없다.
③ 다의어의 문법적 제약은 주변 의미로 사용될 때 나타나며, 중심 의미로 사용된다면 '물을 먹이다.' '물이 먹히다.'와 같이 사용될 수 있다.
④ 일반적으로 중심 의미는 주변 의미보다 언어의 습득 시기가 빠르므로 아이들은 '앞'의 중심 의미인 '향하고 있는 쪽이나 곳'의 의미를 주변 의미인 '장차 올 시간'보다 먼저 배울 것이다.

03
정답 ②

정신질환 산재 조사 · 판정을 이전에는 서울업무상질병판전위원회에서만 처리했으므로 ⓒ은 '일괄적으로'가 적절하다.

오답분석

① 앞 문장에 따르면, 산재 승인율이 급감하고 있음을 알 수 있다. 하지만 산재 승인 기준이 느슨할 경우 오히려 더 많은 승인이 일어날 것이므로, ㉠에는 '느슨한'보다는 '까다로운'이 더 적절하다.
③ 글에 따르면 이전에는 서울업무상질병판정위원회에서만 진행했던 산재 조사 · 판정을 이제는 다른 지역에서 각자 진행하고 있다고 하였으므로 ⓒ은 '분산했고'라는 내용이 적절하다.
④ 산재 승인율은 감소하고 있으므로 이에 불복하는 행정소송 제기는 더욱 증가함을 예측할 수 있다. 따라서 ⓔ에는 '감소'보다는 '증가'가 더 적절하다.
⑤ 상관관계란 두 대상이 서로 관련성이 있다고 추측되어지는 넓은 의미의 관계인 반면, 인과관계는 어떤 사실로 인해 어떤 다른 사실이 초래되었다는 원인과 결과의 관계를 말한다. 따라서 문맥상 대법원보다 소극적인 방식으로 업무상 사망을 기준 짓는 공단은 해당 사건을 '인과관계'의 기준으로 적용했다는 보는 것이 더 적절하다.

04
정답 ③

첫 번째 문단 마지막 문장인 '그럼에도 불구하고 ~ 과학혁명의 출발점이다.'를 통해 기존의 이론이 설명하지 못하는 현상이 존재하면 과학혁명이 발생할 수 있음을 알 수 있다.

오답분석

①·② 첫 번째 문단에 의하면 문제 해결의 성과는 기존 이론에 훨씬 못 미치지만, 기존 이론이 설명하지 못하는 어떤 현상을 새 이론이 설명할 수 있을 때 소수의 과학자들이 새 이론을 선택하며, 이것이 과학혁명의 시작이다.
④ 두 번째 문단에서 과학자들은 이론의 심미적 특성 같은 주관적 판단에 의해 새로 제안된 이론을 선택한다고 하였다.
⑤ 마지막 문단에서 과학자 공동체는 결국 개별 과학자들로 이루어진 것이라고 명시하고 있다.

05
정답 ③

두 번째 문단에서 부조화를 감소시키는 행동은 비합리적인 면이 있는데, 그러한 행동들이 자신들의 문제에 대해 실제적인 해결책을 찾지 못하도록 할 수 있다고 하였다.

오답분석
① 인지부조화는 불편함을 유발하기 때문에 사람들은 이것을 감소시키려고 한다.
② 제시문에는 부조화를 감소시키는 행동의 합리적인 면이 나타나 있지 않다.
④ 제시문에서 부조화를 감소시키려는 자기방어적인 행동은 부정적인 결과를 초래한다고 하였다.
⑤ 부조화를 감소시키는 행동으로 사람들은 자신의 긍정적인 측면의 이미지를 유지하게 되는데, 이를 통해 부정적인 이미지를 감소시키는지는 알 수 없다.

06
정답 ④

㉠ 앞의 내용에 따르면 인지부조화 이론에서 '사람들은 현명한 사람을 자기 편, 우매한 사람을 다른 편이라 생각할 때 마음이 편안해질 것이다.'라고 하였다. 따라서 자신의 의견과 동일한 주장을 하는 논리적인 글과 자신의 의견과 반대되는 주장을 하는 형편없는 글을 기억할 것이라 예측할 수 있다.

07
정답 ③

제시된 단락 다음으로는 실재론자 또는 반실재론자의 주장이 이어지는 것이 가장 적절하다. 따라서 (다) 미적 판단의 객관성을 지지하는 실재론자들 → (가) 주장에 대한 실재론자들의 근거 → (나) 실재론자의 주장에 반박하는 반실재론자들 → (라) 주장에 대한 반실재론자들의 근거의 순서대로 나열하는 것이 자연스럽다.

08
정답 ⑤

쇼펜하우어는 표상의 세계 안에서의 이성의 역할, 즉 시간과 공간, 인과율을 통해서 세계를 파악하는 주인의 역할을 함에도 불구하고 이 이성이 다시 의지에 종속됨으로써 제한적이며 표면적일 수밖에 없다는 한계를 지적하고 있다.

오답분석
① 세계의 본질은 의지의 세계라는 내용은 쇼펜하우어 주장의 핵심 내용이라는 점에서는 옳지만, 제시된 글의 주요 내용은 주관 또는 이성 인식으로 만들어내는 표상의 세계는 결국 한계를 가질 수밖에 없다는 것이다.
② 제시문에서는 표상 세계의 한계를 지적했을 뿐, 표상 세계의 극복과 그 해결 방안에 대한 내용은 없다.
③ 제시문에서 의지의 세계와 표상 세계는 의지가 표상을 지배하는 종속관계라는 차이를 파악할 수는 있으나, 중심 내용으로는 적절하지 않다.
④ 쇼펜하우어가 주관 또는 이성을 표상의 세계를 이끌어 가는 능력으로 주장하고 있다는 점에서 타당하나, 중심 내용은 아니다.

09
정답 ③

제시문은 2,500년 전 인간과 현대의 인간의 공통점을 언급하며 2,500년 전에 쓰인 『논어』가 현대에서 지니는 가치에 대하여 설명하고 있다. 따라서 (가) 『논어』가 쓰인 2,500년 전 과거와 현대의 차이점 → (마) 2,500년 전의 책인 『논어』가 폐기되지 않고 현대에서도 읽히는 이유에 대한 의문 → (나) 인간이라는 공통점을 지닌 2,500년 전 공자와 우리들 → (다) 2,500년의 시간이 흐르는 동안 인간의 달라진 부분과 달라지지 않은 부분에 대한 설명 → (라) 시대의 흐름에 따라 폐기될 부분을 제외하더라도 여전히 오래된 미래로서의 가치를 지니는 『논어』의 순서대로 나열하는 것이 적절하다.

10
정답 ④

제시된 글은 미술 작품을 올바르게 감상하기 위해 우리가 지녀야 할 태도에 대해 언급하고 있다. 작품을 올바르게 이해하기 위해서는 기존의 편협한 사고방식이나 태도에 얽매이지 말고 나름대로의 날카로운 안목과 감수성을 길러야 함을 강조하고 있다.

11
정답 ④

세 번째 조건에 따라 A팀장이 볶음밥을 시키므로, 짬뽕을 시키는 3명은 각각 직급이 달라야 한다. 즉, 과장, 대리, 사원이 각각 1명씩 반드시 시켜야 하는데, 다섯 번째 조건에 따라 D사원은 볶음밥이나 짜장면을 시켜야 한다. 각각의 경우를 살펴보면 다음과 같다.

• D사원이 볶음밥을 시키는 경우
  네 번째 조건에 따라 J대리가 짬뽕을 시키므로 N대리가 짜장면을 시키고, 여섯 번째 조건에 따라 S과장이 짜장면을 시켜야 하므로 K과장이 짬뽕을 시키고, 일곱 번째 조건에 따라 P사원도 짬뽕을 시킨다. 따라서 S과장은 짜장면을 시킨다.

짜장면	짬뽕	볶음밥
N대리 S과장	J대리 K과장 P사원	A팀장 D사원

• D사원이 짜장면을 시키는 경우
  일곱 번째 조건에 따라 K과장은 사원과 같은 메뉴를 시켜야 하는데, 만약 K과장이 짜장면이나 볶음밥을 시키면 S과장이 반드시 짬뽕을 시켜야 하므로 조건에 어긋난다. 따라서 K과장은 짬뽕을 시키고, P사원도 짬뽕을 시킨다. J대리는 짜장면을 싫어하므로 짬뽕이나 볶음밥을 시켜야 하는데, 만약 J대리가 짬뽕을 시키면 볶음밥을 싫어하는 N대리는 짜장면을, S과장은 볶음밥을 시켜야 하는데 다섯 번째 조건에 어긋나므로 J대리가 볶음밥을, N대리는 짬뽕을, S과장은 짜장면을 시킨다.

짜장면	짬뽕	볶음밥
D사원 S과장	K과장 P사원 N대리	A팀장 J대리

두 경우에서 모두 A팀장은 과장과 같은 메뉴를 시킬 수 없으므로, ④는 옳지 않은 설명이다.

12 정답 ②

제시된 자료에 의하여 2021년부터 세계 전문서비스용 로봇산업의 규모가 증가함을 알 수 있지만, 2023년에 세계 전문서비스용 로봇시장 규모가 전체 세계 로봇시장 규모에서 차지하는 비중을 구하면 $\frac{4,600}{17,949} \times 100 ≒ 25.63\%$이다.

따라서 2023년 전체 세계 로봇시장 규모에서 세계 전문서비스용 로봇시장 규모가 차지하는 비중은 27% 미만이므로 옳지 않다.

오답분석

① 2023년 세계 개인 서비스용 로봇산업 시장 규모의 전년 대비 증가율은 $\frac{2,216 - 2,134}{2,134} \times 100 ≒ 3.8\%$이다.

③ 2023년 세계 제조용 로봇산업 시장 규모의 전년 대비 증가율은 $\frac{11,133 - 10,193}{10,193} \times 100 ≒ 9.2\%$이고, 제시된 자료에 의하여 2023년의 세계 제조용 로봇산업의 규모가 세계 로봇시장에서 가장 큰 규모를 차지하고 있음을 확인할 수 있다.

④ • 전년 대비 2023년의 국내 전문 서비스용 로봇산업 생산 규모의 증가율 : $\frac{2,629 - 1,377}{1,377} \times 100 ≒ 91.0\%$

• 2022년의 전체 서비스용 로봇산업 생산 규모 : 3,247+1,377=4,624억 원

• 2023년의 전체 서비스용 로봇산업 생산 규모 : 3,256+2,629=5,885억 원

• 전년 대비 2023년의 전체 서비스용 로봇산업 생산 규모의 증가율 : $\frac{5,885 - 4,624}{4,624} \times 100 ≒ 27.3\%$

⑤ • 전년 대비 2023년의 개인 서비스용 로봇산업 수출 규모의 감소율 : $\frac{944 - 726}{944} \times 100 ≒ 23.1\%$

• 2022년의 전체 서비스용 로봇산업 수출 규모 : 944+154=1,098억 원

• 2023년의 전체 서비스용 로봇산업 수출 규모 : 726+320=1,046억 원

• 전년 대비 2023년의 전체 서비스용 로봇산업 수출 규모의 감소율 : $\frac{1,098 - 1,046}{1,098} \times 100 ≒ 4.7\%$

13 정답 ①

바탕은 흰색, 글자는 검정색이어야 하며 우측 상단 – 신고번호, 정중앙 – 개인 과외 교습자 표시, 우측 하단 – 교습과목 순서로 배치되어야 한다.

14 정답 ③

원형 테이블은 회전시켜도 좌석 배치는 동일하므로, 좌석을 1 ~ 7번으로 번호를 붙이고, A가 1번 좌석에 앉았다고 가정하여 배치하면 다음과 같다.

첫 번째 조건에 따라 2번에는 부장이, 7번에는 차장이 앉게 된다. 세 번째 조건에 따라, 부장과 이웃한 자리 중 비어있는 3번 자리에 B가 앉게 된다.

네 번째 조건에 따라 7번에 앉은 사람은 C가 된다.

다섯 번째 조건에 따라, 5번에 과장이 앉게 되고, 과장과 차장 사이인 6번에 G가 앉게 된다.

여섯 번째 조건에 따라, A와 이웃한 자리 중 직원 명이 정해지지 않은 2번, 부장 자리는 D가 앉게 된다.

마지막 조건에 따라, 4번 자리에는 대리, 3번 자리에는 사원이 앉는 것을 알 수 있다. 3번 자리에 앉는 사람은 사원 직급인 B인 것을 알 수 있다.

두 번째 조건에 따라, E는 사원과 이웃하지 않았고 직원 명이 정해지지 않은 5번, 과장 자리에 해당되는 것을 알 수 있다.

이를 정리하면 다음과 같은 좌석 배치가 되며, F는 이 중 유일하게 빈자리인 4번, 대리 자리에 해당된다.

그러므로 사원 직급은 B, 대리 직급은 F임을 알 수 있다.

15 정답 ③

주어진 조건에 따르면 가장 오랜 시간 동안 사업 교육을 진행하는 A와 부장보다 길게 교육을 진행하는 B는 부장이 될 수 없으므로 C가 부장임을 알 수 있다. 이때, 다섯 번째 조건에 따라 C부장은 교육 시간이 가장 짧은 인사 교육을 담당하는 것을 알 수 있다. 따라서 바르게 연결된 것은 ③이다.

16 정답 ②

한글 자음과 한글 모음의 치환 규칙은 다음과 같다.

• 한글 자음

ㄱ	ㄴ	ㄷ	ㄹ	ㅁ	ㅂ	ㅅ
a	b	c	d	e	f	g
ㅇ	ㅈ	ㅊ	ㅋ	ㅌ	ㅍ	ㅎ
h	i	j	k	l	m	n

• 한글 모음

ㅏ	ㅑ	ㅓ	ㅕ	ㅗ	ㅛ	ㅜ
A	B	C	D	E	F	G
ㅠ	ㅡ	ㅣ				
H	I	J				

따라서 목요일의 암호인 '완벽해'를 치환하면 다음과 같다.
완→hㅘb, 벽→fDa, 해→nㅐ
이때, 목요일에는 암호 첫째 자리에 숫자 4를 입력해야 하므로 A씨가 입력할 암호는 '4hㅘbfDanㅐ'이다.

17 정답 ③

6hJdㅐcEaAenJaIeaEdIdhDdgGhJㅆcAaE → 이래도 감히 금고를 열 수 있다고
• 6 : 토요일
• hJdㅐcE : 이래도
• aAenJ : 감히
• aIeaEdId : 금고를
• hDdgG : 열 수
• hJㅆcAaE : 있다고

18 정답 ④

1985년 농가 수가 많은 지역 순서는 '전남 – 경북 – 경남 – 충남 – 경기 · 전북 – 충북 – 강원 – 제주'이며, 2020년에는 '경북 – 전남 – 충남 – 경남 – 경기 – 전북 – 충북 – 강원 – 제주' 순서이다.

19 정답 ⑤

• A : 해외여행에 결격사유가 있다.
• B : 지원분야와 전공이 맞지 않다.
• C : 대학 재학 중이므로, 지원이 불가능하다.
• D : TOEIC 점수가 750점 이상이 되지 않는다.
• E : 병역 미필로 지원이 불가능하다.
따라서 A ~ E 5명 모두 지원자격에 부합하지 않는다.

20 정답 ①

각 지원자에 대한 가산점 합계를 구하면 다음과 같다.
• (가) : 정보관리기술사(5점), 사무자동화산업기사(2점), TOEIC 750점(2점), JLPT 2급(4점) → 5점
• (나) : TOSEL 620점(2점), 워드프로세서 1급(2점), PELT 223점(해당없음) → 4점
• (다) : 한국실용글쓰기검정 450점(해당없음), HSK 6급(해당없음), 정보보안산업기사(2점) → 2점
• (라) : JPT 320점(해당없음), 석사학위(4점), TEPS 450점(해당없음) → 4점
• (마) : 무선설비산업기사(2점), JLPT 3급(2점), ITQ OA 마스터(해당없음) → 4점
• (바) : TOEIC 640점(2점), 국어능력인증시험 180점(5점), HSK 8급(4점) → 5점
• (사) : JLPT 3급(2점), HSK 5급(해당없음), 한국어능력시험 530점(해당없음) → 2점
• (아) : IBT 42점(해당없음), 컴퓨터활용능력 2급(2점), 에너지관리산업기사(해당없음) → 2점
따라서 가산점이 5점인 경우는 2가지이고, 4점인 경우는 3가지이며, 마지막으로 2점인 경우에는 3가지이다.

21 정답 ⑤

B업체 견인차의 속력을 x km/h(단, $x \neq 0$)라 하자.
A업체 견인차의 속력이 63km/h일 때, 40분만에 사고지점에 도착하므로 A업체부터 사고지점까지의 거리는 $63 \times \dfrac{40}{60} = 42$km이다.

사고지점은 B업체보다 A업체에 40km 더 가까우므로 B업체에서 사고지점까지의 거리는 42+40=82km이다.
B업체의 견인차가 A업체의 견인차보다 늦게 도착하지 않으려면 사고지점에 도착하는 데 걸리는 시간이 40분보다 적거나 같아야 한다.
$$\dfrac{82}{x} \leq \dfrac{2}{3} \rightarrow 2x \geq 246$$
$\therefore x \geq 123$
따라서 B업체의 견인차가 내야 하는 최소 속력은 123km/h이다.

22 정답 ④

A · B · C버스의 배차간격인 8분, 15분, 12분의 최소공배수는 4×3×2×5=120분이므로 오후 4시 50분에서 두 시간 후인 오후 6시 50분에 다시 같이 출발한다.

23 정답 ④

개선 전 부품 1단위 생산 시 투입비용은 총 40,000원이었다. 생산비용 감소율이 30%이므로 개선 후 총비용은 40,000×(1-0.3)=28,000원이어야 한다. 그러므로 ⓐ+ⓑ=28,000-(3,000+7,000+8,000)=10,000원이다.

24

정답 ①

구매방식별로 할인 내용을 고려하여 최종적으로 몇 %가 할인되는지를 정리하면 다음과 같다.

구매방식	할인 내용 정리	최종 할인율
스마트폰 앱	(정가)×(1−0.25)	25%
전화	(정가)×(1−0.1)×(1−0.1) =(정가)×(1−0.19) * 3,000원 할인 → 10%	19%
회원카드와 쿠폰	(정가)×(1−0.15)×(1−0.1) =(정가)×(1−0.235)	23.5%
직접 방문	(정가)×(1−0.3)+(정가)×0.1 =(정가)×(1−0.2) * 3,000원 → 10%	20%
교환권	(정가)−6,000원=(정가)×(1−0.2)	20%

따라서 가장 많이 할인되는 구매방식은 스마트폰 앱이다.

25

정답 ②

B는 뒷면을 가공한 이후 A의 앞면 가공이 끝날 때까지 5분을 기다려야 한다. '즉, 뒷면 가공 → 5분 기다림 → 앞면 가공 → 조립'이 이루어지므로 총 45분이 걸리고, 유휴 시간은 5분이다.

26

정답 ③

2020년 직장 어린이집의 교직원 수는 3,214명이고, 2023년 직장 어린이집의 교직원 수는 5,016명이다.

따라서 2020년 대비 2023년 교직원의 증가율은 $\dfrac{5,016-3,214}{3,214}$ ×100≒56%이다.

27

정답 ④

- 올리브 통조림 주문량 : 15÷3=5캔
  → 올리브 통조림 구입 비용 : 5,200×5=26,000원
- 메추리알 주문량 : 7÷1=7봉지
  → 메추리알 구입 비용 : 4,400×7=30,800원
- 방울토마토 주문량 : 25÷5=5박스
  → 방울토마토 구입 비용 : 21,800×5=109,000원
- 옥수수 통조림 주문량 : 18÷3=6캔
  → 옥수수 통조림 구입 비용 : 6,300×6=37,800원
- 베이비 채소 주문량 : 4÷0.5=8박스
  → 베이비 채소 구입 비용 : 8,000×8=64,000원

따라서 K지점의 재료 구입 비용의 총합은 26,000+30,800+109,000+37,800+64,000=267,600원이다.

28

정답 ③

종합청렴도 식은 (종합청렴도)=[(외부청렴도)×0.6+(내부청렴도)×0.3+(정책고객평가)×0.1]−(감점요인)이므로, 내부청렴도에 관한 공식을 만들어보면 다음과 같다.

(내부청렴도)=[(종합청렴도)−(외부청렴도)×0.6−(정책고객평가)×0.1+(감점요인)]×$\dfrac{10}{3}$

위 식에 연도별 수치를 대입하여 내부청렴도를 구하면 다음과 같다.

- 2020년 : [6.23−8.0×0.6−6.9×0.1+(0.7+0.7+0.2)]×$\dfrac{10}{3}$

  =2.34×$\dfrac{10}{3}$=7.8

- 2021년 : [6.21−8.0×0.6−7.1×0.1+(0.7+0.8+0.2)]×$\dfrac{10}{3}$

  =2.4×$\dfrac{10}{3}$=8.0

- 2022년 : [6.16−8.0×0.6−7.2×0.1+(0.7+0.8+0.2)]×$\dfrac{10}{3}$

  =2.34×$\dfrac{10}{3}$=7.8

- 2023년 : [6.8−8.1×0.6−7.3×0.1+(0.5+0.4+0.2)]×$\dfrac{10}{3}$

  =2.31×$\dfrac{10}{3}$=7.7

따라서 내부청렴도가 가장 높은 해는 2021년, 가장 낮은 해는 2023년이다.

29

정답 ⑤

경공업제품의 2019년 수출액은 29,397백만 달러이고, 2022년 수출액은 36,829백만 달러이다.

따라서 경공업제품의 2019년 대비 2022년의 수출액 증감률은 $\left(\dfrac{36,829-29,397}{29,397}\right)$×100≒25.3%이다.

30

정답 ⑤

주어진 조건에 따라 각 상품의 할인가 판매 시의 괴리율을 계산하면 다음과 같다.

- 세탁기 : $\dfrac{640,000-580,000}{640,000}$×100≒9.3%
- 무선청소기 : $\dfrac{181,000-170,000}{181,000}$×100≒6.0%
- 오디오세트 : $\dfrac{493,000-448,000}{493,000}$×100≒9.1%
- 골프채 : $\dfrac{786,000-720,000}{786,000}$×100≒8.3%
- 운동복 : $\dfrac{212,500-180,000}{212,500}$×100≒15.2%

따라서 상품 중 운동복의 괴리율이 15.2%로 가장 높다.

31
정답 ②

도형 선택 후 〈Shift〉 버튼을 누르고 도형을 회전시키면 15° 간격으로 회전시킬 수 있다.

32
정답 ④

주파수분할 멀티플렉스는 주파수 편이 변조방식을 사용한다.

33
정답 ⑤

금융거래 시 신용카드 번호와 같은 금융정보 등을 암호화하며, 민감한 개인정보는 개방된 공공장소에서 사용하지 않도록 해야 한다.

오답분석

①·②·③·④ 온라인에서 개인정보 오남용으로 인한 피해를 예방하는 방법이다.

34
정답 ②

주기억장치에 대한 설명이다.

컴퓨터 시스템의 구성요소
- 중앙처리장치(CPU) : 컴퓨터의 시스템을 제어하고 프로그램의 연산을 수행하는 처리장치
- 주기억장치 : 프로그램이 실행될 때 보조기억장치로부터 프로그램이나 자료를 이동시켜 실행시킬 수 있는 기억장치
- 보조저장장치 : 2차 기억장치, 디스크나 CD-ROM과 같이 영구저장 능력을 가진 기억장치
- 입출력장치 : 장치마다 별도의 제어기가 있어, CPU로부터 명령을 받아 장치의 동작을 제어하고 데이터를 이동시키는 일을 수행

35
정답 ⑤

〈Ctrl〉+〈I〉는 글자를 기울이는 단축키이다.

오답분석

① 글꼴 크기 변경
② 줄바꿈
③ 셀서식
④ 글자 굵게

36
정답 ①

LEN 함수는 문자열의 문자 수를 구하는 함수이므로 숫자를 반환한다. 「=LEN(A2)」은 '서귀포시'로 문자 수가 4이며 여기서 −1을 하면 [A2] 열의 3번째 문자까지를 지정하는 것이므로 [C2] 셀과 같이 나온다. 텍스트 문자열의 시작지점부터 지정한 수만큼의 문자를 반환하는 LEFT 함수를 사용하면 「=LEFT(A2,LEN(A2) −1)」가 적절하다.

37
정답 ①

정보관리의 3원칙
- 목적성 : 사용목표가 명확해야 한다.
- 용이성 : 쉽게 작업할 수 있어야 한다.
- 유용성 : 즉시 사용할 수 있어야 한다.

38
정답 ③

INDEX 함수는 「=INDEX(배열로 입력된 셀의 범위,배열이나 참조의 행 번호,배열이나 참조의 열 번호)」로 표시되고, MATCH 함수는 「=MATCH(찾으려고 하는 값,연속된 셀 범위,되돌릴 값을 표시하는 숫자)」로 표시되기 때문에 「=INDEX(E2:E9,MATCH (0,D2:D9,0))」를 입력하면 근무연수가 0인 사람의 근무월수가 셀에 표시된다. 따라서 2가 표시된다.

39
정답 ②

VLOOKUP 함수는 목록 범위의 첫 번째 열에서 세로 방향으로 검색하면서 원하는 값을 추출하는 함수이고, HLOOKUP 함수는 목록 범위의 첫 번째 행에서 가로 방향으로 검색하면서 원하는 값을 추출하는 함수이다. 따라서 [F2:G9] 영역을 이용하여 업무지역별 코드번호를 입력할 경우 VLOOKUP 함수가 적절하며, VLOOKUP 함수의 형식은 「=VLOOKUP(찾을 값,범위,열 번호,찾기 옵션)」임을 볼 때, [D2] 셀에 입력된 수식은 「=VLOOKUP(C2,$F$2:$G$9,2,0)」이 적절하다.

오답분석

⑤ INDEX 함수는 지정된 범위에서 행 번호와 열 번호에 해당하는 데이터를 표시하는 함수이다.

40
정답 ②

비프음이 길게 1번, 짧게 1번 울릴 때는 메인보드의 오류이며, 해결방법은 A/S를 받아 메인보드를 교체하는 것이다.

41	42	43	44	45	46	47	48	49	50
⑤	⑤	①	②	②	③	④	④	③	④

41　　　　　　　　　　　　　　　　정답 ⑤

제시된 규정에 따라 사례금액의 상한을 산출하면 다음과 같다.

구분	강의시간	기타	사례금액 상한
A국립대 M교수	1시간	–	20만 원
B언론사 K기자	2시간	–	250만 원
C병원 S병원장	2시간	–	100만 원
D사립대 J강사	1시간	원고료 10만 원 추가 요청	100만 원
합계			470만 원

B언론사 K기자와 C병원 S병원장의 경우, 1시간을 초과하여 강의를 하므로, 기본 1시간+상한금액의 1.5배에 해당하는 추가금액이 상한액이다. 따라서 총사례금액의 상한은 470만 원이다.

42　　　　　　　　　　　　　　　　정답 ⑤

E기업은 전자가격표시기 도입으로 작업 소요 시간을 일주일 평균 31시간에서 3.8시간으로 단축하였다. 기업의 입장에서 작업 소요 시간을 단축하게 되면 업무 효율성 증가의 효과를 얻을 수 있다.

43　　　　　　　　　　　　　　　　정답 ①

- B씨 가족이 주간권을 구매할 경우의 할인금액
  $(54,000 \times 0.4) + [(54,000+46,000+43,000) \times 0.1]$
  $= 35,900$원
- B씨 가족이 야간권을 구매할 경우의 할인금액
  $(45,000 \times 0.4) + [(45,000+39,000+36,000) \times 0.1]$
  $= 30,000$원

따라서 할인금액의 차이는 $35,900 - 30,000 = 5,900$원이다.

44　　　　　　　　　　　　　　　　정답 ②

대화 내용에서 각자 연차 및 교육 일정을 정리하면 다음과 같다.

10월 달력						
일요일	월요일	화요일	수요일	목요일	금요일	토요일
		1	2 B사원 연차	3 개천절	4	5	6
7	8	9 한글날	10 A과장 연차	11 B대리 교육	12 B대리 교육	13
14	15 A사원 연차	16	17 B대리 연차	18 A대리 교육	19 A대리 교육	20
21	22	23	24 A대리 연차	25	26	27
28	29 워크샵	30 워크샵	31			

달력에서 바로 확인 가능한 사실은 세 번째 주에 3명의 직원이 연차 및 교육을 신청했다는 것이다. 그러나 A대리와 A사원이 먼저 신청했으므로 B대리가 옳지 않음을 알 수 있고, A대리의 말에서 자신이 교육받는 주에 다른 사람 2분은 연차 신청이 가능할 것 같다고 한 것은 네 번째 조건에 어긋난다.

따라서 옳지 않은 말을 한 직원은 A대리와 B대리임을 알 수 있다.

45　　　　　　　　　　　　　　　　정답 ②

B, C업체가 함께 작업을 할 때, 작업 완료까지 걸리는 시간을 x시간이라고 하자.

B업체와 C업체의 $1m^2$당 작업시간은 각각 1시간, 40분이므로 $60m^2$의 면적을 작업하는 데 걸리는 시간은 각각

$1 \times 60 = 60$시간, $\frac{40}{60} \times 60 = 40$시간이다.

즉, 1시간당 작업 면적은 각각 $\frac{1}{60} m^2$, $\frac{1}{40} m^2$이므로

$\left(\frac{1}{60} + \frac{1}{40}\right)x = 1$이다.

∴ $x = 24$

따라서 작업 완료까지 24시간이 소요된다.

오답분석

ㄱ. A업체가 $60m^2$를 작업하는 데 걸리는 시간은 $\frac{30}{60} \times 60 = 30$시간, B업체와 C업체가 $60m^2$를 작업하는 데 걸리는 시간은 각각 60시간, 40시간이므로 세 업체의 1시간당 작업 면적은 각각 $\frac{1}{30} m^2$, $\frac{1}{60} m^2$, $\frac{1}{40} m^2$이다.

A, C업체가 함께 작업을 할 때, 작업 완료까지 걸리는 시간을 x시간이라고 하면

$\left(\frac{1}{30} + \frac{1}{40}\right)x = 1 \rightarrow x = \frac{120}{7}$

A, B, C업체가 함께 작업을 할 때, 작업 완료까지 걸리는 시간을 y시간이라고 하면

$\left(\frac{1}{30} + \frac{1}{60} + \frac{1}{40}\right)x = 1 \rightarrow y = \frac{120}{9}$

따라서 작업을 가장 빠르게 끝내기 위해서는 A, B, C업체 모두에게 작업을 맡겨야 한다.

ㄷ. • A, B, C업체에 작업을 맡기는 경우 지급되는 비용
: $(10+8+9) \times \frac{120}{9} = 360$만 원

- B, C업체에 작업을 맡기는 경우 지급되는 비용
  : $(8+9) \times 24 = 408$만 원

따라서 A, B, C업체에 작업을 맡기는 경우, B업체와 C업체에 작업을 맡기는 경우보다 적은 비용이 든다.

46
정답 ③

ⅰ) 연봉이 3천만 원인 K사원의 월 수령액은 3천만 원÷12=250만 원이고 월평균 근무시간은 200시간이므로 시급은 250만 원÷200=12,500원이다.

ⅱ) K사원이 평일에 야근한 시간은 2+3+3+2=10시간이다.
따라서 야근 수당은 $(12,500+5,000) \times 10 = 175,000$원이다.

ⅲ) K사원이 주말에 특근한 시간은 3+5=8시간이므로 특근 수당은 $(12,500+10,000) \times 8 = 180,000$원이다.

식대는 야근·특근 수당에 포함되지 않으므로 K사원의 한 달간 야근 및 특근 수당의 총액은 175,000+180,000=355,000원이다.

47
정답 ④

노선별 건설비용과 사회손실비용은 다음과 같이 구할 수 있다.
- (건설비용)=(각 구간 길이)×(1km당 건설비용)
  - A노선 : $(1.0\text{km} \times 1,000$억 원)$+(0.5\text{km} \times 200$억 원)$+(8.5\text{km} \times 100$억 원)$=1,950$억 원
  - B노선 : 20km×100억 원=2,000억 원
  - C노선 : $(0.5\text{km} \times 1,000$억 원)$+(1\text{km} \times 200$억 원)$+(13.5\text{km} \times 100$억 원)$=2,050$억 원
- (사회손실비용)
  =(노선 길이)$\times \dfrac{1,000원}{10\text{km}} \times$(연간 평균 차량 통행량)×15년
  - A노선 : $10\text{km} \times \dfrac{1,000원}{10\text{km}} \times 2$백만 대×15년=300억 원
  - B노선 : $20\text{km} \times \dfrac{1,000원}{10\text{km}} \times 2$백만 대×15년=600억 원
  - C노선 : $15\text{km} \times \dfrac{1,000원}{10\text{km}} \times 2$백만 대×15년=450억 원
- 건설비용과 사회손실비용을 고려한 노선별 비용 비교
  - A노선 : 1,950억 원+300억 원=2,250억 원
  - B노선 : 2,000억 원+600억 원=2,600억 원
  - C노선 : 2,050억 원+450억 원=2,500억 원

따라서 A노선의 비용이 가장 저렴하므로 C노선이 적합하다는 설명은 적절하지 않다.

오답분석
① 건설비용만 따져볼 때는 A노선이 1,950억 원으로 가장 적어 최적의 대안이다.
② 노선 길이를 제외한 다른 항이 모두 동일하므로, 사회손실비용은 결국 노선 길이에 따라 달라짐을 알 수 있다. 따라서 옳은 설명이다.

③ A노선의 환경손실비용은 15억 원/년으로, B노선의 5억 원/년의 3배에 이른다.

⑤ 모든 비용을 고려하면 A노선은 2,250억 원+(15×15)=2,475억 원이고, B노선은 2,600억 원+(5×15)=2,675억 원이므로 옳은 설명이다.

48
정답 ④

팀원의 모든 스케줄이 비어 있는 시간대인 16:00~17:00가 가장 적절하다.

49
정답 ③

먼저 모든 면접위원의 입사 후 경력은 3년 이상이어야 한다는 조건에 따라 A, E, F, H, I, L직원은 면접위원으로 선정될 수 없다. 이사 이상의 직급으로 6명 중 50% 이상 구성되어야 하므로 자격이 있는 C, G, N은 반드시 면접위원으로 포함한다. 다음으로 인사팀을 제외한 부서는 두 명 이상 구성할 수 없으므로 이미 N이사가 선출된 개발팀은 더 선출할 수 없고, 인사팀은 반드시 2명을 포함해야 하므로 D과장은 반드시 선출된다. 이를 정리하면 다음과 같다.

구분	1	2	3	4	5	6
경우 1	C이사	D과장	G이사	N이사	B과장	J과장
경우 2	C이사	D과장	G이사	N이사	B과장	K대리
경우 3	C이사	D과장	G이사	N이사	J과장	K대리

따라서 B과장이 면접위원으로 선출됐더라도 K대리가 선출되지 않는 경우도 있다.

50
정답 ④

항목별 직원 수에 따른 원점수는 다음 표와 같다.

구분	전혀 아니다	아니다	보통이다	그렇다	매우 그렇다
원점수	21×1 =21점	18×2 =36점	32×3 =96점	19×4 =76점	10×5 =50점
가중치 적용 점수	21×0.2 =4.2점	36×0.4 =14.4점	96×0.6 =57.6점	76×0.8 =60.8점	50×1.0 =50점

따라서 10명의 직원이 선택한 설문지 가중치를 적용한 점수의 평균은 $\dfrac{4.2+14.4+57.6+60.8+50}{10} = 18.7$점이다.

| 02 | 토목직(기술능력)

41	42	43	44	45	46	47	48	49	50
③	③	③	②	③	①	②	①	⑤	④

41 　　　　　　　　　　　　　　　　정답 ③
연구개발에 참가한 연구원과 엔지니어들이 그 기업을 떠나는 경우 기술과 지식의 손실이 크게 발생하는 점을 볼 때, 기술혁신은 새로운 지식과 경험의 축적으로 나타나는 지식 집약적인 활동으로 볼 수 있다.

> **기술혁신의 특성**
> • 기술혁신은 그 과정 자체가 매우 불확실하고 장기간의 시간을 필요로 한다.
> • 기술혁신은 지식 집약적인 활동이다.
> • 기술혁신 과정의 불확실성과 모호함은 기업 내에서 많은 논쟁과 갈등을 유발할 수 있다.
> • 기술혁신은 조직의 경계를 넘나든다.

42 　　　　　　　　　　　　　　　　정답 ③
건물, 기계에 대한 점검·정비·보존의 불량은 산업재해의 기술적 원인으로 볼 수 있다.

오답분석
①·④ 산업재해의 교육적 원인에 해당된다.
②·⑤ 산업재해의 작업 관리상 원인에 해당된다.

43 　　　　　　　　　　　　　　　　정답 ③
설치 시 주의사항에 따르면 난방기기 주변은 과열되어 고장의 염려가 있으므로 피해야 한다. ③의 냉방기는 장소 선정 시 고려되어야 할 사항과 거리가 멀다.

44 　　　　　　　　　　　　　　　　정답 ②
전원이 갑자기 꺼진다면 전력 소모를 줄일 수 있는 기능인 '취침예약'이나 '자동전원끄기' 기능이 설정되어 있는지 확인해야 한다.

오답분석
① 전원이 켜지지 않을 경우 전원코드, 안테나 케이블, 케이블 방송 수신기의 연결이 제대로 되어 있는지 확인해야 하지만, 위성 리시버는 지문에서 확인할 수 없다.
③ 제품에서 뚝뚝 소리가 나는 것은 TV외관의 기구적 수축이나 팽창 때문에 나타날 수 있는 현상이므로 안심하고 사용해도 된다.
④ 제품 특성상 장시간 시청 시 패널에서 열이 발생하므로 열이 발생하는 것은 결함이나 동작 사용상의 문제가 되는 것이 아니므로 안심하고 사용해도 된다.
⑤ 리모컨 동작이 되지 않을 때는 새 건전지로 교체하고, 교체 후에도 문제가 해결되지 않는다면 서비스센터로 문의해야 한다.

45 　　　　　　　　　　　　　　　　정답 ③
체온 측정을 위한 주의사항에 따르면 체온을 측정할 때는 정확한 측정을 위해 과다한 귀지가 없도록 해야 한다.

오답분석
① 체온을 측정하기 전 새 렌즈필터를 부착하여야 한다.
② 오른쪽 귀에서 측정한 체온과 왼쪽 귀에서 측정한 체온이 다를 수 있으므로 항상 같은 귀에서 체온을 측정해야 한다.
④ 영점조정에 대한 사항은 지문에서 확인할 수 없는 내용이다.
⑤ 체온을 측정하기 전 새 렌즈필터를 부착하여야 하며, 렌즈를 알코올 솜으로 닦는 사항은 지문에서 확인할 수 없는 내용이다.

46 　　　　　　　　　　　　　　　　정답 ①
'POE' 에러 메시지는 체온계가 렌즈의 정확한 위치를 감지할 수 없어 정확한 측정이 어렵다는 메시지이다. 따라서 〈ON〉 버튼을 3초간 길게 눌러 화면을 지운 다음 정확한 위치에 체온계를 넣어 다시 측정해야 한다.

오답분석
② '－－' 에러 메시지가 떴을 때의 해결방법에 해당한다.
③ 지문에서 확인할 수 없는 내용이다.
④ '－－－' 에러 메시지가 떴을 때의 해결방법에 해당한다.
⑤ 'HI℃', 'LO℃' 에러 메시지가 떴을 때의 해결방법에 해당한다.

47 　　　　　　　　　　　　　　　　정답 ②
공기청정기를 약하고 기울어진 바닥에 두면 이상 소음 및 진동이 생길 수 있으므로 단단하고 평평한 바닥에 두어야 한다. 따라서 공기청정기를 부드러운 매트 위에 놓는 것은 적절하지 않다.

48 　　　　　　　　　　　　　　　　정답 ①
프리필터는 청소주기에 따라 1개월에 2회 이상 청소해야 한다.

오답분석
②·③ 탈취필터와 헤파필터의 교체주기는 6개월～1년이나 사용 환경에 따라 차이가 날 수 있으며, 필터 교체 표시등을 확인하여 교체해야 한다.
④ 프리필터는 반영구적으로 사용하는 것이므로 교체할 필요가 없다.
⑤ 냄새가 심하게 날 경우 탈취필터를 확인하여 교체해야 한다.

49 　　　　　　　　　　　　　　　　정답 ⑤
스마트에어 서비스 기기 등록 시 스마트폰의 Wi-Fi 고급설정 모드에서 '개방형 Wi-Fi' 관련 항목이 아닌 '신호 약한 Wi-Fi 끊기 항목'과 '신호 세기'와 관련된 기능을 확인해야 한다.

50 　　　　　　　　　　　　　　　　정답 ④
제1측선의 배횡거는 제1측선의 경거이므로 ($\overline{AB}$측선의 배횡거)=81.57m이다. 임의 측선의 배횡거는 '(전 측선의 배횡거)+(전 측선의 경거)+(그 측선의 경거)'이므로 ($\overline{BC}$측선의 배횡거)= 81.57+81.57+18.78=181.92m이다.

01	02	03	04	05	06	07	08	09	10
③	③	②	④	②	②	②	①	④	①
11	12	13	14	15	16	17	18	19	20
③	①	②	①	②	③	②	③	③	②
21	22	23	24	25	26	27	28	29	30
①	⑤	⑤	③	②	⑤	②	①	④	④
31	32	33	34	35	36	37	38	39	40
②	④	②	②	③	⑤	③	③	③	③

01 　　　　　　　　　　　　　　　　정답 ③

빈칸 뒤에는 '따라서'로 연결되어 있으므로 빈칸에는 '사회적 제도의 발명이 필수적이다.'를 결론으로 낼 수 있는 논거가 들어가야 한다. 따라서 ③이 가장 적절하다.

02 　　　　　　　　　　　　　　　　정답 ③

(나) 입시 준비를 잘하기 위해서는 체력이 관건이다. → (가) 좋은 체력을 위해서는 규칙적인 생활관리와 알맞은 영양공급이 필수적이며, 특히 청소년기에는 좋은 영양상태를 유지하는 것이 중요하다. → (다) 그러나 우리나라 학생들의 식습관을 살펴보면 충분한 영양 섭취가 이루어지지 못하고 있다.

03 　　　　　　　　　　　　　　　　정답 ②

지문에서는 유명 음악가 바흐와 모차르트에 대해 알려진 이야기들과 이와는 다르게 밝혀진 사실을 대비하여 이야기하고 있다. 또한 사실이 아닌 이야기가 바흐와 모차르트의 삶을 미화하는 경향이 있으므로 제목으로는 '미화된 음악가들의 이야기와 그 진실'이 가장 적절하다.

04 　　　　　　　　　　　　　　　　정답 ④

미선나무의 눈에서 조직배양한 기내식물체에 청색과 적색(1 : 1) 혼합광을 쬐어준 결과, 일반광(백색광)에서 자란 것보다 줄기 길이가 1.5배 이상 증가하였고, 줄기의 개수가 줄어든게 아니라 한 줄기에서 3개 이상의 새로운 줄기가 유도되었다.

05 　　　　　　　　　　　　　　　　정답 ②

보기에 따르면 피카소의 그림 게르니카는 1937년 게르니카에서 발생한 비극적 사건의 참상을 그린 작품으로, 보기는 그림 게르니카가 창작된 당시의 역사적 정보를 바탕으로 작품이 사회에 미친 효과를 평가하고 있다. 따라서 보기는 예술 작품이 창작된 사회적 · 역사적 배경을 중요시하는 맥락주의 비평의 관점에 따라 비평한 내용임을 알 수 있다.

오답분석
① · ④ · ⑤ 형식주의 비평의 관점이다.
③ 인상주의 비평의 관점이다.

06 　　　　　　　　　　　　　　　　정답 ②

제시문에 따르면 현대사회를 살아가는 사람들은 외모에 대해 주변인들의 평가, 학교 교육, 대중매체, 광고, 문화 이데올로기 등의 담론을 통해 이상자아를 형성하고, 실제 자신 사이의 불일치가 일어날 때 고통을 받는다고 한다. 이러한 외모 문화에는 대중매체, 가부장적 이데올로기, 시각문화, 자본주의 등 수많은 요소들이 개입하고 있음을 설명하고 있으므로, 빈칸에는 '다층적인'이 들어가는 것이 가장 적절하다.

07 　　　　　　　　　　　　　　　　정답 ②

제시된 문단은 낙수 이론에 대해 설명하고, 그 실증적 효과를 논한 후에 비판을 제기하고 있다. 따라서 일반론에 이은 효과를 설명하는 (가)가 그 뒤에, 비판을 시작하는 (나)가 그 다음에 와야 한다. 또한 (라)에는 '제일 많이'라는 수식어가 있고, (다)에는 '또한 제기된다.'라고 명시되어 있어 (라)가 (다) 앞에 오는 것이 글의 구조상 적절하다.

08 　　　　　　　　　　　　　　　　정답 ①

제시문은 급격하게 성장하는 호주의 카셰어링 시장을 언급하면서 이러한 성장 원인에 대해 분석하고 있으며, 호주 카셰어링 시장의 성장 가능성과 이에 따른 전망을 이야기하고 있다. 따라서 글의 제목으로 ①이 가장 적절하다.

09

정답 ④

네 번째 문단에서 보면 호주에서 차량 2대를 소유한 가족의 경우 차량 구매 금액을 비롯하여 차량 유지비에 쓰는 비용이 최대 연간 18,000호주 달러에 이른다고 하였다. 이처럼 차량 유지비에 대한 부담이 크기 때문에 차량 유지비가 들지 않는 카셰어링 서비스를 이용하려는 사람이 늘어나고 있다.

10

정답 ①

주어진 글은 (가) 대상이 되는 연구 방법의 진행 과정과 그 한계, (마) 융이 기존의 연구 방법에 추가한 과정을 소개, (라) 기존 연구자들이 간과했던 새로운 사실을 찾아낸 융의 실험의 의의, (나) 융의 실험을 통해 새롭게 드러난 결과 분석, (다) 새롭게 드러난 심리적 개념을 정의한 융의 사상 체계에서의 핵심적 요소에 대한 설명 순으로 나열하는 것이 자연스럽다.

11

정답 ③

본인의 범죄피해에 대해 걱정하는 아버지의 비율은 27.1%이다.

오답분석

① 아버지가 본인, 아들, 딸에 대해 걱정하는 비율은 각각 27.1%, 77.1%, 89.6%인 반면, 어머니가 본인, 아들, 딸에 대해 걱정하는 비율은 58.4%, 83.4%, 91.1%이다.

② 아버지가 아들보다 딸을 걱정하는 비율이 12.5% 더 높고, 어머니가 아들보다 딸을 걱정하는 비율이 7.7% 더 높다.

④ 본인의 범죄피해에 대해 걱정하는 아버지는 27.1%, 걱정하지 않는 아버지는 41.2%이다.

⑤ 어머니가 아들과 딸에 대해 걱정하는 비율의 차이는 |91.1−83.4|=7.7%p이고, 아버지가 아들과 딸에 대해 걱정하는 비율의 차이는 |89.6−77.1|=12.5%p이다.

12

정답 ①

시집<잡지<그림책, 소설, 수필이고 사전<동화인데, 시집의 위치가 맨 아래가 아니라고 하였으므로 사전<시집<잡지<그림책, 소설, 수필이다. 또한, 잡지와 동화는 책 하나를 사이에 두고 있다고 하였는데, 만약 잡지 아래에 있는 시집을 사이에 둘 경우 사전<동화<시집<잡지가 되어 두 번째 조건에 어긋난다. 따라서 잡지<?<동화가 되어야 하는데, 수필과 소설은 서로 맞닿아 있어야 하고 소설은 맨 위가 아니므로, 잡지<그림책<동화<소설<수필이 된다.

오답분석

② 그림책은 동화와 맞닿아 있다.

③ 정중앙에 위치한 책은 그림책이다.

④ 동화는 그림책보다 위에 있다.

⑤ 시집은 아래에서 두 번째에 있다.

13

정답 ②

두 번째 조건에서 A는 2층, C는 1층, D는 2호에 살고 있음을 알 수 있다. 또한 네 번째 조건에서 A와 B는 2층, C와 D는 1층에 살고 있음을 알 수 있다.

따라서 1층 1호에는 C, 1층 2호에는 D, 2층 1호에는 A, 2층 2호에는 B가 살고 있다.

14

정답 ①

주어진 조건에 따르면 김씨는 남매끼리 서로 인접하여 앉을 수 없으며, 박씨와도 인접하여 앉을 수 없으므로 김씨 여성은 왼쪽에서 첫 번째 자리에만 앉을 수 있다. 또한, 박씨 남성 역시 김씨와 인접하여 앉을 수 없으므로 왼쪽에서 네 번째 자리에만 앉을 수 있다. 나머지 자리는 최씨 남매가 모두 앉을 수 있으므로 6명이 앉을 수 있는 경우는 다음과 같다.

1) 경우 1

김씨 여성	최씨 여성	박씨 여성	박씨 남성	최씨 남성	김씨 남성

2) 경우 2

김씨 여성	최씨 남성	박씨 여성	박씨 남성	최씨 여성	김씨 남성

따라서 경우 1과 경우 2 모두 최씨 남매는 왼쪽에서 첫 번째 자리에 앉을 수 없다.

15

정답 ②

상품 A의 누적거래량은 매달 증가하는 추이를 보인다.

오답분석

㉠·㉢·㉣ 단위가 만 원이므로 5조 원, 6조 원, 1조 원이 적절하다.

16

정답 ③

2022년 E강사의 수강생 만족도는 3.2점이므로 2023년 E강사의 시급은 2022년과 같은 48,000원이다. 2023년 시급과 수강생 만족도를 참고하여 2024년 강사별 시급과 2023년과 2024년의 시급 차이를 구하면 다음과 같다.

강사	2024년 시급	(2024년 시급)−(2023년 시급)
A	$55,000(1+0.05)$ =57,750원	57,750−55,000 =2,750원
B	$45,000(1+0.05)$ =47,250원	47,250−45,000 =2,250원
C	$54,600(1+0.1)$ =60,060원 → 60,000원 (∵ 시급의 최대)	60,000−54,600 =5,400원

D	$59,400(1+0.05)$ $=62,370$원 $\rightarrow 60,000$원 $(\because$ 시급의 최대$)$	$60,000-59,400$ $=600$원
E	$48,000$원	$48,000-48,000=0$원

따라서 2023년과 2024년 시급 차이가 가장 큰 강사는 C이다.

오답분석

① E강사의 2023년 시급은 48,000원이다.
② 2024년 D강사의 시급과 C강사의 시급은 60,000원으로 같다 $(\because$ 강사가 받을 수 있는 최대 시급 60,000원$)$.
④ 2023년 C강사의 시급 인상률을 a%라고 하면
$$52,000\left(1+\frac{a}{100}\right)=54,600 \rightarrow 520a=2,600$$
$$\therefore a=5$$
즉, 2023년 C강사의 시급 인상률은 5%이므로, 수강생 만족도 점수는 4.0점 이상 4.5점 미만이다.
⑤ 2024년 A강사와 B강사의 시급 차이는 $57,750-47,250=10,500$원이다.

17   정답 ③

• 금연진료 · 상담료
L씨는 고혈압진료를 병행하였으므로 금연(동시)진료 비용으로 책정해야 한다.
 − 최초상담료 : $22,500 \times 0.2-1,500=3,000$원
 − 유지상담료 : $13,500 \times 0.2-900=1,800$원
3회 차부터 금연진료 · 본인부담금은 없으므로 L씨의 금연진료 · 상담료의 본인부담금은 $3,000+1,800=4,800$원이다.
• 약국금연관리비용
약국을 2회 방문하였고 금연치료의약품을 처방받았으므로 약국 금연관리비용 본인부담금은 $1,600 \times 2=3,200$원이다.
• 금연치료의약품비용
L씨가 처방받은 금연치료의약품은 챔픽스정이다.
챔픽스정의 1정당 본인부담금은 400원이고 7주간 처방받은 챔픽스정은 $2 \times (28+21)=98$정이다.
따라서 금연치료의약품 본인부담금은 $400 \times 98=39,200$원이다.
따라서 L씨가 7주까지 낸 본인부담금은 총 $4,800+3,200+39,200$ $=47,200$원이다.

18   정답 ②

제시된 조건을 기호로 정리하면 다음과 같다.
• ~A → B
• A → ~C
• B → ~D
• ~D → E
우선 E가 행사에 참여하지 않는 경우, 네 번째 조건의 대우인 ~E → D에 따라 D가 행사에 참여한다. D가 행사에 참여하면 세 번째 조건의 대우인 D → ~B에 따라 B는 행사에 참여하지 않는다. 또한 B가 행사에 참여하지 않으면 첫 번째 조건의 대우에 따라 A가

행사에 참여하고, A가 행사에 참여하면 두 번째 조건에 따라 C는 행사에 참여하지 않는다. 따라서 E가 행사에 참여하지 않을 경우 행사에 참여 가능한 사람은 A와 D 2명이다.

19   정답 ③

일본의 수출 건수 대비 수입 건수 비율은 $\frac{742,746}{377,583} \times 100 \fallingdotseq 196.7\%$ 로 옳은 설명이다.

오답분석

① 중국의 수출 건수 대비 미국의 수출 건수 비율은 $\frac{397,564}{953,140} \times 100 \fallingdotseq 41.7\%$이다.
② 기타를 제외한 수입 건수를 높은 순으로 나열 시 대만의 수입 건수 순위는 7위이다.
④ 기타로 분류된 국가 중에서도 수입금액이 USD 200억 이상인 국가가 있을 수 있으므로 알 수 없다.
⑤ 멕시코 수출 건수당 평균 수출금액은 $\frac{4,322,144}{55,157} \fallingdotseq 78.36$, 즉 약 USD 78,360이다.

20   정답 ②

• B : 싱가포르의 수입 건수는 수출 건수의 $\frac{63,877}{89,198} \times 100 \fallingdotseq 71.6\%$로 70% 이상이다.
• D : 인도의 무역수지 5배는 19,820,830이므로, 홍콩의 무역수지보다 크다.

오답분석

• A : 독일의 수출 건수는 필리핀의 수출 건수보다 $\frac{70,715-48,379}{48,379} \times 100 \fallingdotseq 46.2\%$만큼 많다.
• C : 자료의 국가명은 수입 건수 크기에 따라 정렬한 것이 아니다. 하지만 기타로 분류된 국가의 수입 건수를 모두 합해도 미국의 수입 건수보다 적으므로 미국은 우리나라가 수입하는 국가들 중 수입 건수가 가장 많은 국가이다.

21   정답 ①

• (ㄱ) : 2020년 대비 2021년 의료 폐기물의 증감률로 $\frac{48,934-49,159}{49,159} \times 100 \fallingdotseq -0.5\%$이다.
• (ㄴ) : 2018년 대비 2019년 사업장 배출시설계 폐기물의 증감률로 $\frac{123,604-130,777}{130,777} \times 100 \fallingdotseq -5.5\%$이다.

22

세 마리 거북이의 나이를 각각 X, Y, Z살이라고 하자.

$XY=77 \cdots \text{㉠}$

$YZ=143 \cdots \text{㉡}$

$ZX=91 \cdots \text{㉢}$

㉠, ㉡, ㉢을 모두 곱하면,

$(XYZ)^2 = 77 \times 143 \times 91 = (7 \times 11) \times (11 \times 13) \times (13 \times 7)$

$= 7^2 \times 11^2 \times 13^2 \rightarrow XYZ = 7 \times 11 \times 13$

㉠, ㉡, ㉢을 $XYZ = 7 \times 11 \times 13$에 대입하면,

$X=7$, $Y=11$, $Z=13$

따라서 가장 나이 많은 거북이와 가장 어린 거북이의 나이 차는 $13-7=6$살이다.

23

조건을 분석하면 다음과 같다.

• 첫 번째 조건에 의해 ㉠ ~ ㉣ 국가 중 연도별로 8위를 두 번 한 두 나라는 ㉠과 ㉣이므로 둘 중 한 곳이 한국, 나머지 하나가 캐나다임을 알 수 있다.

• 두 번째 조건에 의해 2022년 대비 2023년의 이산화탄소 배출량 증가율은 ㉡과 ㉢이 각각 $\frac{556-535}{535} \times 100 ≒ 3.93\%$와 $\frac{507-471}{471} \times 100 ≒ 7.64\%$이므로 ㉢은 사우디가 되며, 따라서 ㉡은 이란이 된다.

• 세 번째 조건에 의해 이란의 수치는 고정값으로 놓고 2021년을 기점으로 ㉠이 ㉣보다 배출량이 커지고 있으므로 ㉠이 한국, ㉣이 캐나다임을 알 수 있다.

따라서 ㉠ ~ ㉣은 순서대로 한국, 이란, 사우디, 캐나다이다.

24

산업 및 가계별로 대기배출량을 구하면 다음과 같다.

• 농업, 임업 및 어업

$\left(10,400 \times \frac{30}{100}\right) + \left(810 \times \frac{20}{100}\right) + \left(12,000 \times \frac{40}{100}\right)$

$+ \left(0 \times \frac{10}{100}\right) = 8,082$천 톤 CO_2eq

• 석유, 화학 및 관련제품

$\left(6,350 \times \frac{30}{100}\right) + \left(600 \times \frac{20}{100}\right) + \left(4,800 \times \frac{40}{100}\right)$

$+ \left(0.03 \times \frac{10}{100}\right) = 3,945.003$천 톤 CO_2eq

• 전기, 가스, 증기 및 수도사업

$\left(25,700 \times \frac{30}{100}\right) + \left(2,300 \times \frac{20}{100}\right) + \left(340 \times \frac{40}{100}\right)$

$+ \left(0 \times \frac{10}{100}\right) = 8,306$천 톤 CO_2eq

• 건설업

$\left(3,500 \times \frac{30}{100}\right) + \left(13 \times \frac{20}{100}\right) + \left(24 \times \frac{40}{100}\right) + \left(0 \times \frac{10}{100}\right)$

$= 1,062.2$천 톤 CO_2eq

• 가계부문

$\left(5,400 \times \frac{30}{100}\right) + \left(100 \times \frac{20}{100}\right) + \left(390 \times \frac{40}{100}\right) + \left(0 \times \frac{10}{100}\right)$

$= 1,796$천 톤 CO_2eq

대기배출량이 가장 많은 부문의 대기배출량을 줄여야 지구온난화 예방에 효과적이므로 '전기, 가스, 증기 및 수도사업' 부문의 대기배출량을 줄여야 한다.

25

• 개업하기 전 초기 입점 비용(단위 : 만 원)

 : (매매가)+(중개 수수료)+(리모델링 비용)

 − A상가 : $92,000+(92,000 \times 0.006)=92,552$만 원

 − B상가 : $88,000+(88,000 \times 0.007)+(2 \times 500)$

 $=89,616$만 원

 − C상가 : $90,000+(90,000 \times 0.005)=90,450$만 원

 − D상가 : $95,000+(95,000 \times 0.006)=95,570$만 원

 − E상가 : $87,000+(87,000 \times 0.007)+(1.5 \times 500)$

 $=88,359$만 원

• 개업 한 달 후 최종 비용(단위 : 만 원)

 : (초기 입점 비용)−[(초기 입점 비용)×0.03×(병원 입점 수)]

 − A상가 : $92,552-(92,552 \times 0.03 \times 2) ≒ 86,999$만 원

 − B상가 : $89,616-(89,616 \times 0.03 \times 3) ≒ 81,551$만 원

 − C상가 : $90,450-(90,450 \times 0.03 \times 1) ≒ 87,737$만 원

 − D상가 : $95,570-(95,570 \times 0.03 \times 1) ≒ 92,703$만 원

 − E상가 : $88,359-(88,359 \times 0.03 \times 2) ≒ 83,057$만 원

따라서 최종적으로 B상가에 입점하는 것이 가장 이득이다.

26

• 술에 부과되는 세금

 − 종가세 부과 시 : $2,000$원$\times 20$병$\times 0.2=8,000$원

 − 정액세 부과 시 : 300원$\times 20$병$=6,000$원

• 담배에 부과되는 세금

 − 종가세 부과 시 : $4,500$원$\times 100$갑$\times 0.2=90,000$원

 − 정액세 부과 시 : 800원$\times 100$갑$=80,000$원

따라서 조세 수입을 극대화시키기 위해서 술과 담배 모두 종가세를 부여해야 하며, 종가세 부과 시 조세 총수입은 $8,000+90,000=98,000$원이다.

27

정답 ②

첫 번째 조건에서 2024년 3월 요가 회원은 $a=50\times1.2=60$명이고, 세 번째 조건에서 2024년 5월 필라테스 예상 회원 수는 2024년 $2\sim4$월 월 평균 회원 수가 되어야하므로 2024년 5월 필라테스 예상 회원 수는 $d=\dfrac{106+110+126}{3}=\dfrac{342}{3}=114$이다.

두 번째 조건에 따라 2024년 4월 G.X 회원 수 c를 구하면 $(90+98+c)+37=106+110+126 \rightarrow c=342-225=117$이 된다. b를 구하기 위해 방정식 $2a+b=c+d$에 a, c, d에 해당되는 수를 대입하면 $b+2\times60=117+114 \rightarrow b=231-120 \rightarrow b=111$이다. 따라서 2024년 4월에 요가 회원 수는 111명이다.

28

정답 ①

구분	공회전 발생률(%)	공회전 시 연료 소모량(cc)	탄소포인트의 총합(P)
A	$\dfrac{20}{200}\times100=10$	$20\times20=400$	$100+0=100$
B	$\dfrac{15}{30}\times100=50$	$15\times20=300$	$50+25=75$
C	$\dfrac{10}{50}\times100=20$	$10\times20=200$	$80+50=130$
D	$\dfrac{5}{25}\times100=20$	$5\times20=100$	$80+75=155$
E	$\dfrac{25}{50}\times100=50$	$25\times20=500$	$50+0=50$

$\therefore$ D > C > A > B > E

29

정답 ④

A, B, C기계를 모두 하루 동안 가동시켰을 때 전체 불량률은 $\dfrac{(전체\ 불량품)}{(전체\ 생산량)}\times100$이다.

기계에 따른 생산량과 불량품 개수를 구하면 다음과 같다.

(단위 : 개)

구분	하루 생산량	불량품
A기계	5,000	$5,000\times0.007=35$
B기계	$5,000\times1.1=5,500$	$5,500\times0.01=55$
C기계	$5,500+500=6,000$	$6,000\times0.003=18$
합계	16,500	108

따라서 전체 불량률은 $\dfrac{108}{16,500}\times100=0.654545\cdots\fallingdotseq0.65\%$이다.

30

정답 ④

하늘색·크림색 타일의 면적은 $1\text{m}\times1\text{m}=1\text{m}^2$이므로 타일을 붙일 벽의 면적은 $6\text{m}\times5\text{m}=30\text{m}^2$이다.

즉, 필요한 타일의 개수는 $30\div1=30$개이다.

하늘색 타일은 2개가 1세트이므로 구매할 세트의 수량은 $30\div2=15$개이고, 하늘색 타일의 구매비용은 $15\times5=75$만 원이다.

크림색 타일은 3개가 1세트이므로 구매할 세트의 수량은 $30\div3=10$개이고, 크림색 타일의 구매비용은 $10\times7=70$만 원이다.

따라서 크림색 타일을 선택하는 것이 하늘색 타일을 선택하는 것보다 경제적이며, 구매비용의 차는 $75-70=5$만 원이다.

31

정답 ②

[서식 지우기] 기능을 사용해 셀의 서식을 지우면 글꼴 서식, 셀 병합, 셀 서식(테두리, 배경색) 등이 해제되고 기본 셀 서식으로 변경되지만 셀에 삽입된 메모는 삭제되지 않는다.

32

정답 ④

시간 데이터는 세미콜론(;)이 아니라 콜론(:)을 사용한다.

33

정답 ②

패리티 검사 코드는 패리티 비트를 포함하여 "1"의 개수가 홀수인지 짝수인지를 검사하는 데이터 오류 검출 방식이다.

34

정답 ②

바이오스란 컴퓨터에서 전원을 켜면 맨 처음 컴퓨터의 제어를 맡아 가장 기본적인 기능을 처리해 주는 프로그램으로, 모든 소프트웨어는 바이오스를 기반으로 움직인다.

오답분석

① ROM(Read Only Memory)에 대한 설명이다.
③ RAM(Random Access Memory)에 대한 설명이다.
④ 미들웨어(Middleware)에 대한 설명이다.
⑤ 스풀링(Spooling)에 대한 설명이다.

35

정답 ③

SUM 함수는 인수들의 합을 구할 때 사용한다.

- [B12] : 「=SUM(B2:B11)」
- [C12] : 「=SUM(C2:C11)」

오답분석

① REPT : 텍스트를 지정한 횟수만큼 반복한다.
② CHOOSE : 인수 목록 중에서 하나를 고른다.
④ AVERAGE : 인수들의 평균을 구한다.
⑤ DSUM : 지정한 조건에 맞는 데이터베이스에서 필드 값들의 합을 구한다.

36 정답 ⑤

- MAX : 최댓값을 구한다.
- MIN : 최솟값을 구한다.

37 정답 ③

⟨Ctrl⟩＋⟨3⟩은 글꼴 스타일에 기울임 꼴을 적용하는 바로가기 키이다. ⟨Ctrl⟩＋⟨4⟩를 사용해야 선택한 셀에 밑줄이 적용된다.

38 정답 ③

오답분석

- A : 기억하기 쉬운 비밀번호는 타인이 사용할 가능성이 크기 때문에 개인 정보가 유출될 가능성이 크므로 개인 정보 유출 방지책으로 옳지 않다.
- F : 회사에 필요한 개인 정보들뿐만 아니라 개인 정보들을 공유하는 것은 개인 정보를 유출시키는 요인 중 하나이다. 개인 정보를 공유하지 않는 것이 옳은 개인 정보 유출 방지책이다.

39 정답 ③

와일드카드 문자인 '?'는 해당 위치의 한 문자를 대신할 수 있으며, '*'는 모든 문자를 대신할 수 있다. 따라서 찾을 내용에 '가?'는 '가'로 시작하는 두 글자 단어를 나타내며, 모두 바꾸기를 실행하였을 경우 나타나는 결괏값은 ③이 적절하다.

40 정답 ③

E사는 최근 1년간 자사 자동차를 구매한 고객들의 주문기종을 조사하여 조사결과를 향후 출시할 자동차 설계에 반영하고자 하므로, 이를 위한 정보는 조사 자료에 기반하여야 한다. 유가 변화에 따른 E사 판매지점 수에 대한 정보는 신규 출시 차종 개발이라는 목적에 맞게 자료를 가공하여 얻은 것이 아니므로 ⓒ에 들어갈 내용으로 적절하지 않다.

오답분석

① 향후 출시할 자동차를 개발하기 위한 자료로서 적절한 자료이며, 객관적 실제의 반영이라는 자료의 정의에도 부합하는 내용이다.
② 구매대수 증가율이 높을수록 선호도가 빠르게 상승하고 있는 것이므로 신규 차종 개발 시 적절한 정보이다.
④ E사 자동차 구매 고객들이 연령별로 선호하는 디자인을 파악하는 것은 고객 연령대에 맞추어 신규 차종의 디자인을 설계할 때 도움이 되는 체계적 지식이다.
⑤ 최근 1년간 E사 자동차 구매 고객들이 선호하는 배기량을 파악하는 것은 신규 차종의 배기량을 설계할 때 도움이 되는 체계적 지식이다.

01 행정직(자원관리능력)

41	42	43	44	45	46	47	48	49	50
②	③	①	②	④	③	②	⑤	③	④

41 정답 ②

시간계획의 기본원리 설명에 기본 원칙으로 '60 : 40의 원칙'을 정의하였다. 마지막 문장에서는 좀 더 구체적으로 설명해 주는 것이므로 바로 앞 문장을 한 번 더 되풀이한다고 생각하면 된다. 따라서 ㉠은 계획 행동, ㉡은 계획 외 행동, ㉢은 자발적 행동이다.

42 정답 ③

임원용 보고서 1부의 가격은 (85페이지×300원)＋[2×2,000원(플라스틱 커버 앞 / 뒤)]＋2,000원(스프링 제본)＝31,500원이다. 총 10부가 필요하므로 315,000원이다.
직원용 보고서 1부의 가격은 84페이지(표지 제외)÷2(2쪽씩 모아찍기)÷2(양면 인쇄)＝21페이지이므로 (21페이지×70원)＋100원(집게 두 개)＋300원(표지)＝1,870원이다.
총 20부가 필요하므로 37,400원이다.

43 정답 ①

- (A) : 직접비용
- (B) : 간접비용

오답분석

실제비용은 실제로 사용되는 비용이고, 책정비용은 임의의 금액을 책정하는 것으로 예산을 책정할 때 실제비용보다 책정비용이 작을 경우 경쟁력을 잃게 되며, 클 경우 적자가 발생한다.

44 정답 ②

유사성의 원칙은 유사품은 인접한 장소에 보관한다는 것을 말한다. 같은 장소에 보관하는 것은 동일한 물품이다.

오답분석

① 물적자원관리 과정에서 첫 번째로 해야 할 일은 사용 물품과 보관 물품의 구분이며, 물품 활용의 편리성과 반복 작업 방지를 위해 필요한 작업이다.
③ 물품 분류가 끝나면 적절하게 보관장소를 선정해야 하는데, 물품의 특성에 맞게 분류하여 보관하는 것이 바람직하다. 재질의 차이로 분류하는 방법도 옳은 방법이다.
④ 회전대응 보관 원칙에 대한 옳은 정의이다. 물품 보관 장소까지 선정이 끝나면 차례로 정리하면 된다. 여기서 회전대응 보관 원칙을 지켜야 물품활용도가 높아질 수 있다.
⑤ 물품 보관장소를 선정할 때 무게와 부피에 따라 분류하는 방법도 중요하다. 만약 다른 약한 물품들과 같이 놓게 되면 무게 또는 부피가 큰 물품에 의해 다른 물품이 파손될 가능성이 크기 때문이다.

45

정답 ④

- 일비 : 하루에 10만 원씩 지급 → $100,000 \times 3 = 300,000$원
- 숙박비 : 실비 지급 → B호텔 2박 → $250,000 \times 2 = 500,000$원
- 식비 : 8 ~ 9일까지는 3식이고 10일에는 점심 기내식을 제외하여 아침만 포함 → $(10,000 \times 3) + (10,000 \times 3) + (10,000 \times 1) = 70,000$원
- 교통비 : 실비 지급 → $84,000 + 10,000 + 16,300 + 17,000 + 89,000 = 216,300$원
- 합계 : $300,000 + 500,000 + 70,000 + 216,300 = 1,086,300$원

46

정답 ③

매출 순이익은 [(판매가격)-(생산단가)]×(판매량)이므로 메뉴별 매출 순이익을 계산하면 다음과 같다.

메뉴	예상 월간 판매량(개)	생산 단가(원)	판매 가격(원)	매출 순이익(원)
A	500	3,500	4,000	$250,000 = (4,000-3,500) \times 500$
B	300	5,500	6,000	$150,000 = (6,000-5,500) \times 300$
C	400	4,000	5,000	$400,000 = (5,000-4,000) \times 400$
D	200	6,000	7,000	$200,000 = (7,000-6,000) \times 200$
E	150	3,000	5,000	$300,000 = (5,000-3,000) \times 150$

따라서 매출 순이익이 가장 높은 C를 메인 메뉴로 선택하는 것이 가장 합리적인 판단이다.

47

정답 ②

ㄱ. 3번 대결 시 가장 승리할 확률을 높이는 전략 순서는 C전략(90%) - B전략(70%) - A전략(60%)이다. 따라서 3가지 전략을 각각 1회씩 사용해야 한다.

ㄷ. · A전략만 사용할 때 : $0.6 \times 0.5 \times 0.4 = 0.12$
- B전략만 사용할 때 : $0.7 \times 0.3 \times 0.2 = 0.042$
- C전략만 사용할 때 : $0.9 \times 0.4 \times 0.1 = 0.036$
따라서 1개의 전략만을 사용하여 3전 3승하려면 A전략을 선택해야 한다.

오답분석

ㄴ. ㄱ에 의하여 5번의 대결 중 3번째까지는 C전략 - B전략 - A전략 순서로 사용한다. 3가지 전략을 각각 1회씩 사용했으므로 4번째 대결에는 2회 사용 시 승률이 가장 높은 A전략을 선택한다. A전략을 3회 사용할 때와 C전략을 2회 사용할 때 승률은 같으므로 5번째 대결에는 A전략 또는 C전략을 사용한다. 따라서 5번째 대결에서는 B전략을 제외한 A전략 또는 C전략을 사용해야 한다.

ㄹ. 1개의 전략을 사용해 2전 2패할 때, 전략별 패배 확률을 구하면 다음과 같다.
- A전략만 사용할 때 : $(1-0.6)(1-0.5) = 0.2$
- B전략만 사용할 때 : $(1-0.7)(1-0.3) = 0.21$
- C전략만 사용할 때 : $(1-0.9)(1-0.4) = 0.06$
따라서 2번 모두 패배할 확률을 가장 낮추려면 C전략을 사용해야 한다.

48

정답 ⑤

내진성능평가 점수와 내진보강공사 점수를 부여하면 다음과 같다.

구분	A기관	B기관	C기관	D기관
내진성능 평가 지수	$\dfrac{82}{100} \times 100 = 82$	$\dfrac{72}{80} \times 100 = 90$	$\dfrac{72}{90} \times 100 = 80$	$\dfrac{83}{100} \times 100 = 83$
내진성능 평가 점수	3점	5점	1점	3점
내진보강 공사 지수	$\dfrac{91}{100} \times 100 = 91$	$\dfrac{76}{80} \times 100 = 95$	$\dfrac{81}{90} \times 100 = 90$	$\dfrac{96}{100} \times 100 = 96$
내진보강 공사 점수	3점	3점	1점	5점
합산 점수	3+3=6점	5+3=8점	1+1=2점	3+5=8점

B, D기관의 합산 점수는 8점으로 동점이다. 최종 순위 결정조건에 따르면 합산 점수가 동점인 경우에는 내진보강대상 건수가 가장 많은 기관이 높은 순위가 된다.
따라서 최상위기관은 D기관이고, 최하위기관은 C기관이다.

49

정답 ③

5월 11일에 있는 햇빛새싹발전소 발전사업 대상지 방문 일정에는 3명이 참가한다. 짐 무게 3kg당 탑승인원 1명으로 취급하므로, 총 4명의 인원이 탈 수 있는 렌터카가 필요하다. 최대 탑승인원을 만족하는 A, B, C, D렌터카 중 가장 저렴한 것은 A렌터카이지만 5월 1 ~ 12일은 할인행사 기간으로 휘발유 차량을 30% 할인하므로 B렌터카의 요금이 $60,000 \times (1-0.3) = 42,000$원으로 가장 저렴하다.
5월 18일 보령 본사 방문에 참여하는 인원은 4명인데, 짐 무게 6kg은 탑승인원 2명으로 취급하므로 총 6명이 탈 수 있는 렌터카가 필요하다. 최대 탑승인원을 만족하는 C와 D렌터카는 요금이 동일하므로 조건에 따라 최대 탑승인원이 더 많은 C렌터카를 선택한다.

50
정답 ④

초과근무 계획표를 요일별로 정리하면 다음과 같다.

월	화	수	목	금	토	일
김혜정(3) 정해리(5) 정지원(6)	이지호(4) 이승기(1) 최명진(5)	김재건(1) 신혜선(4)	박주환(2) 신혜선(3) 정지원(4) 김우석(1) 이상엽(6)	김혜정(3) 김유미(6) 차지수(6)	이설희(9) 임유진 (4.5) 김유미(3)	임유진 (1.5) 한예리(9) 이상엽 (4.5)

즉, 목요일 초과근무자가 5명임을 알 수 있다. 또한 목요일 초과근무자 중 단 1명만 초과근무 일정을 바꿔야 한다면 목요일 6시간과 일요일 3시간 일정으로 $6+3\times1.5=10.5$시간을 근무하는 이상엽 직원의 일정을 바꿔야 한다. 따라서 목요일에 초과근무 예정인 이상엽 직원의 요일과 시간을 수정해야 한다.

02 | 토목직(기술능력)

41	42	43	44	45	46	47	48	49	50
③	④	②	①	④	③	①	④	②	②

41
정답 ③

아이를 혼자 두지 않고, 항상 벨트를 채워야 한다는 것은 유아용 식탁 의자의 장소 선정 시 고려해야 할 사항보다 사용 시 주의해야 할 사항으로 적절하다.

42
정답 ④

연마 세제나 용제는 유아용 식탁 의자를 손상시킬 수 있으므로 사용하지 않는다.

43
정답 ②

Micro Grid란 소규모 지역 내에서 분산자원의 최적조합을 통해 전력을 생산, 저장, 소비하는 On-site형 전력공급 시스템이다. ②는 전력신소재에 대한 설명이다.

44
정답 ①

사고 조사, 현장 분석 등을 통해 산업재해의 예방 대책 중 2단계인 사실의 발견을 추론할 수 있으며, 재해 형태, 재해 정도 등의 분석을 통해 3단계인 원인 분석을 추론할 수 있다.

> **산업재해의 예방 대책 5단계**
> 안전 관리 조직 → 사실의 발견 → 원인 분석 → 시정책의 선정 → 시정책 적용 및 뒤처리

45
정답 ④

벽걸이형 난방기구를 설치하기 위해서는 거치대를 먼저 벽에 고정시킨 뒤 평행을 맞춰 제품을 거치대에 고정시키고, 거치대의 고정 나사를 단단히 조여 흔들리지 않도록 해야 한다.

오답분석
① 벽걸이용 거치대의 상단에 대한 내용은 설명서에 나타나 있지 않다.
② 스탠드는 벽걸이형이 아닌 스탠드형 설치에 필요한 제품이다.
③ 벽이 단단한 콘크리트나 타일일 경우 전동드릴로 구멍을 내어 거치대를 고정시킨다.
⑤ 스탠드가 아닌 거치대의 고정 나사를 조여 흔들리지 않도록 고정시킨다.

46 정답 ③

실내온도가 설정온도보다 약 2~3℃ 내려가면 히터가 다시 작동한다. 따라서 실내온도가 20℃라면 설정온도를 20℃보다 2~3℃ 이상으로 조절해야 히터가 작동한다.

47 정답 ①

세탁기와 수도꼭지와의 거리에 대해서는 설치 시 주의사항에서 확인할 수 없는 내용이다.

48 정답 ④

세탁기 내부온도가 70℃ 이상이거나 물 온도가 50℃ 이상인 경우 세탁기 문이 열리지 않는다. 따라서 내부온도가 내려갈 때까지 잠시 기다려야 하며, 이러한 상황에 대해 투숙객에게 설명해야 한다.

오답분석
① 세탁조에 물이 남아 있다면 탈수를 선택하여 배수하여야 한다.
② 세탁기 내부온도가 높다면 내부온도가 내려갈 때까지 잠시 기다려야 한다.
③ 탈수 시 세탁기가 흔들릴 때의 해결방법이다.
⑤ 세탁기가 얼었을 경우, 미온수가 아니라 60℃ 정도의 뜨거운 물을 넣어 세탁기를 녹여야 한다.

49 정답 ②

설명서의 서술은 가능한 한 단순하고 간결해야 하며, 비전문가도 쉽게 이해할 수 있어야 한다. 따라서 전문용어의 사용을 삼가야 한다.

오답분석
① 추상적 명사보다는 행위 동사를 사용한다.
③ 의미전달을 명확하게 하기 위해서는 수동태보다 능동태의 동사를 사용한다.
④ 한 문장에는 통상적으로 하나의 명령 또는 밀접하게 관련된 명령만을 포함해야 한다.
⑤ 제품설명서는 제품 사용 중 해야 할 일과 하지 말아야 할 일까지 함께 정의해야 한다.

50 정답 ②

기술선택을 위한 우선순위 결정요인
1. 제품의 성능이나 원가에 미치는 영향력이 큰 기술
2. 기술을 활용한 제품의 매출과 이익 창출 잠재력이 큰 기술
3. 쉽게 구할 수 없는 기술
4. 기업 간에 모방이 어려운 기술
5. 기업이 생산하는 제품 및 서비스에 보다 광범위하게 활용할 수 있는 기술
6. 최신 기술로 진부화될 가능성이 적은 기술

제3회 모의고사 정답 및 해설

01	02	03	04	05	06	07	08	09	10
③	④	③	①	③	④	⑤	②	③	⑤
11	12	13	14	15	16	17	18	19	20
⑤	③	⑤	②	③	③	②	⑤	④	⑤
21	22	23	24	25	26	27	28	29	30
②	④	③	③	④	③	②	④	③	③
31	32	33	34	35	36	37	38	39	40
④	④	①	③	①	②	⑤	①	③	②

01 정답 ③

정부에서 고창 갯벌을 습지보호지역으로 지정 고시한 사실을 알리는 (나) → 고창 갯벌의 상황을 밝히는 (가) → 습지보호지역으로 지정 고시된 이후에 달라진 내용을 언급하는 (라) → 앞으로의 계획을 밝히는 (다) 순이 적절하다.

02 정답 ④

빈칸에 들어갈 진술을 판단하기 위해 앞의 문단에서 제기한 질문의 형태에 유의해야 한다. 즉, '올바른 답을 추론해 내는 데 필요한 모든 정보와 정답 제시가 올바른 추론능력의 필요충분조건은 아니다.'가 제시문의 중심내용이다. 이를 통해 왓슨의 어리석음이 추론에 필요한 정보를 활용하지 못한 데에 있음을 알 수 있다.

오답분석
① 왓슨의 문제는 정보를 올바로 추론하지 못한 데 있다.
② 왓슨은 올바른 추론의 방법을 알고 있지 못했다.
③ 왓슨이 전문적인 추론 훈련을 받지 못했다는 정보는 없다.
⑤ 왓슨은 추론에 필요한 관련 정보를 가지고 있었다.

03 정답 ③

두 번째 문단에서 지구의 내부가 지각, 상부 맨틀, 하부 맨틀, 외핵, 내핵으로 이루어진 층상 구조라고 밝혔다. 따라서 제시문의 핵심 내용은 '지구 내부의 구조'임을 확인할 수 있다.

04 정답 ①

ⓒ · ⓒ · ⓔ은 양반의 폐단에 관해 밝히고 있으며, ⓜ은 온 나라의 사람이 모두 양반이 되어 양반이 없도록 할 것을 주장하고 있다. ⓜ의 주장을 뒷받침하기 위해서는 양반의 폐단을 설명해야 하므로, ⓒ · ⓒ · ⓔ이 그 근거가 됨을 알 수 있다.

05 정답 ③

'한국에서는 한 명의 변사가 영화를 설명하는 방식을 취하였으며, 영화가 점점 장편화되면서부터는 2명 또는 4명이 번갈아 무대에 등장하는 방식으로 바뀌었다.'라는 부분을 통해 ③이 적절한 내용임을 알 수 있다.

06 정답 ④

글에서 동물의 의사 표현 방법으로 제시한 것은 색깔이나 모습, 행동을 통한 시각적 방법과 소리를 이용하는 방법, 냄새를 이용하는 방법이다. 그러나 서식지와 관련된 내용은 제시되어 있지 않다.

07 정답 ⑤

제시문은 동물의 네 가지 의사 표현 수단을 구체적 사례를 들어가며 설명하고 있는 글이다. 하지만 이러한 의사 표현 방법의 장단점을 대조하며 서술하고 있지는 않다.

08 정답 ②

동물의 의사 표현을 알아보는 방법은 동일한 상황에서 일관되게 반복되는 행동을 하는지를 관찰하는 것이며, 이에 해당되는 경우 일단 의사 표현으로 간주한다. 이후 상황을 다양하게 변화시켜 반복 관찰하고 그 결과를 분석하여 의미를 알아낼 수 있다. 따라서 이에 근거하여 보기의 사례에 대한 동물학자의 답변으로 가장 적절한 것은 ②이다. 일회적인 행위를 통해 그것이 어떤 의미를 표현한 것인지는 아직 알 수 없으며, 반복적으로 나타나는 행동인지를 확인한 뒤에야 의사 표현인지 아닌지를 알 수 있다.

09 　　　　　　　　　　　　　　정답 ③

제시문은 실제 일어났던 전쟁을 배경으로 한 작품들이 전쟁을 어떤 방식으로 다루고 있는지 비교하는 글로, 『박씨전』과 『시장과 전장』을 통해 전쟁 소설이 실재했던 전쟁을 새롭게 인식하려 함을 설명한다. 따라서 (가) 실존 인물을 허구의 인물로 물리침으로써 패전의 치욕을 극복하고자 한 『박씨전』 → (라) 패전의 슬픔을 위로하고 희생자를 추모하여 연대감을 강화하고자 한 『박씨전』 → (나) 전쟁이 남긴 상흔을 직시하고 좌절하지 않으려는 작가의 의지가 드러나는 『시장과 전장』 → (다) 『시장과 전장』에서 나타나는 개인의 연약함과 존엄의 탐색의 순서대로 나열하는 것이 적절하다.

10 　　　　　　　　　　　　　　정답 ⑤

에피쿠로스의 주장에 따르면 신은 인간사에 개입하지 않으며, 육체와 영혼은 함께 소멸되므로 사후에 신의 심판도 받지 않는다. 그러므로 인간은 사후의 심판을 두려워할 필요가 없고, 이로 인해 죽음에 대한 모든 두려움에서 벗어날 수 있다고 주장한다. 따라서 이러한 주장에 대한 반박으로 ⑤가 가장 적절하다.

11 　　　　　　　　　　　　　　정답 ⑤

㉠ 제시된 자료를 통해 아파트단지, 놀이터, 공원의 경우 지속적으로 감소하지 않는다는 것을 알 수 있다.
㉢ • 2022년 대비 2023년의 학교 안전지킴이집의 증감률
　　: $\frac{7,270-7,700}{7,700} \times 100 ≒ -5.58\%$
　• 2022년 대비 2023년의 유치원 안전지킴이집의 증감률
　　: $\frac{1,373-1,381}{1,381} \times 100 ≒ -0.58\%$
따라서 $0.58 \times 10 = 5.8\%$이므로 2022년 대비 2023년의 학교 안전지킴이집의 감소율은 2022년 대비 2023년의 유치원 안전지킴이집 감소율의 10배 미만이다.
㉣ • 2022년 전체 어린이 안전지킴이집에서 24시 편의점이 차지하는 비중 : $\frac{2,528}{20,512} \times 100 ≒ 12.32\%$
　• 2023년 전체 어린이 안전지킴이집에서 24시 편의점이 차지하는 비중 : $\frac{2,542}{20,205} \times 100 ≒ 12.58\%$
따라서 편의점이 차지하는 비중이 증가하였다.

오답분석
㉡ 2019년 대비 2023년의 선정업소 형태별로 감소한 어린이 안전지킴이집의 감소량을 구하면 다음과 같다.
　• 24시 편의점 : $2,542-3,013=-471$개
　• 약국 : $1,546-1,898=-352$개
　• 문구점 : $3,012-4,311=-1,299$개
　• 상가 : $6,770-9,173=-2,403$개
따라서 2019년에 비해 2023년에 가장 많이 감소한 선정업소 형태는 상가이다.

12 　　　　　　　　　　　　　　정답 ③

오답분석
①·④ E가 두 명이 탑승한 차에 있기 때문에 옳지 않다.
② A가 D나 F 중 어떤 사람과도 함께 타지 않았기 때문에 옳지 않다.
⑤ A가 D나 F 중 어떤 사람과도 함께 타지 않았고, B와 D가 한 차에 탑승했기 때문에 옳지 않다.

13 　　　　　　　　　　　　　　정답 ⑤

가장 높은 등급을 1등급, 가장 낮은 등급을 5등급이라 하면, 네 번째 조건에 의해 A는 3등급을 받는다. 또한 첫 번째 조건에 의해, E는 4등급 또는 5등급이다. 이때, 두 번째 조건에 의해, C가 5등급, E가 4등급을 받고, 세 번째 조건에 의해, B는 1등급, D는 2등급을 받는다. 측정결과를 표로 정리하면 다음과 같다.

등급	1등급	2등급	3등급	4등급	5등급
환자	B	D	A	E	C

따라서 발송 대상자는 C와 E이다.

14 　　　　　　　　　　　　　　정답 ②

㉠ 근로자가 총 90명이고 전체에게 지급된 임금의 총액이 2억 원이므로 근로자당 평균 월 급여액은 $\frac{2억}{90} ≒ 222$만 원이다. 따라서 평균 월 급여액은 230만 원 이하이다.
㉡ 월 210만 원 이상 급여를 받는 근로자 수는 $26+12+8+4=50$명이다. 따라서 총 90명의 절반인 45명보다 많으므로 옳은 설명이다.

오답분석
㉢ 월 180만 원 미만의 급여를 받는 근로자 수는 $6+4=10$명이다. 따라서 전체에서 $\frac{10}{90} \times 100 ≒ 11\%$의 비율을 차지하고 있으므로 올바르지 않은 설명이다.
㉣ '월 240만 원 이상 270만 원 미만'의 구간에서 월 250만 원 이상 받는 근로자의 수는 주어진 자료만으로는 확인할 수 없다. 따라서 올바르지 않은 설명이다.

15 　　　　　　　　　　　　　　정답 ③

자료에는 제품에 대한 연령별 선호와 제품에 대한 각 매장의 만족도만 나와 있고, 구입처의 정보를 알 수 없기 때문에 구입처별 주력 판매 고객 설정은 처리할 수 없다.

16
정답 ③

사내 명절 선물은 주로 부모나 친지들의 선물로 보내는 경우가 많기 때문에 사내의 연령 분포를 조사하는 것은 다른 정보에 비해 추가 정보 수집으로 적절하지 않다.

17
정답 ②

우선, 보수와 희망 작업, 희망 지역을 고려해야 하는 일자리 참여자에 대한 농가 배정 인력을 살펴본다.

- 김정현 : 8월에 파종 작업을 하며, 보수로 일당 8만 원 이상을 주는 D농가에 배정된다.
- 박소리 : 5월에 보수로 일당 10만 원 이상을 주며, 경기 지역에 위치한 C농가에 배정된다.
- 이진수 : 다른 일자리 참여자보다 조건이 까다롭지 않으므로, 가장 나중에 고려한다.
- 김동혁 : 10월에 충남에서 수확 작업을 하며, 보수로 일당 10만 원 이상을 주는 E농가에 배정된다.
- 한성훈 : 3 ~ 4월에 파종 작업을 하며, 보수로 일당 8만 원 이상을 주는 B농가에 배정된다.

다음으로 보수에 대한 조건이 없는 자원봉사자에 대한 농가 배정 인력을 살펴본다.

- 서수민 : 3월에 경기 지역에서 수확 작업을 하는 농가가 없으므로 어느 농가에도 배정되지 않는다.
- 최영재 : 4 ~ 6월에 모내기 작업을 하는 C농가에 배정된다.

마지막으로 이진수에 대한 농가 배정을 살펴본다.

- 이진수 : 아직 배정이 완료되지 못한 A농가와 B농가 중 작업 가능 기간이 맞는 A농가에 배정된다.

이를 표로 정리하면 다음과 같다.

농가	A농가	B농가	C농가	D농가	E농가
인력	이진수	한성훈	박소리 최영재	김정현	김동혁

따라서 필요 인력이 2명인 B농가에는 1명이 배정되어 농가에서 원하는 인력을 모두 공급받기 어렵다.

18
정답 ⑤

17번의 결과로부터 농가별로 지급해야 하는 보수를 정리하면 다음과 같다.

(단위 : 만 원)

구분	A농가	B농가	C농가	D농가	E농가
인력	이진수	한성훈	박소리 최영재	김정현	김동혁
보수	60	20	40	8	90

- A농가 : 10만×6=60만 원
- B농가 : 10만×2=20만 원
- C농가 : 20만×2=40만 원(최영재는 자원봉사자로 보수 지급 대상이 아님)
- D농가 : 8만×1=8만 원
- E농가 : 15만×6=90만 원

따라서 농촌인력 중개 후 가장 많은 보수를 지급해야 하는 농가는 90만 원을 지급해야 하는 E농가이다.

19
정답 ④

- 현장실습 교육비 : 자원봉사자를 포함한 일자리 참여자 전원에게 지급하며, 최대 3일로 제한하므로, 6일간 작업한 이진수와 김동혁에게 최대 6만 원을 지급한다.
- 교통비 : 자원봉사자를 제외한 일자리 참여자에게 작업일수만큼 지급한다.
- 숙박비 : 자원봉사자를 제외한 일자리 참여자에게 작업일 1일을 제외한 일수만큼 지급한다.

센터에서 구인 농가와 일자리 참여자에게 지원할 금액을 표로 정리하면 다음과 같다.

(단위 : 만 원)

구분	현장실습 교육비	교통비	숙박비	지급총액
김정현	2	0.5	0	2.5
박소리	4	1	2	7
이진수	6	3	10	19
김동혁	6	3	10	19
한성훈	4	1	2	7
최영재	4	0	0	4
합계	26	8.5	24	58.5

따라서 농촌 인력 중개 후 센터에서 구인 농가와 일자리 참여자에게 지원할 총금액은 58.5만 원이다.

20
정답 ⑤

조건에 따라 최고점과 최저점을 제외한 3명의 면접관의 평균과 보훈 가점을 더한 총점은 다음과 같다.

구분	총점	순위
A	$\frac{80+85+75}{3}=80$점	7위
B	$\frac{75+90+85}{3}+5 ≒ 88.33$점	3위
C	$\frac{85+85+85}{3}=85$점	4위
D	$\frac{80+85+80}{3} ≒ 81.67$점	6위
E	$\frac{90+95+85}{3}+5=95$점	2위
F	$\frac{85+90+80}{3}=85$점	4위
G	$\frac{80+90+95}{3}+10 ≒ 98.33$점	1위
H	$\frac{90+80+85}{3}=85$점	4위

I	$\dfrac{80+80+75}{3}+5 \fallingdotseq 83.33$점	5위
J	$\dfrac{85+80+85}{3} \fallingdotseq 83.33$점	5위
K	$\dfrac{85+75+75}{3}+5 \fallingdotseq 83.33$점	5위
L	$\dfrac{75+90+70}{3} \fallingdotseq 78.33$점	8위

따라서 총점이 가장 높은 6명의 합격자를 면접을 진행한 순서대로 나열하면 G – E – B – C – F – H 순이다.

21   정답 ②

E통신회사의 기본요금을 x원이라 하면
$x+60a+30 \times 2a=21,600 \rightarrow x+120a=21,600 \cdots$ ㉠
$x+20a=13,600 \cdots$ ㉡
㉠－㉡을 하면
$100a=8,000$
$\therefore a=80$

22   정답 ④

• 2022년 총투약일수가 120일인 경우
  종합병원의 총약품비 : $2,025 \times 120=243,000$원
• 2023년 총투약일수가 150일인 경우
  상급종합병원의 총약품비 : $2,686 \times 150=402,900$원
따라서 구하는 값은 $243,000+402,900=645,900$원이다.

23   정답 ③

쓰레기 1kg당 처리비용은 400원으로 동결상태이다. 오히려 쓰레기 종량제 봉투 가격이 인상될수록 E신도시의 쓰레기 발생량과 쓰레기 관련 예산 적자가 급격히 감소하는 것을 볼 수 있다.

24   정답 ③

투자비중을 고려하여 각각의 투자금액과 투자수익을 구하면 다음과 같다.
• 상품별 투자금액
  – A(주식) : 2천만$\times 0.4=800$만 원
  – B(채권) : 2천만$\times 0.3=600$만 원
  – C(예금) : 2천만$\times 0.3=600$만 원
• 6개월 동안의 투자수익
  – A(주식) : $800 \times \left[1+\left(0.10 \times \dfrac{6}{12}\right)\right]=840$만 원
  – B(채권) : $600 \times \left[1+\left(0.04 \times \dfrac{6}{12}\right)\right]=612$만 원
  – C(예금) : $600 \times \left[1+\left(0.02 \times \dfrac{6}{12}\right)\right]=606$만 원

따라서 6개월이 지난 후 E고객이 받을 수 있는 금액은 총 840만＋612만＋606만＝2,058만 원이다.

25   정답 ③

7시 x분에 반대 방향으로 일직선을 이룬다고 하자.
• 시침이 움직인 각도 : $(7 \times 30+0.5x)°$
• 분침이 움직인 각도 : $6x°$
시침과 분침이 서로 반대 방향으로 일직선을 이룬다는 것은 시침의 각도가 분침의 각도보다 180° 더 크다는 것이므로
$(7 \times 30+0.5x)-6x=180 \rightarrow x=\dfrac{60}{11}$
따라서 7시와 8시 사이의 분침이 일직선을 이룰 때의 시각은 7시 $\dfrac{60}{11}$ 분이다.

26   정답 ③

빈칸의 금액을 x원이라고 하면 한 달 동안 350kWh를 사용했을 경우 정부안을 적용한 금액은 $1,600+300 \times 93.3+50 \times 187.9=38,985$원이고, 공단안을 적용 시 금액은 $x+200 \times 85+150 \times 170.2=(x+42,530)$원이므로 공단에서 제시한 금액이 정부 개편안보다 4,845원이 더 비싸다. 따라서 $x+42,530-4,845=38,985$이므로 $x=1,300$이다.

27   정답 ②

사용한 전력량을 akWh라고 가정할 때$(a>500)$, 정부 개편안보다 공단안을 적용한 금액이 저렴한 구간에 대한 부등식은 다음과 같다.
$7,300+300 \times 93.3+200 \times 187.9+(a-500) \times 280.6>7,000+300 \times 85+200 \times 170.2+(a-500) \times 300.6$
$\rightarrow 300+300 \times 8.3+200 \times 17.7+(a-500) \times (-20)>0$
$\rightarrow 16,330>20a$
$\therefore a<816.5$
따라서 정부안보다 저렴한 전력량 범위는 500kWh 초과 816.5kWh 미만이다.

28

정답 ④

A, B, E구의 1인당 소비량을 각각 a, b, $e$kg이라고 하자.
제시된 조건을 식으로 나타내면 다음과 같다.

- 첫 번째 조건 : $a+b=30$ … ㉠
- 두 번째 조건 : $a+12=2e$ … ㉡
- 세 번째 조건 : $e=b+6$ … ㉢

㉢을 ㉡에 대입하여 식을 정리하면,
$a+12=2(b+6) \rightarrow a-2b=0$ … ㉣
㉠－㉣을 하면 $3b=30 \rightarrow b=10$, $a=20$, $e=16$
A ~ E구의 변동계수를 구하면 다음과 같다.

- A구 : $\dfrac{5}{20} \times 100 = 25\%$
- B구 : $\dfrac{4}{10} \times 100 = 40\%$
- C구 : $\dfrac{6}{30} \times 100 = 20\%$
- D구 : $\dfrac{4}{12} \times 100 \fallingdotseq 33.33\%$
- E구 : $\dfrac{8}{16} \times 100 = 50\%$

따라서 변동계수가 3번째로 큰 구는 D구이다.

29

정답 ③

소비자 물가를 연도별로 계산해 보면 아래와 같다. 서비스는 존재하지 않기 때문에 재화만 고려한다.

연도	소비자물가	소비자물가지수
2021년	$120 \times 200 + 180 \times 300 = 78,000$원	100
2022년	$150 \times 200 + 220 \times 300 = 96,000$원	123
2023년	$180 \times 200 + 270 \times 300 = 117,000$원	150

보리와 쌀이 유일한 재화이므로, 물가지수는 보리와 쌀의 가격으로 구할 수 있다.
기준시점의 소비자 물가와 대비한 해당연도의 소비자 물가가 해당연도의 물가지수이다.
즉, '기준연도의 물가 : 기준연도의 물가지수＝해당연도의 물가 : 해당연도의 물가지수'이므로,
2023년 물가지수를 x로 두면,
$78,000 : 100 = 117,000 : x \rightarrow x=150$이 된다.

따라서 2023년도 물가상승률은 $\dfrac{150-100}{100} \times 100 = 50\%$이다.

30

정답 ②

2021년 대비 2023년에 가장 눈에 띄는 증가율을 보인 면세점과 편의점, 무점포 소매점의 증가율을 계산하면 다음과 같다.

- 2021년 대비 2023년 면세점 판매액의 증가율
  : $\dfrac{14,465-9,198}{9,198} \times 100 \fallingdotseq 57\%$

- 2021년 대비 2023년 편의점 판매액의 증가율
  : $\dfrac{22,237-16,455}{16,455} \times 100 \fallingdotseq 35\%$

- 2021년 대비 2023년 무점포 소매점 판매액의 증가율
  : $\dfrac{61,240-46,788}{46,788} \times 100 \fallingdotseq 31\%$

따라서 2023년 두 번째로 높은 비율의 판매액 증가를 보인 소매업태는 편의점이고, 증가율은 약 35%이다.

31

정답 ④

비교적 가까운 거리에 흩어져 있는 컴퓨터들을 서로 연결하여 여러 가지 서비스를 제공하는 네트워크는 근거리 통신망에 해당한다. 근거리 통신망의 작업 결과를 공유하기 위해서는 네트워크상의 작업 그룹명을 동일하게 하여야 가능하다.

32

정답 ④

OFDM(Orthogonal Frequency Division Mutiplexing)은 하나의 스트림을 상호 간에 직교성이 있는 많은 수의 부반송파를 사용하여 변조하는 기술이다.

33

정답 ①

직접 접근 파일은 주소 검색을 통해 직접적으로 데이터를 찾을 수 있는 파일을 말한다.

34

정답 ③

RIGHT는 오른쪽에서부터 문자를 추출하는 함수이다. RIGHT(문자열,추출할 문자 수)이므로 「＝RIGHT(A3,4)」가 적절하다.

35

정답 ①

오른쪽 워크시트를 보면 데이터는 '김'과 '철수'로 구분이 되어 있다. 왼쪽 워크시트의 데이터는 '김'과 '철수' 사이에 기호나 탭, 공백 등이 없으므로 각 필드의 너비(열 구분선)를 지정하여 나눈 것이다.

36

정답 ②

합계를 구할 범위는 [D2:D6]이며, [A2:A6]에서 "연필"인 데이터와 [B2:B6]에서 "서울"인 데이터는 [D4] 셀과 [D6] 셀이다. 이들의 판매실적은 $300+200=500$이다.

37

정답 ⑤

수식이나 화학식은 개체이므로 맞춤법 검사 대상이 아니다.

38

정답 ①

특정 값의 변화에 따른 결괏값의 변화를 알아보는 경우는 '시나리오'와 '데이터 표' 2가지가 있다. 2가지(시나리오, 데이터 표) 중 표 형태로 표시해주는 것은 '데이터 표'에 해당한다. 비슷한 형식의 여러 데이터 결과를 요약해주는 경우는 '부분합'과 '통합'이 있다. 2가지(부분합, 통합) 중 통합하여 요약해주는 것은 '통합'(데이터 통합)에 해당한다. 참고로 '부분합'은 하나로 통합하지 않고 그룹끼리 모아서 계산한다.

39

정답 ③

공유 폴더를 사용하면 보안에 취약해진다.

40

정답 ②

오답분석

① 피싱(Phishing) : 금융기관 등의 웹사이트나 거기서 보내온 메일로 위장하여 개인의 인증번호나 신용카드번호, 계좌정보 등을 빼내 이를 불법적으로 이용하는 사기수법이다.
③ 스미싱(Smishing) : 휴대폰 사용자에게 웹사이트 링크를 포함하는 문자메시지를 보내 휴대폰 사용자가 웹사이트에 접속하면 트로이목마를 주입해 휴대폰을 통제하며 개인정보를 빼내는 범죄 유형이다.
④ 스누핑(Snooping) : 소프트웨어 프로그램(스누퍼)을 이용하여 원격으로 다른 컴퓨터의 정보를 엿볼 수 있어, 개인적인 메신저 내용, 로그인 정보, 전자 우편 등의 정보를 몰래 획득하는 범죄 유형이다.
⑤ 스푸핑(Spoofing) : 승인받은 사용자인 것처럼 시스템에 접근하거나 네트워크상에서 허가된 주소로 가장하여 접근 제어를 우회하는 범죄 유형이다.

| 01 | 행정직(자원관리능력)

41	42	43	44	45	46	47	48	49	50
③	②	④	③	⑤	④	④	②	③	④

41

정답 ③

시간계획을 세울 때 한정된 시간을 효율적으로 활용하기 위해서는 명확한 목표를 설정하는 것이 중요하다. 명확한 목표를 설정한 뒤에는 일이 가진 중요성과 긴급성을 바탕으로 일의 우선순위를 정하고, 그 일들의 예상 소요시간을 적어본다. 그리고 시간 계획서를 작성하면 보다 효율적인 시간계획으로 일을 처리할 수 있다. 따라서 효율적인 시간계획을 작성하는 순서로 옳은 것은 (나) → (가) → (라) → (다)이다.

42

정답 ②

기업별 진입 장벽 점수의 합계를 계산하면 다음 표와 같다.

(단위 : 점)

구분	정부의 규제	규모의 경제성	자금 동원 능력	소비자의 브랜드 선호도	합계
A	4	1	3	1	9
B	1	4	5	3	13
C	3	2	4	5	14
합계	8	7	12	9	–

이때, 진입 장벽 요인 중 소비자의 브랜드 선호도 점수가 가장 높은 C기업은 소비자들에게 잘 알려지지 않았음을 유추할 수 있다.

오답분석

① 기업별 진입 장벽 점수를 합하면 A기업은 9점, B기업은 13점, C기업은 14점으로, A기업이 가장 낮으므로 시장 진입에 유리하다.
③ 진입 장벽 요인 중 자금 동원 능력에서 5점을 받은 B기업은 시장 진입 시 자금 조달이 어렵다.
④ 평가요소별 진입 장벽 점수를 더하면 자금 동원 능력이 12점으로 가장 높다.
⑤ A기업의 규모의 경제성은 1점이고 자금 동원 능력은 3점이기 때문에, 자금 동원 능력이 규모의 경제성보다 더 큰 문제가 된다.

43

정답 ④

1일 평균임금을 x원이라 놓고 퇴직금 산정공식을 이용하여 계산하면,
1,900만 원 $=[30x \times (5 \times 365)] \div 365$
→ 1,900만 원 $=150x$
∴ $x ≒ 13$만(∵ 천의 자리에서 반올림)
1일 평균임금이 13만 원이므로 甲의 평균연봉은 $13 \times 365 = 4,745$만 원이다.

44 정답 ③

우선 B사원의 대화내용을 살펴보면, 16:00부터 사내 정기 강연으로 2시간 정도 소요된다는 것을 알 수 있다. 또한 B사원은 강연 준비로 30분 정도 더 일찍 나서야 하므로, 15:30부터는 사용할 시간이 없다. 그리고 기획안 작성업무는 두 시간 정도 걸릴 것으로 보고 있는데, A팀장이 먼저 기획안부터 마무리 짓자고 하였으므로, 11:00부터 업무를 시작하는 것으로 볼 수 있다. 그런데 중간에 점심시간이 껴 있으므로, 기획안 업무는 14:00에 완료될 것으로 볼 수 있다.

따라서 A팀장과 B사원 모두 여유가 되는 시간은 14:00 ~ 15:30이므로 가장 적절한 시간대는 ③이다.

45 정답 ⑤

우선 면적이 가장 큰 교육시설과 면적이 2번째로 작은 교육시설을 각각 3시간 대관한다고 했다. 면적이 가장 큰 교육시설은 강의실(대)이고, 면적이 2번째로 작은 교육시설은 강의실(중)이다.

- 강의실(대)의 대관료 : $(129,000+64,500) \times 1.1 = 212,850$원
  ($\because$ 3시간 대관, 토요일 할증)
- 강의실(중)의 대관료 : $(65,000+32,500) \times 1.1 = 107,250$원
  ($\because$ 3시간 대관, 토요일 할증)

다목적홀, 이벤트홀, 체육관 중 이벤트홀은 토요일에 휴관이므로 다목적홀과 체육관의 대관료를 비교하면 다음과 같다.

- 다목적홀 : $585,000 \times 1.1 = 643,500$원($\because$ 토요일 할증)
- 체육관 : $122,000+61,000 = 183,000$원($\because$ 3시간 대관)

즉, 다목적홀과 체육관 중 저렴한 가격으로 이용할 수 있는 곳은 체육관이다.

따라서 K주임에게 안내해야 할 대관료는 $212,850+107,250+183,000 = 503,100$원이다.

46 정답 ④

위험 한 단위당 기대수익률은 '(기대수익률)÷(표준편차)'로 구할 수 있다. E는 $8÷4=2$이며, F는 $6÷3=2$이다. 따라서 E와 F는 위험 한 단위당 기대수익률이 같다.

오답분석

① 지배원리에 의해 동일한 기대수익률이면 최소의 위험을 선택하여야 하므로, 동일한 기대수익률인 A와 E, C와 F는 표준편차를 기준으로 우열을 가릴 수 있다.

② 위험 한 단위당 기대수익률이 높은 투자 대안을 선호한다고 하였으므로 A, B, C, D 중에서 D가 가장 낮다고 평가할 수 있다.

③ G가 기대수익률이 가장 높지만 표준편차도 가장 높기 때문에 가장 바람직한 대안이라고 볼 수 없다.

⑤ E는 B와 G에 비해 표준편차는 낮지만, 기대수익률 역시 낮으므로 우월하다고 볼 수 없다.

47 정답 ④

사원 수를 a명, 사원 1명당 월급을 b만 원이라고 가정하면, 월급 총액은 $(a \times b)$만 원이 된다.

두 번째 정보에서 사원 수는 10명이 늘어났고, 월급은 100만 원 적어졌다고 했다. 또한 월급 총액은 기존의 80%로 줄었다고 하였으므로, 이에 따라 방정식을 세우면 다음과 같다.

$(a+10) \times (b-100) = (a \times b) \times 0.8 \cdots \bigcirc$

세 번째 정보에서 사원이 20명이 줄었으며, 월급은 동일하고 월급 총액은 60%로 줄었다고 했으므로 사원 20명의 월급 총액은 기존 월급 총액의 40%임을 알 수 있다.

$20b = (a \times b) \times 0.4 \cdots \bigcirc$

$\bigcirc$에서 사원 수 a를 구하면

$$20b = (a \times b) \times 0.4 \rightarrow 20 = a \times 0.4 \rightarrow a = \frac{20}{0.4} = 50$$

$\bigcirc$에 사원 수 a를 대입하여 월급 b를 구하면

$(a+10) \times (b-100) = (a \times b) \times 0.8 \rightarrow 60 \times (b-100) = 40b$

$\rightarrow 20b = 6,000 \rightarrow b = 300$

따라서 사원 수는 50명이며, 월급 총액은 $(a \times b)$만 원$=50 \times 300$만 원$=1$억 5천만 원이다.

48 정답 ②

A사원이 용산역에서 7시 30분 이후에 출발한다고 하였으므로 07:45에 출발하는 KTX 781 열차를 탑승하고, 여수에 11:19에 도착한다. 여수 지사방문 일정에는 40분이 소요되므로 일정을 마치는 시각은 11:59이고, 12:00부터는 점심식사 시간이므로 13:00까지 식사를 한다. 식사를 마친 뒤 여수에서 순천으로 가는 열차는 13:05에 출발하는 KTX 712 열차를 탑승하고, 순천에 13:22에 도착한다. 순천 지사방문 일정에는 2시간이 소요되므로 일정을 마치는 시각은 15:22이다. 따라서 용산역으로 돌아오는 열차는 16:57에 출발하는 KTX 718 열차를 탑승할 수 있고, 이때 용산역 도착 시각은 19:31이다. 또한, 각 열차의 요금은 KTX 781은 46,000원, KTX 712는 8,400원, KTX 718은 44,000원이므로 총요금은 $46,000+8,400+44,000 = 98,400$원이다.

49 정답 ③

E회사의 비품구매 매뉴얼에 따라 사용 부서의 수(5부서)가 가장 많은 메모지와 종이컵부터 구매한다(J메모지 $800 \times 5 = 4,000$원, C종이컵 $10,000 \times 8 = 80,000$원). 다음으로는 현재 재고가 없는 지우개와 연필부터 구매한다(E지우개 $500 \times 3 = 1,500$원, P연필 $400 \times 15 = 6,000$원). 현재까지 구매 금액은 91,500원이므로 더 구매할 수 있는 금액의 한도는 $100,000-91,500 = 8,500$원이다. 나머지 비품 중 K수정테이프를 구매할 경우 $1,500 \times 7 = 10,500$원이고, I볼펜을 구매할 경우 $2,000 \times 4 = 8,000$원이다.

따라서 K수정테이프는 구매할 수 없고, I볼펜 구매는 가능하므로 구매할 비품들은 J메모지, I볼펜, C종이컵, E지우개, P연필임을 알 수 있다.

50

ㄱ. 대도시 간 예상 최대 소요시간의 모든 구간에서 주중이 주말보다 소요시간이 적게 걸림을 알 수 있다.

ㄴ. 주중 전국 교통량 중 수도권에서 지방으로 가는 교통량의 비율은 $\frac{42}{380} \times 100 = 11.1\%$이다.

ㄹ. 서울 - 광주 구간 주중 예상 최대 소요시간과 서울 - 강릉 구간 주말 예상 최대 소요시간은 3시간 20분으로 같다.

오답분석

ㄷ. 지방에서 수도권으로 가는 주말 예상 교통량은 주중 예상 교통량보다 $\frac{51-35}{35} \times 100 = 45.7\%$ 많다.

| 02 | 토목직(기술능력)

41	42	43	44	45	46	47	48	49	50
④	③	④	④	①	⑤	④	②	②	④

41

정답 ④

결과가 가장 큰 값을 구해야 하므로 최대한 큰 수가 있는 구간으로 이동해야 하며, 세 번째 조건에 따라 총 10번의 이동이 가능하다. 반복 이동으로 가장 커질 수 있는 구간은 D - E구간이지만 음수가 있으므로 왕복 2번을 이동하여 값을 양수로 만들어야 한다. D - E구간에서 4번 이동하고 마지막에 E - F구간 1번 이동하는 것을 제외하면 출발점인 A에서 D - E구간을 왕복하기 전까지 총 5번을 이동할 수 있다. D - E구간으로 가기 전 가장 큰 값은 C에서 E로 가는 것이므로 C - E - D - E - D - E - F로 이동한다. 또한, 출발점인 A에서 C까지 4번 이동하려면 A - B - B - B - C밖에 없다. 따라서 A - B - B - B - C - E - D - E - D - E - F 순서로 이동한다.

∴ $1 \times 2 \times 2 \times 2 \times 3 \times (-2) \times 3 \times (-2) \times 3 \times 1 = 864$

42

정답 ③

A - B - C - D - E - D - C - D - E - F

: $100 \times 1 \times 2 \times 2 \times 3 \times (-2) \times 1 \times 2 \times 3 \times 1 = -14,400$

오답분석

① A - B - B - C - E - D - E - D - E - F
  : $100 \times 1 \times 2 \times 2 \times 3 \times (-2) \times 3 \times (-2) \times 3 \times 1 = 43,200$
② A - B - B - E - D - C - E - C - E - F
  : $100 \times 1 \times 2 \times 2 \times (-2) \times 1 \times 3 \times (-1) \times 3 \times 1 = 7,200$
④ A - B - C - D - E - D - E - D - E - F
  : $100 \times 1 \times 2 \times 2 \times 3 \times (-2) \times 3 \times (-2) \times 3 \times 1 = 43,200$
⑤ A - B - E - D - C - E - C - D - E - F
  : $100 \times 1 \times 2 \times (-2) \times 1 \times 3 \times (-1) \times 2 \times 3 \times 1 = 7,200$

43

정답 ④

모니터 전원은 들어오나 화면이 나오지 않는 원인은 본체와 모니터 연결선의 문제가 있을 경우이다.

44   정답 ④

주의사항에 따르면 불안정한 책상에 컴퓨터를 설치하면 무게로 인하여 떨어질 수도 있으므로 안정된 곳에 설치하라고 하였으므로 D주임의 행동은 주의사항을 따르지 않았다.

오답분석
① A사원 : 모니터 전원과 본체 전원 총 2개의 전원이 필요하기 때문에 2구 이상의 멀티탭을 사용해야 한다.
② B팀장 : 컴퓨터 주위를 깨끗하게 유지하여 먼지가 쌓이지 않게 해야 한다.
③ C대리 : 본체 내부의 물청소는 금해야 할 사항이다.
⑤ E과장 : 통풍이 잘 되고 화기와 멀리 있는 장소에 컴퓨터를 설치해야 한다.

45   정답 ①

'수시'는 '일정하게 정하여 놓은 때 없이 그때그때 상황에 따름'을 의미한다. 즉, 하루에 한 번 청소할 수도 있고, 아닐 수도 있다. 따라서 정수기 청소는 하루에 1곳만 할 수도 있다.

오답분석
② '제품 이상 시 조치방법' 맨 마지막에 설명되어 있다.
③ 적정 시기에 필터를 교환하지 않으면 물이 나오지 않거나 정수물이 너무 느리게 채워지는 문제가 발생한다.
④ 10mm=1cm이므로, 외형치수를 환산하면 옳은 설명임을 알 수 있다.
⑤ 설치 시 주의사항에 설명되어 있다.

46   정답 ⑤

필터 수명이 종료됐을 때와 연결 호스가 꺾였을 때는 물이 나오지 않는다. 연결 호스가 꺾였다면 서비스센터에 연락하지 않고도 그 부분을 펴면 해결이 가능하다.

47   정답 ④

기술 시스템의 발전 단계를 보면 먼저 기술 시스템이 탄생하고 성장하며(발명, 개발, 혁신의 단계), 이후 성공적인 기술이 다른 지역으로 이동하고(기술 이전의 단계), 기술 시스템 사이의 경쟁이 발생하며(기술 경쟁의 단계), 경쟁에서 승리한 기술 시스템의 관성화(기술 공고화 단계)로 나타난다.

48   정답 ②

전기산업기사, 건축산업기사, 정보처리산업기사 등의 자격 기술은 구체적 직무수행능력 형태를 의미하는 기술의 협의의 개념으로 볼 수 있다.

오답분석
① 로봇은 인간의 능력을 확장시키기 위한 하드웨어로 볼 수 있으며, 기술은 이러한 하드웨어와 그것의 활용을 뜻한다.

③ 사회는 기술 개발에 영향을 준다는 점을 볼 때, 산업혁명과 같은 사회적 요인은 기술 개발에 영향을 주었다고 볼 수 있다.
④ 컴퓨터의 발전으로 개인이 정보를 효율적으로 활용 및 관리하게 됨으로써 현명한 의사결정이 가능해졌음을 알 수 있다.
⑤ 기술은 하드웨어를 생산하는 과정이며, 하드웨어는 소프트웨어에 대비되는 용어로, 건물, 도로, 교량, 전자장비 등 인간이 만들어 낸 모든 물질적 창조물을 뜻한다.

49   정답 ②

지속가능한 기술은 이용 가능한 자원과 에너지를 고려하고, 자원의 사용과 그것이 재생산되는 비율의 조화를 추구하며, 자원의 질을 생각하고, 자원이 생산적인 방식으로 사용되는가에 주의를 기울이는 기술이라고 할 수 있다. 즉, 지속가능한 기술은 되도록 태양 에너지와 같이 고갈되지 않는 자연 에너지를 활용하며, 낭비적인 소비 형태를 지양하고, 기술적 효용만이 아닌 환경효용(Eco – Efficiency)을 추구한다. (가), (나), (라)의 사례는 낭비적인 소비 형태를 지양하고, 환경효용도 추구함을 볼 때 지속가능한 기술의 사례로 볼 수 있다.

오답분석
(다)와 (마)의 사례는 환경효용이 아닌 생산수단의 체계를 인간에게 유용하도록 발전시키는 사례로, 기술발전에 해당한다.

50   정답 ④

IT와 융합한 지능형 로봇이 유망한 기술로 전망되는 것을 볼 때, 빈칸에 들어갈 용어로 가장 적절한 것은 전기전자공학임을 알 수 있다.

오답분석
① 토목공학 : 도로·하천·도시계획 등 토목에 관한 이론과 실제를 연구하는 공학의 한 부문으로, 국토를 대상으로 해서 그 보전·개수·개발경영을 맡는 공학이다.
② 환경공학 : 대기·수질·폐기물·토양·해양 등의 오염 예방과 소음 및 진동공해 방지 등의 환경문제를 해결하기 위하여 학문적인 연구를 하는 분야이다.
③ 생체공학 : 생체의 기구·기능을 공학적으로 연구해서 얻은 지식을 기술적 문제에 응용하는 학문이다.
⑤ 자원공학 : 지구의 표면 및 내부, 즉 지하와 해저에 부존하는 유용자원과 지하매체를 경제적인 목적과 관련하여 각종 원리와 방법을 이용하여 다루는 학문이다.

> **전기전자공학**
> 국가 기간산업의 근간을 이룸으로써 최근 전자와 정보(컴퓨터) 그리고 정보통신공학의 기본이 되는 공학이다. 전기전자공학과에서는 전기 에너지의 생산, 수송 및 변환, 반도체 소자와 컴퓨터를 계측기화 할 수 있는 각종 컴퓨터 언어와 하드웨어, 그리고 컴퓨터를 이용한 디지털 시스템 설계, VHDL 및 VLSI 설계, 시스템의 자동계측, 자동화, 디지털통신 기술 및 영상 신호처리, 고속전기철도 등을 중심으로 기본 원리부터 응용에 이르기까지 기술적인 방법 등을 다룬다.

제4회 모의고사 정답 및 해설

01	02	03	04	05	06	07	08	09	10
③	③	②	④	⑤	⑤	④	③	④	③
11	12	13	14	15	16	17	18	19	20
⑤	②	④	③	④	⑤	④	⑤	①	⑤
21	22	23	24	25	26	27	28	29	30
④	⑤	⑤	④	④	③	③	④	③	④
31	32	33	34	35	36	37	38	39	40
④	④	④	④	①	④	①	①	①	④

01
정답 ③

㉠ 뒤의 문장에서는 국가의 통제하에 박물관이 설립된 유럽과 달리 미국은 민간 차원에서 박물관이 설립되었다고 이야기하므로 ㉠에는 '반면'이 적절하다. ㉡ 뒤의 문장에서는 19세기 중후반에 설립된 박물관들과 더불어 해당 시기에 전문 박물관이 급진적으로 증가하였다는 내용이 이어지므로 ㉡에는 '또한'이 적절하다.

02
정답 ③

개별존재로서 생명의 권리를 갖기 위해서는 개별존재로서 생존을 지속시키고자 하는 욕망을 가질 수 있어야 하며, 이를 위해서 자신을 일정한 시기에 걸쳐 존재하는 개별존재로서 파악해야 한다. 따라서 '자신을 일정한 시기에 걸쳐 존재하는 개별존재로서 파악할 수 있는 존재만이 생명에 대한 권리를 가질 수 있다.'는 빈칸 앞의 결론을 도출하기 위해서는 개별존재로서 생존을 지속시키고자 하는 욕망이 개별존재로서의 인식을 가능하게 한다는 내용이 있어야 하므로 ③이 적절하다.

03
정답 ②

오답분석

① 풀에 들어 있는 여러 가지 물질이 김치소에 있는 미생물을 쉽게 자랄 수 있도록 해주는 영양분의 역할을 한다.
③ 김치 국물의 맛이 시큼해지는 것은 유산균이 당을 분해해 시큼한 맛이 나는 젖산을 생산하기 때문이다.
④ 미생물들이 만들어 내는 여러 종류의 향미 성분이 더해지면서 특색 있는 김치 맛이 만들어진다.

⑤ 호기성 세균의 수는 김치가 익어갈수록 점점 줄어들어 나중에는 효모의 수와 비슷해진다. 하지만 혐기성 세균의 수는 김치가 익어갈수록 증가하며 결국 많이 익어서 시큼한 맛이 나는 김치에 있는 미생물 중 대부분을 차지한다.

04
정답 ④

제시된 글의 첫 문단에서 '장애인 편의 시설에 대한 새로운 시각'이 필요하다고 밝히고, 두 번째 문단에서 장애인 편의 시설이 '우리 모두에게 유용함'을 강조했으며, 마지막 부분에서 보편적 디자인의 시각으로 바라볼 때 '장애인 편의 시설은 우리 모두에게 편리하고 안전한 시설로 인식될 것'이라고 하였다.

05
정답 ⑤

교양 있는 사람을 문화인이라고 지칭하는 예를 들었지만, 문화 자체가 교양 있는 사람만이 이해하고 누리는 것으로 보기는 어렵다.

06
정답 ⑤

(나) 문단의 뒷부분에서 글쓴이는 문화의 상이한 업적에 대해 문화적 서열을 적용할 수 있는가를 묻고 있다. 이는 곧 '문화의 우열을 나누는 것이 가능한가?' 하는 물음이다.

07
정답 ④

과학의 진보로 인한 창조적 업적으로 볼 수 있으나, 인명 살상이라는 부정적 내용을 가졌으므로 ㉠에서 지적하는 사례에 부합된다.

08
정답 ③

제시된 글은 환율과 관련된 경제 현상을 설명한 것으로, 환율은 기초 경제 여건을 반영하여 수렴된다는 (가) 문단이 먼저 오는 것이 적절하며, '그러나' 환율이 예상과 다르게 움직이는 경우가 있다는 (라) 문단이 그 뒤에 오는 것이 적절하다. 다음으로 이러한 경우를 오버슈팅으로 정의하는 (나) 문단이, 그 뒤를 이어 오버슈팅이 발생하는 원인인 (다) 문단이 오는 것이 적절하다.

09

정답 ④

제시문은 통계 수치의 의미를 정확하게 이해하고 도구와 방법을 올바르게 사용해야 하며, 특히 아웃라이어의 경우를 생각해야 한다고 주장하고 있다.

오답분석

①·② 집단을 대표하는 수치로서의 '평균' 자체가 숫자 놀음과 같이 부적당하다고는 언급하지 않았다.
③ 아웃라이어가 있는 경우에는 평균보다는 최빈값이나 중앙값이 대푯값으로 더 적당하다.
⑤ 내용이 올바르지 않은 것은 아니지만, 통계의 유용성은 글의 도입부에 잠깐 인용되었을 뿐, 글의 중심 내용으로 볼 수 없다.

10

정답 ③

제시된 단락에서는 휘슬블로어를 소개하며, 휘슬블로어가 집단의 부정부패를 고발하는 것이 쉽지 않다는 점을 언급하고 있으므로, 뒤이어 내부고발이 어려운 이유를 설명하는 문단이 와야 한다. 따라서 (다) 내부고발이 어려운 이유와 휘슬블로어가 겪는 여러 사례 → (나) 휘슬블로우의 실태와 법적인 보호의 필요성 제기 → (라) 휘슬블로우를 보호하기 위한 법의 실태 설명 → (가) 법 밖에서도 보호받지 못하는 휘슬블로어의 순서대로 나열하는 것이 적절하다.

11

정답 ⑤

다섯 번째 명제에 의해, 나타날 수 있는 경우는 다음과 같다.

구분	1순위	2순위	3순위
경우 1	A	B	C
경우 2	B	A	C
경우 3	A	C	B
경우 4	B	C	A

• 두 번째 명제 : 경우 1+경우 3=11
• 세 번째 명제 : 경우 1+경우 2+경우 4=14
• 네 번째 명제 : 경우 4=6
따라서 C에 3순위를 부여한 사람의 수는 14−6=8명이다.

12

정답 ②

주어진 조건을 다음의 다섯 가지 경우로 정리할 수 있다.

구분	1층	2층	3층	4층	5층	6층
경우 1	C	D	A	F	E	B
경우 2	F	D	A	C	E	B
경우 3	F	D	A	E	C	B
경우 4	D	F	A	E	B	C
경우 5	D	F	A	C	B	E

따라서 B는 항상 F보다 높은 층에 산다.

13

정답 ④

10월 20 ~ 21일은 주중이며, 출장 혹은 연수 일정이 없고, 부서이동 전에 해당되므로 김인턴이 경기본부의 파견 근무를 수행할 수 있는 일정이다.

오답분석

① 10월 6 ~ 7일은 김인턴의 연수 참석 기간이므로 파견 근무를 진행할 수 없다.
② 10월 11 ~ 12일은 주말인 11일을 포함하고 있다.
③ 10월 14 ~ 15일 중 15일은 목요일로, 김인턴이 부산본부로 출장을 가는 날짜이다.
⑤ 10월 27 ~ 28일은 김인턴이 27일부터 부서를 이동한 이후이므로, 김인턴이 아니라 후임자가 경기본부로 파견 근무를 간다.

14

정답 ③

ㄴ. 남성과 여성 모두 주 40시간 이하로 근무하는 비율이 가장 높다.
ㄷ. 응답자 중 무급가족종사자의 46.0%가 주 40시간 이하로 근무하므로 절반 미만이다.

오답분석

ㄱ. 판매종사자 중 주 52시간 이하로 근무하는 비율은 주 40시간 이하로 근무하는 비율과 주 41 ~ 52시간 이하로 근무하는 비율의 합인 34.7+29.1=63.8%로 60%를 넘는다.
ㄹ. 농림어업 숙련종사자 중 주 40시간 이하로 근무하는 응답자의 수는 2,710×0.548=1,485.08명으로 1,000명이 넘는다.

15

정답 ④

고용원이 없는 자영업자 중 주 40시간 이하로 근무하는 응답자의 비율은 27.6%, 고용원이 있는 자영업자 / 사업주 중 주 40시간 이하로 근무하는 응답자의 비율은 28.3%이다. 따라서 그 합은 27.6+28.3=55.9%p이다.

16

정답 ⑤

2023년 멕시코의 전년 대비 지식재산권 사용료 지급 증가율은 $\frac{292-277}{277} \times 100 ≒ 5.4\%$, 2022년 콜롬비아의 전년 대비 지식재산권 사용료 수입 감소율은 $\frac{52-46}{52} \times 100 ≒ 11.5\%$이다. 따라서 11.5−5.4=6.1%p 더 높다.

오답분석

① 2021 ~ 2023년 동안 지적재산권 사용료 수입이 지급보다 많은 국가는 미국과 파라과이로 2곳이다.
② 미국의 지식재산권은 2022 ~ 2023년까지 지급이 수입에서 차지하는 비중은 다음과 같다.
  • 2022년 : $\frac{44,392}{124,454} \times 100 ≒ 35.7\%$
  • 2023년 : $\frac{48,353}{127,935} \times 100 ≒ 37.8\%$

③ 2022 ~ 2023년 동안 전년 대비 지식재산권 사용료 수입과 지급이 모두 증가한 나라는 '미국'이다.
④ 2021년 캐나다 지식재산권 사용료 수입은 4,105백 만 달러이고, 미국을 제외한 국가들의 총수입인 $7+42+52+33+7+38=179$백 만 달러의 약 23배이다.

17　　　　정답 ④

A ~ E학생이 얻는 점수는 다음과 같다.
• A : 기본 점수 80점에 오탈자 33건이므로 5점 감점, 전체 글자 수 654자이므로 3점 추가, A등급 2개와 C등급 1개이므로 15점 추가하여 총 $80-5+3+15=93$점이다.
• B : 기본 점수 80점에 오탈자 7건이므로 0점 감점, 전체 글자 수 476자이므로 0점 추가, B등급 3개이므로 5점 추가하여 총 $80+5=85$점이다.
• C : 기본 점수 80점에 오탈자 28건이므로 4점 감점, 전체 글자 수 332자이므로 10점 감점, B등급 2개와 C등급 1개이므로 0점 추가하여 총 $80-4-10=66$점이다.
• D : 기본 점수 80점에 오탈자 25건이므로 4점 감점, 전체 글자 수가 572자이므로 0점 추가, A등급 3개이므로 25점 추가하여 총 $80-4+25=101$점이다.
• E : 기본 점수 80점에 오탈자 12건이므로 1점 감점, 전체 글자 수가 786자이므로 8점 추가, A등급 1개와 B등급 1개와 C등급 1개이므로 10점 추가하여 총 $80-1+8+10=97$점이다.
따라서 점수가 가장 높은 학생은 D이다.

18　　　　정답 ⑤

MPEG 파일은 출품 가능하므로 확장자를 바꾸지 않아도 된다.

19　　　　정답 ①

첫 번째 명제에서 B보다 시대가 앞선 유물은 두 개라고 하였다.

1	2	3	4
		B	

나머지 명제를 도식화하면 'C – D, C – A, B – D'이다. 따라서 정리하면 다음과 같다.

1	2	3	4
C	A	B	D

20　　　　정답 ⑤

• 네 번째 요건에 따라 탄소배출량이 가장 많은 B발전기는 제외한다.
• 대지는 $1,500\text{m}^2$이며, 2대를 설치하므로 개당 필요면적은 750m^2 이하여야 하므로 D는 제외된다.
• 개당 중량에 따라 3톤을 초과하는 A도 제외된다.
• 1,000kWh 생산단가가 97,500원을 초과하지 않으려면, 에너지 발전단가가 97.5원/kWh 미만이어야 하므로 C도 제외된다.

따라서 후보 발전기 중 모든 요건을 충족시키는 발전기인 E가 설치된다.

21　　　　정답 ④

644와 476을 소인수분해하면
$644=2^2\times7\times23$
$476=2^2\times7\times17$
즉, 644와 476의 최대공약수는 $2^2\times7=28$이다.
이때 직사각형의 가로에 설치할 수 있는 조명의 개수를 구하면
$644\div28+1=23+1=24$개
직사각형의 세로에 설치할 수 있는 조명의 개수를 구하면
$476\div28+1=17+1=18$개
따라서 조명의 최소 설치 개수를 구하면 $(24+18)\times2-4=84-4=80$개이다.

22　　　　정답 ⑤

2023년 서울특별시의 1인 가구 수는 전국의 1인 가구 수의
$\frac{1,172}{5,613}\times100\fallingdotseq21\%$이다.

오답분석

① 1인 가구 수는 전국적으로 2021년 5,238천 가구, 2022년 5,434천 가구, 2023년 5,613천 가구로 해마다 증가하고 있다.
② 전체 가구 수는 전국적으로 2021년 19,092천 가구, 2022년 19,354천 가구, 2023년 19,590천 가구로 해마다 증가하고 있다.
③ 2023년 서울특별시 전체 가구 수 중에서 1인 가구가 차지하는 비중은 $\frac{1,172}{3,789}\times100\fallingdotseq31\%$이다.
④ 대전광역시와 울산광역시의 1인 가구 수의 합을 구하면 다음과 같다.
• 2021년 : $171+104=275$천 가구
• 2022년 : $178+107=285$천 가구
• 2023년 : $185+110=295$천 가구
따라서 인천광역시의 1인 가구 수보다 항상 많다.

23　　　　정답 ⑤

2019 ~ 2023년의 국가공무원 중 여성의 비율과 지방자치단체공무원 중 여성의 비율의 차를 구하면 다음과 같다.
• 2019년 : $47-30=17\%$p
• 2020년 : $48.1-30.7=17.4\%$p
• 2021년 : $48.1-31.3=16.8\%$p
• 2022년 : $49-32.6=16.4\%$p
• 2023년 : $49.4-33.7=15.7\%$p
따라서 비율의 차는 2020년에 증가했다가 2021년부터 계속 감소한다.

24 정답 ④

택배상자 무게는 1호 상자 xg, 2호 상자는 yg이므로 택배상자들의 총무게와 저울이 평형을 이루는 상자 개수에 대한 두 방정식을 세우면 다음과 같다.

$6x+7y=960 \cdots \text{㉠}$

$4x+2y=2x+5y \rightarrow 2x=3y \rightarrow 2x-3y=0 \cdots \text{㉡}$

두 방정식을 연립하면 $x=90$, $y=60$이므로 1호 택배상자는 90g, 2호 택배상자는 60g이 된다.

따라서 $(x \times y)=90 \times 60 = 5,400$이다.

25 정답 ④

ㄹ. 농가 소득 중 농업 이외 소득이 차지하는 비율을 구하면 다음과 같다.

- 2018년 : $\dfrac{22,023}{32,121} \times 100 ≒ 68.56\%$

- 2019년 : $\dfrac{21,395}{30,148} \times 100 ≒ 70.97\%$

- 2020년 : $\dfrac{21,904}{31,031} \times 100 ≒ 70.59\%$

- 2021년 : $\dfrac{24,489}{34,524} \times 100 ≒ 70.93\%$

- 2022년 : $\dfrac{24,647}{34,950} \times 100 ≒ 70.52\%$

- 2023년 : $\dfrac{25,959}{37,216} \times 100 ≒ 69.75\%$

따라서 매년 증가하지 않는다.

ㅁ. $\dfrac{11,257-10,303}{10,303} \times 100 ≒ 9.26\%$

오답분석

ㄱ. 그래프를 통해 쉽게 확인할 수 있다.

ㄴ. 농가 수 그래프에서 감소폭이 큰 것은 2022년과 2023년인데, 2022년에는 21천 호가 줄고, 2023년에는 41천 호가 줄었으므로 전년 대비 농가 수가 가장 많이 감소한 해는 2023년이다.

ㄷ. 2018년 대비 2023년 농가 인구의 감소율은 $\dfrac{3,063-2,769}{3,063} \times 100 ≒ 9.6\%$이다.

26 정답 ③

총평균이 65점이므로 여섯 명의 점수의 합은 $65 \times 6 = 390$점이다. 중급을 획득한 세 사람의 평균이 62점이므로 세 사람 점수의 합은 $62 \times 3 = 186$점이다. E의 시험 점수 최댓값을 구하라고 하였으므로, E가 고급을 획득했다고 가정하면 E를 포함해 고급을 획득한 2명의 점수의 합은 $390-186-54=150$점이다. 고급을 획득한 E의 점수가 최댓값인 경우는 고급을 획득한 다른 한 명의 점수가 합격 최저 점수인 70점을 받았을 때이므로 80점이 최대 점수이다.

27 정답 ③

기타 해킹 사고가 가장 많았던 연도는 2022년이고, 2022년의 전체 사이버 침해사고 건수는 16,135건이다. 이는 2021년의 21,230건 대비 감소했으므로 증감률은 $\dfrac{16,135-21,230}{21,230} \times 100 ≒ -24\%$이다.

28 정답 ④

- 변동 후 요금이 가장 비싼 노선은 D이므로 D가 2000번이다.
- 요금 변동이 없는 노선은 B이므로 B가 42번이다.
- 연장운행을 하기로 결정한 노선은 C이므로 C가 6번이다.
- A가 남은 번호인 3100번이다.

29 정답 ④

제조업용 로봇 생산액의 2021년 생산액은 6,272억 원이고, 2023년 생산액은 7,016억 원이다.

따라서 제조업용 로봇 생산액의 2021년 대비 2023년의 성장률은 $\dfrac{7,016-6,272}{6,272} \times 100 ≒ 11.9\%$이다.

30 정답 ③

E의 식단을 끼니별로 나누어 칼로리를 계산하면 다음과 같다. 이때, 주어진 칼로리 정보를 고려하여 g에 비례하여 칼로리를 계산하여야 하는 것에 주의한다.

끼니	식단
아침	우유식빵 280kcal, 사과잼 110kcal, 블루베리 30kcal
점심	현미밥 360kcal, 갈비찜 597kcal, 된장찌개 88kcal, 버섯구이 30kcal, 시금치나물 5kcal
저녁	현미밥 180kcal, 미역국 176kcal, 고등어구이 285kcal, 깍두기 50kcal, 연근조림 48kcal

따라서 E가 하루에 섭취하는 열량은 $280+110+30+360+597+88+30+5+180+176+285+50+48=2,239$kcal이다.

31 정답 ④

CONCATENATE 함수는 텍스트와 텍스트를 연결시켜주는 함수이다. [C2] 셀의 값인 '3·1절(매년 3월 1일)'은 [A2], '(', [B2], ')'와 같이 4가지의 텍스트가 연결되어야 한다. 그리고 '(', ')'와 같은 값을 나타내기 위해서는 " "를 이용하여 입력해야 한다. 따라서 입력해야 하는 함수식은 「=CONCATENATE(A2, "(", B2, ")")」이다.

32

정답 ④

커서를 한 화면 단위로 하여 아래로 이동시킬 때는 〈Page Down〉을 클릭한다.

오답분석

① 〈Home〉 : 커서를 행의 맨 처음으로 이동시킨다.
② 〈End〉 : 커서를 행의 맨 마지막으로 이동시킨다.
③ 〈Back Space〉 : 커서 앞의 문자를 하나씩 삭제한다.
⑤ 〈Alt〉+〈Page Up〉 : 커서를 한 쪽 앞으로 이동시킨다.

33

정답 ④

스타일 적용 시에는 항상 범위를 설정할 필요가 없다. 특정 부분의 스타일을 변경하고 싶은 경우에만 범위를 설정하고 바꿀 스타일로 설정하면 된다.

34

정답 ④

「IF(logical_test,[value_if_true],[value_if_false])」 함수는 정의한 조건과 일치하거나 불일치할 때, 그에 맞는 값을 출력하는 조건문이다. 'logical_test'는 정의하려는 조건, [value_if_true]는 앞선 조건이 참일 때 출력할 값, [Value_if_false]는 앞선 조건이 거짓일 때 출력할 값을 입력한다. 또한, LEFT 함수는 셀의 왼쪽부터 공백을 포함하여 몇 번째 수까지의 수 또는 텍스트를 추출하여 출력하는 함수이다. 따라서 [D3]에 입력해야 할 함수는 [C3]의 왼쪽에서 2번째 텍스트를 추출하고, 그 값이 "강원"일 때 1을 출력하는 함수이며, 「=IF(LEFT(C3,2)="강원",1,0)」이다.

35

정답 ①

데이터베이스(DB: Data Base)란 어느 한 조직의 여러 응용 프로그램들이 공유하는 관련 데이터들의 모임이다. 대학 내 서로 관련있는 데이터들을 하나로 통합하여 데이터베이스로 구축하게 되면, 학생 관리 프로그램, 교수 관리 프로그램, 성적 관리 프로그램은 이 데이터베이스를 공유하며 사용하게 된다. 이처럼 데이터베이스는 여러 사람에 의해 공유되어 사용될 목적으로 통합하여 관리되는 데이터의 집합을 말하며, 자료 항목의 중복을 없애고 자료를 구조화하여 저장함으로써 자료 검색과 갱신의 효율을 높인다.

오답분석

② 유비쿼터스 : 사용자가 네트워크나 컴퓨터를 의식하지 않고 장소에 상관없이 자유롭게 네트워크에 접속할 수 있는 정보통신 환경을 의미한다.
③ RFID : 극소형 칩에 상품정보를 저장하고 안테나를 달아 무선으로 데이터를 송신하는 장치를 말한다.
④ NFC : 전자태그(RFID)의 하나로 13.56Mhz 주파수 대역을 사용하는 비접촉식 근거리 무선통신 모듈이며, 10cm의 가까운 거리에서 단말기 간 데이터를 전송하는 기술을 말한다.
⑤ 와이파이 : 무선접속장치(AP; Access Point)가 설치된 곳에서 전파를 이용하여 일정 거리 안에서 무선인터넷을 할 수 있는 근거리 통신망을 칭하는 기술이다.

36

정답 ④

LARGE 함수는 데이터 집합에서 N번째로 큰 값을 구하는 함수이다. 따라서 ④의 결괏값으로는 [D2:D9] 범위에서 두 번째로 큰 값인 20,000이 산출된다.

오답분석

① MAX 함수는 최댓값을 구하는 함수이다.
② MIN 함수는 최솟값을 구하는 함수이다.
③ MID 함수는 문자열의 지정 위치에서 문자를 지정한 개수만큼 돌려주는 함수이다.
⑤ INDEX 함수는 범위 내에서 값이나 참조 영역을 구하는 함수이다.

37

정답 ①

SUMIF 함수는 주어진 조건에 의해 지정된 셀들의 합을 구하는 함수이며, 「=SUMIF(조건 범위,조건,계산할 범위)」로 구성된다. 따라서 ①의 결괏값으로는 계산할 범위 [C2:C9] 안에서 [A2:A9] 범위 안의 조건인 [A2](의류)로 지정된 셀들의 합인 42가 산출된다.

오답분석

② COUNTIF 함수는 지정한 범위 내에서 조건에 맞는 셀의 개수를 구하는 함수이다.
③ · ④ VLOOKUP 함수와 HLOOKUP 함수는 배열의 첫 열 / 행에서 값을 검색하여, 지정한 열 / 행의 같은 행 / 열에서 데이터를 돌려주는 찾기 / 참조 함수이다.
⑤ AVERAGEIF 함수는 주어진 조건에 따라 지정되는 셀의 평균을 구하는 함수이다.

38

정답 ①

'AVERAGE(B3:E3)'는 [B3:E3] 범위의 평균을 나타낸다. 또한, IF 함수는 논리 검사를 수행하여 TRUE나 FALSE에 해당하는 값을 반환해주는 함수이다. 즉, 「=IF(AVERAGE(B3:E3)>=90,"합격","불합격")」 함수는 [B3:E3] 범위의 평균이 90 이상일 경우 '합격'이, 그렇지 않을 경우 '불합격'이 입력된다. [F3]~[F6]의 각 셀에 나타나는 [B3:E3], [B4:E4], [B5:E5], [B6:E6]의 평균값은 83, 87, 91, 92.5이므로 [F3]~[F6] 셀에 나타나는 결괏값은 ①이다.

39

정답 ①

IEEE 802.11은 WiFi용 무선인터넷 규격을 말한다. 여러 기기가 참여할 수 있도록 CSMA / CA 방식을 사용한다.

40

정답 ④

분산처리 시스템은 네트워크를 통해 분산되어 있는 것들을 동시에 처리하는 것으로, 분산 시스템에 구성 요소를 추가하거나 삭제할 수 있다.

제4회 모의고사 정답 및 해설

41	42	43	44	45	46	47	48	49	50
①	⑤	②	④	④	①	④	③	②	④

41
정답 ①

경제적 의사결정을 위해 상품별 만족도 총합을 계산하면 다음과 같다.

(단위 : 점)

가격 \ 상품	만족도	광고의 호감도 (5)	디자인 (12)	카메라 기능 (8)	단말기 크기 (9)	A/S (6)	만족도 총합
A	35만 원	5	10	6	8	5	34
B	28만 원	4	9	6	7	5	31
C	25만 원	3	7	5	6	4	25

이때, 각 상품의 가격대비 만족도를 계산하면, 단위 금액당 만족도가 가장 높은 상품 B$\left(=\dfrac{31}{28}\right)$를 구입하는 것이 가장 합리적이다.

오답분석
② 단말기 크기의 만족도 만점 점수는 9점으로 카메라 기능보다 높기 때문에 단말기 크기를 더 중시하고 있음을 알 수 있다.
③ 세 상품 중 상품 A의 만족도가 가장 크지만, 비용을 고려해야 하기 때문에 상품 A를 구입하는 것은 합리적인 선택으로 볼 수 없다.
④ 예산을 25만 원으로 제한할 경우 상품 C를 선택할 것이다.
⑤ 만족도 점수 항목 중 휴대전화의 성능과 관련된 항목은 카메라 기능뿐이므로 지나치게 중시하고 있다고 볼 수 없다.

42
정답 ⑤

선택지에 따른 교통편을 이용할 때, K중앙회에 도착하는 시간은 다음과 같다.
① 버스 – 택시 : 9시 5분 ~ 10시 5분(버스)
　→ 10시 5분 ~ 10시 35분(택시)
② 지하철 – 버스 : 9시 10분 ~ 9시 55분(지하철)
　→ 10시 20분 ~ 10시 45분(버스)
③ 자가용 – 지하철 : 9시 ~ 10시 20분(자가용)
　→ 10시 50분 ~ 11시 5분(지하철)
④ 버스 – 버스 : 9시 5분 ~ 10시 5분(버스)
　→ 10시 20분 ~ 10시 45분(버스)
⑤ 지하철 – 택시 : 9시 10분 ~ 9시 55분(지하철)
　→ 9시 55분 ~ 10시 25분(택시)
따라서 ⑤의 지하철을 타고 고속터미널로 간 다음 택시를 타는 것이 가장 빨리 도착하는 방법이다.

43
정답 ②

- 본부에서 36개월 동안 연구원으로 근무 → $0.03 \times 36 = 1.08$점
- 지역본부에서 24개월 근무 → $0.015 \times 24 = 0.36$점
- 특수지에서 12개월 동안 파견근무(지역본부 근무경력과 중복되어 절반만 인정) → $0.02 \times 12 \div 2 = 0.12$점
- 본부로 복귀 후 현재까지 총 23개월 근무 → $0.03 \times 23 = 0.69$점
- 현재 팀장(과장) 업무 수행 중
  - 내부평가결과 최상위 10% 총 12회 → $0.012 \times 12 = 0.144$점
  - 내부평가결과 차상위 10% 총 6회 → $0.01 \times 6 = 0.06$점
  - 금상 2회, 은상 1회, 동상 1회 수상
    → $(0.25 \times 2) + (0.15 \times 1) + (0.1 \times 1) = 0.75$점
    → 0.5($\because$ 인정범위)
  - 시행결과평가 탁월 2회, 우수 1회
    → $(0.25 \times 2) + (0.15 \times 1) = 0.65$점
    → 0.5($\because$ 인정범위)

따라서 K과장의 가점은 $1.08 + 0.36 + 0.12 + 0.69 + 0.144 + 0.06 + 0.5 + 0.5 = 3.454$점이다.

44
정답 ④

익월은 토요일이 1일이고, 30일까지 있기 때문에 A사원은 평일인 20일 동안 헬스장을 이용한다. 각 헬스장의 20일 이용료를 계산해 보면 다음과 같다.
- A : $(5,000 \times 20) + 20,000 = 120,000$원
- B : $110,000 + (110,000 \times 0.1) = 121,000$원
- C : $(6,000 \times 10 \times 0.9 \times 2) + 15,000 = 123,000$원
- D : $30,000 + (30,000 - 3,000) + (30,000 - 6,000) + (30,000 - 9,000) + 12,000 = 114,000$원
- E : $100,000 + (1,000 \times 20) = 12,0000$원

따라서 가장 비용이 저렴한 곳은 114,000원인 D헬스장이다.

45
정답 ④

경로별 거리의 총합은 다음과 같다.

구분	거리 총합
경로 1	$46.5 + 127 + 92.2 + 72.77 = 338.47$km
경로 2	$31.5 + 127 + 92.2 + 93.7 = 344.4$km
경로 3	$145.2 + 92.2 + 22.3 + 87.69 = 347.39$km
경로 4	$30.6 + 120.3 + 72.7 + 104.56 = 328.16$km
경로 5	$37.4 + 57.2 + 31.3 + 202.53 = 328.43$km

따라서 장과장이 집에서 출장지까지 회사 차로 이동하는 최단거리의 경로는 328.16km인 '경로 4'이다.

46
정답 ①

㉠은 종이에 기록할 것, ㉡은 우선순위이다.

오답분석
- 정리할 시간 : 중요한 일에는 좀 더 시간을 할애하고 중요도가 낮은 일에는 단축시키는 것 등에 대해 검토·조정할 시간을 확보할 것
- 권한위양 : 위양할 수 있는 일과 그렇지 못한 일을 최초부터 결정함
- 현실적인 계획 : 무리한 계획을 세우지 않도록 해야 하며, 실현 가능한 것만을 계획화해야 함

47
정답 ④

- C강사 : 셋째 주 화요일 오전, 목요일, 금요일 오전에 스케줄이 비어 있으므로 목요일과 금요일에 이틀간 강의가 가능하다.
- E강사 : 첫째, 셋째 주 화 ~ 목요일 오전에 스케줄이 있으므로 수요일과 목요일 오후에 강의가 가능하다.

오답분석
- A강사 : 매주 수 ~ 목요일에 스케줄이 있으므로 화요일과 금요일 오전에 강의 가능하지만 강의가 연속 이틀에 걸쳐 진행되어야 한다는 조건에 부합하지 않는다.
- B강사 : 화요일과 목요일에 스케줄이 있으므로 수요일 오후와 금요일 오전에 강의가 가능하지만 강의가 연속 이틀에 걸쳐 진행되어야 한다는 조건에 부합하지 않는다.
- D강사 : 수요일 오후와 금요일 오전에 스케줄이 있으므로 화요일 오전과 목요일에 강의가 가능하지만 강의가 연속 이틀에 걸쳐 진행되어야 한다는 조건에 부합하지 않는다.

48
정답 ③

오답분석
- A지원자 : 9월에 복학 예정이기 때문에 경우에 따라 인턴 기간이 연장될 시 근무할 수 없으므로 부적절하다.
- B지원자 : 경력 사항이 없으므로 부적절하다.
- D지원자 : 근무 시간(9 ~ 18시) 이후에 업무가 불가능하므로 부적절하다.
- E지원자 : 포토샵을 활용할 수 없으므로 부적절하다.

49
정답 ②

A씨가 10명의 아이들과 함께 E생태마을에서 체험프로그램을 진행할 수 있는 시간은 오전 9시부터 오후 1시까지 4시간(240분)이다. 여기서 3번의 쉬는 시간인 30분을 제외하면 프로그램에 참여할 수 있는 시간은 210분이다.

최소비용을 구해야 하므로 가장 저렴한 프로그램은 '물놀이 체험', '다슬기 잡기', '염소 먹이 주기'로 7,000원이며, 3개의 프로그램에 참여하는 데 총 180분(=90+30+60)이 소요된다. 남은 30분은 8,000원이 소요되는 '땅콩 심기'에 참여함으로써 1인당 29,000원으로 4가지 프로그램을 체험할 수 있다.

따라서 A씨를 포함한 11명의 최소 비용금액은 $29,000 \times 11 = 319,000$원이다.

50
정답 ④

B동에 사는 변학도는 개인 일정에 매주 월, 화 오전 8시부터 오후 3시까지 하는 카페 아르바이트가 있기 때문에 화 ~ 금 오전 9시 30분부터 오후 12시까지 진행되는 '그래픽 편집 달인되기'를 수강할 수 없다.

41	42	43	44	45	46	47	48	49	50
⑤	③	④	⑤	③	②	③	④	①	③

41 　　　　　　　　　　　　　　　　정답 ⑤

기술교양을 지닌 사람들의 특징
- 기술학의 특성과 역할을 이해한다.
- 기술과 관련된 이익을 가치화하고 위험을 평가할 수 있다.
- 기술에 의한 윤리적 딜레마에 대해 합리적으로 반응할 수 있다.
- 기술체계가 설계되고, 사용되고, 통제되는 방법을 이해한다.

42 　　　　　　　　　　　　　　　　정답 ③

기술 발전에 있어 환경 보호를 추구하는 점을 볼 때, 지속가능한 개발의 사례로 볼 수 있다. 지속가능한 개발은 경제 발전과 환경 보전의 양립을 위하여 새롭게 등장한 개념으로 볼 수 있으며, 미래 세대가 그들의 필요를 충족시킬 수 있는 가능성을 손상시키지 않는 범위에서 현재 세대의 필요를 충족시키는 개발인 것이다.

오답분석
① 개발독재 : 개발도상국에서 개발이라는 이름으로 행해지는 정치적 독재를 말한다.
② 연구개발 : 자연과학기술에 대한 새로운 지식이나 원리를 탐색하고 해명해서 그 성과를 실용화하는 일을 말한다.
④ 개발수입 : 기술이나 자금을 제3국에 제공하여 미개발자원 등을 개발하거나 제품화하여 수입하는 것을 말한다.
⑤ 조직개발 : 기업이 생산능률을 높이기 위하여 기업조직을 개혁하는 일을 말한다.

43 　　　　　　　　　　　　　　　　정답 ④

문화 및 제도적인 차이에 대한 부분을 통해 글로벌 벤치마킹을 설명함을 알 수 있다.

오답분석
① 내부 벤치마킹 : 같은 기업 내의 다른 지역, 타 부서, 국가 간의 유사한 활용을 비교 대상으로 한다. 이 방법은 자료 수집이 용이하며, 다각화된 우량기업의 경우 효과가 큰 반면, 관점이 제한적일 수 있고, 편중된 내부 시각에 대한 우려가 있다는 단점을 가지고 있다.

② 경쟁적 벤치마킹 : 동일 업종에서 고객을 직접적으로 공유하는 경쟁기업을 대상으로 한다. 이 방법은 경영성과와 관련된 정보 입수가 가능하며, 업무 / 기술에 대한 비교가 가능한 반면 윤리적인 문제가 발생할 소지가 있으며, 대상의 적대적 태도로 인해 자료 수집이 어렵다는 단점이 있다.
③ 비경쟁적 벤치마킹 : 제품, 서비스 및 프로세스의 단위 분야에 있어 가장 우수한 실무를 보이는 비경쟁적 기업 내의 유사 분야를 대상으로 하는 방법이다. 이 방법은 혁신적인 아이디어의 창출 가능성은 높은 반면 다른 환경의 사례를 가공하지 않고 적용할 경우 효과를 보지 못할 가능성이 높은 단점이 있다.
⑤ 간접적 벤치마킹 : 벤치마킹을 수행 방식에 따라 분류한 것으로, 인터넷 및 문서 형태의 자료를 통해서 간접적으로 수행하는 방법이다.

44 　　　　　　　　　　　　　　　　정답 ⑤

ⓒ 제10조(기록물의 이관) 제3항에는 한시조직의 해산 시 업무승계부서가 없는 경우에는 해당 기록물을 기록관에서 이관받아 관리하여야 한다고 제시하고 있다.
ⓔ 제9조(기록물의 정리) 제3항에는 기록관의 장은 기관 및 소속기관 처리과의 생산현황 결과를 취합하여 매년 5월 31일까지 관할 영구 기록물관리기관의 장에게 통보하여야 한다고 제시하고 있다.

오답분석
ⓐ 제8조(기록물의 등록) 제1항에 해당하는 내용이다.
ⓑ 제7조(기록물의 생산) 제2항에 해당하는 내용이다.

45 　　　　　　　　　　　　　　　　정답 ③

기술 능력이 뛰어난 사람의 특징
- 실질적 해결을 필요로 하는 문제를 인식한다.
- 인식된 문제를 위한 다양한 해결책을 개발하고 평가한다.
- 실제적 문제를 해결하기 위해 지식이나 기타 자원을 선택, 최적화시키며 적용한다.
- 주어진 한계 속에서 제한된 자원을 가지고 일한다.
- 기술적 해결에 대한 효용성을 평가한다.
- 여러 상황 속에서 기술의 체계와 도구를 사용하고 배울 수 있다.

46 　　　　　　　　　　　　　　　　정답 ②

근로자가 업무에 관계되는 건설물, 설비, 원재료, 가스, 증기, 분진 등에 의하거나, 직업과 관련된 기타 업무에 의하여 사망 또는 부상하거나 질병에 걸리게 되는 것을 산업재해로 정의하고 있기 때문에 휴가 중 일어난 사고는 업무와 무관하므로 산업재해가 아니니다.

47

가정에 있을 경우 전력수급 비상단계를 신속하게 극복하기 위해 전력기기 등의 전원을 차단하거나 사용을 중지하는 것이 필요하나, 4번 항목에 따르면 안전, 보안 등을 위한 최소한의 조명까지 소등할 필요는 없다.

오답분석

① 가정에 있을 경우, TV, 라디오 등을 통해 재난상황을 파악하여 대처하라고 하였으므로, 전력수급 비상단계 발생 시 대중매체를 통해 재난상황에 대한 정보를 파악할 수 있다는 것을 알 수 있다.
② 사무실에 있을 경우 즉시 사용이 필요하지 않은 사무기기의 전원을 차단하여야 한다.
④ 공장에서는 비상발전기의 가동을 점검하여 가동을 준비해야 한다.
⑤ 전력수급 비상단계가 발생할 경우, 컴퓨터, 프린터 등 긴급하지 않은 모든 사무기기의 전원을 차단하여야 하므로 한동안 사무실의 업무가 중단될 수 있다.

48

ⓒ 사무실에서의 행동요령에 따르면 본사의 중앙보안시스템은 긴급한 설비로 볼 수 있다. 따라서 3번 항목의 예외에 해당하므로 중앙보안시스템의 전원을 차단해버린 이주임의 행동은 적절하지 않다고 볼 수 있다.
ⓔ 상가에서의 행동요령에 따르면 식재료의 부패와 관련 없는 가전제품의 가동을 중지하거나 조정하도록 설명되어 있다. 하지만 최사장은 횟감을 포함한 식재료를 보관 중인 모든 냉동고의 전원을 차단하였으므로 적절하지 못하다.

오답분석

㉠ 집에 있던 중 세탁기 사용을 중지하고 실내조명을 최소화한 것은 행동요령에 따른 것으로 적절한 행동이다.
ⓒ 공장에 있던 중 공장 내부 조명 밝기를 최소화한 박주임의 행동은 적절하다.

49

석유자원을 대체하고 에너지의 효율성을 높이는 것은 기존 기술에서 탈피하고 새로운 기술을 습득하는 기술경영자의 능력으로 볼 수 있다.

기술경영자의 능력
- 기술을 기업의 전반적인 전략 목표에 통합시키는 능력
- 빠르고 효과적으로 새로운 기술을 습득하고 기존의 기술에서 탈피하는 능력
- 기술을 효과적으로 평가할 수 있는 능력
- 기술 이전을 효과적으로 할 수 있는 능력
- 새로운 제품개발 시간을 단축할 수 있는 능력
- 크고 복잡하며 서로 다른 분야에 걸쳐 있는 프로젝트를 수행할 수 있는 능력
- 조직 내의 기술 이용을 수행할 수 있는 능력
- 기술 전문 인력을 운용할 수 있는 능력

50

안전사고의 원인 중 하나가 작업자의 부주의이므로 버튼을 누르기 전 주변을 둘러볼 것을 권유하는 이 표어는 적절하다.

오답분석

① 제시된 글에서 음주 작업에 대한 내용은 찾아볼 수 없다.
② 제시된 글은 고소 작업 자체를 금지하자는 주장은 아니다.
④ 제시된 글에서 과로 및 휴식에 대한 내용은 찾아볼 수 없다.
⑤ 제시된 글에서 화재의 위험성에 대한 내용은 찾아볼 수 없다.

제5회 모의고사 정답 및 해설

| 01 | 행정직(경영)

01	02	03	04	05	06	07	08	09	10
②	④	③	⑤	①	①	③	①	①	④
11	12	13	14	15	16	17	18	19	20
②	①	④	①	③	①	②	④	③	④
21	22	23	24	25	26	27	28	29	30
③	③	③	⑤	⑤	⑤	②	③	④	⑤
31	32	33	34	35	36	37	38	39	40
④	③	④	②	③	③	①	①	④	①

01
정답 ②

비즈니스 리엔지니어링(BR; Business Reengineering)은 업무 프로세스 중심의 개혁으로 비약적인 업적 향상을 실현하는 기법이며, 원점에서 재검토하여 프로세스를 중심으로 업무를 재편성한다. 업적을 비약적으로 향상시키고, 기능별 조직의 한계를 넘어 고객의 요구를 충족시킨다는 관점에서 업무 프로세스를 근본적으로 재편하는 톱다운식 접근 방법이다.

오답분석
① 컨커런트 엔지니어링(CE; Concurrent Engineering) : 기업의 제품개발 요소들을 동시병렬적으로 처리하여 완제품 생산 기간의 단축, 비용절감 등을 도모하는 경영혁신 기법이다.
③ 조직 리스트럭처링(RS; Restructuring) : 한 기업이 여러 사업부를 가지고 있을 때 미래 변화를 예측하여 어떤 사업은 주력사업으로 하고, 어떤 사업부는 축소·철수하고, 어떤 신규 사업으로 새로이 진입하고 더 나아가 중복 사업을 통합하는 등 사업구조를 개혁하는 것이다.
④ 다운사이징(DS; Downsizing) : 조직의 효율성, 생산성, 그리고 경쟁력을 개선하기 위해 조직 인력의 규모, 비용규모, 업무 흐름 등에 변화를 가져오는 일련의 조치이다.
⑤ 벤치마킹(BM; Benchmarking) : 경영혁신 프로그램으로 해당 분야의 '최고' 경영 비결을 찾아내어 자사에 적용하는 생산성향상 방법의 구체적 사안을 다루는 방법이다.

02
정답 ④

주식회사 설립 시 작성해야 하는 정관에는 절대적 기재사항, 상대적 기재사항, 임의적 기재사항이 있다. 반드시 기재해야만 하는 절대적 기재사항의 경우 기재가 누락되거나 적법하게 기재되지 않으면 정관 자체가 무효가 된다. 절대적 기재사항에는 사업목적, 상호, 발행할(예정) 주식 총수, 1주의 금액, 설립 시 발행 주식 수, 본점의 소재지, 회사가 공고를 하는 방법, 발기인의 성명·주민등록번호 및 주소의 8가지가 있다. 상대적 기재사항은 반드시 기재하여야 하는 것은 아니나 정관에 기재하지 아니하면 법률 효력이 없는 사항을 말한다. 임의적 기재사항은 단순히 기재하는 사항이다.

03
정답 ③

BCG 매트릭스는 보스턴 컨설팅 그룹(Boston Consulting Group)에 의해 1970년대 초반 개발된 것으로, 기업의 경영전략 수립에 있어 하나의 기본적인 분석도구로 활용되는 사업포트폴리오(Business Portfolio) 분석기법이다. BCG 매트릭스는 X축을 '상대적 시장점유율'로 하고, Y축을 '시장 성장률'로 한다. 미래가 불투명한 사업을 물음표(Question Mark), 점유율과 성장성이 모두 좋은 사업을 스타(Star), 투자에 비해 수익이 월등한 사업을 현금젖소(Cash Cow), 점유율과 성장률이 둘 다 낮은 사업을 개(Dog)로 구분했다. 현금젖소는 수익을 많이 내고 있으며, 시장확대는 불가능하다. 물음표는 시장성장률은 높지만 점유율은 낮은 상태이다. 따라서 현금젖소에서의 수익을 물음표에 투자하여 최적 현금흐름을 달성할 수 있다.

04
정답 ⑤

컨베이어 시스템은 모든 작업을 단순 작업으로 분해하고 분해된 작업의 소요시간을 거의 동일하게 하여 일정한 속도로 이동하는 컨베이어로 전체 공정을 연결해 작업을 수행하는 것으로, 포드가 주창한 것이다.

05
정답 ①

오답분석
② 순투자 : 기업이 고정자산을 구매하거나, 유효수명이 당회계연도를 초과하는 기존의 고정자산 투자에 돈을 사용할 때 발생한다.
③ 재고투자 : 기업의 투자활동 중 재고품을 증가시키는 투자활동 또는 증가분을 말한다.

④ 민간투자 : 사기업에 의해서 이루어지는 투자로 사적투자라고도 한다.

⑤ 공동투자 : 복수의 기업이 공동 목적을 위해 투자하는 것을 말한다.

06 정답 ①

미국의 경영자 포드는 부품의 표준화, 제품의 단순화, 작업의 전문화 등 '3S 운동'을 전개하고 컨베이어 시스템에 의한 이동조립방법을 채택해 작업의 동시 관리를 꾀하여 생산능률을 극대화했다.

07 정답 ③

매트릭스 조직

조직의 구성원이 원래 속해 있던 종적계열과 함께 횡적계열이나 프로젝트 팀의 일원으로 속해 동시에 임무를 수행하는 조직형태로, 결국 한 구성원이 동시에 두 개의 팀에 속하게 된다. 매트릭스 조직의 특징은 계층원리와 명령일원화 원리의 불적용, 라인·스태프 구조의 불일치, 프로젝트 임무 완수 후 원래 속한 조직업무로의 복귀 등이 있다.

> **매트릭스 조직의 장점과 단점**
> - 장점 : 매트릭스 조직은 지식 공유가 일어나는 속도가 빠르므로 프로젝트를 통해 얻은 지식과 경험을 다른 프로젝트에 활용하기 쉽고, 프로젝트 또는 제품별 조직과 기능식 조직 간에 상호 견제가 이루어지므로 관리의 일관성을 꾀할 수 있으며 인적자원 관리도 유연하게 할 수 있는 장점이 있다. 또한 시장의 요구에 즉각적으로 대응할 수 있으며 경영진에게도 빠르게 정보를 전달할 수 있다.
> - 단점 : 조직의 특성상 구성원은 자신의 위치에 대해 불안감을 가질 수 있고, 이것이 조직에 대한 몰입도나 충성심 저하의 원인이 될 수 있다. 관리비용의 증가 문제 역시 발생할 수 있다.

08 정답 ①

오답분석

② 스캔론 플랜 : 생산의 판매가치에 대한 인건비 비율이 사전에 정한 표준 이하의 경우 종업원에게 보너스를 주는 제도이다.

③ 메리트식 복률성과급 : 표준생산량을 83% 이하, 83 ~ 100%, 그리고 100% 이상으로 나누어 상이한 임률을 적용하는 방식이다.

④ 테일러식 차별성과급 : 근로자의 하루 표준 작업량을 시간연구 및 동작연구에 의해 과학적으로 설정하고 이를 기준으로 하여 고·저 두 종류의 임률을 적용하는 제도이다.

⑤ 럭커 플랜 : 조직이 창출한 부가가치 생산액을 구성원 인건비를 기준으로 배분하는 제도이다.

09 정답 ①

신제품 수용자 유형

- 혁신자(Innovators) : 신제품 도입 초기에 제품을 수용하는 소비자. 모험적, 새로운 경험 추구
- 조기수용자(Early Adopters) : 혁신소비자 다음으로 수용하는 소비자. 의견선도자 역할
- 조기다수자(Early Majority) : 대부분의 일반소비자. 신중한 편
- 후기다수자(Late Majority) : 대부분의 일반소비자. 신제품수용에 의심 많음
- 최후수용자(Laggards) : 변화를 싫어하고 전통을 중시하는 소비자. 변화를 거부하며 전통에 집착

10 정답 ④

회계감사의 감사의견 종류에는 적정 의견, 한정 의견, 부적정 의견, 의견 거절 4가지가 있다.

11 정답 ②

정률법은 매년 감가하는 자산의 잔존가격에 일정률을 곱하여 매년의 감가액을 계산하는 방법이다.

오답분석

① 정액법 : 고정자산의 내용연수의 기간 중 매기 동일액을 상각해 가는 방법이다.

③ 선입선출법 : 매입순법이라고도 하며, 가장 먼저 취득된 것부터 순차로 불출하는 방법이다.

④ 후입선출법 : 나중에 사들인 상품 또는 원재료로 만든 물품부터 팔렸다고 보고 남은 상품, 원재료를 평가하는 방법이다.

⑤ 저가법 : 재고자산의 가액을 결정함에 있어서 원가법이나 시가법에 따르지 않고 원가와 시가 중 낮은 가액을 계산가액으로 하는 방법이다.

12 정답 ①

목표관리는 조직에서 권력을 강화하기 위한 전술이라기보다는 조직의 동기부여나 조직의 업적 향상과 관련이 깊다.

13 정답 ④

④는 재무상태표에 관한 설명이다.

14 정답 ①

오답분석

② ROE : 기업의 자기자본에서 어느 정도의 이익을 창출하는가를 나타내는 값이다.

③ ROA : 기업 총자산(자본＋부채)에서 어느 정도의 이익을 창출하는가를 나타내는 값이다.

④ ROI : 기업의 순이익을 투자액으로 나눈 값이다.

⑤ BPS : 기업의 순자산을 발행 주식수로 나눈 값이다.

15

정답 ③

기업의 사회적 책임이란 기업의 의사결정 과정에서 모든 이해자 집단에 끼치게 될 의사결정의 영향력을 고려하고, 그 이해자 집단들에게 최선의 결과가 주어질 수가 있는 의사결정을 내릴 수 있도록 하기 위한 노력이라 할 수 있다. 구체적인 내용으로 기업 유지 및 존속에 대한 책임, 이해자 집단에 대한 이해 조정 책임, 후계자 육성의 책임, 정부에 대한 책임, 지역사회 발전의 책임 등이 있다.

16

정답 ①

인원·신제품·신시장의 추가 및 삭감이 신속하고 신축적인 것은 기능별 조직에 대한 설명이다.

17

정답 ②

당기순이익은 선입선출법 ≥ 이동평균법 ≥ 총평균법 ≥ 후입선출법 순이다.

18

정답 ④

콜옵션은 옵션거래에서 특정한 기초자산을 만기일이나 만기일 이전에 미리 정한 행사가격으로 살 수 있는 권리를 말한다. 여기는 행사를 포기할 권리도 포함되므로 선택권(옵션)인 것이다. 옵션은 선물과 달리 권리만 존재하며 의무가 없기 때문에 매입자는 매도자에게 일정 프리미엄을 지불해야 한다. 현재가격이 행사가격보다 높을 경우 매입자는 권리를 행사함으로써 그 차액만큼의 이익을 얻을 수 있으며, 현재가격이 행사가격보다 낮을 경우에는 권리 행사를 포기할 수 있다.

19

정답 ③

자본자산가격결정모형(CAPM)이란 자산의 균형가격이 어떻게 결정되어야 하는지를 설명하는 이론이다. 구체적으로 자본시장이 균형상태가 되면 위험과 기대수익률 사이에 어떤 관계가 성립하는지 설명하는 이론이다.
세금과 거래비용이 발생하지 않는 완전 자본시장을 가정하고 있다.

> **CAPM의 가정**
> • 모든 투자자는 위험회피형이며, 기대효용을 극대화할 수 있도록 투자한다.
> • 모든 투자자는 평균 – 분산 기준에 따라 투자한다.
> • 모든 투자자의 투자기간은 단일기간이다.
> • 자신의 미래 수익률분포에 대하여 모든 투자자가 동질적으로 기대한다.
> • 무위험자산이 존재하며, 모든 투자자는 무위험이자율로 제한없이 차입, 대출이 가능하다.
> • 세금, 거래비용과 같은 마찰적 요인이 없는 완전자본시장을 가정한다.

20

정답 ④

기존의 방식에서는 조직의 모든 구성원들이 동일한 차원으로 리더십 반응을 한다고 했지만 LMX는 조직의 세부특성은 다르며 개별 리더 – 구성원 간의 관계에 따라 리더십 결과가 다르다고 본다.

21

정답 ③

순현가법에서는 내용연수 동안의 모든 현금흐름을 통해 현가를 비교한다.

오답분석

① 순현가는 현금유입의 현가에서 현금유출의 현가를 뺀 것이다.
④ 최대한 큰 할인율이 아니라 적절한 할인율로 할인한다.
⑤ 투자의 결과 발생하는 현금유입이 투자안의 내부수익률로 재투자될 수 있다고 가정하는 것은 내부수익률법이다.

22

정답 ③

투자안별 기대수익률을 정리하면 다음과 같다.
• A투자안 : $0.5 \times 10 + 0.5 \times 8 = 9\%$
• B투자안 : $0.5 \times 6 + 0.5 \times 9 = 7.5\%$
• C투자안 : $0.5 \times 8 + 0.5 \times 8 = 8\%$
따라서 제시된 포트폴리오의 기대수익률은 $0.3 \times 9 + 0.4 \times 7.5 + 0.3 \times 8 = 8.1\%$이다.

23

정답 ③

마케팅 활동은 본원적 활동에 해당한다.

오답분석

① 기업은 본원적 활동 및 지원 활동을 통하여 이윤을 창출한다.
② 물류 투입, 운영, 산출, 마케팅 및 서비스 활동은 모두 본원적 활동에 해당한다.
④ 인적자원관리, 기술 개발, 구매, 조달 활동 등은 지원 활동에 해당한다.
⑤ 가치사슬 모형은 기업의 내부적 핵심 역량을 파악하는 모형으로서, 지원 활동에 해당하는 항목도 핵심 역량이 될 수 있다.

24

정답 ③

합자회사(合資會社)는 무한책임사원과 유한책임사원으로 이루어지는 회사로, 무한책임사원이 경영하고 있는 사업에 유한책임사원이 자본을 제공하고, 사업으로부터 생기는 이익의 분배에 참여한다.

25

정답 ⑤

콘체른(Konzern)은 가입기업이 법률적으로 독립성을 가지고 있으며, 동종 업종뿐만 아니라 이종 업종 간에도 결합되는 형태이다. 콘체른은 유럽, 특히 독일에 흔한 기업형태로 법률적으로 독립되어 있으나, 경제적으로는 통일된 지배를 받는 기업 집단이다. 콘체른에 소속된 회사들은 계열사라고 불린다.

26

정답 ⑤

자원기반관점(RBV: Resource – based View)은 기업을 자원집합체로 보는 것으로 기업 경쟁력의 원천을 기업의 외부가 아닌 내부에서 찾는 관점이다.

27

정답 ②

역직승진은 주임, 계장, 과장, 부장 등으로 승진하는 것인데 이는 직무에 따른 승진이라기보다는 조직운영의 원리에 의한 승진방식으로, 이 경우 직무내용의 전문성이나 높은 수준의 직무를 추구하려는 노력이 상실될 위험이 있다.

오답분석
① 대용승진에 대한 설명이다.
③ 자격승진에 대한 설명이다.
④ 직무승진에 대한 설명이다.
⑤ 조직변화승진에 대한 설명이다.

28

정답 ③

시장지향적 마케팅이란 고객지향적 마케팅의 장점을 포함하면서 그 한계점을 극복하기 위한 포괄적 마케팅 노력이며 기업이 최종고객들과 원활한 교환을 통하여 최상의 가치를 제공해 주기 위해 기업 내외의 모든 구성요소들 간 상호작용을 관리하는 총체적 노력이 수반되기도 한다. 그에 따른 노력 중에는 외부사업이나 이익기회들을 확인하고 다양한 시장 구성요소들이 완만하게 상호작용하도록 관리하며, 외부시장의 기회에 대해 적시에 정확하게 대응한다. 때에 따라 기존 사업시장을 포기하며 전혀 다른 사업부분으로 진출하기도 한다.

29

정답 ④

데이터 산출에 따른 의사결정이 필요하기는 하나, 이는 초기 세팅과정이며 이후에는 자동적인 관리가 가능하다.

자재 관리 시스템(MRP: Manufacturing Resource Planning)의 특징
• 고객에 대한 서비스 개선
• 설비가동능률 증진
• 생산계획의 효과적 도구
• 적시에 최소비용으로 공급
• 의사결정 자동화에 기여

30

정답 ⑤

지식경영시스템(Knowledge Management System)은 조직구성원의 지식자산에 대한 자세, 조직의 지식 평가・보상 체계, 지식공유 문화 등 조직 차원의 인프라와 통신 네트워크, 하드웨어, 각종 소프트웨어 및 도구 등 정보기술 차원의 인프라를 기본 전제로 하고 있다. 지식관리시스템은 지식베이스, 지식스키마, 지식맵 등 3가지 요소로 구성되어 있다. 지식베이스가 원시 데이터를 저장하는 데이터베이스에 비유된다면 지식스키마는 원시 데이터에 대한 메타데이터를 담고 있는 데이터 사전 또는 데이터베이스 스키마에 비유될 수 있다. 지식스키마 내에는 개별 지식의 유형, 중요도, 동의어, 주요 인덱스, 보안단계, 생성 – 조회 – 갱신 – 관리부서 정보 등과 전사적인 지식분류체계 등의 내용이 들어 있다. 집을 지을 때 설계가 중요하듯이 지식관리시스템을 구축할 때에도 먼저 지식스키마가 잘 구축되어야만 향후 저장된 지식을 활용하거나 유지・보수하는 작업이 효율적으로 수행될 수 있다.

조직에서 필요한 지식과 정보를 창출하는 연구자, 설계자, 건축가, 과학자, 기술자 등을 포함하는 것은 관련 없는 내용이다.

31

정답 ④

시송품 ₩1,500,000 중 매입의사가 밝혀지지 않은 30%인 ₩450,000은 기말 재고자산에 포함해야 한다. 판매자의 입장에서 도착지 인도조건으로 판매하여 운송 중인 상품의 원가 ₩550,000은 기말 재고자산에 포함해야 한다. 적송품의 경우 타 회사가 판매한 50%를 제외한 ₩500,000은 기말 재고자산에 포함해야 한다. 그러므로 총 기말 재고자산은 ₩2,500,000이다.

32

정답 ③

• (매출총이익)=(순매출액)－(매출원가)
• (매출원가)=(기초재고)＋(당기순매입액)－(기말재고)
• (당기순매입액)=(총매입액)－(매입할인)－(매입환출)
  =730,000－10,000－50,000=670,000원
• (순매출액)=(총매출액)－(매출할인)－(매출환입)
  =1,000,000－20,000－30,000=950,000원
• (매출원가)=(기초재고)＋(당기순매입액)－(기말재고)
  =100,000＋670,000－380,000=390,000원
• (매출총이익)=(순매출액)－(매출원가)
  =950,000－390,000=560,000원
따라서 매출총이익은 560,000원이다.

33

정답 ④

항상성장모형 $P = \dfrac{D_1}{\gamma - g} = \dfrac{1,100}{0.2 - 0.15} = \dfrac{1,100}{0.05} = 22,000$

(γ : 요구 수익률, g : 성장률, D_1 : 차기주당배당금)

따라서 고든(Gordon)의 항상성장모형에 의한 A주식의 현재가치는 22,000원이다.

제5회 모의고사 정답 및 해설

34 정답 ②

- (연평균 매출채권)$=\dfrac{(기초)+(기말)}{2}=\dfrac{295,000+420,000}{2}$

  $=357,500$

- (매출채권 회전율)$=\dfrac{(매출액)}{(연평균\ 매출채권)}=\dfrac{X}{357,500}=3회$

  $\therefore\ X=357,500\times3=1,072,500$

손익계산서
2024년 1월 1일부터 12월 31일까지

매출액	₩1,072,500
매출원가	(₩380,000)
매출총이익	₩692,500
관리비	(₩30,000)
금융원가	(₩10,000)
법인세비용차감전순이익	₩652,500
법인세비용	(₩16,000)
당기순이익	₩636,500

- (배당성향)$=\dfrac{(배당금)}{(당기순이익)}\times100=\dfrac{Y}{636,500}\times100=30\%$

  $\therefore\ Y=\dfrac{30}{100}\times636,500=190,950$

따라서 배당금은 ₩190,950이다.

35 정답 ③

경제적 주문량(EOQ)에 의한 최적 주문횟수

$Q=\sqrt{\dfrac{2OD}{C}}$ (Q=최적 주문량, C=단위당 연간 재고유지비용,

D=연간수요량, O=1회 주문비용)

식에 대입해서 계산하면, $Q=\sqrt{\dfrac{2\times100\times10,000}{200}}=100$이다.

최적 주문횟수는 연간수요량을 최적 주문량으로 나누면 구할 수 있다.

$\therefore$ (최적 주문횟수)$=\dfrac{D}{Q}=\dfrac{10,000}{100}=100회$

36 정답 ③

- (당기순이익)=(기말자본)-(기초자본)=30,000-25,000

  =₩5,000

- (기말자본)=(기말자산)-(기말부채)=70,000-40,000

  =₩30,000

- (기초자본)=(기초자산)-(기초부채)=60,000-35,000

  =₩25,000

37 정답 ①

(유동비율)$=\dfrac{(유동자산)}{(유동부채)}\times100$이므로 A는 유동자산이 된다.

자기자본순이익률은 당기순이익을 자기자본으로 나눈 것이며 투자된 자기자본이 얼마만큼 이익을 냈는지 나타낸다.

[자기자본순이익률(ROE)]

$=(매출액\ 순이익률)\times(총자산회전율)\times\dfrac{1}{(자기자본비율)}$

$=\dfrac{(순이익)}{(매출액)}\times\dfrac{(매출액)}{(총자본)}\times\dfrac{(총자산)}{(자기자본)}$

$=(총자본순이익률)\times[1+(부채비율)]$

따라서 B는 총자본순이익률이 된다.

38 정답 ①

상대적으로 주가가 저평가되어 있는 음식료품의 A주와 제약품의 C주를 매입한다.

PER(주가수익배율)$=\dfrac{(주가)}{(주당순이익)}$

PER이 높다는 것은 주당이익에 비해 주식가격이 높다는 것을 의미하고, PER이 낮다는 것은 주당이익에 비해 주식가격이 낮다는 것을 의미한다. 그러므로 PER이 낮은 주식은 앞으로 주식가격이 상승할 가능성이 크다.

PBR(주가순자산배율)$=\dfrac{(주가)}{(주당순이익)}$

PBR이 1보다 높으면 주가가 고평가, 1보다 낮으면 주가가 저평가되어 있다고 본다.

39 정답 ④

$F_t=a\times D_{t-1}+(1-a)\times F_{t-1}$

t=현재시간

F_t=예측값

a=평활상수

D_{t-1}=전기의 실측값

F_{t-1}=전기의 예측값

$\therefore\ F_t=(21,000-20,000)\times0.3=20,300$

따라서 예측치는 20,300단위이다.

40 정답 ①

총자산은 부채와 자본의 합이다.

(총자산회전율)$=\dfrac{(매출액)}{(총자산)}=\dfrac{600}{200+100}=2$

따라서 총자산회전율은 2.0이다.

| 02 | 행정직(경제)

| 02 | 행정직(경제)

01	02	03	04	05	06	07	08	09	10
②	⑤	④	⑤	①	⑤	⑤	④	②	④
11	12	13	14	15	16	17	18	19	20
④	①	③	①	⑤	④	⑤	②	①	①
21	22	23	24	25	26	27	28	29	30
⑤	①	②	③	③	④	①	②	④	④
31	32	33	34	35	36	37	38	39	40
③	③	②	③	②	②	②	⑤	①	②

01
정답 ②

제시문에서 설명하고 있는 것은 마샬 – 러너조건으로, 평가절하를 실시할 때 경상수지가 개선되기 위해서는 양국의 수입수요의 가격탄력성의 합이 1보다 커야 한다는 조건이다. 마샬 – 러너조건은 환율변화가 경상수지에 미치는 영향을 보여주는 것으로 외환시장의 안정조건이라고도 한다.

오답분석
- 유동성 함정 : 자금 공급을 확대해도 투자와 소비가 늘지 않고, 사람들의 화폐 보유만 늘어나는 현상이다.
- J – Curve 효과 : 평가절하를 실시하면 일시적으로 경상수지가 악화되었다가, 시간이 지남에 따라 개선되는 효과이다.

02
정답 ⑤

햄버거 전문점에서 햄버거를 생산하기 위해서는 생산요소 구입에 따른 비용이 발생한다. 이 경우 평균비용은 총비용을 산출량으로 나누어 계산하고, 한계비용은 산출량을 한 단위 증가시킬 때 총비용의 증가분으로 계산한다. 햄버거 전문점에서 생산하는 햄버거 수량에 따른 비용을 보면 생산량이 0개일 때도 2,500원의 비용이 발생하므로 고정비용은 2,500원이다. 햄버거 1개를 생산하기 위한 평균비용은 4,000원이고, 이와 마찬가지로 햄버거 2개는 3,000원, 3개는 3,000원, 4개는 3,250원, 5개는 3,600원이다. 또한 햄버거 1개의 한계비용은 1,500원이고, 이와 마찬가지로 햄버거 2개째는 2,000원, 3개째는 3,000원, 4개째는 4,000원, 5개째는 5,000원이다. 햄버거 3개를 생산하는 경우 평균비용은 3,000원이고, 3개째 햄버거의 한계비용도 3,000원으로 평균비용과 한계비용이 같다.

03
정답 ④

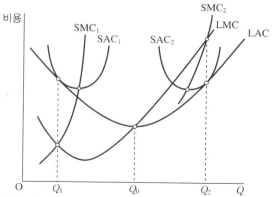

- ⓑ 단기한계비용곡선(SMC)은 장기한계비용곡선(LMC)보다 항상 가파른 기울기를 가진다.
- ⓓ 단기한계비용곡선(SMC)은 항상 단기평균비용곡선(SAC)이 최저가 되는 생산량 수준에서 장기평균비용곡선(LAC)과 만나지 않는다. 장기평균비용곡선(LAC)이 우하향하는 경우 단기평균비용곡선(SAC)의 최소점보다 왼쪽에서 단기한계비용곡선(SMC)과 장기한계비용곡선(LMC)이 교차하고, 장기평균비용곡선(LAC)이 우상향하는 경우에는 단기평균비용곡선(SAC)의 최소점보다 오른쪽에서 단기한계비용곡선(SMC)과 장기한계비용곡선(LMC)이 교차한다.

04
정답 ⑤

쿠즈네츠(Kuznets) 곡선은 사이먼 쿠즈네츠가 1950년대 내놓은 역(逆)유(U)자형 곡선으로, 소득 불평등 정도를 설명하는 그래프를 뜻한다. 쿠즈네츠는 산업화 과정에 있는 국가의 불평등 정도는 처음에 증가하다가 산업화가 일정 수준을 지나면 다시 감소한다고 주장했다. 쿠즈네츠는 이 연구로 1971년 노벨 경제학상을 받았다. 하지만 최근 『21세기 자본』의 저자 토마 피케티는 불평등이 감소한 이유로 산업화 진전이 아니라 대공황과 2차 세계대전에 따른 결과라고 주장했으며, 『왜 우리는 불평등해졌는가』를 쓴 브랑코 밀라노비치 뉴욕 시립대 교수는 최근 선진국에서는 세계화의 결과로 불평등이 다시 악화했다며 쿠즈네츠 곡선이 한 번 순환으로 끝나는 것이 아니라 불평등이 다시 상승하는 '파동' 형태를 가진다고 분석했다.

05
정답 ①

절대소득가설은 경제학자 케인스가 주장한 소비이론이다. 현재 소득이 소비를 결정하는 가장 중요한 요인으로 소득 이외 요인은 소비에 2차적인 영향만 미친다는 것이다. 하지만 현재 소비를 설명하기 위해 현재 소득에만 큰 비중을 두고 금융자산, 이자율, 장래소득의 기대 등 소비에 영향을 끼치는 다른 변수는 간과했다는 지적이 있다.

② 항상소득가설 : 항상소득이 소비를 결정한다는 이론이다. 경제학자 밀턴 프리드먼은 소득을 정기적으로 확실한 항상소득과 임시적인 변동소득으로 구분해 항상소득이 소비에 영향을 미친다고 주장했다.

06 정답 ⑤

필립스 곡선이란 영국의 경제학자 필립스가 찾아낸 실증 법칙으로, 실업률이 낮으면 임금상승률이 높고 실업률이 높으면 임금상승률이 낮다는 반비례 관계를 나타낸 곡선이다. 현재는 인플레이션율과 실업률 사이에 존재하는 역의 상관관계를 나타내는 곡선이다. E국 국민은 높은 실업률에 민감한 상태다. 필립스 곡선에 따르면 E국 정부는 실업률을 개선하기 위해 확장적 통화・재정정책을 시행해야 한다. 보기의 다른 대책들과 달리 SOC 예산 축소는 투자를 축소시켜 실업률을 높일 수 있다.

07 정답 ⑤

보상적 임금격차는 선호하지 않는 조건을 가진 직장은 불리한 조건을 임금으로 보상해 줘야 한다는 것이다. 3D 작업환경에서 일하기 싫어하기 때문에 이런 직종에서 필요한 인력을 충원하기 위해서는 작업환경이 좋은 직종에 비해 더 높은 임금을 제시해야 한다. 이러한 직업의 비금전적인 특성을 보상하기 위한 임금의 차이를 보상적 격차 또는 평등화 격차라고 한다. 보상적 임금격차의 발생 원인에는 노동의 난이도, 작업환경, 명예, 주관적 만족도, 불안정한 급료 지급, 교육・훈련의 차이, 고용의 안정성 여부, 작업의 쾌적성, 책임의 정도, 성공・실패의 가능성 등이 있다.

08 정답 ④

비확률 표본추출(Non – Probability Sampling)은 모집단에 속한 모든 단위가 표본으로 선택받을 확률이 정확하게 결정되지 않은 상황의 표집 기법이다. 따라서 이 방법은 표집 편향에 영향을 받을 수 있다. 이는 모집단을 일반화하기 어렵다는 단점이 있다. 제시문에 해당하는 표본추출법은 판단 표본추출법이다.

09 정답 ②

나. 총공급곡선이란 각각의 물가 수준에서 기업 전체가 생산하는 재화의 공급량을 나타낸 곡선이다. 총공급곡선의 이동 요인으로는 생산 요소의 가격 변화, 기술 수준, 인구 증가 등이 있다. 신기술 개발은 총공급곡선을 오른쪽으로 이동시킨다.

다. 총수요(AD)는 국내에서 생산된 최종 생산물(실질 GDP)에 대한 수요로 가계, 기업, 정부, 외국이 구입하고자 하는 재화의 양이다. 또한 각각의 물가 수준에서 실질 GDP에 대한 수요의 크기를 나타낸 곡선이 총수요곡선이다. 물가 수준이 주어져 있을 때 총수요의 구성 요소인 소비, 투자, 정부지출, 수출, 수입, 조세 등 일부가 변화하면 총수요곡선이 이동한다. 정부지출 감소는 총수요곡선을 왼쪽으로 이동시킨다.

10 정답 ④

ㄴ. 투자의 이자율 탄력성이 높으면 통화량 증가로 이자율이 하락할 때 민간투자가 큰 폭으로 증가한다. 따라서 투자의 이자율 탄력성이 높을수록 통화정책의 효과가 커진다.

ㄷ. 한계소비성향이 높을수록 투자 승수 값이 커져 소득이 더 크게 증가하여 통화정책의 효과가 커진다.

ㄱ. 화폐수요의 이자율 탄력성이 높으면 통화량이 증가할 때 이자율이 적게 하락하고, 그에 따라 민간투자가 별로 증가하지 않는다. 따라서 화폐수요의 이자율 탄력성이 높을수록 통화정책의 효과가 작아진다.

11 정답 ④

이자율 평가설에 따르면, 현물환율(S), 선물환율(F), 자국의 이자율(r), 외국의 이자율(r_f) 사이에 다음과 같은 관계가 존재한다.

$$(1+r)=(1+r_f)\frac{F}{S}$$

공식의 좌변은 자국의 투자수익률, 우변은 외국의 투자수익률을 의미한다. 즉, 균형에서는 양국 간의 투자수익률이 일치하게 된다.

문제에 주어진 자료를 공식에 대입해보면 $1.03<1.02\times\dfrac{1,200}{1,000}$

으로, 미국의 투자수익률이 더 큰 상태이다. 이 상태에서 균형을 달성하기 위해서는 좌변이 커지거나 우변이 작아져야 한다. 따라서 한국의 이자율이 상승하거나, 미국의 이자율과 선물환율이 하락하거나, 현물환율이 상승해야 한다. 그리고 현재 미국의 투자수익률이 더 큰 상태이므로, 미국에 투자하는 것이 유리하다.

12 정답 ①

펭귄 효과란 여러 마리의 펭귄 무리에서 한 마리의 펭귄이 처음으로 바다에 뛰어들면 그 뒤를 이어 나머지 펭귄들도 바다에 뛰어드는 펭귄의 습성에서 비롯된 용어이다. 소비자가 특정 제품의 구매를 망설이고 있을 때, 지인이나 유명인이 먼저 구매하는 모습을 보고 본인도 선뜻 구매를 결정하게 되는 것으로, 이로 인해 구매가 폭발적으로 증가하게 된다.

② 디드로 효과 : 하나의 물건을 갖게 되면 그것에 어울리는 다른 물건을 계속해서 사게 되는 현상을 뜻한다.

③ 스놉 효과 : 어떤 제품의 대중적인 수요가 증가하면 더 이상 그 제품을 구매하려 하지 않고, 희귀한 제품을 구매하고 싶어 하는 현상으로 속물 효과라고도 한다.

④ 베블런 효과 : 제품의 가격이 상승하면 그 제품을 특별한 것으로 생각하여 오히려 수요가 증가하는 현상을 뜻한다.

⑤ 립스틱 효과 : 경제적 불황기에 나타나는 특이한 소비패턴으로, 소비자 만족도가 높으면서도 가격이 저렴한 사치품(기호품)의 판매량이 증가하는 현상이다. 넥타이 효과라고도 한다.

13
정답 ③

상장지수펀드(ETF)는 지수연동형 펀드, 즉 인덱스펀드의 일종으로 거래소에 상장되어 일반적인 주식처럼 사고팔 수 있다는 것이 특징이다. 상장지수펀드를 매도할 때 증권거래세는 면제되나 배당소득 등에 대하여 배당소득세는 과세된다.

오답분석

나. 지수연동형 펀드이므로 지수를 추종하여 움직인다. 즉, 코스피지수가 오르면 일반적으로 상장지수펀드의 가격도 올라간다.

다. 개별종목이 아닌 지수 전체에 투자하는 것이므로, 하나의 상장지수펀드에 투자하는 경우 큰 분산투자 효과를 누릴 수 있다.

14
정답 ①

가격이 변하기 전 예산선의 기울기는 −2, 무차별곡선의 기울기는 −0.5이므로 소비자 A는 자신의 소득 전부를 Y재를 구매하는 데에 사용한다. 그런데 X재 가격이 1로 하락하더라도 예산선의 기울기는 −1이므로 여전히 Y재만을 소비하는 것이 효용을 극대화한다. 따라서 가격이 변하더라도 X재와 Y재의 소비량은 변화가 없다.

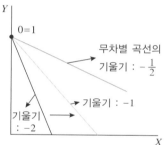

15
정답 ⑤

정책 실행시차의 존재로 인해 바람직하지 않은 결과를 초래하므로 정책 실행시차의 존재가 정부실패의 원인이 된다.

16
정답 ①

항상소득가설은 항상소득이 소비를 결정한다는 이론으로 미국의 경제학자 밀턴 프리드먼이 주장했다. 프리드먼에 따르면 소득은 정기적이고 고정적인 항상소득과 임시적 수입인 변동소득(일시소득)으로 구분된다. 철수는 240만 원의 항상소득을 벌고 있지만 이번 달은 일시적으로 소득이 60만 원 줄었다. 항상소득가설에 따르면 일시적으로 소득이 60만 원 줄어든다고 해서 소비에 변화가 생기지는 않는다.

17
정답 ④

과점기업은 자신의 행동에 대한 상대방의 반응을 고려하여 행동을 결정하게 되는데, 상대방이 어떻게 반응할 것인지에 대한 예상을 추측된 변화 혹은 추측변이라고 한다. 베르뜨랑 모형에서는 각 기업이 상대방의 가격이 주어진 것으로 보기 때문에 가격의 추측된 변화가 1이 아닌 0이다. 한편, 굴절수요곡선 모형에서는 자신이 가격을 인상하더라도 상대방은 가격을 조정하지 않을 것으로 가정하므로 가격 인상 시에는 가격의 추측된 변화가 0이다. 그러나 가격을 인하하면 상대방도 가격을 낮추는 것을 가정하므로 가격인하 시의 추측변화는 0보다 큰 값을 갖는다.

18
정답 ⑤

문제에서 甲국의 화폐유통속도가 乙국의 화폐유통속도보다 크다는 것은 아무런 단서가 되지 못한다. 대신 화폐유통속도가 변하지 않으므로 고정된 값으로 정하고 문제를 풀어야 한다.

甲국의 $M \times V = P \times Y$에서 M은 5% 증가하고 V는 고정된 값이다. 따라서 명목산출량인 $P \times Y$ 역시 5% 증가해야 한다. 乙국역시 마찬가지로 V는 甲국보다 작은 값이지만 고정된 값이므로 명목산출량은 5% 증가해야 한다.

19
정답 ②

케인스학파는 생산물 시장과 화폐 시장을 동시에 고려하는 IS − LM모형으로 재정정책과 금융정책의 효과를 분석했다. 케인스학파에 의하면 투자의 이자율 탄력성이 작기 때문에 IS곡선은 대체로 급경사이고, 화폐수요의 이자율 탄력성이 크므로 LM곡선은 매우 완만한 형태이다. 따라서 재정정책은 매우 효과적이나, 금융정책은 별로 효과가 없다는 입장이다.

20
정답 ①

케인스학파는 비용보다는 수익 측면에 초점을 맞추어 기업가들이 수익성 여부에 대한 기대에 입각해서 투자를 한다고 보고, 고전학파와는 달리 투자의 이자율 탄력성이 낮다고 보고 있다.

21
정답 ⑤

물가지수를 구할 때 상품에 대해 각각의 가중치를 부여한 후 합계를 내어 계산한다.

제5회 모의고사 정답 및 해설

22
정답 ①

헥셔 – 올린(Heckscher – Ohlin) 정리는 요소 부존도의 차이가 존재하는 두 국가 간 생산요소의 이동이 없음을 가정한다.

오답분석

② 헥셔 – 올린 정리는 완전한 자유무역이 가능한 완전경쟁시장을 가정한다.

③ 헥셔 – 올린 정리에서 각국은 자국에 풍부한 요소를 집약적으로 생산하는 재화에 비교우위를 가진다.

④ 각국이 비교우위를 가진 재화 생산에 특화하여 무역이 이루어진다면, 생산요소의 직접적인 이동 없이도 국가 간의 요소 상대가격비가 균등해지고(요소가격 균등화 정리), 양국 모두 이득을 얻는다.

⑤ 헥셔 – 올린 정리는 요소부존도의 차이가 있는 국가 간의 비교우위에 기인한 무역을 설명하는 이론이므로, 경제구조가 유사한 국가 간의 무역을 잘 설명하지 못하는 한계점이 있다.

23
정답 ②

㉠ 생산비용 절감 또는 생산기술 발전 시 공급이 늘어나 공급곡선이 오른쪽으로 이동한다.

㉢ A의 가격이 높아지면 대체재인 B의 가격이 상대적으로 낮아져 수요가 늘어나 수요곡선이 오른쪽으로 이동한다.

오답분석

㉡ 정상재의 경우 수입이 증가하면 수요가 늘어나 수요곡선이 오른쪽으로 이동한다.

㉣ 상품의 가격이 높아질 것으로 예상되면 나중에 더 높은 가격에 팔기 위해 공급이 줄어들어 공급곡선이 왼쪽으로 이동한다.

24
정답 ③

한계비용(MC)은 생산량이 한 단위 증가할 때 평균총비용(AC)의 증가분을 나타내며, 평균총비용곡선의 기울기를 의미한다. 그러므로 평균총비용이 일정하면 한계비용은 0으로 일정하지만, 한계비용이 일정하더라도 평균비용은 일정하지 않을 수 있다.

25
정답 ③

역선택이란 정보를 상대적으로 많이 가진 집단이 정보를 갖지 못한 집단에 대해 정보의 왜곡이나 오류를 통해 바람직하지 못한 거래를 하는 행위를 의미한다. 이와 마찬가지로 보험시장에서도 보험 가입자가 보험회사보다 상대적으로 더 많은 정보를 가지고 있기 때문에 보험회사가 건강하지 않은 사람과 거래하는 역선택이 발생한다. 이러한 역선택 문제를 해결하기 위한 방안에는 선별과 신호발송이 있다. 이중 선별이란 정보가 상대적으로 부족한 측에서 주어진 자료를 이용하여 상대방의 특성을 파악하는 것이다. 공기업 채용 시 자격증이나 어학성적을 원칙적으로 기입하지 못하게 하는 것은 역선택의 해결방법 중 선별을 포기하는 행위이다. 반면, 고용 시 감시 감독을 강화하거나 보수지급을 연기하는 것은 도덕적 해이를 줄이기 위한 방안이다.

26
정답 ④

무차별곡선은 소비자에게 동일한 만족을 주는 재화 묶음들을 연결한 곡선이다. 같은 무차별곡선상에서는 항상 같은 만족 수준을 느낀다. 위치가 다른 무차별곡선은 서로 다른 만족 수준을 나타낸다. 재화 소비량이 많을수록 만족 수준이 높아지기 때문에 원점에서 멀어질수록 만족 수준이 더 높다.

그래프는 같은 수준의 만족을 느끼는 A와 B묶음을 연결한 무차별곡선을 나타낸 것으로 점 a, b, c는 같은 만족을 주며 d는 원점에 더 가까우므로 만족 수준이 a, b, c에 비해 낮다. 무차별곡선의 기울기가 가파를수록 한계효용이 커지므로 a점에서 B재 소비의 한계효용이 더 크다.

27
정답 ①

원자재 가격 폭등 등 부정적인 공급 충격으로 인해 비용 인상 인플레이션이 발생하면 총공급곡선이 왼쪽으로 이동하기 때문에 물가가 상승하고 산출량이 감소하여 실업률이 증가한다. 이는 단기 필립스 곡선의 우상방 이동을 의미한다($SP_1 \rightarrow SP_2$). 그러므로 단기적으로 경제의 균형점은 점 A에서 점 C로 이동한다. 정부가 개입하지 않는다면 점 C에서의 실업률은 자연 실업률보다 높은 상태이므로 임금이 낮아지게 되어 총공급곡선이 다시 오른쪽으로 이동하게 된다. 따라서 장기에는 필립스 곡선도 다시 좌하방으로 이동($SP_2 \rightarrow SP_1$)하므로 최초의 균형으로 복귀하게 되면서 장기적으로 균형점은 점 C에서 점 A로 이동한다.

28
정답 ②

국제유가가 상승하면 총공급곡선이 왼쪽으로 이동하므로 물가가 상승하고, 실질GDP가 감소하여 실업률이 높아진다. 실업률과 인플레이션이 모두 상승하면 단기 필립스 곡선은 우상방으로 이동하고(A → C), 장기에는 실제 실업률이 자연 실업률 수준으로 복귀하게 되므로 (C → A)로 이동한다.

29
정답 ④

완전고용 국민소득수준이 $Y_3 = 250$이므로 균형국민소득이 완전고용 국민소득과 일치하려면 유효수요가 250이 되어야 한다. 그런데 $Y_3 = 250$일 때 민간소비가 200이고, 민간투자가 30이므로 유효수요는 230이다. 따라서 완전고용 국민소득에 도달하기 위해서는 독립적인 지출이 20만큼 증가해야 한다. 즉, 현재는 20만큼의 디플레이션갭이 존재하는 상태이다.

30
정답 ④

보조금이 지급되어 공급곡선이 $S_1 \rightarrow S_2$로 이동하면, 재화의 시장가격이 $P_1 \rightarrow P_2$로 낮아지므로 소비자 잉여는 (d+e)만큼 증가한다. 보조금 지급 이후의 시장가격은 P_2이나 생산자는 공급곡선 S_1과 S_2의 수직거리에 해당하는 단위당 보조금을 지급받으므로 생산자가 실제로 받는 가격은 P_3이다. 보조금 지급으로 인해 생산자가 받는 가격이 $P_1 \rightarrow P_3$로 상승하면 생산자 잉여는 (a+b)만큼 증가한다. 한편, 단위당 보조금의 크기가 공급곡선 S_1과 S_2의 수직거리이고, 보조금 지급이후의 거래량은 Q_2이므로 정부가 지급한 보조금의 크기는 $(a+b+c+d+e+f)$이다. 정부가 지급한 보조금 중에서 소비자와 생산자에게 귀속되지 않은 부분인 $(c+f)$가 보조금 지급에 따른 사회적 후생손실에 해당한다.

소비자 잉여	$(d+e)$
생산자 잉여	$(a+b)$
보조금 지급액	$-(a+b+c+d+e+f)$
사회후생 변화	$-(c+f)$

31
정답 ③

E국의 실질GDP, 명목GDP, GDP디플레이터를 2022년 기준으로 계산하면 다음과 같다.

연도	실질GDP	명목GDP	GDP 디플레이터
2023년	$(2\times16)+(4\times12)$ $=80$	$(4\times16)+(2\times12)$ $=88$	110
2022년	$(2\times20)+(4\times10)$ $=80$	$(2\times20)+(4\times10)$ $=80$	100

GDP디플레이터는 명목GDP를 실질GDP로 나누어 100을 곱한 값이므로 2022년은 100이며, 2023년에는 110이다. 따라서 2022년 대비 2023년의 GDP디플레이터 상승률은 10%이다.

32
정답 ③

준지대란 공장설비 등과 같이 단기적으로 고정된 생산요소에 대한 보수로 총수입에서 총가변비용을 차감한 크기 또는 총고정비용에 초과이윤을 더한 크기이다.

X재의 가격은 40원이며, 균형에서 생산량이 100단위이므로 총수입은 4,000원이다. 생산량이 100단위일 때 평균비용은 24원, 평균고정비용이 10원이므로 총가변비용은 1,400원이다.

따라서 준지대는 $4,000-1,400=2,600$원이다.

> **총가변비용 공식**
> (총가변비용)=(평균가변비용*)×(생산량)
> * (평균가변비용)=(평균비용)-(평균고정비용)

33
정답 ②

1년 동안 총 100개의 빵을 생산하였으므로 국내총생산(GDP)은 100×3달러=300달러이다. 국내소비는 빵 150달러($=50$개$\times3$달러)와 우유 50달러($=50$통$\times1$달러)로 총 200달러가 된다. 투자와 정부지출이 없으므로 200달러는 국내 경제주체들의 수요이다. 그러나 순수출이 빵 수출 150달러($=50$개$\times3$달러)에서 우유 수입 50달러($=50$통$\times1$달러)를 차감한 100달러이므로 총수요는 300달러가 된다.

34
정답 ②

생산가능인구는 경제활동인구와 비경제활동인구를 더한 인구 수이다.

실업률은 실업자 수를 경제활동인구로 나눠서 구할 수 있다.

$$\frac{(실업자)}{(경제활동인구)}=(실업률)$$

고용률은 취업자 수를 생산가능인구로 나눠서 구할 수 있다.

$$\frac{(취업자)}{(생산가능인구)}=(고용률)$$

따라서 E국의 실업률을 구하기 위해서 경제활동인구를 구하면 생산가능인구가 2,500만 명 중 비경제활동인구가 500만 명이므로 경제활동인구는 2,000만 명이고, 그중 취업자가 1,800만 명이므로, 실업자는 200만 명이다. 따라서 실업률과 고용률을 계산하면 다음과 같다.

$$(실업률)=\frac{200}{2,000}\times100=10\%, \quad (고용률)=\frac{1,800}{2,500}\times100=72\%$$

35
정답 ③

균형국민소득이 3,000이므로 Y=C+I+G를 역산하여 계산하면
$3,000=C+I+G$
$3,000=100+0.8\times3,000+200+G$
$\therefore G=300$
따라서 정부지출은 300이다.

36
정답 ②

이자율 평가설(IRP)은 양국의 명목 이자율과 환율의 관계를 나타내며 이자율 평가설은 다음의 식으로 나타낼 수 있다.
[1+(국내 이자율)]=[1+(해외 이자율)]×[(예상환율)÷(현재환율)]
따라서 국내 이자율이 21%, 해외 이자율이 10%, 현재환율이 1,000원÷100엔이므로 앞서 계산한 값을 위의 식에 대입하면 $(1+21\%)$ $=(1+10\%)\times(예상환율\div100원/엔)$
따라서 예상환율은 1,100원/100엔이다.

37
정답 ②

독점기업의 경우 한계수입(MR)은
$$MR=\frac{dTR}{dQ}=P\left(1-\frac{1}{E_p}\right)$$이다.
문제에서 주어진 독점기업 E의 한계수입(MR)은 위의 식에 주어진 값들을 대입해보면 구할 수 있다.
$$MR=100\times\left(1-\frac{1}{2}\right)=50$$이다.
이때 독점기업의 이윤극대화조건은 $MR=MC$이므로, 독점기업 E의 한계비용은 50임을 알 수 있다.

38

정답 ⑤

$[순현재가치(NPV)] = -1,000 + 600/(1.1) + 600/(1.1)(1.1)$
$= -1,000 + 1,041 = 41$

즉 1,000만 원을 투자하면 41만 원만큼 이득을 보는 것이므로 투자를 하는 것이 이득이다. 1,041만 원 미만을 투자하면 이득인 셈이다. 따라서 프로젝트 수행자가 시장에서 투자 자금을 공개적으로 모집한다면 이 프로젝트를 구입하려는 금액(가격)은 1,041만 원에 수렴할 것이다. 이처럼 미래에 현금수입이 발생하는 모든 수익성 자산의 가격은 미래에 들어올 현금유입액의 현재가치에 접근하게 된다. 주식 채권 상가 등 모든 자산의 이론가격은 미래 현금유입액의 현재가치라고 할 수 있다. 미래 현금이 영구적으로 들어온다면 연현금흐름을 시장이자율로 나눠주면 바로 그 자산의 가격이 된다.

39

정답 ①

경제적주문모형(Economic Order Quantity)

$EOQ = \sqrt{\dfrac{2 \times D \times S}{H}}$

• D = 연간수요량

• S = 1회 주문비

• H = 연간 재고 유지비

(D = 연간수요량 = 19,200개, S = 1회당 주문비 = 150원, H = 연간 재고 유지비 = 16원)

$\therefore EOQ = \sqrt{\dfrac{2 \times 19,200 \times 150}{16}}$
$= \sqrt{\dfrac{5,760,000}{16}}$
$= \sqrt{360,000}$
$= 600개$

40

정답 ②

비용함수는 생산량과 비용 사이의 관계를 나타내는 함수이다. 주어진 비용함수에서 생산량(Q)이 늘어날수록 총비용이 증가한다. 하지만 평균비용[(총비용) ÷ (생산량)]은 줄어든다. 예를 들어 생산량이 1, 2, 3개로 늘어날 경우 총비용(TQ)은 75, 100, 125로 증가하지만 평균비용은 75, 50(100 ÷ 2), 41.6(125 ÷ 3)으로 감소한다. 이는 평균 고정비[(고정비) ÷ (생산량)]가 생산량이 늘어날수록 줄어들기 때문이다. 고정비는 생산량과 관계없이 들어가는 비용으로 문제의 함수에선 50이다. 이처럼 생산량이 늘어날 때 평균비용이 줄어드는 것을 규모의 경제가 존재한다고 한다. 한계비용은 생산량이 하나 더 늘어날 때 들어가는 비용으로, 문제에선 25(Q)로 일정하다. 따라서 평균비용은 생산량이 늘어날수록 증가한다는 설명은 옳지 않다.

| 03 | 행정직(법)

01	02	03	04	05	06	07	08	09	10
③	④	④	③	②	②	②	②	③	①
11	12	13	14	15	16	17	18	19	20
③	⑤	③	⑤	④	③	①	③	③	⑤
21	22	23	24	25	26	27	28	29	30
②	③	④	④	④	③	③	④	④	②
31	32	33	34	35	36	37	38	39	40
③	①	③	③	④	②	③	②	⑤	④

01

정답 ③

민주주의의 적에게는 자유를 인정할 수 없다는 방어적 민주주의가 구체화된 것이다.

02

정답 ④

제5차, 제6차 개정헌법은 헌법개정의 제안은 국회의 재적의원 3분의 1 이상 또는 국회의원선거권자 50만 명 이상의 찬성으로 한다고 규정하였고, 헌정사에서 대통령에게 헌법개정 제안권이 없었던 유일한 시기였다.

오답분석
① 제헌헌법은 헌법개정은 대통령 또는 국회의 재적의원 3분의 1 이상의 찬성으로 한다고 규정하였다.
②·③ 제2차 개헌에서 헌법개정의 제안은 대통령, 민의원 또는 참의원 재적의원 3분의 1 이상 또는 민의원선거권자 50만 명 이상의 찬성으로 한다고 규정하였고, 이는 제3차 개정헌법에서도 동일하다.
⑤ 제7차 개헌에서 헌법개정은 대통령 또는 국회 재적의원 과반수의 발의로 제안된다고 규정하였다.

03

정답 ④

마그나 카르타(1215년) → 영국의 권리장전(1689년) → 미국의 독립선언(1776년) → 프랑스의 인권선언(1789년)

04

정답 ③

외국인에게 인정 불가능한 것은 참정권, 생존권 등이고, 제한되는 것은 평등권, 재산권, 직업선택의 자유, 거주·이전의 자유(출입국의 자유), 국가배상청구권(국가배상법 제7조의 상호보증주의) 등이다. 외국인에게도 내국인과 같이 인정되는 것은 형사보상청구권, 인간의 존엄과 가치, 신체의 자유, 양심의 자유, 종교의 자유 등이다.

05
정답 ②

ㄱ. 분배정책은 정부가 가지고 있는 권익이나 서비스 등 자원을 배분하는 정책이다. 수혜자들은 서비스와 편익을 더 많이 취하기 위해서 다투게 되므로 포크배럴(구유통), 로그롤링과 같은 정치적 현상이 발생하기도 한다.
ㄷ. 재분배정책은 누진소득세, 임대주택 건설사업 등이 대표적이다.

오답분석
ㄴ. 재분배정책에 대한 설명이다. 분배정책은 갈등이나 반발이 별로 없기 때문에 가장 집행이 용이한 정책이다.
ㄹ. 설명이 반대로 되어 있다. 분배정책이 재분배정책에 비해서 안정적 정책을 위한 루틴화의 가능성이 높고 집행을 둘러싼 논란이 적어 집행이 용이하다.

분배정책과 재분배정책의 비교

구분	분배정책	재분배정책
재원	조세(공적 재원)	고소득층 소득
성격과 갈등 정도	없음(Non-Zero sum)	많음(Zero sum)
정책	사회간접자본 건설	누진세, 임대주택 건설
이념	능률성, 효과성, 공익성	형평성
집행	용이	곤란
수혜자	모든 국민	저소득층
관련 논점	포크배럴(구유통 정책), 로그롤링	이념상, 계급 간 대립

06
정답 ②

사회규범은 사회구성원들이 지키도록 하는 당위규범이다.

당위규범과 자연법칙의 구별

당위규범	자연법칙
당위법칙(Sollen) : 마땅히 '~해야 한다'는 법칙	존재법칙(Sein) : 사실상 '~하다'는 법칙
규범법칙(規範法則) : 준칙이 되는 법칙(행위의 기준)	인과법칙(因果法則) : 원인이 있으면 결과가 나타남
목적법칙(目的法則) : 정의·선과 같은 목적의 실현을 추구	필연법칙(必然法則) : 우연이나 예외가 있을 수 없음
자유법칙(自由法則) : 적용되는 상황에 따라 예외가 존재	구속법칙(拘束法則) : 자유의지로 변경할 수 없음

07
정답 ②

권리의 주체와 분리하여 양도할 수 없는 권리라 함은 권리의 귀속과 행사가 특정주체에게 전속되는 일신전속권을 말한다. 이러한 일신전속적인 권리에는 생명권, 자유권, 초상권, 정조권, 신용권, 성명권 등이 있다.

08
정답 ②

판례(대판 2008.7.10. 2008다12453)에 따르면 재단법인 정관에 기재한 기본재산은 재단법인의 실체이며 목적을 수행하기 위한 기본적인 수단으로서, 그러한 기본재산을 처분하는 것은 재단법인의 실체가 없어지는 것을 의미하므로 함부로 처분할 수 없고 정관의 변경 절차를 필요로 한다. 정관의 변경은 민법상 주무관청의 허가를 얻어야 효력이 있으므로 재단법인이 기본재산을 처분할 경우에는 주무관청의 허가를 얻어야 한다.

오답분석
① 재단법인의 설립은 유언으로 가능하다(민법 제48조 제2항 참고).
③ 재단법인의 출연자는 착오를 이유로 출연의 의사표시를 취소할 수 있다(대판 1999.7.9. 98다9045).
④ 재단법인의 설립자가 그 명칭, 사무소 소재지 또는 이사 임면의 방법을 정하지 아니하고 사망한 때에는 이해관계인 또는 검사의 청구에 의하여 법원이 이를 보충할 수 있다(민법 제44조). 목적에 대한 사항은 보충의 대상이 아니다.
⑤ 재단법인의 목적을 달성할 수 없는 경우, 이사는 주무관청의 허가를 얻어 그 목적을 변경할 수 있다(민법 제46조 참고).

09
정답 ③

법 규범은 자유의지가 작용하는 자유법칙으로 당위의 법칙이다.

10
정답 ①

헌법은 널리 일반적으로 적용되므로 특별법이 아니라 일반법에 해당한다.

11
정답 ③

대판 1995.12.22., 94다42129

오답분석
① 인지 청구권은 본인의 일신전속적인 신분관계상의 권리로서 포기할 수도 없으며 포기하였더라도 그 효력이 발생할 수 없는 것이고, 이와 같이 인지 청구권의 포기가 허용되지 않는 이상 거기에 실효의 법리가 적용될 여지도 없다(대판 2001.11.27., 2001므1353).
② 임대차계약에 있어서 차임불증액의 특약이 있더라도 그 약정 후 그 특약을 그대로 유지시키는 것이 신의칙에 반한다고 인정될 정도의 사정변경이 있다고 보여지는 경우에는 형평의 원칙상 임대인에게 차임증액청구를 인정하여야 한다(대판 1996.11.12., 96다34061).
④ 취득 시효완성 후에 그 사실을 모르고 당해 토지에 관하여 어떠한 권리도 주장하지 않기로 하였다 하더라도 이에 반하여 시효주장을 하는 것은 특별한 사정이 없는 한 신의칙상 허용되지 않는다(대판 1998.5.22., 96다24101).

⑤ 강행법규에 위반하여 무효인 수익보장약정이 투자신탁회사가 먼저 고객에게 제의를 함으로써 체결된 것이라고 하더라도, 이러한 경우에 강행법규를 위반한 투자신탁회사 스스로가 그 약정의 무효를 주장함이 신의칙에 위반되는 권리의 행사라는 이유로 그 주장을 배척한다면, 이는 오히려 강행법규에 의하여 배제하려는 결과를 실현시키는 셈이 되어 입법취지를 완전히 몰각하게 되므로, 달리 특별한 사정이 없는 한 위와 같은 주장이 신의성실의 원칙에 반하는 것이라고 할 수 없다(대판 1999.3.23., 99다4405).

12 정답 ⑤

가정법원은 질병, 장애, 노령, 그 밖의 사유로 인한 정신적 제약으로 사무를 처리할 능력이 지속적으로 결여된 사람에 대하여 본인, 배우자, 4촌 이내의 친족, 미성년후견인, 미성년후견감독인, 한정후견인, 한정후견감독인, 특정후견인, 특정후견감독인, 검사 또는 지방자치단체의 장의 청구에 의하여 성년후견개시의 심판을 한다(민법 제9조 제1항). 사무를 처리할 능력이 부족한 사람의 경우에는 한정후견개시의 심판을 한다(민법 제12조 제1항 참고).

13 정답 ③

사망한 것으로 간주된 자가 그 이전에 생사불명의 부재자로서 그 재산관리에 관하여 법원으로부터 재산관리인이 선임되어 있었다면 재산관리인은 그 부재자의 사망을 확인했다고 하더라도 선임결정이 취소되지 아니하는 한 계속하여 권한을 행사할 수 있다(대판 1991.11.26., 91다11810).

14 정답 ⑤

• 공법 : 헌법, 행정법, 형법, 형사소송법, 민사소송법, 행정소송법, 국제법 등
• 사법 : 민법, 상법, 회사법, 어음법, 수표법 등
• 사회법 : 근로기준법, 연금법, 보험법, 사회보장법, 산업재해보상보험법 등

15 정답 ④

이사가 없거나 결원이 있는 경우에 이로 인하여 손해가 생길 염려 있는 때에는 법원은 이해관계인이나 검사의 청구에 의하여 임시이사를 선임하여야 한다(민법 제63조).

16 정답 ②

급부와 반대급부 사이의 '현저한 불균형'은 단순히 시가와의 차액 또는 시가와의 배율로 판단할 수 있는 것은 아니고 구체적·개별적 사안에 있어서 일반인의 사회통념에 따라 결정하여야 한다. 그 판단에 있어서는 피해 당사자의 궁박·경솔·무경험의 정도가 아울러 고려되어야 하고, 당사자의 주관적 가치가 아닌 거래상의 객관적 가치에 의하여야 한다(대판 2010.7.15., 2009다50308).

17 정답 ③

구속적부심사를 청구할 수 있는 자는 체포 또는 구속된 피의자, 그 피의자의 변호인·법정대리인·배우자·직계친족·형제자매·가족·동거인·고용주이다(형사소송법 제214조의2).

18 정답 ①

조건이 법률행위의 당시 이미 성취한 것인 경우에는 그 조건이 정지조건이면 조건없는 법률행위로 하고 해제조건이면 그 법률행위는 무효로 한다(민법 제151조 제2항).

19 정답 ③

오답분석

① 계약 당시 손해배상액을 예정한 경우에는 다른 특약이 없는 한 채무불이행으로 인하여 입은 통상손해는 물론 특별손해까지도 예정액에 포함되고 채권자의 손해가 예정액을 초과한다 하더라도 초과부분을 따로 청구할 수 없다(대판 1993.4.23., 92다41719).
② 계약 당시 당사자 사이에 손해배상액을 예정하는 내용의 약정이 있는 경우에는 그것은 계약상의 채무불이행으로 인한 손해액에 관한 것이고 이를 그 계약과 관련된 불법행위상의 손해까지 예정한 것이라고는 볼 수 없다(대판 1999.1.15., 98다48033).
④ 채무불이행으로 인한 손해배상액의 예정이 있는 경우에는 채권자는 채무불이행 사실만 증명하면 손해의 발생 및 그 액을 증명하지 아니하고 예정배상액을 청구할 수 있다(대판 2000.12.8., 2000다50350).
⑤ 당사자 사이의 계약에서 채무자의 채무불이행으로 인한 손해배상액이 예정되어 있는 경우, 채무불이행으로 인한 손해의 발생 및 확대에 채권자에게도 과실이 있더라도 민법 제398조 제2항에 따라 채권자의 과실을 비롯하여 채무자가 계약을 위반한 경위 등 제반 사정을 참작하여 손해배상 예정액을 감액할 수는 있을지언정 채권자의 과실을 들어 과실상계를 할 수는 없다(대판 2016.6.10., 2014다200763, 200770).

20 정답 ⑤

채권자대위권은 채권자가 채무자의 권리를 행사하는 것이므로, 乙의 丙에 대한 채권은 소멸시효가 중단된다.

21 정답 ②

물권적 청구권은 물권내용의 완전한 실현이 어떤 사정으로 방해되었거나 방해될 염려가 있는 경우에 그 방해사실을 제거 또는 예방하여 물권내용의 완전한 실현을 가능케 하는 데 필요한 행위를 청구할 수 있는 권리이다. 이는 사권의 보호를 위한 한 수단으로서 소유권 절대의 원칙과 가장 관련이 깊다.

22
정답 ③

민법은 속인주의 내지 대인고권의 효과로 거주지 여하를 막론하고 모든 한국인에게 적용된다.

23
정답 ④

탄핵결정은 공직으로부터 파면함에 그친다. 그러나 이에 의하여 민·형사상의 책임이 면제되지는 않는다(헌법 제65조 제4항).

오답분석

① 헌법 제65조 제1항
② 헌법 제65조 제2항 단서
③ 헌법 제71조
⑤ 헌법 제65조 제3항

24
정답 ④

우리 헌법에서 제도적 보장의 성격을 띠고 있는 것은 직업공무원제, 복수정당제, 사유재산제의 보장, 교육의 자주성·전문성 및 정치적 중립성의 보장, 근로자의 근로3권, 지방자치제도, 대학자치, 민주적 선거제도 등이 있다.

25
정답 ②

제한능력자가 법정대리인의 동의 없이 한 법률행위는 무효가 아니라 취소할 수 있는 행위이다.

26
정답 ③

법인은 그 주된 사무소의 소재지에서 설립신고가 아니라 설립등기로 성립한다. 법인은 모두 비영리법인으로 비영리법인의 설립에 관하여는 우리 민법은 허가주의를 취하여 법인의 설립요건에 주무관청의 허가를 얻어 설립등기를 함으로써 성립한다고 본다(민법 제33조).

27
정답 ③

재단법인의 기부행위나 사단법인의 정관은 반드시 서면으로 작성하여야 한다.

사단법인과 재단법인의 비교

구분	사단법인	재단법인
구성	2인 이상의 사원	일정한 목적에 바쳐진 재산
의사결정	사원총회	정관으로 정한 목적 (설립자의 의도)
정관변경	총사원 3분의 2 이상의 동의 요(要)	원칙적으로 금지

28
정답 ④

의사표시자가 그 통지를 발송한 후 사망하거나 제한능력자가 되어도 의사표시의 효력에 영향을 미치지 아니한다(민법 제111조 제2항).

29
정답 ④

신분법상 행위, 쌍방대리, 불법행위, 유언·혼인·입양 등 일신전속적 행위, 사실행위에는 대리가 허용되지 않는다.

30
정답 ②

법률행위의 취소에 대한 추인은 취소의 원인이 소멸된 후에 하여야 한다(민법 제144조 제1항).

31
정답 ③

현행 헌법상 근로의 의무가 있다고 하여도 직업을 가지지 않을 자유가 부인되는 것은 아니다.

32
정답 ①

기판력은 확정된 재판의 판단 내용이 소송 당사자와 후소법원을 구속하고, 이와 모순되는 주장·판단을 부적법으로 하는 소송법상의 효력을 말하는 것으로 행정행위의 특징으로 옳지 않다.

33
정답 ③

오답분석

① 확정력에는 형식적 확정력(불가쟁력)과 실질적 확정력(불가변력)이 있다.
② 불가쟁력은 행정행위의 상대방이나 기타 이해관계인이 더 이상 법률상의 쟁송수단을 통해 그 효력을 다툴 수 없게 되는 힘을 의미한다.
④ 강제력에는 행정법상 의무 위반자에게 처벌을 가할 수 있는 제재력과 행정법상 의무 불이행자에게 의무의 이행을 강제할 수 있는 자력 집행력이 있다.
⑤ 일정한 행정행위의 경우 그 성질상 행정청 스스로도 직권취소나 변경이 제한되는 경우가 있는데, 이를 불가변력이라 한다.

34
정답 ③

지방자치단체는 법령의 범위 안에서 그 사무에 관하여 조례를 제정할 수 있다(지방자치법 제28조 제1항).

오답분석

① 지방자치법 제37조
② 지방자치법 제107조
④ 헌법 제117조 제2항
⑤ 지방자치법 제39조

35

정답 ④

유효한 행정행위가 존재하는 이상 모든 국가기관은 그 존재를 존중하고 스스로의 판단에 대한 기초로 삼아야 한다는 것으로 구성요건적 효력을 말한다.

행정행위의 효력

공정력		비록 행정행위에 하자가 있는 경우에도 그 하자가 중대하고 명백하여 당연무효인 경우를 제외하고는, 권한 있는 기관에 의해 취소될 때까지는 일응 적법 또는 유효한 것으로 보아 누구든지(상대방은 물론 제3의 국가기관도) 그 효력을 부인하지 못하는 효력
구속력		행정행위가 그 내용에 따라 관계행정청, 상대방 및 관계인에 대하여 일정한 법적 효과를 발생하는 힘으로, 모든 행정행위에 당연히 인정되는 실체법적 효력
존속력	불가쟁력 (형식적)	행정행위에 대한 쟁송 제기 기간이 경과하거나 쟁송수단을 다 거친 경우에는 상대방 또는 이해관계인은 더 이상 그 행정행위의 효력을 다툴 수 없게 되는 효력
	불가변력 (실질적)	일정한 경우 행정행위를 발한 행정청 자신도 행정행위의 하자 등을 이유로 직권으로 취소·변경·철회할 수 없는 제한을 받게 되는 효력

36

정답 ②

오답분석

① 독임제 행정청이 원칙적인 형태이고, 지자체의 경우 지자체장이 행정청에 해당한다.
③ 자문기관은 행정기관의 자문에 응하여 행정기관에 전문적인 의견을 제공하거나, 자문을 구하는 사항에 관하여 심의·조정·협의하며 행정기관의 의사결정에 도움을 주는 행정기관이다.
④ 의결기관은 의사결정에만 그친다는 점에서 외부에 표시할 권한을 가지는 행정관청과 다르고, 행정관청을 구속한다는 점에서 단순한 자문적 의사의 제공에 그치는 자문기관과 다르다.
⑤ 집행기관은 의결기관 또는 의사기관에 대하여 그 의결 또는 의사결정을 집행하는 기관이나 행정기관이며, 채권자의 신청에 의하여 강제집행을 실시할 직무를 가진 국가기관이다.

37

정답 ③

도로·하천 등의 설치 또는 관리의 하자로 인한 손해에 대하여는 국가 또는 지방자치단체는 국가배상법 제5조의 영조물 책임을 진다.

오답분석

① 도로 건설을 위해 토지를 수용당한 경우에는 위법한 국가작용이 아니라 적법한 국가작용이므로 개인은 손실보상청구권을 갖는다.
② 공무원이 직무수행 중에 적법하게 타인에게 손해를 입힌 경우 국가는 배상책임이 없다.
④ 공무원도 국가배상법 제2조나 제5조의 요건을 갖추면 국가배상청구권을 행사할 수 있다. 다만, 군인·군무원·경찰공무원 또는 예비군대원의 경우에는 일정한 제한이 있다.
⑤ 국가배상법에서 규정하고 있는 손해배상은 불법행위로 인한 것이므로 적법행위로 인하여 발생하는 손실을 보상하는 손실보상과는 구별해야 한다.

38

정답 ②

실수는 과실로 볼 수 있으며, 면책사유에는 해당되지 않는다.

보험자의 면책사유

- 보험사고가 보험계약자 또는 피보험자나 보험수익자의 고의 또는 중대한 과실로 인하여 생긴 때에는 보험자는 보험금액을 지급할 책임이 없다(상법 제659조 제1항).
- 보험사고가 전쟁 기타의 변란으로 인하여 생긴 때에는 당사자간에 다른 약정이 없으면 보험자는 보험금액을 지급할 책임이 없다(상법 제660조).

39

정답 ⑤

ㄷ. 공증은 확인·통지·수리와 함께 준법률행위적 행정행위에 속한다.
ㄹ. 공법상 계약은 비권력적 공법행위이다.

40

정답 ④

하명은 명령적 행정행위이다.

법률행위적 행정행위와 준법률행위적 행정행위

법률행위적 행정행위		준법률행위적 행정행위
명령적 행위	형성적 행위	
하명, 면제, 허가	특허, 인가, 대리	공증, 통지, 수리, 확인

01	02	03	04	05	06	07	08	09	10
③	⑤	④	①	③	⑤	①	④	①	③
11	12	13	14	15	16	17	18	19	20
④	④	③	③	④	③	②	②	④	①
21	22	23	24	25	26	27	28	29	30
②	①	④	④	①	②	③	⑤	③	④
31	32	33	34	35	36	37	38	39	40
⑤	①	①	②	①	③	②	④	②	①

01 정답 ③

① 점증주의적 패러다임은 지식과 정보의 불완정성과 미래예측의 불확실성을 전제로 한다.
② 체제모형, 제도모형, 집단모형은 점증주의적 패러다임의 범주에 포함되는 정책결정모형의 예이다.
④ 기술평가·예측모형은 합리주의적 패러다임의 범주에 포함된다.
⑤ 전략적 계획 패러다임이 정책결정을 전략적 계획의 틀에 맞추어 이해한다.

02 정답 ⑤

① 조직의 규모가 커질수록 복잡성도 증가한다.
② 환경의 불확실성이 높아질수록 조직의 공식화 수준은 낮아질 것이다.
③ 조직의 규모가 커짐에 따라 조직의 공식화 수준은 높아질 것이다.
④ 일상적 기술일수록 분화의 필요성이 낮아져서 조직의 복잡성이 낮아진다.

03 정답 ④

공공선택론은 뷰캐넌(J. Buchanan)이 창시하고 오스트롬(V. Ostrom)이 발전시킨 이론으로 경제학적인 분석 도구를 중시한다.

공공선택론의 의의와 한계

의의	• 공공부문에 경제학적인 관점을 도입하여 현대 행정개혁의 바탕이 됨 – 고객중심주의, 소비자중심주의, 분권화와 자율성 제고 등 • 정부실패의 원인을 분석하여 대안을 제시함
한계	• 시장실패의 위험이 있음 • 시장 경제 체제의 극대화만을 중시하여 국가의 역할을 경시함

04 정답 ①

소청 사건의 결정은 재적 위원 3분의 2 이상의 출석과 출석 위원 과반수의 합의에 따른다.

05 정답 ③

① 공익의 과정설에 대한 설명이다.
② 행정의 민주성에는 대내적으로 행정조직 내부 관리 및 운영의 대내적 민주성도 포함된다.
④ 장애인들에게 특별한 세금감면 혜택을 부여하는 것은 사회적 형평성에 부합한다.
⑤ 만장일치와 계층제는 가외성의 장치가 아니다.

06 정답 ⑤

고객 관점은 행동지향적 관점이 아니라 외부지향적 관점에 해당한다. 기업에서는 BSC의 성과지표 중 재무 관점을 인과적 배열의 최상위에 둔다. 그러나 공공영역에서는 재무적 가치가 궁극적 목적이 될 수 없기 때문에 기업과는 다른 BSC의 인과구성이 필요하다. 구체적으로 기관의 특성이 사기업에 가까운 경우, 재무 관점이 포함되는 것이 당연하겠지만, 기관 외적인 메커니즘에 의해 예산이 할당되는 경우 재무 측면은 하나의 제약조건으로 보고 사명달성의 성과 또는 고객 관점을 가장 상위에 두는 것이 바람직하다. 하지만 공공부문의 고객 확정이 어렵다는 단점이 있다.

균형성과표(BSC; Balanced Score Card)
• 재무 관점 : 우리 조직은 주주들에게 어떻게 보일까? (매출신장률, 시장점유율, 원가절감률, 자산보유 수준, 재고 수준, 비용 절감액 등)
• 고객 관점 : 재무적으로 성공하기 위해서는 고객들에게 어떻게 보여야 하나? (고객확보율, 고객만족도, 고객유지율, 고객 불만 건수, 시스템 회복시간 등)
• 내부프로세스 관점 : 프로세스와 서비스의 질을 높이기 위해서는 어떻게 해야 하나? (전자결재율, 화상회의율, 고객 대응 시간, 업무처리시간, 불량률, 반품률 등)
• 학습 및 성장관점 : 우리 조직은 지속적으로 가치를 개선하고 창출할 수 있는가? (성장과 학습지표, 업무숙련도, 사기, 독서율, 정보시스템 활용력, 교육훈련 투자 등)

07 정답 ①

합병, 흡수통합, 전부사무조합 등은 광역행정의 방식 중 통합방식에 해당한다. 일부사무조합은 공동처리방식에 해당하며, 도시공동체는 연합방식에 해당한다.

조합 방식
특정 사무를 자치단체 간 협력적으로 처리하기 위하여 독립된 법인격을 부여하여 설치한 특별자치단체로서 다음 세 가지가 있다.
- 일부사무조합 : 한 가지 사무처리(공동처리방식과 유사)
- 복합사무조합 : 둘 이상 사무처리(연합방식과 유사)
- 전부사무조합 : 모든 사무처리(사실상 통합방식·종합적 처리방식)

08 정답 ④

50명의 취업이 성과에 해당한다. 성과는 정책의 산출에서 정책대상자에게 가져온 최종적·직접적인 변화를 말한다.

성과지표의 예
- 투입 : 도로 건설사업에 있어 투입된 인력 및 장비 규모
- 과정 : 사업진척률, 공사진척률
- 산출 : 도로 증가율
- 결과 : 통행속도 증가율, 사고 감소율
- 영향 : 산업 경쟁력 제고

09 정답 ①

책임운영기관은 대통령령으로 설치한다.

책임운영기관의 설치(책임운영기관 설치 운영에 관한 법률 제4조 제1항)
책임운영기관은 그 사무가 다음 각 호의 기준 중 어느 하나에 맞는 경우에 대통령령으로 설치한다.
1. 기관의 주된 사무가 사업적·집행적 성질의 행정서비스를 제공하는 업무로서 성과측정기준을 개발하여 성과를 측정할 수 있는 사무
2. 기관운영에 필요한 재정수입의 전부 또는 일부를 자체 확보할 수 있는 사무

10 정답 ③

ㄱ. 행정통제는 통제시기의 적시성과 통제내용의 효율성이 고려되어야 한다(통제의 비용과 통제의 편익 중 편익이 더 커야 한다).
ㄴ. 옴부즈만 제도는 사법 통제의 한계를 보완하기 위해 도입되었다.
ㄷ. 선거에 의한 통제와 이익집단에 의한 통제 등은 외부통제에 해당한다.

오답분석
ㄹ. 합법성을 강조하는 통제는 사법통제이고 부당한 행위에 대한 통제가 제한된다.

11 정답 ④

주세, 부가가치세, 개별소비세는 국세이며 간접세에 해당한다.

오답분석
ㄱ. 자동차세는 지방세이며 직접세이다.
ㄷ. 담배소비세는 지방세이며 간접세이다.
ㅂ. 종합부동산세는 국세이며 직접세이다.

직접세, 간접세

구분	직접세	간접세
과세 대상	소득이나 재산 (납세자＝담세자)	소비 행위 (납세자 ≠ 담세자)
세율	누진세	비례세
조세 종류	소득세, 법인세, 재산세 등	부가가치세, 특별소비세, 주세(담배소비세) 등
장점	소득 재분배 효과, 조세의 공정성	조세 징수의 간편, 조세 저항이 작음
단점	조세 징수가 어렵고 저항이 큼	저소득 계층에게 불리함

12 정답 ④

오답분석
ㄴ. 차관물자대(借款物資貸)의 경우 전년도 인출 예정분의 부득이한 이월 또는 환율 및 금리의 변동으로 인하여 세입이 그 세입예산을 초과하게 되는 때에는 그 세출예산을 초과하여 지출할 수 있다(국가재정법 제53조 제3항).

차관물자대(借款物資貸)
외국의 실물자본을 일정기간 사용하거나 대금결제를 유예하면서 도입하는 것이다. 차관물자대를 예산에 계상하도록 하되, 전년도 인출예정분의 부득이한 이월 또는 환율 및 금리의 변동으로 인하여 세입이 그 세입예산을 초과하게 되는 때에는 그 세출예산을 초과하여 지출할 수 있도록 하고 있다.

13 정답 ③

측정도구를 구성하는 측정지표(측정문항) 간의 일관성은 신뢰도를 의미한다. 내용타당성이란 처치와 결과 사이의 관찰된 관계로부터 도달하게 된 인과적 결론의 적합성 정도를 말한다.

14

정답 ③

오답분석

ㄱ. 일시적이고 느슨한 형태의 집합체라는 것은 정책공동체와 비교되는 이슈네트워크의 특징이다.

ㄹ. 사회조합주의에 대한 설명이다.

정책공동체와 이슈네트워크 특징 비교

차원		정책공동체	이슈네트워크
구성원	참여자 수	• 매우 제한됨 • 일부 집단은 의식적으로 배제됨	• 다수
	이익 유형	• 경제적 및 또는 전문적 이해가 지배적임	• 다양한 범위의 이해관계를 모두 포함
통합	상호작용 빈도	• 정책이슈에 관련된 모든 사항에 대해 모든 집단이 빈번하고 높은 수준의 상호작용을 함	• 접촉빈도와 강도가 유동적임
	연속성	• 구성원, 가치, 결과가 장기간 지속됨	• 접근의 변화가 매우 유동적임
	합의	• 모든 참여자가 기본 가치를 공유하고 결과의 정통성을 수용함	• 일정한 합의가 있으나 갈등이 역시 존재
자원	네트워크 내 자원배분	• 모든 참여자가 자원을 보유함 : 관계는 교환관계가 기본임	• 일부 참여자가 자원을 보유하지만 제한적 합의관계가 기본임
	참여조직 간 자원배분	• 계층적 : 지도자가 구성원에게 자원을 배분할 수 있음	• 구성원을 규제할 수 있는 자원과 능력의 배분이 다양하고 가변적임
권력		• 구성원 간 균형이 이루어짐 • 한 집단이 지배적일 수 있으나, 공동체가 유지되려면 포지티브섬 게임임	• 자원보유, 접근성 의 불균등을 반영하여 권력이 균등 하지 않음 • 권력은 제로섬 게임 (승자와 패자가 있음)

15

정답 ④

전방향접근법은 하향식 접근으로 결정기관에서 시작하여 집행기관으로 내려오면서 접근하는 방법이다. 집행에서 시작하여 상위계급이나 조직 또는 결정 단계로 거슬러 올라가는 것은 상향식 접근이다.

16

정답 ③

상향식 접근의 특징

• 정책집행과정의 상세한 기술과 집행과정의 인과관계 파악이 가능하다. 집행현장연구를 통하여 실질적 집행효과, 복수의 집행업무를 담당하는 집행자의 우선순위와 집행전략, 반대세력의 전략과 입장, 집행의 부작용 및 부수효과를 파악하는 것이 가능하다.

• 정책집행현장을 연구하면서 공식적 정책목표 외에도 의도하지 않았던 효과를 분석할 수 있다.

• 공공부문과 민간부문의 조직 등 다양한 집행조직의 상대적 문제해결능력을 파악하는 것이 가능하다.

• 집행현장에서 다양한 공공프로그램과 민간부문의 프로그램이 적용되는 집행영역을 다룰 수 있다.

• 시간의 경과에 따른 행위자들 간의 전략적 상호작용과 변화를 다룰 수 있다.

오답분석

ㄱ. 상향적 접근은 제한된 합리성, 적응적 합리성을 추구하는 입장이며, 합리모형의 선형적 시각을 반영하지 않으므로 옳지 않다.

ㄷ. 하향식 집행의 특징에 해당한다. 상향식 집행에서는 공식적 정책목표가 무시되므로 집행결과에 대한 객관적인 평가가 용이하다는 것은 옳지 않다.

상향적 접근과 하향적 접근의 비교

비교	하향적 · 전방향적 접근	상향적 · 후방향적 접근
학자	• 1970년대, Van Meter, Van Horn, Sabatier, Mazmanian, Edwards	• 1970년대 말 ~ 1980년대 초, Elmore, Lipsky, Berman
분석 목표	• 성공적 집행의 좌우요인 탐구(예측 / 정책건의)	• 집행현장의 실제 상태를 기술 · 설명
정책과정 모형	• 단계주의자 모형	• 융합주의자 모형
집행과정 특징	• 계층적 지도	• 분화된 문제해결
민주주의 모형	• 엘리트 민주주의	• 참여 민주주의
평가기준	• 공식적 목표의 달성도 (효과성) • 정책결정자의 의도를 실현하는 것이 성공적 정책집행이라고 파악 • 정치적 기준과 의도하지 않은 결과도 고찰하지만 이는 선택기준	• 평가기준 불명확(집행과정에서의 적응성 강조) • 집행의 성공은 결정자의 의도에의 순응 여부보다는 집행자가 주어진 여건하에서 역할의 충실한 수행이라는 상황적 기준을 중시
전반적 초점	• 정책결정자가 의도한 정책목표를 달성하기 위해 집행체계를 어떻게 운영하는지에 초점을 둠	• 집행네트워크 행위자의 전략적 상호작용
적응상황	• 핵심정책이 있고 비교적 구조화된 상황에 적합	• 핵심정책이 없고 독립적인 다수행위자가 개입하는 동태적 상황에 적합

17 정답 ②

행정통제는 행정의 일탈에 대한 감시와 평가를 통해서 행정활동이 올바르게 전개될 수 있도록 계속적인 시정과정을 거치게 하는 행동이다. 별도의 시정노력을 하지 않아도 된다는 것은 행정통제의 개념과 반대되는 설명이다.

18 정답 ②

규제 피라미드는 규제가 규제를 낳은 결과, 피규제자의 규제 부담이 점점 증가하는 현상이다.

오답분석

①·③·④·⑤ 모두 규제의 역설에 대한 설명이다.

19 정답 ④

기관장의 근무기간은 5년의 범위에서 소속중앙행정기관의 장이 정하되, 최소한 2년 이상으로 하여야 한다. 이 경우 제12조 및 제51조에 따른 소속책임운영기관의 사업성과의 평가 결과가 우수하다고 인정되는 때에는 총 근무기간이 5년을 넘지 아니하는 범위에서 대통령령으로 정하는 바에 따라 근무기간을 연장할 수 있다(책임운영기관의 설치·운영에 관한 법률 제7조 제3항).

※ 행정자치부장관 → 행정안전부장관[정부조직법(2017.7.26. 시행)]

20 정답 ①

형평성이론(Equity Theory)에서 공정성의 개념은 아리스토텔레스의 정의론, 페스팅거의 인지 부조화이론, 호만즈(G. Homans)의 교환이론 등에 그 근거를 둔 것으로 애덤스(J. S. Adams)가 개발하였다. 이 이론은 모든 사람이 공정하게 대접받기를 원한다는 전제에 기초를 두고 있으며 동기 부여, 업적의 평가, 만족의 수준 등에서 공정성이 중요한 영향을 미친다고 본다.

오답분석

②·③·④·⑤ 모두 내용이론으로 욕구와 동기유발 사이의 관계를 설명하고 있다.

21 정답 ②

BSC 방법론은 성과평가시스템으로, 현재 세계적으로 각광을 받고 있는 새로운 경영방법론으로서, Renaissance Solutions사의 David. P Norton 박사와 Havard 경영대학의 Robert S. Kaplan 교수가 공동으로 개발한 균형성과측정 기록표를 의미한다. BSC는 독창적인 4가지 관점(재무적, 고객, 내부 비즈니스 프로세스, 그리고 학습과 성장의 관점)에 의하여 조직의 전략과 비전을 가시화하고, 목표를 달성할 수 있게끔 이끌어 준다. 따라서 프로그램적 관점은 균형성과지표의 요소로 옳지 않다.

오답분석

① 재무적 관점 : 우리 조직은 주주들에게 어떻게 보일까?(매출신장률, 시장점유율, 원가절감률, 자산보유 수준, 재고 수준, 비용 절감액 등)
③ 고객 관점 : 재무적으로 성공하기 위해서는 고객들에게 어떻게 보여야 하나?(고객확보율, 고객만족도, 고객유지율, 고객불만 건수, 시스템 회복시간 등)
④ 내부프로세스 관점 : 프로세스와 서비스의 질을 높이기 위해서는 어떻게 해야 하나?(전자결재율, 화상회의율, 고객대응시간, 업무처리시간, 불량률, 반품률 등)
⑤ 학습과 성장 관점 : 우리 조직은 지속적으로 가치를 개선하고 창출할 수 있는가?(성장과 학습지표, 업무숙련도, 사기, 독서율, 정보시스템 활용력, 교육훈련 투자 등)

22 정답 ①

ㄱ. 인간관계론은 인간을 사회적·심리적 존재로 가정하기 때문에 사회적 규범이 생산성을 좌우한다고 본다.
ㄴ. 과학적 관리론은 과학적 분석을 통해 업무수행에 적용할 유일 최선의 방법을 발견할 수 있다고 전제한다.

오답분석

ㄷ. 체제론은 하위의 단순 체제는 복잡한 상위의 체제에 속한다고 이해함으로서 계서적 관점을 중시한다.
ㄹ. 발전행정론은 정치·사회·경제를 균형적으로 발전시키기보다는 행정체제가 다른 분야의 발전을 이끌어 나가는 불균형적인 접근법을 중시한다.

23 정답 ④

관료제는 업무의 수행은 안정적이고 세밀하게 이루어져야 하며 규칙과 표준화된 운영절차에 따라 이루어지도록 되어 있다. 따라서 이념형으로서의 관료는 직무를 수행하는 데 증오나 애정과 같은 감정을 갖지 않는 비정의성(Impersonality)이며 형식 합리성의 정신에 따라 수행해야 한다.

오답분석

①·②·③·⑤ 모두 관료제에 대한 옳은 설명이다.

24
정답 ④

근무성적평정은 과거의 실적과 능력에 대한 평가이며, 미래 잠재력까지 측정한다고 볼 수 없다. 미래 행동에 대한 잠재력 측정이 가능한 평가는 역량평가이다.

25
정답 ①

내용타당성은 시험이 특정한 직위에 필요한 능력이나 실적과 직결되는 실질적인 능력요소(직무수행지식, 태도, 기술 등)를 포괄적으로 측정하였는가에 관한 기준이다. 따라서 내용타당성을 확보하려면 직무분석을 통해 선행적으로 실질적인 능력요소를 파악해야 한다.

오답분석
② 구성타당성 : 시험이 이론적(추상적)으로 구성된 능력요소를 얼마나 정확하게 측정할 수 있느냐에 관한 기준이다. 즉, 추상적 능력요소를 구체적인 측정요소로 전환했을 때 구체적인 측정요소가 추상적 능력요소를 얼마나 잘 대변하는가의 문제이다.
③ 개념타당성 : 감정과 같은 추상적인 개념 또는 속성을 측정도구가 얼마나 적합하게 측정하였는가를 나타내는 타당성을 말한다.
④ 예측적 기준타당성 : 신규 채용자를 대상으로 그의 채용시험성적과 업무실적을 비교하여 양자의 상관관계를 확인하는 방법이다. 측정의 정확성은 높으나, 비용과 노력이 많이 소모된다는 점, 시차가 존재한다는 점, 성장효과 및 오염효과가 존재한다는 점이 한계이다.
⑤ 동시적 기준타당성 : 재직자를 대상으로 그들의 업무실적과 시험성적을 비교하여 그 상관관계를 보는 방법이다. 측정의 정확성은 낮으나, 신속하고 비용과 노력이 절감된다는 장점이 있다.

26
정답 ②

재분배 정책에 대한 설명이다.

오답분석
①·④ 분배정책에 대한 설명이다.
③ 구성정책에 대한 설명이다.
⑤ 규제정책에 대한 설명이다.

27
정답 ③

맥클리랜드(McClelland)는 인간의 욕구는 사회문화적으로 학습되는 것이라고 규정하면서 욕구를 권력욕구, 친교욕구, 성취욕구로 분류하였다.

오답분석
① 앨더퍼(Alderfer)는 ERG이론에서 매슬로우의 욕구 5단계를 줄여서 생존욕구, 대인관계욕구, 성장욕구의 3단계를 제시하였다. 욕구 발로의 점진적·상향적 진행만을 강조한 매슬로우와 달리 앨더퍼는 욕구의 퇴행을 주장하였다.
② 애덤스(Adams)의 형평성이론은 형평성에 대한 사람들의 지각과 신념이 직무 행동에 영향을 미친다고 보는 동기부여이론이다. 인간은 타인과 비교해서 정당한 보상이 주어진다고 기대했을 때, 직무수행 향상을 가져온다고 보았다.
④ 브룸(Vroom)의 기대이론에서 동기부여의 힘은 개인의 능력이나 노력이 성과를 가져올 수 있는지에 대한 기대나 확률(Expectation), 그리고 성과가 보상을 가져올 수 있는 충분한 수단이 되는지의 여부(Instrumentality), 보상에 대한 주관적 가치(Valence)가 상호 작용하여 결정된다. 전체적인 동기부여는 '(동기부여)=$\sum$(기대×수단성×유인가)'로 결정된다고 제시한다.
⑤ 로크(Locke)의 목표설정이론은 사람들은 일을 할 때 자기욕구의 충족여부 등을 따지지 않고 설정된 목표를 달성하기 위해 열심히 일을 하며, 목표가 곤란성(난이도)과 구체성을 띨수록 성취의도를 더욱 유인하여 직무성과를 제고할 수 있다는 것이 그 핵심적인 내용이다.

맥클리랜드의 성취동기이론(1962년)
- 권력욕구 : 타인의 행동에 영향력을 미치거나 통제하려는 욕구
- 친교욕구 : 타인과 우호적 관계를 유지하려는 욕구
- 성취욕구 : 높은 기준을 설정하고 이를 달성하려는 욕구, 자신의 능력을 스스로 성공적으로 발휘함으로써 자부심을 높이려는 욕구

제5회 모의고사 정답 및 해설

28

정답 ⑤

합리모형에서 말하는 합리성은 경제적 합리성을 말한다. 정치적 합리성은 점증모형에서 중시하는 합리성이다.

합리모형과 점증모형

구분	합리모형	점증모형
합리성 최적화 정도	• 경제적 합리성 (자원배분의 효율성) • 전체적·포괄적 분석	• 정치적 합리성 (타협·조정과 합의) • 부분적 최적화
목표와 수단	• 목표 – 수단 분석을 함 • 목표는 고정됨 (목표와 수단은 별개) • 수단은 목표에 합치	• 목표 – 수단 분석을 하 지 않음 • 목표는 고정되지 않음 • 목표는 수단에 합치
정책결정	• 근본적·기본적 결정 • 비분할적·포괄적 결정 • 하향적 결정 • 단발적 결정 (문제의 재정의가 없음)	• 지엽적·세부적 결정 • 분할적·한정적 결정 • 상향적 결정 • 연속적 결정 (문제의 재정의 빈번)
정책특성	• 비가분적 정책에 적합	• 가분적 정책에 적합
접근방식과 정책 변화	• 연역적 접근 • 쇄신적·근본적 변화 • 매몰비용은 미고려	• 귀납적 접근 • 점진적·한계적 변화 • 매몰비용 고려
적용국가	• 상대적으로 개도국에 적용 용이	• 다원화된 선진국에 주 로 적용
배경이론 및 참여	• 엘리트론 • 참여 불인정 (소수에 의한 결정)	• 다원주의 • 참여 인정 (다양한 이해관계자 참여)

29

정답 ③

신제도주의는 행위 주체의 의도적이고 전략적인 행동이 제도에 영향을 미칠 수 있다는 점을 인정하고, 제도의 안정성보다는 제도설계와 변화 차원에 관심을 보이고 있다.

오답분석

① 행태론적 접근방법은 이론의 과학성 추구를 위해 가치의 문제를 배제하려는 가치중립성을 특징으로 한다.
② 체제론적 접근방법은 환경 변화에 잘 적응하려는 측면을 강조한다.
④ 논변적 접근방법은 행정현상과 같은 가치측면의 규범성을 연구할 때는 결정에 대한 주장의 정당성을 갖추는 것이 중요하다고 보고 행정에서 진정한 가치는 자신들의 주장에 대한 논리성을 점검하고 상호 타협과 합의를 도출하는 민주적 절차에 있다고 본다.
⑤ 법적·제도적 접근방법은 개인이나 집단의 속성과 형태를 행정 현상의 설명 변수로 규정한다. 그러나 지나치게 정태적이라는 비판을 듣고 있다.

30

정답 ④

오답분석

기본권 보장은 국가권력의 남용으로부터 국민의 기본권을 보호하려는 것이기 때문에 국가의 입법에 의한 제한에도 불구하고 그 본질적인 내용의 침해는 금지된다. 우리 헌법은 본질적 내용의 침해를 금지하는 규정을 제37조 제2항에 명시하고 있다.

31

정답 ⑤

정책결정이란 다양한 대안이나 가치들 간의 우선순위를 고려하거나 그중 하나를 선택하는 행동이다. 그런데 대안이나 가치들이 서로 충돌하여 우선순위를 정할 수 없는 경우 행위자는 선택상의 어려움에 직면하게 된다. 특히 두 개의 대안이나 가치가 팽팽히 맞서고 있다면 선택의 어려움은 증폭된다. 이처럼 두 가지 대안 가운데 무엇을 선택할지 몰라 망설이는 상황을 일반적으로 딜레마라고 한다. 딜레마 모형의 구성개념으로는 문제(딜레마 상황), 행위자, 행위 등이 있다. 딜레마 이론은 이와 같은 것을 규명함으로써 행정이론 발전에 기여하였다.

오답분석

① 신공공관리론에 대한 설명이다.
② 신공공서비스론에 대한 설명이다.
③ 사회적 자본이론에 대한 설명이다.
④ 시차이론에 대한 설명이다.

32

정답 ①

자문위원회(의사결정의 구속력과 집행력 없음), 의결위원회(의사결정의 구속력 있음), 행정위원회(의사결정의 구속력과 집행력 있음)로 분류한다면 ①은 행정위원회에 해당한다. 의결위원회는 의결만 담당하는 위원회이므로 의사결정의 구속력은 지니지만 집행력은 가지지 않는다.

33

정답 ①

다원주의는 타협과 협상을 통해 이익집단 간 권력의 균형이 이루어진다고 보며, 특정 세력이나 개인이 정책을 주도할 수 없다.

34

정답 ②

ㄱ. 베버의 관료제론은 규칙과 규제가 조직에 계속성을 제공하여 조직을 예측 가능성 있는 조직, 안정적인 조직으로 유지시킨다고 보았다.
ㄴ. 행정관리론은 모든 조직에 적용시킬 수 있는 효율적 조직관리의 원리들을 연구하였다.
ㄷ. 호손실험으로 인간관계에서의 비공식적 요인이 업무의 생산성에 큰 영향을 끼친다는 것이 확인되었다.

ㄹ. 조직군 생태이론은 조직과 환경의 관계에서 조직군이 환경에 의해 수동적으로 결정된다는 환경결정론적 입장을 취한다.

거시조직 이론의 유형

구분	결정론	임의론
조직군	• 조직군 생태론 • 조직경제학 (주인 – 대리인이론, 거래비용 경제학) • 제도화이론	• 공동체 생태론
개별조직	• 구조적 상황론	• 전략적 선택론 • 자원의존이론

35 정답 ①

ㄷ. 예산결산특별위원회는 상설특별위원회이기 때문에 따로 활동 기한을 정하지 않는다.

ㄹ. 예산결산특별위원회는 소관 상임위원회가 삭감한 세출예산의 금액을 증액하거나 새 비목을 설치하려는 경우에는 소관 상임위원회의 동의를 얻어야 한다.

36 정답 ③

등급은 직무의 종류는 상이하지만 직무 수행의 책임도와 자격요건이 유사하여 동일한 보수를 지급할 수 있는 횡적 군을 말한다.

직위분류제와 계급제

구분	직위분류제	계급제
분류기준	직무의 종류 · 곤란도 · 책임도	개인의 자격 · 신분 · 능력
초점	직무중심	인간 · 조직중심
추구하는 인재상	전문행정가	일반행정가
보수정책	직무급	생활급 · 자격급
인사배치	비신축적	신축적
신분보장	약함	강함
인사운용	탄력성이 낮음	탄력성이 높음
능력발전	불리	유리

37 정답 ②

고정간격 강화는 일정한 시간적 간격을 두고 강화요인을 제공하는 방법이며, 빈도는 비율과 관련된 것이다.

강화
• 연속적 강화 : 바람직한 행동이 나올 때마다 강화요인을 제공, 초기단계의 학습에서 바람직한 행동의 빈도를 늘리는 데 효과적이다.
• 단속적 강화
 – 고정간격법 : 일정한 시간적 간격을 두고 강화요인을 제공
 – 변동간격법 : 불규칙적인 시간 간격에 따라 강화요인을 제공
 – 고정비율법 : 일정한 빈도의 바람직한 행동이 나타났을 때 강화요인을 제공
 – 변동비율법 : 불규칙한 횟수의 바람직한 행동이 나타났을 때 강화요인을 제공

38 정답 ④

비용이 소수 집단에게 좁게 집중되고 편익은 넓게 분산되는 것은 기업가정치 모형에 해당한다.

Wilson의 규제정치이론

구분		감지된 편익	
		넓게 분산됨	좁게 집중됨
감지된 비용	넓게 분산됨	다수의 정치(대중정치) (Majoritarian Politics)	고객정치 (Client Politics)
	좁게 집중됨	기업가정치 (Entrepreneurial Politics)	이익집단정치 (Interest-group Politics)

39 정답 ②

정책문제 자체를 잘못 인지한 상태에서 계속 해결책을 모색하여 정책문제가 해결되지 못하고 남아있는 상태는 3종 오류라고 한다. 1종 오류는 옳은 가설을 틀리다고 판단하고 기각하는 오류이고, 2종 오류는 틀린 가설을 옳다고 판단하여 채택하는 오류를 말한다.

40

정답 ①

코터(J.P. Kotter)는 변화관리 모형을 위기감 조성 → 변화추진팀 구성 → 비전 개발 → 비전 전달 → 임파워먼트 → 단기성과 달성 → 지속적 도전 → 변화의 제도화와 같은 8단계로 제시하였다.

변화관리 모형

단계		내용
제1단계	위기감 조성	현실에 만족·안주하지 않고 변화를 위해 위기감을 조성함
제2단계	변화추진팀 구성	저항하는 힘을 이기기 위해 변화 선도자들로 팀을 구성함
제3단계	비전 개발	비전을 정립하고 구체화시킴
제4단계	비전 전달	구성원 모두에게 공감대를 형성해 참여를 유도함
제5단계	임파워먼트	비전에 따라 행동하기 위해 구성원에게 권한을 부여함
제6단계	단기성과 달성	눈에 띄는 성과를 단기간에 달성 유도함
제7단계	지속적 도전	지속적인 변화를 위해 변화의 속도를 유지함
제8단계	변화의 제도화	변화가 조직에 잘 정착하도록 제도화하는 과정에 있음

| 05 | 토목직(토목)

01	02	03	04	05	06	07	08	09	10
②	①	④	①	③	②	③	②	④	③
11	12	13	14	15	16	17	18	19	20
③	④	②	①	②	②	④	①	②	①
21	22	23	24	25	26	27	28	29	30
②	⑤	④	①	②	③	④	②	④	②
31	32	33	34	35	36	37	38	39	40
④	③	①	②	②	①	③	①	③	③

01

정답 ②

$k(투수계수) \times \dfrac{(수두차)}{(수평거리)} \times (두께) \times (폭)$

$= 310m/day \times \dfrac{2.4m}{360m} \times (2.5m \times 1.2m) = 6.20m^3/day$

02

정답 ①

상류의 조건은 $h > h_c$, $V < V_c$, $Fr < 1.00$이고, 사류의 조건은 $h < h_c$, $V > V_c$, $Fr > 1.00$이다.

03

정답 ④

계수 모멘트 $M_u = 1.2M_D + 1.6M_L = (1.2 \times 10) + (1.6 \times 20)$
$= 44kN \cdot m$

04

정답 ①

표면장력의 단위는 단위 길이당 힘인 dyne/cm 또는 g/cm이다. 단위중량의 단위는 단위체적당 중량인 $dyne/cm^3$ 또는 N/m^3 이다.

05

정답 ③

뉴튼의 점성법칙은 $\tau = \mu \dfrac{dV}{dy}$ 이다.

마찰응력은 점성계수(μ)와 속도경사$\left(\dfrac{dV}{dy} \right)$에 비례한다.

점성계수의 단위는 $\dfrac{g}{cm \times sec} = ML^{-1}T^{-1}$ 이므로 관계있는 것은 온도, 점성계수이다.

06

정답 ②

$V = C_0 \sqrt{2gH} = 0.5 \times \sqrt{2 \times 9.8 \times 4.9} = 4.9 \text{m/s}$

$Q = AV = 0.01 \times 4.9 = 0.049 \text{m}^3/\text{s}$

따라서 오리피스의 유량은 $0.049 \text{m}^3/\text{s}$이다.

07

정답 ③

A지역의 평균면적 강우량(P_a)은

$P_a = \dfrac{(30 \times 60) + (45 \times 35) + (80 \times 45)}{(30 + 45 + 80)} = 45 \text{mm}$이다.

08

정답 ②

벤츄리 미터는 유량이 일정할 경우 단면적과 유속의 관계를 이용하여 유속을 구하는 기구로 크기가 다른 단면의 수두차를 이용하기도 한다. 이는 주로 강이나 댐의 수심을 측정하는 용도로 사용된다.

09

정답 ④

여과지 면적(A)

- $V = Ki = 1 \times 0.2 = 0.2 \text{cm/s} = 0.002 \text{m/s}$
- $Q = AV$

$A = \dfrac{Q}{V} = \dfrac{2}{0.002} = 1,000 \text{m}^2$

10

정답 ③

마찰속도(U_*)는 $U_* = \sqrt{\dfrac{\tau_\sigma}{\rho}}$ 이며, 마찰력은 $\tau_\sigma = \omega RI$이다.

11

정답 ③

개수로 지배단면(Control Section)은 상류에서 사류로 변하는 지점의 단면이다. 도수(Hydraulic Jump)는 사류에서 상류로 변할 때 수면이 불연속적으로 뛰어오르는 현상이다.

12

정답 ④

원형단면 핵의 지름 $e = \dfrac{d}{4} = \dfrac{40}{4} = 10 \text{cm}$이다.

13

정답 ②

베르누이 정리를 통해 계산하도록 한다.

물의 단위중량(ω)의 경우, $\omega = \dfrac{1,000kg}{m^3} = \dfrac{9,800N}{m^3} = \dfrac{9.8kN}{m^3}$

이며, 베르누이 방정식을 보면

$Z_A + \dfrac{P_A}{\omega} + \dfrac{v_A^2}{2g} = Z_B + \dfrac{P_B}{\omega} + \dfrac{v_B^2}{2g}$ 이다.

여기서 관이 수평으로 설치되어 있으므로, $Z_A = Z_B = 0$

$\dfrac{P_A}{\omega} - \dfrac{P_B}{\omega} = \dfrac{v_B^2}{2g} - \dfrac{v_A^2}{2g}$ 이고,

$P_A - P_B = \omega \left(\dfrac{v_B^2}{2g} - \dfrac{v_A^2}{2g} \right)$

$P_A - 9.8 = 9.8 \left(\dfrac{3^2}{2 \times 9.8} - \dfrac{2^2}{2 \times 9.8} \right)$

$\therefore P_A ≒ 12.3 \text{kN/m}^2$

따라서 관 A에서의 유체압력은 약 12.3kN/m^2 이다.

14

정답 ①

유수단면적(A)의 경우, $A = 4 \times 2 = 8m^2$이며,

이를 통해 유속(V)은 $Q = AV$에서

$V = \dfrac{Q}{A} = \dfrac{15}{8} = 1.875 \text{m/sec}$이다.

경심(R)은 $R = \dfrac{A}{P} = \dfrac{8}{4 + (2 \times 2)} = 1m$이므로

Manning 평균유속 공식 $V = \dfrac{1}{n} R^{\frac{2}{3}} I^{\frac{1}{2}}$ 에 대입하면

$1.875 = \dfrac{1}{0.017} \times 1^{\frac{2}{3}} \times I^{\frac{1}{2}}$

$\therefore I ≒ 1.016 \times 10^{-3}$

따라서 수로의 경사(I)는 1.016×10^{-3}이다.

15

정답 ②

문제를 표를 통해 나타내면 다음과 같다.

온도	상대 습도	대기 증기압	포화 증기압
t_1	70%	x	10
t_2	Y	$x + 0.2x$	14

그러므로 $70 = \dfrac{x}{10} \times 100$, $x = 7 \text{mmHg}$이고,

$Y = \dfrac{(\text{실제 증기압})}{(\text{포화 증기압})} \times 100$에 대입하면,

$Y = \dfrac{7 + (0.2 \times 7)}{14} \times 100 = 60\%$

따라서 온도 t_2에서의 상대 습도는 60%이다.

16

정답 ②

DAD 해석은 최대 우량깊이, 유역면적, 강우 지속 시간과의 관계를 수립하는 작업으로 유역면적을 대수축에 최대 평균 강우량을 산술축에 표시한다.

17

정답 ④

볼트의 전단강도 $\rho = v_a (2A) = 100 \times \dfrac{\pi \times 20^2}{4} \times 2 = 62,832N$

$\fallingdotseq 62.8kN$(∵ 복적단 고장력 볼트는 2)

$n = \dfrac{P}{\rho} = \dfrac{400}{62.8} = 6.4$이므로 필요한 볼트는 모두 7개이다.

18

정답 ①

$Q = 1.84 b_o h^{3/2}$이며, $b_o = b - 0.1nh$이므로

$3.5 - (0.1 \times 2 \times 0.4)$

$= 3.42$

이를 대입하면

$Q = 1.84 \times 3.42 \times 0.4^{3/2} \fallingdotseq 1.59m^3/sec$

따라서 Francis 공식에 의한 유량은 약 $1.59m^3$/s이다.

19

정답 ②

$wV + M = w'V' + M'$이므로

$\gamma_1(V_1 + V_2) + 0 = \gamma_2 \times V_2 + 0$

$\rightarrow \gamma_1 V_1 + \gamma_1 V_2 = \gamma_2 V_2$

$\rightarrow \gamma_1 V_1 = V_2(\gamma_2 - \gamma_1)$

$\rightarrow \dfrac{V_1}{V_2} = \dfrac{\gamma_2 - \gamma_1}{\gamma_1} = \dfrac{\gamma_2}{\gamma_1} - 1$이다.

따라서 액면 위의 부피(V_1)와 액면 아래의 부피(V_2) 비 $\left(\dfrac{V_1}{V_2}\right)$는

$\dfrac{\gamma_2}{\gamma_1} - 1$이다.

20

정답 ①

마찰응력 $\tau = wRI = wR\left(\Delta \dfrac{h}{\ell}\right)$에서 $R = \dfrac{D}{4} = \dfrac{0.04}{4}$이고,

$\Delta h = \dfrac{\Delta P}{w} = \dfrac{0.1}{9,800}$이다.

따라서 $\tau = 9,800 \times \dfrac{0.04}{4} \times \dfrac{\dfrac{0.1}{9,800}}{1} = 0.001N/m^2$이다.

21

정답 ②

$\sigma_{cr} = \dfrac{P_{cr}}{A}$ 공식을 사용하고, 양단 고정이기 때문에 KL=0.5L이다.

$\sigma_{cr} = \dfrac{P_{cr}}{A} = \dfrac{\dfrac{\pi^2 \times 2.1 \times 10^5 \times \left(\dfrac{45 \times 25^3}{12}\right)}{(0.5 \times 10,000)^2}}{(25 \times 45)} = 4.318MPa$

22

정답 ⑤

A점의 반력은 $wL \times \dfrac{\left(\dfrac{3}{2}\right)}{2} = \dfrac{3}{4}wL$

반력 $V = \dfrac{3wL}{4} - (w \times x) = 0$

[$w \times x$=(등분포 하중)×(하중이 가해진 거리)]

휨모멘트 $M = \left(\dfrac{3wL}{4} \times \dfrac{3L}{4}\right) - \left(w \times \dfrac{3L}{4}\right) \times \dfrac{\left(\dfrac{3L}{4}\right)}{2}$

$= 0.28125wL^2 = $ 약 $0.281wL^2$

[$w \times \dfrac{3}{4}L$=(등분포하중)×(하중이 가해진 중앙에서 E점까지의 거리)]

따라서 최대 휨모멘트는 약 $0.281wL^2$이다.

23

정답 ④

일단고정 일단힌지의 경우의 좌굴하중(P_{cr})은

$P_{cr} = \dfrac{\pi^2 EI}{(KL)^2} = \dfrac{\pi^2 \times 20,000 \times \left(\dfrac{150 \times 350^3}{12}\right)}{(0.7 \times 5000)^2}$

$= 8,635,903.851N = 863.590kN$이다.

24

정답 ①

$E = \dfrac{\sigma \times L}{\delta} = \dfrac{300MPa \times (10 \times 10^3)}{15} = 2.0 \times 10^5 MPa$

25

정답 ②

직사각형의 단면이고 양단힌지이기 때문에, 좌굴의 강성도(n)는

$n = \dfrac{1}{K^2} = 1$, 좌굴길이(KL)는 KL=1.0L이다.

따라서 $\lambda = \dfrac{1.0 \times 8.0}{\sqrt{\dfrac{\left(\dfrac{0.25 \times 0.40^3}{12}\right)}{0.25 \times 0.40}}} = 69.2820 \fallingdotseq 69.30$이다.

26
정답 ③

주어진 그림에서는 중첩의 원리를 사용한다.

중첩의 원리 공식은 $M_C = \dfrac{PL}{4} + \dfrac{wL^2}{8}$ 이다.

27
정답 ④

$$\sigma_{\max} = \frac{M_{\max}}{Z} = \frac{\dfrac{PL}{4}}{\dfrac{bh^2}{6}} = \frac{6PL}{4bh^2} = \frac{6(25\times10^3)(4\times10^3)}{4(250)(300)^2}$$

$$= 6.67\,\text{N/mm}^2$$

따라서 최대 휨응력은 약 6.7MPa이다.

28
정답 ②

표준길이보다 길면 면적은 커지고, 짧으면 면적은 작아진다.

따라서 $A_0 = A\left(1\pm\dfrac{e}{s}\right)^2 = 62{,}500\left(1+\dfrac{0.003}{30}\right)^2 \fallingdotseq 62{,}512.5\,\text{m}^2$ 이다.

29
정답 ④

$$M_{중앙} = \frac{wl^2}{8} - Pa = \frac{wl^2}{8} - 2wla = 0$$

$$\frac{wl^2}{8} = 2wla$$

$$\therefore \ \frac{a}{l} = \frac{1}{16}$$

30
정답 ②

힌지 지점의 모멘트는 고정단에 $\dfrac{1}{2}$ 이 전달

$$M_A = \frac{M}{2}\,(\curvearrowright)$$

$$\therefore \ \phi_A = \frac{L}{6EI}(2M_A+M_B) = \frac{L}{6EI}\left(2M_1-\frac{M_1}{2}\right) = \frac{M_1 L}{4EI}\,(\text{시계}$$
방향)

$\sum M_B = 0$에서

$$-R_A\times L + M_1 + \frac{M_1}{2} = 0$$

$$\therefore \ R_A = \frac{3M_1}{2L}\,(\downarrow)$$

31
정답 ④

(푸아송비)$= \dfrac{l\triangle d}{d\triangle} = \dfrac{10\times\triangle d}{0.5\times0.1} = 0.2$

$\triangle d = \dfrac{0.2\times0.5\times0.1}{10} = 0.001\text{m} = 0.1\text{cm}$

반지름 $\dfrac{\triangle d}{2} = \dfrac{0.1}{2} = 0.05$

따라서 강봉의 반지름(cm)은 0.05 감소한다.

32
정답 ③

축강성이 일정하므로 분담하중은 부재길이에 반비례한다.

$$R_A = \frac{2}{5}P, \ R_B = \frac{3}{5}P$$

C점에서의 수평변위 $\delta_C = \dfrac{PL}{EA} = \dfrac{\dfrac{2}{5}P\times3L}{EA} = \dfrac{6PL}{5EA}$ 이다.

33
정답 ①

도수현상은 사류에서 상류로 흐를 때 수면이 불연속적으로 뛰는 현상을 말하며, 유체의 에너지를 감세시키는 것이 목적이다.

34
정답 ②

합력 $3P-P=2P$

$2PX-PL=0$

$\therefore \ X=\dfrac{1}{2}L$

35
정답 ②

$\delta_s = n\delta_c, \ n = \dfrac{E_s}{E_c} = 9, \ P = \delta_c(A_c+nA_s)$

$120 = \delta_c[900+(9\times27)]$

$\therefore \ \delta_c = \dfrac{120\times10^3}{1{,}143} \fallingdotseq 105\,\text{kgf/cm}^2$

$\therefore \ \delta_s = n\delta_c = 9\times105 = 945\,\text{kgf/cm}^2$

36
정답 ①

$$M_c = -\frac{M}{2} = -\frac{42}{2} = -21\,\text{tf}\cdot\text{m}$$

37

정답 ③

세장비 $\lambda = \dfrac{l_k}{r_{\min}}$

$r_{\min} = \sqrt{\dfrac{I_{\min}}{A}} = \sqrt{\dfrac{1,600}{100}} = 4\text{cm}$

$\therefore \ \lambda = \dfrac{400}{4} = 100$

38

정답 ①

$\sum M_A = 0$에서

$(-P \times l) + (3P \times x) - (4P \times 2l) + \left(2P \times \dfrac{3}{2} \times 2l\right) = 0$

$\therefore \ x = l$

39

정답 ③

$\sum M_B = 0$에서

$R_A \times L - \dfrac{wL}{2} \times \dfrac{3}{2} \times \dfrac{L}{2} = 0$

$R_A = \dfrac{3}{8} wL$

전단력이 0인 위치에서 최대 휨모멘트

$S_x = R_A - wx_A = \dfrac{3}{8} wL - wx_A = 0$

$\therefore \ x_A = \dfrac{3}{8} L$

따라서 A점에서 중앙 쪽으로 $\dfrac{3}{8} L$ 떨어진 곳에 위치한다.

40

정답 ③

$y_D = -\dfrac{1 \times 3}{8} = -0.375$